A Arte da Guerra

Maquiavel

Caro leitor,

Este livro dispõe de material exclusivo para você – vídeos e textos. Acesse a página www.editoraevora.com.br/livro/a-arte-da-guerra, cadastre-se e aproveite.

A Arte da Guerra

Maquiavel

Tradução: Sally Tilelli

editora Évora.

DIRETOR-PRESIDENTE
Henrique José Branco Brazão Farinha

PUBLISHER
Eduardo Viegas Meirelles Villela

EDITORA
Cláudia Elissa Rondelli Ramos

PRODUÇÃO EDITORIAL
Sieben Gruppe Serviços Editoriais

PROJETO GRÁFICO E DIAGRAMAÇÃO
Cissa Tilelli Holzschuh

TRADUÇÃO
Sally Tilelli

PREPARAÇÃO DE TEXTO
Maria Augusta Finotti

REVISÃO
Cissa Tilelli

CAPA
Rubens.Lima

ILUSTRAÇÕES DA CAPA
Istockphoto | Seraficus
Istockphoto | Yougen
Istockphoto | PixHook

IMPRESSÃO
Intergraf

Título original: *The Seven Books on the Art of War, by Niccolo Machiavelli.*
Traduzido do italiano para o inglês por Henry Neville, autor e tradutor inglês.
Traduzido da edição em inglês de 13 de setembro de 2004, da coleção Classics in the History of Liberty, da Online Library of Liberty.

Rua Sergipe, 401 – Cj. 1.310 – Consolação
São Paulo – SP – CEP 01243-906
Telefone: (11) 3717 1247
Site: http://www.editoraevora.com.br
E-mail: contato@editoraevora.com.br

DADOS INTERNACIONAIS DE CATALOGAÇÃO NA PUBLICAÇÃO (CIP)
(Câmara Brasileira do Livro, SP, Brasil)

M136a
Machiavelli, Niccolo, 1469-1527.
[The seven books of the art of war. Português]
A arte da guerra / Niccolo Machiavelli ; tradução: Sally Tilelli. - São Paulo: Évora, 2011.

Tradução de: The seven books of the art of war.
ISBN 978-85-63993-99-1
1. Ciência militar – Obras anteriores à 1800. 2. Guerra – Obras anteriores à 1800. I. Título.

CDD- 355.02

Sumário

Prefácio à edição brasileira,
por Julio Sergio Cardozo VII

Prefácio 1
Livro Primeiro 5
Livro Segundo 39
Livro Terceiro 81
Livro Quarto 109
Livro Quinto 129
Livro Sexto 151
Livro Sétimo 181

Prefácio à edição brasileira

A arte da guerra, de Maquiavel, por Julio Sergio Cardozo

O italiano de Florença Niccolò di Bernardo Machiavelli (3/5/1469 – 21/6/1527) foi historiador, diplomata, músico e poeta. Porém, antes de tudo, foi um grande observador da época do Renascimento, considerado um dos pais das ciências políticas modernas como as conhecemos hoje, já que suas obras versavam sobre o Estado e o governo. Em sua juventude, trabalhou como secretário da segunda chancelaria de Florença, cargo que assumiu com apenas 29 anos. Nessa função, observou o comportamento dos principais nomes da época e, após quatorze anos no cargo, foi demitido, e passou a escrever suas próprias obras.

Em *A arte da guerra*, Maquiavel – que nunca participou de uma batalha, mas sempre conviveu com grandes militares italianos – descreve, na forma de um diálogo, teorias brilhantes de como deveria se comportar um verdadeiro comandante e seu exército; ensina desde a seleção de soldados – "*delectus*" (*deletto*) –, até a construção de fortalezas, treinamentos, movimentos primários, secundários e terciários, e estratégias das batalhas propriamente ditas. Acima de tudo, Maquiavel enaltece os principais comandantes romanos, em contrapartida a valorizar os modernos (leia-se, da época em que escreveu sua obra, no séc. XVI) e a quem tantas críticas faz.

O mais intrigante e relevante conceito apresentado em *A arte da guerra* é a *virtù**, um termo sem tradução específica, mas o qual Maquiavel usava para enaltecer uma série de atitudes ideais desejadas aos comandantes e seus soldados. A *virtù*, dependendo da situação

---

* Ao longo da obra, optamos pela utilização do termo "virtude" no lugar de "virtù". (N.T.)

e do momento em que era empregada na obra, poderia significar o empenho, a virtude, a competência e até a paixão dos combatentes na busca por aquilo que é o mais importante em uma guerra: vencê-la!

Nas resenhas que apresento em cada um dos sete capítulos (ou livros) de *A arte da guerra*, procurei traçar um paralelo entre os ensinamentos de Maquiavel e o mercado corporativo, não obstante, de uma maneira deveras sucinta. Não cabe a mim substituir nomenclaturas ou apontar especificidades sobre diferentes óticas de cada tipo de empresa. Assim, mantive os textos em sua linguagem nativa, de combate; mas o leitor deve, na medida em que os lê, transpor os termos para aquilo que seja inerente ao seu negócio, à sua atividade.

A arte da guerra é um livro pujante e de fácil leitura e compreensão. Mas não se deve esperar que ele traga respostas e verdades inexoráveis. Fosse assim, os grandes generais que o leram ao longo da história seriam imbatíveis. Porém, esta obra pode contribuir para desenvolver e aprimorar o seu pensamento estratégico, a sua capacidade de análise crítica da realidade e de tomada de decisões. Ainda que consideremos as variáveis de tempo, os avanços da tecnologia, as conjunturas políticas atuais e, principalmente, as diferenças intrínsecas de cada ser humano, todas as considerações de Maquiavel na obra são inteligentes, coerentes e servem como fonte básica inspiradora para profissionais em carreiras não executivas, gestores, executivos, empreendedores e empresários que pretendem alcançar o sucesso.

Foto: acervo pessoal

Julio Sergio Cardozo é conferencista, consultor de empresas e professor de controladoria e finanças da Universidade Estadual do Rio de Janeiro (UERJ). Foi sócio da Ernst & Young por mais de vinte anos e Chairman & CEO da empresa na América do Sul. Fundou a Julio Sergio Cardozo & Associados, empresa de consultoria em negócios. Escreveu mais de uma centena de artigos publicados em jornais e revistas de grande circulação no Brasil e no exterior. É autor dos livros *Você não tem de ceder: a trajetória de força e ética de um CEO no Brasil* e *O melhor vem depois: desvendando o enigma da longevidade*, em coautoria com Andrea Giardino.

Prefácio

De Nicolau Maquiavel – cidadão e secretário de Florença – sobre o livro *A arte da guerra*, para Lorenzo di Fillippo Strozzi,* cavalheiro florentino.

Muitos, Lorenzo, compartilharam no passado, e ainda compartilham atualmente, a opinião de que não existe nada que tenha menos em comum ou que seja tão dissimilar do que as vidas civil e militar. Observa-se com frequência que, se alguém tem como objetivo beneficiar-se com o alistamento no exército, que implemente de maneira imediata as devidas mudanças; essas não se aplicam apenas às próprias roupas, mas também aos costumes, aos hábitos e à sua voz, pois cada um desses detalhes, na presença de outro civil, irão lhe causar a morte. Não acredito que qualquer homem que esteja pronto para qualquer tipo de violência possa vestir-se em roupas civis; tampouco imagino a possibilidade de um homem que considere os hábitos e costumes civis efeminados ostentar-lhes ele próprio; também não me parece lógico que um indivíduo que mantenha a voz baixa pretenda colocar medo em seus rivais. É justamente isso o que torna a opinião anteriormente mencionada algo muito verdadeiro.

* Trata-se do filho de Filippo Strozzi, amigo e mentor de Maquiavel, responsável por levá-lo para a residência dos Médici. (N.T.)

Mas, ao considerarmos as instituições antigas, jamais se encontrariam quaisquer outras que fossem mais unidas e em maior conformidade e que, inevitavelmente, adorassem mais uma à outra do que a civil e a militar, pois todas as artes estabelecidas numa sociedade e que visam ao bem comum dos homens, assim como todas as instituições criadas para fazer com que os indivíduos vivam em temor às leis da terra e de Deus, seriam em vão se suas defesas não estivessem devidamente preparadas, as quais, se bem ordenadas e organizadas, conseguiriam manter tais organizações, mesmo que elas próprias estivessem desorganizadas. Em contrapartida, sem as boas instituições e o apoio militar, até o mais organizado desordena-se, como os cômodos de um suntuoso e soberbo palácio que, mesmo adornado em ouro e pedras preciosas, quando destelhado, nada há que o proteja das intempéries. E se, em quaisquer outras formas de organização, de cidades e reinos, implementavam-se inúmeros artifícios para manter os homens pacíficos, fiéis e tementes a Deus, isso multiplicava-se entre os militares – quem, afinal, denota mais fidelidade à pátria do que aquele que está disposto a dar sua vida por ela? Quem deveria ostentar maior amor à paz se não aquele que apenas pode ser ferido pela guerra? Quem deveria demonstrar maior temor a Deus do que os homens submetidos a perigos infindáveis, dia após dia?

As necessidades inerentes à formação da vida de um soldado sempre foram extremamente louvadas e consideradas, tanto pelos que estabeleciam as leis como por aqueles que também exerciam funções militares; o homem das armas era respeitado e sua postura a todos inspirava. Porém, pelo fato de as instituições militares tornarem-se completamente corruptas e distantes dos antigos hábitos e preceitos, começaram a surgir em toda parte opiniões infundadas que provocavam o ódio às milícias e impossibilitavam quaisquer tentativas de diálogo. Contudo, a julgar por aquilo que tenho visto e lido, percebo que não é impossível ao exército recuperar o seu status nem retornar ao passado glorioso. Por essa razão, decidi ocupar meu tempo ocioso e, para o deleite dos amantes das ações antigas, escrever o que sei a respeito da arte da guerra. E, embora tratar com palavras de algo que muitos veem como profissão exija coragem, não acredito que seja um erro estabelecer minha posição na forma escrita, visto que outros com maior presunção estabeleceram seus pontos de vista pela implementação de ações. As palavras, afinal, podem ser corrigidas e reescritas, sem qualquer prejuízo para outrem, enquanto os atos não podem ser desfeitos, exceto pela ruína dos impérios.

Caberá, portanto, a Vossa Senhoria, Lorenzo, considerar a qualidade desses meus esforços, avaliando-os e, ao mesmo tempo, julgando-os; louvando-os ou até censurando-os, conforme o merecido. Envio-lhe este trabalho não apenas como um agradecimento, ainda que insuficiente, por todos os benefícios que me oferecestes, mas também porque sei que é costume honrar com obras semelhantes àqueles que brilham por sua nobreza, riqueza, gênio e liberalidade. Contudo, sei que inexistem iguais a Vossa Senhoria em termos de riqueza e nobreza; reconheço, também, que há poucos com similar engenho, e ninguém com tamanha liberalidade.

Livro Primeiro

Uma vez que para mim é perfeitamente justificável exaltar e enaltecer os homens, mesmo após sua morte, sem que isso configure adulação, sinto-me plenamente tranquilo em louvar a figura de Cosme Ruccelai,* cujo nome nunca me vem à mente sem provocar lágrimas. Nele reconheço todas as qualidades de um bom amigo e cidadão de seu país; dele desconheço qualquer propriedade que não tenha sido, de bom grado, compartilhada com seus amigos; ignoro também qualquer perigo diante do qual ele se tenha acovardado em detrimento da pátria. Confesso que, mesmo entre tantos com os quais convivi, jamais encontrei um homem cuja mente e espírito fossem mais iluminados. Sua única reclamação diante da morte fora em relação a estar a partir desta vida ainda jovem, sem honra e dentro da própria casa, o que o tornara incapaz de oferecer mais alegria e benefícios a outrem. Sabia, contudo, que nenhuma palavra negativa poderia ser pronunciada a seu respeito, pois era por todos considerado um bom amigo. Nada nos impede, porém, de dar fé de suas boas ações e qualidades (já que suas próprias obras não aparecem). É bem verdade, no entanto, que a fortuna não lhe fora tão hostil e deixara alguma lembrança da breve destreza

* Amigo de Maquiavel, morto em 1519. Figura a quem Maquiavel dedicou os *Discorsi* – comentários sobre os primeiros 10 anos de Tito Lívio. (N.T.)

do seu engenho. Isso nos é demonstrado em alguns de seus escritos e versos de amor, os quais (uma vez que não estava ele próprio apaixonado) eram usados como um tipo de exercício e visavam impedir que seu tempo fosse gasto em vão e, ao mesmo tempo, a elevar seus pensamentos. Aqui, podemos observar claramente que, se o objetivo era apenas se exercitar, ele conseguiu descrever suas ideias com grande alegria e ser homenageado em sua poesia. A sorte, no entanto, privou-nos da presença de tão grande amigo e, sendo impossível encontrar qualquer outra solução melhor, temos de nos beneficiar apenas de sua memória e tentar recuperar qualquer matéria que tenha sido por ele sutilmente observada ou sabiamente discutida. Assim, como não há nada mais recente sobre ele do que as discussões que tivera com Lorde Fabricio Colonna em seus jardins, nas quais as questões relativas à guerra foram amplamente debatidas por este, e sutil e prudentemente questionadas por Cosme, cabe a mim resgatá-las. Vale dizer que considero inestimável todo o tempo que investi ao lado dele e de outros amigos comuns e o fato de ser agora capaz de lhes refrescar a memória a respeito da "virtude"* de Cosme; e, ao mesmo tempo, de ensinar aos que foram privados da oportunidade de escutar e aprender pessoalmente com homem tão sagaz, não apenas sobre a vida militar, como também sobre a civil. Relatarei, portanto, como Fabricio Colonna, após retornar da Lombardia, onde lutara em tempo glorioso a serviço do Rei Católico, decidiu passar por Florença para descansar durante vários dias. Nessa ocasião, teve a oportunidade de visitar Vossa Excelência, o Duque, e rever vários colegas do passado. Pareceu, então, apropriado que Cosme o convidasse para um banquete em seus jardins, não tanto para mostrar sua generosidade, mas para ter uma desculpa para lhe falar longamente,

* É importante ressaltar que o conceito de virtude (*virtù*) para Machiavel não equivale àquele atribuído atualmente ao termo, ou seja, uma qualidade do que se conforma com o que é considerado correto e desejável. De acordo com Machiavel, o termo estava associado ao interesse nacional (*raison d'État*). De acordo com tal raciocínio, o que servia ao Estado e a seus líderes, poderia ser contraditório em relação ao "moralmente apropriado". A *Virtù* inclui todas as virtudes, e um indivíduo deve ser "virtuoso" em todas as áreas para que seja reconhecido como possuidor da *virtù*. Neste trabalho utilizaremos o termo virtude de acordo com a interpretação de Machiavel. (N.T.)

e ainda aprender e compreender vários assuntos, oferecendo-lhe, também, a chance de passar um dia inteiro discutindo questões que certamente satisfariam sua mente.

Como planejado, Fabricio aceitou o convite e compareceu ao banquete, sendo recebido por Cosme e vários outros de seus amigos leais a quem tanto amava, dentre os quais Zanobi Buondelmonti,* Battista della Palla e Luigi Alamanni, todos jovens apaixonados pelos mesmos estudos e cujas boas qualidades (que devem ser louvadas por si só) preferimos omitir nesta ocasião.

Fabricio foi homenageado com todas as honras do tempo e do lugar. Tão logo o banquete terminara, a mesa e os arranjos foram devidamente retirados – o que, na presença de grandes homens e daqueles que têm a mente voltada para os pensamentos honrados, ocorreu de modo breve. Cosme, a fim de melhor satisfazer seus desejos e julgando ser aquela também uma oportunidade para escapar do calor, levou todos até a parte mais secreta e sombria de seu jardim. Lá, enquanto alguns sentavam-se sobre a relva fresca, outros acomodavam-se em bancos sob a sombra de frondosas árvores.

Fabricio elogiou o lugar descrevendo-o como simplesmente delicioso, e olhou de maneira fixa para as árvores, algumas das quais não reconheceu, o que o deixou intrigado. Cosme, percebendo a situação, disse: "Talvez você não conheça algumas dessas espécies, mas não se preocupe com isso, pois várias delas eram mais conhecidas pelos antigos." Depois de fornecer ao Lorde alguns nomes e de lhe dizer que Bernardo, seu avô, havia trabalhado arduamente em sua cultura, Fabricio respondeu: "Eu imaginava que assim o fosse. Este lugar faz-me lembrar alguns príncipes do Reino, que se encantavam com essa antiga cultura, e com a sombra por ela proporcionada." Nesse momento, Fabricio interrompeu seu discurso e ponderou: "Não acho que o ofenderia se externasse minha opinião. Acho possível fazê-lo sem insultos, entre amigos. Acredito que melhor teríamos agido, e o digo com toda serenidade, se tivéssemos imitado os antigos em

* Importante político florentino do século XVI. (N.T.)

suas atitudes fortes e robustas, e não em sua suavidade e delicadeza; naquilo que sempre fizeram sob a luz do sol, e não protegidos sob a sombra das árvores. Deveríamos nos apropriar dos modos honestos e perfeitos da antiguidade, e não da falsidade e da corrupção, pois enquanto tais práticas eram apreciadas pelos romanos, meu país foi arruinado." [Para evitarmos o aborrecimento de ter de repetir inúmeras vezes quem disse o que, apresentaremos apenas os nomes.]

COSME: – Como eu esperava, vós abristes o caminho para a discussão. Rogo a Vossa Senhoria que sejas direto, pois o mesmo farei em minhas indagações; e se, ao questioná-lo, acabar por acusar ou desculpar alguém, o propósito não terá sido de o acusar ou o desculpar, mas apenas de compreender a verdade que tens a compartilhar.

FABRICIO: – Ficarei muito feliz em lhes dizer o que souber sobre qualquer coisa que me perguntardes; quanto à veracidade de minhas respostas, deixarei que a julgue por si mesmos. Serei muito grato por suas perguntas, pois assim aprenderei convosco; já com minhas respostas, aprendereis comigo. Muitas vezes, aquele que sabe o que deve ser questionado e como fazê-lo dá ao outro a oportunidade de considerar muitas coisas e de compreendê-las; coisas que jamais consideraria ou compreenderia de outro modo.

COSME: – Gostaria de retornar ao que dissestes anteriormente, quando falou que meu avô e os romanos teriam sido mais sábios se tivessem imitado os antigos em coisas ásperas do que em delicadezas. Caberá a mim justificar a atitude dos meus, e a ti, a dos teus. Não acredito que houvesse naquele tempo outro homem que detestasse mais a vida suave e que apreciasse a vida severa do que meu avô; não obstante ele reconhecesse que não poderia praticar tais preceitos em sua vida pessoal, tampouco seus filhos, tendo nascido num século demasiadamente corrompido, em que qualquer um que quisesse afastar-se dos costumes da época seria desonrado e desprezado por todos. Pois, se como Diógenes,* alguém decidisse rolar completamente nu sobre a areia escaldante nos meses de verão, ou sobre a neve que recobre a terra na maioria dos meses gelados do inverno, assim como ele, teria sido considerado louco. Se alguém, como os espartanos, alimentasse seus filhos no campo e os fizesse dormir ao relento, os deixasse andar com os pés e a cabeça descobertos e tomar banho em água fria para torná-los mais fortes e prontos para suportar as vicissitudes da vida e a temer menos a morte, este seria elogiado por poucos e seguido por ninguém. Assim, consternado com tais formas de vida, ele preferiu voltar-se aos costumes da Antiguidade e imitá-los naquilo que suscitava menos assombro.

Fabricio: – Vossa Senhoria soube justificá-lo com afinco e certamente o fez com sinceridade, contudo, não me refiro a esses caminhos ásperos da vida. Falo de formas mais humanas que estão em maior conformidade com os dias de hoje e as quais sinceramente não acredito que fossem tão difíceis de introduzir entre os homens que caminham entre os príncipes de uma cidade. Jamais abandonaria os exemplos dos meus romanos. Se examinássemos seus atos e suas instituições, veríamos neles muitas coisas que não poderiam ser introduzidas numa sociedade que ainda se julga sã.

Cosme: – E quais são as coisas semelhantes aos antigos que Vossa Senhoria introduziria?

Fabricio: – A homenagem e a premiação da virtude; o não desprezo pela pobreza; a estima aos modos e ordens da disciplina militar; a atitude de compelir os cidadãos a amar uns aos outros, a viver sem as facções, a estimar menos o privado e mais o que é público; além de outras coisas que poderiam facilmente ser compatíveis

* Diógenes é assinalado, em muitas histórias da filosofia, como o filósofo que desprezou ostensivamente os poderosos e as convenções sociais. Nasceu em Sínope e foi discípulo de Antístenes (444-365 a.C.), fundador da filosofia cínica. Como todos os cínicos, desprezava as ideias gerais e as convenções sociais, negando a possibilidade da própria ciência. (N.T.)

com estes tempos. Não seria difícil convencer as pessoas sobre tais costumes, se estes fossem intensamente discutidos e adotados por meios convenientes. A verdade aparece com tal clareza que qualquer um é capaz de compreendê-la. E qualquer um que viva sob tal ordenação planta árvores e cria a sombra sob a qual se vive mais feliz e alegre do que se não as houvesse plantado.

COSME:– Não desejo responder a nada do que foi dito, mas quero a permissão para proferir minha própria avaliação. Acusastes a outros de não imitarem os antigos costumes em ações sérias e importantes, mas, sendo um homem da guerra, e nessa área considerado excelente, jamais empregou quaisquer métodos antigos em suas empreitadas.

FABRICIO: – Chegastes ao ponto crucial por mim tão esperado. Minha resposta não poderia merecer qualquer outra indagação; nem desejo que o seja diferente. E, embora fosse capaz de esquivar-me de uma resposta utilizando-me de uma simples desculpa, para a satisfação de ambos, já que o tempo nos permite, prefiro promover uma discussão mais longa. Os homens que desejam implementar uma ação devem primeiramente aprimorar-se em suas funções e adquirir toda a habilidade e astúcia, para que, quando a oportunidade apresentar-se, estejam preparados para alcançar seu objetivo maior. Ninguém que tenha agido com a devida cautela poderá ser acusado de negligência, a menos que seja tomado de surpresa e não esteja devidamente preparado para a ação e, consequentemente, não seja bem-sucedido. Como jamais surgiu diante de mim a oportunidade de aplicar os métodos antigos, não posso ser responsabilizado por não o ter feito, nem por Vossa Senhoria, nem por outros. Acredito que essa desculpa seja suficiente para responder à vossa acusação.

COSME: – Seria o suficiente se eu estivesse convencido de que a oportunidade de fato não se apresentou.

Fabricio: – Por saber que duvidarias de esta oportunidade ter ou não se apresentado, e caso estejas desejoso e disposto a escutar-me, gostaria de discorrer sobre quais preparativos são necessários e diante do surgimento de que situações eles devem ser implementados; gostaria, ainda, de falar sobre o que impede que os preparativos alcancem êxito; como todo esse processo pode ser, ao mesmo tempo, tão fácil ou difícil, parecendo opostos, inclusive.

Cosme: – Não haveria nada mais prazeroso e agradável para mim e para todos os outros aqui presentes. Se não lhe incomoda a narrativa, certamente ela não nos causará qualquer desconforto. Mas, já que tal discussão promete ser longa, e falando em meu nome e em nome dos amigos, peço-lhe antecipadamente a permissão para interrompê-lo com alguma pergunta oportuna.

Fabricio: – Fico feliz que Vossa Senhoria, Cosme, proponha qualquer pergunta que julgar necessária. O mesmo digo em relação aos jovens que aqui se encontram. Acredito, inclusive, que a própria juventude os torne mais abertos às questões militares e facilite vossa compreensão daquilo que tenho a lhes dizer. Os mais velhos, de cabelos grisalhos e sangue enregelado, são inimigos de guerra, ou simplesmente incorrigíveis, e acreditam que os tempos, e não os maus caminhos, sejam os responsáveis pelo homem viver desse modo. Perguntai-me, portanto, com determinação e sem medo. Esse é o meu desejo, tanto pelo fato de isso permitir-me algum descanso, como por garantir-me a possibilidade de erradicar de suas mentes quaisquer dúvidas. Quero, contudo, começar a partir de suas palavras, que sugerem que, na guerra, de fato minha profissão, jamais empreguei métodos antigos. Digo que esta é uma arte na qual os homens de todos os tempo jamais foram capazes de viver dignamente. Ela não pode ser utilizada, exceto por repúblicas ou reinos que, desde que bem estabelecidos, nunca permitiriam que qualquer um dos seus cidadãos ou súditos a empregassem como profissão; ninguém, afinal, que pratique a arte da guerra poderia ser considerado bom, já que a ideia de alcançar os objetivos por meios de atos vorazes, enganosos e violentos já não permite que seu empreendedor seja visto como um homem de bem. Qualquer indivíduo, grande ou pequeno, que pratique a guerra como profissão não será visto como promotor do bem, e não poderia ser de outra maneira, já que tal profissão não os prevê em tempos de paz. Por isso, eles veem-se obrigados a obstruir qualquer esperança de paz e, ao mesmo tempo, aproveitar ao máximo os tempos de guerra. Nenhum desses pensamentos está presente na mente de um homem bom, pois na busca pelo sustento surgem os roubos, a violência e os assassinatos, praticados não apenas contra inimigos, mas também contra amigos; por não haver o real desejo pela paz, surgem os enganos impostos pelos comandantes àqueles que o seguem a fim de manter a guerra. Estes, diante da possibilidade de paz e vendo-se privados de seus salários e do seu modo licencioso de vida, reúnem um bando de mercenários e, sem qualquer misericórdia, saqueiam uma província qualquer. Já não se tem na memória os acontecimentos de seu tempo, quando muitos soldados na Itália, desempregados e sem soldo, reuniram-se em bandos perigosos, denominados companhias,* e passaram a cobrar tributos e a saquear cidades inteiras, sem que nada pudesse ser feito para os controlar? Não lestes sobre o que ocorreu com os soldados cartagineses, logo após o término da primeira guerra contra os romanos, e que, sob o comando de Mathô** e Espêndio***, líderes escolhidos de maneira tumultuada, travaram outra guerra, ainda mais sanguinária, contra os próprios cartagineses? E, nos tempos dos nossos pais, esqueceu-se de Francesco Sforza, que, no intuito de viver "honradamente" em tempos de paz, não

* O autor se refere às Guerras Púnicas (de 264 a.C. até 164 a.C.), que envolveram os romanos e os fenícios. (N.T.)

** Mathô, o líbio, foi um africano que serviu como mercenário no exército cartaginês durante a primeira Guerra Púnica. (N.T.)

*** Um dos chefes militares dos mercenários cartagineses durante a Guerra dos Mercenários, iniciada em 241 a.C. (N.T.)

somente enganou os milaneses, mas também tirou-lhes a liberdade tornando-se príncipe da região? Todos os outros soldados da Itália, que tinham seus ganhos garantidos pela prática militar, têm agido como esse homem e, embora não tenham por meio de sua malignidade tornado-se duques de Milão, merecem ser ainda mais execrados, pois, além de não terem sido tão úteis, compartilharam a mesma culpa. Sforza, pai de Francesco, forçou a rainha Giovanna a atirar-se nos braços do rei de Aragão, depois de abandoná-la repentinamente e deixá-la à mercê de seus inimigos, apenas para satisfazer sua própria ambição e, mais tarde, extorquir-lhe o reino. Braccio, utilizando-se dos mesmos artifícios, procurou ocupar o Reino de Nápoles, e o teria conseguido caso não fosse derrotado e morto em Áquila. Esses males não resultam de qualquer outra coisa além da existência de homens que usam a prática militar em causa própria. Não há um provérbio que reforça ainda mais a minha tese, e que diz: "A guerra cria ladrões, a paz os enforca"? Pois aqueles que não sabem viver em outra prática, não encontram sustento, nem possuem a "virtude" que os possa conduzir a uma vida em grupo que lhes permita a realização de maldades nobres, veem-se forçados a vaguear pelas ruas. A justiça, nesses casos, vê-se obrigada a eliminá-los.

Cosme: – Acabas de rebaixar a arte militar a praticamente nada. Até então, supunha que a profissão de soldado fosse a mais nobre e honrada entre todas. Peço que esclareça melhor tais conceitos, do contrário, e se é como dizes, não mais entenderei de onde surgiu a glória de homens como César, Pompeu, Cipião, Marcelo e tantos outros comandantes romanos, celebrados como deuses.

Fabricio: – Ainda não terminei de discutir tudo a que me propus sobre este assunto. Existem dois aspectos importantes. Primeiro: o homem bom não é capaz de adotar a arte da guerra como profissão; segundo: uma república ou um reino bem-estabelecidos nunca permitiriam que seus súditos ou cidadãos a empregassem como um ofício. Já discorri o suficiente sobre o primeiro aspecto. Resta-me agora falar sobre o segundo. Respondendo a vossa pergunta, digo que Pompeu e César, e quase todos os comandantes que estavam em Roma depois da última guerra contra os cartagineses, adquiriram fama como homens valentes, não como homens bons. Contudo, aqueles que viveram antes deles adquiriram sua glória não apenas como valentes, mas como homens de bem: isso resulta do fato de estes últimos não assumirem a prática da guerra como profissão, enquanto os primeiros empregavam-se justamente dessa arte. Enquanto a República vivia de maneira imaculada, nenhum cidadão em posição de comando utilizou-se de subterfúgios em tempos de paz para quebrar as leis, espoliar províncias, usurpar ou tiranizar o país, impondo-se sobre as regras estabelecidas. Ninguém de menor poder ou renda jamais pensou em violar os acordos sagrados e aliar-se a particulares, assumindo uma profissão de guerra sem temer o Senado. Ninguém jamais praticou atos vergonhosos e tirânicos a fim de sobreviver pela arte da guerra. Aqueles que já eram comandantes, satisfeitos pela ideia de triunfo, voltavam demonstrando grande desejo pela vida privada, e aqueles que eram membros do exército retornavam com o desejo de depor as armas que haviam empregado. Cada um retomava seu ofício e profissão. Nenhum deles jamais imaginou sustentar-se por meio da pilhagem. Um bom exemplo disso pode ser visto na experiência de Atílio Régulo, que, enquanto capitão do exército romano na África, e após praticamente derrotar os cartagineses, pediu ao Senado permissão para regressar à sua casa e cuidar de suas fazendas que eram saqueadas por seus próprios trabalhadores. É óbvio que, se esse homem tivesse praticado a guerra como sua profissão e se utilizado dessa arte para obter alguma vantagem, teria amealhado províncias inteiras e garantido o dobro de suas posses, e não precisaria pedir permissão ao Senado para voltar e cuidar de seus campos. Mas como esses homens eram bons e não praticavam a guerra como profissão nem queriam trazer dos combates mais do que a glória, as experiências e o cansaço, já lhes parecia suficiente regressar às suas casas e viver a partir da prática de seus próprios talentos. Quanto aos homens de status inferior e gregários, também é verdade que cada um voluntariamente agia do mesmo modo, pois todos que não estavam lutando demonstravam o desejo de manter-se em combate, mas quando estavam combatendo preferiam estar afastados do exército. Isso pode ser visto de muitas maneiras, sobretudo considerando-se que, dentre os principais privilégios oferecidos aos romanos, estava o de não os constranger ao forçá-los a lutar a contragosto. Na Roma bem-organizada [o que ocorreu até o tempo dos Gracos], nenhum soldado fora obrigado a desempenhar a arte da guerra como profissão, mas, se existiram alguns maus, estes foram severamente punidos. Deveria, portanto, uma cidade bem-ordenada desejar que esse treinamento para a guerra fosse empregado em tempos de paz como um exercício e, em tempos de guerra, como uma necessidade e visando à glória, somente permitindo que o poder público o utilizasse como profissão, como fez Roma. Qualquer cidadão que tenha nisso quaisquer outros objetivos não é bom; nem é bem-organizada e bem-ordenada qualquer cidade que seja governada de outro modo.

Cosme: – Fico contente e muito satisfeito com o que disse até agora, pois esta conclusão muito me agrada. Acredito que faça sentido à república, mas não sei se o mesmo se aplica aos reis, pois não entendo por que um monarca não gostaria de ter a seu lado aqueles que ocupam essa prática como profissão.

Fabricio: – Um reino bem-ordenado deveria evitar tais artifícios, já que por meio deles seus monarcas e ministros corrompem-se na tirania. Não me fales sobre os reinos de hoje e sua boa organização, pois não os considero bem-ordenados. Os que, de fato, gozam de boa ordenação não oferecem poder absoluto às mãos de seus reis, exceto quanto aos exércitos e àquilo que exige decisões rápidas. Aquele que comanda um reino nada deve poder e fazer sem o apoio de um Conselho. Este, em contrapartida, deve temer os que cercam o monarca em tempos de paz e são incapazes de viver longe da guerra. Gostaria de me aprofundar um pouco mais nesta questão, deixando de lado o reino perfeito e concentrando--me nos que existem hoje, nos quais ainda vivem homens que assumem a arte da guerra como profissão. Eles devem ser temidos pelo rei. Os tendões dos exércitos são, sem sombra de dúvida, a infantaria. Por conseguinte, se um rei não se organiza de tal modo que sua infantaria se mantenha contente e satisfeita em tempos de paz e que seus soldados ostentem alegria em retornar aos seus afazeres e à prática de suas próprias profissões, certamente esse rei se encontrará à beira da ruína, pois jamais haverá infantaria mais perigosa do que aquela composta por homens que fazem da guerra sua profissão. Esses indivíduos o forçarão a travar batalhas e a lhes garantir o soldo. O monarca, em contrapartida, correrá sempre o risco de perder seu reino para esses homens. Não é possível guerrear sempre, nem é viável pagar sempre, e é justamente aí que está o perigo de se ter o próprio reino usurpado. Meus bons e sábios romanos, como já disse, nunca permitiram que seus cidadãos assumissem essa prática como profissão, embora tenham sido capazes de os reunir em todas as ocasiões necessárias, já que estavam sempre em guerra. Porém, no intuito de evitar os infortúnios que tal prática poderia provocar, cuidavam para que seus militares fossem sempre substituídos. A cada período de quinze anos, o exército era, portanto, totalmente renovado e passava a incluir homens na flor da idade, entre 18 e 35 anos, tempo em que suas pernas, mãos e olhos trabalhavam em conjunto; em que não se esperava que sua força diminuísse nem que a malícia crescesse em suas mentes, como certamente ocorre em tempos de corrupção. Otaviano, inicialmente e, em seguida, Tibério, pensando mais no próprio poder do que na *res* pública, a fim de governar o povo romano com mais facilidade, começaram a desarmá-lo e a manter os mesmos exércitos nas fronteiras do Império. E pelo fato de não demonstrarem grande consideração nem pelo povo nem pelo Senado, instituíram um exército chamado Guarda Pretoriana, que era mantido próximo aos muros do palácio, numa fortaleza junto à cidade. Como, na época, permitiu-se a esses homens que assumissem as práticas militares como profissão, logo esses indivíduos tornaram-se insolentes em relação ao povo, formidáveis aos olhos do Senado e extremamente perigosos para o próprio Imperador. Isso causou muitas mortes entre os soldados, que ofereciam muito ao império, mas, que sendo arrogantes, extorquiam do povo. Muitos imperadores surgiram do próprio exército. Todos esses eventos levaram à primeira divisão do império e, finalmente, à sua ruína. Os reis deveriam, portanto, se quisessem viver em segurança, manter seus exércitos compostos por homens que, em situações de guerra, levantassem de bom grado suas armas e o defendessem com paixão, mas que, em tempos de paz, retornassem às suas casas com a mesma boa vontade. Isso, porém, somente ocorreria se o soberano soubesse escolher soldados que não vissem na arte da guerra sua única profissão; se o rei desejasse vir seus príncipes de volta a seus afazeres, governando seus súditos; seus senhores novamente praticando o cultivo de suas posses; e sua infantaria reassumindo seus ofícios e artes. Os homens deveriam partir para a guerra com o objetivo de manter a paz, e jamais perturbar a paz com o intuito de promover a guerra.

Cosme: – Realmente, vosso raciocínio parece bem considerado. Percebo, contudo, que suas palavras opõem-se claramente ao modo como tenho pensado e ao que tenho testemunhado, fazendo com que minha mente abrigue ainda algumas dúvidas. Vejo que muitos nobres e senhores ainda sustentam-se em tempos de paz ao treinar para a guerra, que muitos militares ainda recebem provisões de príncipes e da Comunidade e que muitos soldados ainda se encontram reunidos em suas guarnições e dentro das fortalezas. Isso não sugere um longo tempo de paz para todos?

Fabricio: – Não acredito que creias no que me dizes; que em tempos de paz exista, de fato, um lugar para todos; muitas outras razões podem justificar a estada dos homens no exército; o pequeno número de indivíduos remanescente nos locais por Vossa Senhoria mencionados pode responder às suas indagações. Que proporção de infantaria deveria ser empregada em tempos de guerra em relação aos tempos de paz? Embora as fortalezas da cidade sejam devidamente guarnecidas nesses tempos, o número de soldados recrutados é infinitamente maior durante a guerra. Eles vêm do campo, mas são livres para retornar à lida em tempos de paz.

Já em relação às guarnições dos Estados, que são em pequeno número, o Papa Júlio e vós, florentinos, têm mostrado o quanto eles devem ser temidos, já que desconhecem qualquer outra profissão que não a guerra; a insolência desses soldados justificou, inclusive, sua retirada de suas guarnições; eles foram substituídos pela Guarda Suíça, formada por indivíduos nascidos e criados nos termos da legislação e escolhidos pela comunidade numa eleição honesta. Por essas razões, não diga que, na paz, existe um lugar para cada homem. Quanto aos homens das armas continuarem em seu alistamento em tempos de paz, a resposta parece ser mais difícil, mas qualquer um que considere o assunto com clareza, facilmente encontrará a resposta. A ideia de se manter homens de armas não é apenas corrupta, mas extremamente danosa. A razão é a seguinte: como há homens que não têm qualquer arte (comércio ou profissão), mil males surgirão todos os dias nos Estados onde eles encontram-se, e, sobretudo, se reunidos a um grande número de pares; mas como esses indivíduos são em número reduzido e não têm condições de constituir um exército, não podem provocar qualquer dano grave. No entanto, isso ainda ocorre, como nos exemplos que lhe dei sobre Francesco e Sforza, seu pai, e Braccio, de Perúgia. Não aprovo esse costume de manter reunidos os homens das armas, não apenas por ser uma ação corrupta, mas por poder causar grandes males.

Cosme: – Vossa Senhoria conseguiria manter-se sem eles? E se decidisses por mantê-los, como o faria?

Fabricio: – Por meio de um decreto, que certamente seria diferente do outorgado pelo rei da França, pois seus exércitos são tão perigosos e insolentes como o nosso; seria algo nos moldes dos antigos, que fizeram de seus súditos cavaleiros, e, em tempos de paz, os enviaram de volta para suas casas para que vivessem da prática de sua profissão, como discutiremos mais aprofundadamente antes do término desta conversa. Assim, se essa parte do exército vive agora dessa prática mesmo quando há paz, deriva de uma ordem corrupta. Quanto às provisões que me são reservadas, assim como para outros líderes, digo-lhe que também são corruptas, pois uma República sábia não as deve fornecer a ninguém; pelo contrário, deveria empregar seus cidadãos como líderes na guerra e, em tempos de paz, desejar que eles retornassem às suas profissões. Do mesmo modo, um rei sábio não deve oferecer-lhes provisões, mas, se esse for o caso, jamais o fazer sem que haja um motivo, como uma recompensa por um ato de excelência ou para valer-se desse indivíduo tanto em tempos de paz quanto nos de guerra. E, já que mencionastes meu nome, quero que o exemplo inclua-me. Digo-lhe que nunca pratiquei a guerra como profissão, pois minha arte é governar meus subordinados e defendê-los; mas para defendê-los na paz, preciso amá-la (a paz) e, ao mesmo tempo, estar preparado para a guerra; meu rei não me recompensa ou estima pelo que sei sobre a guerra, mas por meus conselhos durante os tempos de paz. Nenhum soberano que queira governar com prudência deveria, portanto, desejar manter a seu lado alguém que dessa forma não seja constituído; o soberano que estiver cercado somente por amantes da paz, ou apenas por defensores da guerra, verá que ambos irão conduzi-lo a erros. Não posso, neste primeiro debate sobre minhas convicções, dizer-lhe o contrário; se minhas respostas não lhes forem suficientes, deverás procurar por outras que esclareçam suas dúvidas. Vossa Senhoria já deve começar a perceber as enormes dificuldades em se aplicar os métodos antigos nas guerras modernas, assim como os preparativos que um homem sábio deve fazer e as oportunidades que ele deve esperar para colocá-las em execução. Mas, caso não se canse da discussão, pouco a pouco saberás mais sobre essas coisas.

COSME: – Se mesmo antes de ouvi-lo discorrer sobre essas questões já nos sentíamos ávidos pelo conhecimento, depois do que dissestes, sentimo-nos ainda mais ansiosos. Suplicamo-lhe, portanto, para que continues vossa narrativa.

FABRICIO: – Já que esse é o vosso desejo, gostaria de começar a tratar desse assunto a partir do início, o que me permitirá abordá-lo de maneira mais profunda, proporcionando-lhes maior clareza. O objetivo daqueles que querem fazer a guerra é o de ser capaz de combater em qualquer campo e contra qualquer inimigo, e, finalmente, de vencer qualquer embate. Para isso, devem levantar um exército, mas, para a criação dele, é necessário encontrar homens, armá-los, organizá-los, treiná-los em pequenas e grandes batalhas, apresentar-lhes e, então, mais tarde, expô-los ao inimigo, seja como um alvo estático ou em marcha. Toda a perspicácia da guerra está disposta nessas necessárias e honradas ações. Se os militares são bem-sucedidos em oferecer batalha ao inimigo, todos os outros erros que possam cometer tornam-se suportáveis, mas se não dispõem de organização, a despeito de sua valentia, jamais alcançarão a vitória ou a honra. Pois, assim como uma vitória anula todo e qualquer erro que tenhas cometido, também um erro tornará suas conquistas inúteis. Uma vez que é fundamental que se encontrem homens para a guerra, deve-se, em primeiro lugar, realizar o *deletto** (seleção), que os antigos denominavam *scelta*. Contudo, optando por um termo mais honrado, preservaremos a palavra *deletto*. Aqueles que elaboraram regulamentos

* O termo em português é "leva", o recrutamento forçado que serve de base para a escolha dos melhores soldados. (N.T.)

para a guerra, querem que seus homens sejam escolhidos nos países de clima temperado, pois eles têm espírito e são prudentes. Os países quentes dão origem a homens prudentes, mas pouco animados, já os países frios, a indivíduos espirituosos, mas pouco prudentes. O presente regulamento serve bem aos propósitos daquele que é O príncipe de todo o mundo e que se vê autorizado a chamar os homens a partir dos lugares que lhe parecerem mais adequados. Contudo, a elaboração de um regulamento viável para quaisquer reinos exigiria que seus exércitos fossem reunidos dentro de suas próprias fronteiras, independentemente do clima da região. Pois, a partir de exemplos antigos, percebemos que, em cada país, bons soldados são feitos por formação e que, onde falha a natureza, os esforços e o afinco a substituem; e isso supera a própria natureza. Selecionar esses homens noutro lugar não poderia ser chamado *deletto*, já que essa palavra implica extrair o melhor de uma província e poder escolher tanto entre os que desejam lutar como entre aqueles que não o desejam fazer. O *deletto*, portanto, não pode ser aplicado por um comandante, a menos que os lugares lhe sejam subordinados, já que não se pode obrigar homens de outros países a acompanhá-lo na guerra, mas contar apenas com os que desejam reunir-se a ele.

COSME: – E mesmo entre os que desejam segui-lo, podemos considerar que ainda podem existir os que ficam para trás, o que justifica o uso do termo *deletto*.

FABRICIO: – De certo modo, o que dizes é verdade. Consideremos as falhas que o *deletto* trás em si e muitas vezes perceberemos que a escolha, de fato, não ocorre. A primeira falha está no fato de que aqueles que não são seus súditos e, portanto, não desejam lutar de bom grado não são propriamente os melhores, mas os piores de suas províncias. Referimo-nos, nesse caso, aos problemáticos, ociosos, sem limites nem religião e alheios à vontade do Pai.

São os blasfemos, os jogadores e os mal-educados. Tais hábitos e características não podem ser mais contrários a uma vida militar. Quando o número desses homens ultrapassa o previamente designado, é possível selecioná-los; contudo, se o material todo é ruim, o *deletto* torna-se impossível. Ainda assim, muitas vezes o número total de homens disponíveis não é tão grande, de modo que todos acabam sendo requisitados. Mais uma vez, esse processo não pode ser considerado um *deletto*, mas um alistamento de infantaria. Os exércitos da Itália, e mesmo em outros lugares, sofrem desses males, exceto a Alemanha, onde ninguém é alistado pelo comando do príncipe, mas de acordo com seus próprios desejos. Pensai, portanto, em quais antigos métodos poderiam ser introduzidos atualmente num exército de homens reunidos por meios semelhantes.

Cosme: – E que meios deveriam, então, ser empregados?

Fabricio: – Justamente o que acabo de lhes dizer: eles deveriam ser selecionados dentro da região em que vivem e sob a autoridade do seu príncipe.

Cosme: – E, nessas escolhas, seriam introduzidos meios antigos?

Fabricio: – Sabeis que assim o seria, afinal, se falamos de principado, quem deveria comandar as ações de guerra é o próprio príncipe ou um senhor por ele designado; se falamos de República, caberia a um cidadão que, por algum tempo, assumisse a posição de comando encabeçar o exército. Nada jamais funcionaria de outro modo.

Cosme: – Por quê?

Fabricio: – Eu lhes direi no devido tempo. Por enquanto, o que lhes digo é apenas que não poderia ser benfeito de outra maneira.

Cosme: – Se precisardes, portanto, realizar um *deletto* em seu país, onde julgas mais apropriado, na cidade ou no campo?

Fabricio: – Todos os que escreveram sobre isso concordam que o melhor seria selecioná-los a partir do campo, pois são homens acostumados ao desconforto, criados em trabalhos rígidos, habituados ao sol e dispostos a evitar a sombra; sabem como lidar com a espada, como escavar uma vala e transportar uma carga pesada, e tudo isso sem ostentar astúcia ou malícia. Em minha opinião particular, porém, acredito que, por haver dois tipos de exército, a infantaria e a cavalaria, também deveriam os homens ser selecionados em dois lugares: os que seguem a pé deveriam vir do campo, já os que seguem a cavalo, deveriam ser escolhidos nas cidades.

Cosme: – E em que idade Vossa Senhoria os escolheria?

Fabricio: – Se eu tivesse de reunir um exército totalmente novo, gostaria que os homens tivessem entre 17 e 40 anos de idade; no entanto, se o objetivo fosse reabastecer um exército já existente, a idade seria sempre 17.

Cosme: – Eu não entendo bem tal distinção.

Fabricio: – Então irei explicar melhor. Se precisasse organizar um exército onde nenhum existisse, ele deveria contar com todos os homens mais capazes, desde que em idade militar, a fim de que pudesse instruí-los devidamente. Mas se coubesse a mim a realização de um *deletto* em lugares onde o exército já fosse organizado, a fim de o completar, gostaria de ter à minha disposição apenas os jovens de 17 anos de idade, porque os outros soldados, recrutados há algum tempo, já teriam sido selecionados e instruídos.

COSME: – Vejo que gostarias de recrutá-los segundo os moldes já existentes em nossos países.

FABRICIO: – Disseste-o bem: é verdade que eu os armaria, comandaria, treinaria e organizaria bem, mas não sei se do mesmo modo como vós o fazeis.

COSME: – Então, pelo que percebo, louvais a regulamentação existente?

FABRICIO: – Por quê? Desejais que eu a condene?

COSME: – Porque são muitos os sábios que a censuram.

FABRICIO: – Quando dizes que homens sábios condenam a ordenação, parece-me contraditório: um indivíduo pode ser considerado sábio, mesmo sem o ser, de fato.

COSME: – As conclusões erradas por ele alcançadas sempre nos levam a tal parecer.

FABRICIO: – Cuidado, pois o defeito não é seu, mas dele: o que oferecestes de prova anteriormente sustenta vossa opinião.

COSME: – Falais de modo compassivo. Mas lhe digo que deveis ser capaz de justificar-se melhor em relação àqueles que são acusados. Sobre as regulamentações, esses homens ora nos dizem que nossa confiança é inútil e que nos fará perder o Estado, ora nos falam da virtude da ordenança e que aquele que governa por meio dela poderá facilmente nos privar dele (o Estado). Eles citam os Romanos, que por suas próprias armas perderam sua liberdade; citam os Venezianos e o rei da França; dos primeiros dizem que, a fim de não ter de obedecer a seus próprios cidadãos, empregam estrangeiros; sobre o rei, alegam ter desarmado o próprio povo para, desse modo, poder comandá-los mais facilmente. Mas temem a inutilidade de ambos os atos, citando duas razões principais: o fato de serem inexperientes e o de terem de lutar pela força. Afirmam que nada se aprende dos grandes homens na vida adulta e que nada se constrói pela força.

FABRICIO: – Como hei de lhes mostrar, todos os motivos por vós apresentados são de homens que não enxergam longe. Quanto à inutilidade, digo-lhes que nenhum exército é mais útil do que o seu, nem poderia ser diferente. Não vejo razão para perdermos tempo debatendo esta questão, pois todos os exemplos da história antiga já o fizeram. E já que citam a inexperiência e a força, digo-lhes [que é verdade] que a experiência em mãos inaptas dá origem ao espírito fraco – pouco entusiasmo – e que a força leva ao descontentamento. Contudo, a experiência e o entusiasmo proporcionam ganhos no armamento, no treinamento e na organização dos exércitos, como verás na primeira parte desta discussão. Mas a força pressupõe que os homens sejam dirigidos para o exército por ordem do príncipe. Eles têm de comparecer, seja inteiramente pela força ou de maneira totalmente voluntária; mas se tal participação fosse oriunda inteiramente do desejo, não haveria como realizar um *deletto*, já que somente alguns deles se apresentariam; do mesmo modo, seu comparecimento exclusivamente pela força produziria maus resultados. Portanto, deve-se alcançar um meio-termo, que não implique nem o uso da força nem a dependência da colaboração voluntária. Eles devem surgir atraídos pelo respeito de atender seu príncipe e pelo medo de desapontá-lo, e não de serem punidos. É importante que a compulsão e a vontade estejam sempre de mãos dadas, pois o descontentamento não deve surgir, ou provocará efeitos ruins. Não digo, contudo, que um exército assim constituído não possa ser derrotado. Muitas vezes os exércitos romanos foram derrotados; até mesmo os homens de Aníbal foram destruídos. Nenhum exército, portanto, pode ser organizado de tal modo a garantir sempre a vitória. Os sábios aos quais se refere não podem julgar a inutilidade pelo fato de terem perdido uma vez. Todos podem perder, mas podem também sair vitoriosos quando aprendem a corrigir seus erros. Os comandantes devem olhar para isso e perceber que uma derrota não acontece em função de um único erro, mas devido a uma organização insuficiente. E, como disse anteriormente, não se deve censurar a organização, mas corrigi-la; a melhor maneira de fazê-lo conhecerás aos poucos.

Quanto ao medo de que tal organização entregue o Estado nas mãos de um líder, digo-lhes que as armas entregues aos cidadãos ou súditos pelas leis e decretos jamais lhe irão causar quaisquer danos. Pelo contrário, servirão para preservar esse mesmo Estado incorruptível por períodos mais duradouros. Enquanto armada, Roma permaneceu livre por quatrocentos anos; Esparta, oitocentos; Muitas cidades foram, contudo, desarmadas, e permaneceram livres por menos de quarenta anos. As cidades precisam de armas e, quando não as possuem, dependem da contratação de estrangeiros armados. Estes, porém, são mais propensos ao dano público que os habitantes das próprias cidades, pois são mais facilmente corrompidos. Um cidadão que se torna poderoso pode buscar os próprios benefícios e controlar o povo com mais facilidade, oprimindo os homens desarmados. Nesse caso, uma cidade passará a temer dois inimigos em vez de um. Aquele que se utiliza de estrangeiros imediatamente deverá temer não apenas seus próprios cidadãos, mas os estrangeiros contratados, fazendo-me lembrar o que disse há pouco sobre Francesco Sforza. Verás que o medo deve de fato existir. Aquele que emprega suas próprias armas não temerá outros que não seus próprios cidadãos. Mas de todas as razões que podem ser oferecidas, gostaria de valer-me da seguinte: ninguém jamais estabeleceu qualquer reino ou república sem considerar que estes deveriam ser defendidos com armas: e se os Venezianos tivessem agido com a mesma sapiência usada em suas outras instituições, teriam criado para si um novo reino; tal censura cabe-lhes ainda mais pelo fato de terem sido os primeiros a serem armados por seus fundadores. E, sem domínio sobre a terra, eles armaram-se sobre o mar, onde travaram guerras por meio da virtude; com armas nas mãos, ampliaram seu território. Mas quando chegou o momento de combater em terra e defender Veneza, e no momento em que mais deveriam usufruir de seus próprios cidadãos, alistaram como seu capitão um estrangeiro, Marquês de Mântua.* Esse foi o início do curso sinistro que tomou o império e que impediu sua expansão. Teve início a partir da crença equivocada de que um comandante que tão bem empunhava suas armas no mar não o saberia fazer em terra. Mas um comandante do mar, acostumado a lidar com os ventos e a controlar a água e os homens, teria mais facilidade em lutar em terra, onde confrontaria apenas homens, diferentemente de outro, acostumado a lutar em terra e que dificilmente haveria de se adaptar à luta no mar. Já os meus romanos – que conheciam sobre o combate em terra, mas não no mar –, diante dos poderosos cartagineses, deixaram de alistar gregos e espanhóis tão experientes nas águas e lançaram mão dos mesmos cidadãos que tinham lutado em terra, e venceram. Se fizeram isso para que um dos seus cidadãos não se tornasse tirano, esse era um medo ao qual foi dada pouca consideração, pois, se um cidadão qualificado no uso de armas em suas batalhas no mar nunca tornou-se um tirano numa cidade sobre a água, muito menos haveria de se tornar se o embate ocorresse em terra firme. Por essa razão, os romanos devem ter percebido que as armas nas mãos de seus próprios cidadãos não poderiam criar tiranos, mas as instituições de um mau Governo, que promovem a tirania. Porém, como possuíam um bom governo, não temiam as armas de seus próprios cidadãos. Esta, contudo, foi uma posição imprudente, pois os privou de muita glória e felicidade. Quanto ao erro cometido pelo rei da França, que não preparou nem disciplinou seu povo para a guerra, e a partir dos exemplos

* Gianfrancesco Gonzaga foi o primeiro Marquês de Mântua, de 1433 até sua morte em 1444. (N.T.)

anteriormente citados, não há ninguém [desprovido de alguma paixão particular] que não julgue esse defeito como pertencente à República, e veja que tal negligência é exatamente o que a enfraquece. Mas receio ter-me distanciado do assunto em questão, ainda que o fizesse para responder às suas perguntas e mostrar-lhe que nenhum recurso pode ser obtido com armas que não as próprias, nem sem o uso da disciplina; nem as formações militares podem ser introduzidas em qualquer lugar. Se lestes as regras pela primeira vez estabelecidas pelos reis em Roma e, sobretudo, as de Sérvio Túlio,* verás que a instituição de classes não difere nem um pouco dos arranjos para se conseguir rapidamente reunir um exército para a defesa daquela cidade. Mas, voltando ao *deletto*, repito que, se tivesse de reconstituir um exército já existente, recrutaria apenas jovens de 17 anos, mas, se tivesse de dar início a um novo, contaria com homens de todas as idades, dos 17 aos 35 anos, pois somente assim poderia aproveitá-los rapidamente.

Cosme: – Farias alguma distinção quanto às profissões exercidas previamente?

Fabricio: – Esses escritores** fazem distinções por não considerarem aptos os caçadores de pássaros, os pescadores, os cozinheiros, os proxenetas ou aqueles que sobrevivem de suas vocações pela arte; preferem os lavradores, os ferreiros, os serralheiros, os carpinteiros, os caçadores, os açougueiros e outros profissionais desse tipo. Quanto a mim, a vocação desses homens faria pouca diferença. O importante seria o quanto seriam úteis às necessidades do exército. Nesse aspecto, os camponeses, homens com profissões que podem ser comparadas a quaisquer outras, são os mais úteis. Depois deles vêm os ferreiros, os carpinteiros e os sapateiros, que servem em muitas áreas.

---

* Rei romano de origem etrusca, responsável pela construção da primeira muralha de Roma e por proclamar as primeiras leis sociais. (N.T.)

** Referência a autores da Antiguidade, como Plutarco, Suetônio, Tito Lívio e outros. (N.T.)

COSME: – E como se reconhecem aqueles que são aptos para o combate e os que não o são?

FABRICIO: – Quero falar-lhe da forma de seleção de uma nova organização para, posteriormente, transformá-la num exército; o mesmo aplica-se ao debate sobre a seleção de homens para compor um exército já existente. Digo-lhes que a escolha de um bom soldado ocorre a partir de sua experiência, com base em alguns de seus feitos excelentes ou, ainda, por conjecturas. A prova da virtude não pode ser encontrada em homens que foram recentemente selecionados, mas naqueles que jamais o haviam sido antes; e pouca ou nenhuma dessa virtude pode ser observada numa recém-estabelecida organização. Faz-se necessário, portanto, na falta da experiência, recorrer à conjectura, que é derivada de sua idade, profissão e aparência física. Os dois primeiros aspectos já foram discutidos; cumpre-nos, portanto, discorrer sobre o terceiro. Alguns preferem os homens mais altos, como Pirro;* outros escolhem seus homens pela robustez do corpo, como César. Tal vigor é observado na composição dos membros e na graça de aspecto. Há, ainda, os que dizem que o homem das armas deve ter olhos vivos e alegres, pescoço forte, grande peitoral, braços musculosos, dedos alongados, estômago pequeno, coxas arredondadas, pernas e pés elegantes, características que geralmente tornam um homem forte e ágil, duas das qualidades mais importantes num soldado. Ele deve, acima de tudo, ter bons hábitos e trazer consigo sentimentos de honestidade e vergonha. Se esse não for o caso, os homens selecionados serão apenas um instrumento para o surgimento de desavenças e problemas, assim como para o início da corrupção, pois ninguém pode ou deve acreditar na existência de virtude onde não há honestidade mas prevalecem as mentes brutais, embora nisso possa haver algum valor. Não me parece supérfluo, e considero até necessário para a compreensão da importância dessa seleção, discorrer sobre

* Pirro foi rei do Épiro e da Macedônia. Tornou-se famoso por ter sido um dos principais opositores a Roma. (N.T.)

o método que os Cônsules romanos, no início de sua magistratura, utilizavam para selecionar suas legiões. Em tal *deletto*, devido à condição contínua das guerras, os mais jovens mesclavam-se com os mais velhos. Procedia-se à escolha a partir da experiência e da idade (entre os veteranos) e das conjecturas (entre os mais novos). Cumpre-nos observar que tais escolhas eram feitas tanto para a contratação imediata como futura. Concentrar-me-ei nos empregos futuros, já que minha intenção é demonstrar-lhe como um exército pode ser organizado nos países onde não há instituição militar e naqueles onde não se pode realizar o *deletto*. Falaremos, também, daqueles nos quais já existe o costume de convocar exércitos e, por meio do Príncipe, escolher os soldados, como foi observado em Roma e, hoje, é observado na Suíça. Nas ocasiões de *deletto*, se muitos são jovens, há também inúmeros que estão bem acostumados à vida militar; quando esses homens se misturam, cria-se um conjunto sólido e de boa qualidade. Apesar disso, quando os imperadores passaram a manter seus quartéis, experimentaram alocar homens mais preparados junto aos *tironi*,* para que os primeiros os pudessem treinar. Isso pode ser visto durante o comando do imperador Maximino Trácio.** Enquanto Roma era livre, tal prática deu-se na cidade, não nos exércitos. Esse processo tornava aqueles que posteriormente fossem escolhidos para a guerra plenamente preparados para exercer suas funções, já que tinham sido cuidadosamente adestrados. Mais tarde, quando imperadores erradicaram tais métodos, tornou-se novamente necessário empregar os anteriormente descritos, chegando-se mais uma vez ao *deletto* romano. Os cônsules romanos, que haviam acabado de assumir a magistratura e a quem cabia a continuidade da guerra, na tentativa de organizar seus exércitos [como de costume, cada um deles detinha duas legiões de homens romanos, que funcionavam como o centro nervoso de seus exércitos], criaram 24

* Nome dado aos recrutas do exército romano. (N.T.)

** Imperador romano de 235 a 238 d.C., descrito em várias fontes antigas como o primeiro bárbaro a usar a púrpura imperial (vestimenta dos reis) e o primeiro Imperador que nunca esteve em Roma. (N.T.)

tribunos militares e nomearam seis deles para cada legião. Estes desempenhavam as tarefas daqueles que hoje denominamos condestáveis.* Depois de reunirem todos os homens romanos capazes de empunhar armas, os tribunos de cada legião eram separados uns dos outros. Os grupos eram, então, sorteados e a primeira seleção era feita. Quatro de seus melhores homens eram escolhidos, dos quais um era eleito pelos tribunos da primeira legião, outro, pelos tribunos da segunda legião, um terceiro, pelos tribunos da terceira legião e um quarto, pela última legião. Depois desses quatro, outros quatro eram selecionados, mas, dessa vez, o primeiro homem seria escolhido pelos tribunos da segunda legião, o segundo, pelos representantes da terceira, o terceiro, pela quarta legião e, finalmente o quarto, pela primeira legião. Tal método provocava sucessivas variações e, desse modo, a seleção tornava-se igual para todas as legiões. E, como dito anteriormente, tal processo era realizado quando os homens precisavam ser utilizados de imediato. E tendo tais indivíduos já experimentado a guerra ou, pelo menos, passado pela simulação de batalhas, esse *deletto* se realizava com base em conjecturas e experiência. Mas quando um novo exército era organizado e a seleção visava ao emprego futuro, tal *deletto* em nada poderia basear-se além de conjecturas que consideravam apenas a idade e a aparência física.

COSME: – Acredito em tudo o que dissestes, mas antes de passarmos à próxima discussão, gostaria de perguntar-lhe a respeito de algo que me fez lembrar quando mencionou que o *deletto* de homens não acostumados à vida militar deveria ser feito a partir de conjecturas. Inúmeras vezes nossa organização foi censurada, especialmente em relação ao número de homens que a compunha. Muitos alegam que ela deveria ser menor, o que garantiria a melhor qualidade dos indivíduos e, assim, uma seleção mais

* Cargo ocupado pelo superintendente das cavalariças, mas que se tornou, posteriormente, um importante cargo militar. Cabia a ele o comando da vanguarda do exército, caso faltasse um representante de mais alto grau. (N.T.)

adequada. Dizem, ainda, que uma recompensa deveria ser oferecida aos soldados, pois isso lhes traria contentamento e garantiria mais afinco. Gostaria, portanto, de que compartilhasses conosco vossa opinião. Preferirias um número maior ou menor de homens? E que métodos aplicarias para selecionar os soldados em ambos os casos?

FABRICIO: – Sem dúvida, o maior número é mais desejável e necessário do que o menor. Digo-lhes mais: onde um grande número não estiver disponível, uma organização perfeita não poderá ser alcançada. Refutarei com tranquilidade todos os motivos citados a favor do menor número. Em primeiro lugar, a escolha de um pequeno número de homens onde a população é grande, como, por exemplo, na Toscana, não lhe proporcionaria acesso aos melhores nem tornaria o *deletto* mais seletivo; esperar julgá-los com base em sua experiência não seria válido, já que apenas uns poucos teriam provavelmente defendido seu país e, desses poucos, um número ainda mais reduzido teria alcançado mérito em sua participação. Estes, portanto, seriam facilmente escolhidos antecipadamente. Neste sentido, qualquer um que estivesse a realizar a seleção deixaria de lado a experiência e os levaria por conjectura. Quanto aos jovens, pergunto-me: se me fossem trazidos 20 jovens de boa aparência física, que regras eu adotaria para os escolher ou os rejeitar? Sem dúvida, acredito que o menor erro seria escolher todos eles, armá-los e treiná-los, sem qualquer certeza sobre quais deles seriam os melhores, deixando o *deletto* para mais tarde, quando os de maior coragem e vitalidade poderiam ser, de fato, observados. Desse modo, então, a seleção de alguns, nesse caso, com a finalidade de se ter os melhores, é inteiramente falsa. Quanto ao fato de causar menos dificuldades e problemas ao país e aos homens, digo-lhes que leis insuficientes ou de má qualidade não causam, por si só, qualquer dificuldade, pois tal ordem não força os homens a deixar para trás seus afazeres nem os priva da possibilidade de realizar seus negócios, mas apenas os obriga a se reunirem em seus dias livres, o que não causa, nem a eles nem ao país, qualquer mal. Para os jovens, tal processo deveria ser agradável, pois, em vez de permanecerem indolentes em seus redutos durantes os feriados, poderiam atender tais exercícios com prazer e alegria e aprender a lidar com as armas. Quanto à possibilidade de pagar mais a um menor número de soldados, respondo que nenhuma organização de tão poucos pode ser mantida, nem seus homens pagos continuamente com soldos que os satisfaçam. Por exemplo, se um exército de 5 mil homens precisa ser organizado e pago de modo satisfatório, cada um deveria receber pelo menos 10 mil ducados* por mês. Porém, tal número de soldados não seria suficiente para garantir um exército. Em contrapartida, tal dívida se mostraria insuportável para o Estado e insuficiente para manter esses homens respeitosos e subordinados. Portanto, tal método não proporcionaria o poder necessário nem garantiria sucesso em qualquer empreitada. Se optasses por oferecer-lhes mais ou contratá-los em maior número, ainda mais difícil haveria de se tornar a situação, mas se decidisses por lhes pagar ainda menos ou convocá-los em menor número, certamente se mostrariam menos úteis à pátria. Portanto, sempre haverá aqueles que consideram tais despesas inúteis, entretanto, elas são realmente necessárias para o impedimento de uma guerra. E mesmo que tal disposição represente alguma dificuldade aos requisitados em tempos de paz, o que particularmente não vejo, eles ainda são recompensados pelos benefícios que um exército criado numa cidade pode oferecer-lhes, pois, sem ele, nada é seguro. Concluo que todo aquele que deseja um pequeno número, a fim de ser capaz de o recompensar ou por qualquer outro motivo mencionado, não faz ideia do que está dizendo; é preciso reconhecer que qualquer número de homens acabará por diminuir diante dos infinitos impedimentos que se apresentam em qualquer batalha, confirmando que um pequeno número jamais será

* Moeda de ouro antiga utilizada em vários países europeus, em diversas épocas. (N.E.)

bem-sucedido. No entanto, uma grande organização sempre poderá recorrer à eleição de poucos ou muitos a seu arbítrio. Além disso, ao grande número de homens sempre lhe servirá a reputação. Por outro lado, na criação de uma organização, para que se possa manter os homens devidamente treinados, é preciso que eles estejam próximos uns dos outros, pois será impossível reuni-los para os exercícios sem lhes causar prejuízo. E parece óbvio que, sem treinamento, nenhuma organização militar sobrevive, como será discutido no tempo oportuno.

Cosme: – Vossa resposta parece-me suficiente, todavia, gostaria que resolvesses outra dúvida. Há quem diga que uma multidão de homens armados causaria confusão, angústia e desordem ao país.

Fabricio: – Dar-lhe-ei outra vã opinião. Tais organizações militares podem causar distúrbios de duas maneiras: entre si ou contra outros. Ambas podem ser evitadas, mesmo que a disciplina da organização não o faça. Quanto aos problemas que surgirem entre os homens, caberá à organização suprimi-los, pois é ela quem provê as armas e estabelece os líderes. Se o país em questão for tão pouco belicoso que seus habitantes não ostentem armas e seus homens tão unidos que não possuam líderes, tal organização irá torná-los ainda mais ferozes contra o estrangeiro, mas jamais menos unidos; homens bem-organizados, armados ou não, temem as leis. Esses homens jamais mudarão, a menos que os líderes lhes ofereçam motivo para tanto. Dir-lhe-ei, mais tarde, a maneira de se fazer isso. Em contrapartida, se o país onde organizas um exército é guerreiro, mas seus homens desunidos, tal exército por si só já será motivo suficiente para os unir, pois esses homens já têm suas próprias armas e líderes; tais armas serão, contudo, inúteis para a guerra, e tais líderes apenas causarão problemas; entretanto, a organização deverá lhes fornecer as armas necessárias, assim como líderes que possam de fato extinguir problemas. Fora do exército, quando alguém é ofendido em seu país, recorre ao seu líder de facção, que, para manter sua reputação, aconselha-o a vingar-se em vez de permanecer em paz. Já o dirigente público age de modo contrário, removendo e substituindo os causadores de problemas por aqueles que promovem a união. As províncias já unidas abandonam sua fragilidade e efeminação e passam a demonstrar força; as desunidas reúnem suas forças e transformam sua ferocidade desordenada em utilidade pública. Quanto ao fato de os homens desejarem causar mal uns aos outros, todos devem ter em mente que isso não lhes é permitido, exceto pelo comando dos líderes que os governam. Para impedir que os dirigentes evitem transtornos, é preciso ter cuidado para que estes não adquiram demasiada autoridade sobre seus homens. É preciso lembrar que a autoridade é adquirida naturalmente ou por acidente: quanto à natureza, deve ser estabelecido que quem nasce num determinado lugar não deve comandar homens de sua mesma origem, mas de outras com os quais não tenha a mesma ligação e afinidade naturais. Quanto aos acidentes, a organização deve ser tal que a cada ano os líderes sejam trocados de comando, para que sempre estejam à frente de grupos diferentes, evitando a autoridade contínua sobre os mesmos homens, o que poderia facilmente gerar prejuízo ao príncipe. Tais permutas serão úteis àqueles que as respeitam e danosas aos que não as observam. Bons exemplos disso são o Reino da Assíria e o Império dos Romanos. O antigo reino gozou de mil anos de tranquilidade, sem tumultos ou guerras civis, e isso deve-se exclusivamente ao intercâmbio de seus comandantes, que eram anualmente enviados de um local para outro. O oposto ocorreu com o Império Romano, assim que o sangue dos Césares foi extinto. Inúmeras guerras civis surgiram entre os comandantes dos exércitos, além de outras tantas conspirações engendradas por esses mesmos comandantes contra seus imperadores. Toda essa turbulência resultou da continuação dos comandantes em seus regimentos. Se quaisquer desses imperadores, Adriano, Marco Severo e outros como eles, tivessem observado tais acontecimentos e introduzido o costume de troca entre os comandantes, certamente sua jornada teria sido mais pacífica e duradoura. Nesse caso, os comandantes teriam deparado com menos oportunidades para criar tumultos, os imperadores teriam menos razões para os temer e o Senado, em face de maior tranquilidade na falta de sucessão, teriam maior autoridade na eleição de novos imperadores. Porém, seja pela ignorância dos homens ou por sua falta de diligência, é impossível eliminar os maus hábitos, seja a partir de bons ou maus exemplos.

COSME: – Não estou certo se a minha pergunta o fez desviar de seu próprio caminho, já que, do *deletto*, acabamos por discutir outras questões. Se não puderes desculpar-me por isso, acredito ser merecedor de alguma censura.

FABRICIO: – Não houve qualquer mal em toda esta discussão, até porque, já que tantos censuram a organização do exército, nos cumpre explicá-la para que todos melhor a compreendam, antes mesmo de dar espaço ao *deletto*. Antes, contudo, de partir para outras questões, quero discutir o *deletto* dentro da cavalaria. Esta seleção era realizada pelos antigos entre os mais ricos e eram levadas em consideração tanto a idade como a qualidade dos homens. Trezentos cavaleiros eram escolhidos para cada legião, de modo que, em cada exército consular, a cavalaria romana não fosse superior a seis centenas.

COSME: – Seria possível organizar a cavalaria para que treinassem em casa e fossem aproveitados no devido tempo?

FABRICIO: – Na verdade, isso é uma necessidade e não se pode fazê-lo de outra maneira. Se quiserdes que esses homens empunhem suas armas em seu nome, não as poderá levar para longe daqueles que as carregam como profissão.

Cosme: – Como Vossa Senhoria faria a seleção?

Fabricio: – Imitaria os romanos: os escolheria dentre os mais ricos e lhes daria líderes, como já ocorre nos tempos atuais. Então lhes forneceria armas e os treinaria.

Cosme: – Seria conveniente oferecer-lhes alguma provisão?

Fabricio: – Sim, certamente, mas apenas o necessário para que cuidassem de seus cavalos; estes geram gastos aos seus proprietários, que acabam por queixar-se a Vossa Senhoria. Seria necessário, portanto, pagar-lhes pelas despesas com os cavalos e por sua própria manutenção.

Cosme: – Quantos cavaleiros reuniria? Como os armaria?

Fabricio: – Esta é, sem dúvida, outra questão que será devidamente discutida quando discorrermos sobre o modo como a infantaria deveria estar armada e como deveria estar preparada para um compromisso.

Comentários

Delectus

No Livro primeiro, de A arte da guerra, Maquiavel aborda a "seleção de soldados," ou delectus. Questionado por Cosme Rucellai, o condottiero,* Fabricio Colonna revela a importância de um exército (neste caso uma empresa) ostentar sua melhor formação. Isso significa, principalmente, contar com pessoas que tenham dedicação plena tanto pelas atividades militares (profissionais), quanto pelas civis (pessoais e familiares). O soldado deve devotar-se completamente à arte da guerra e também à sua arte pessoal. Basicamente, é preciso encontrar o equilíbrio entre soldados novos e experientes, e evitar aqueles que não sejam da mesma região do quartel – sob o risco de não encontrar neles o comprometimento ideal. Fabricio destaca ainda que a pólvora (tecnologia e modernidade) também é deveras importante para um exército, mas ela não resolve sozinha: antes disso, é preciso que haja muito treinamento para todos os níveis da armada. Sem ele, não se vence batalha alguma...

(Julio Sergio Cardozo)

* O *condottiero* era um senhor feudal ou líder militar que controlava uma milícia mercenária. Detinha autoridade absoluta sob os milicianos. (N.E.)

Livro Segundo

FABRICIO: – Creio que uma vez que os homens são escolhidos, cabe-nos armá-los. E, se o quisermos fazer, acredito que seja necessário examinar o que os antigos usavam e escolher o que de melhor existir. Os romanos dividiam a sua infantaria em dois grupos: a pesada e a ligeira. A segunda era composta pelos vélites,* soldados que ostentavam armas leves, como fundas, bestas e dardos. A maioria dispunha de um capacete e de um escudo sobre o braço, para ser usado em defesa própria. Esses homens lutavam fora das fileiras regulares, que eram compostas pelos soldados que vestiam armaduras pesadas, uma celada que lhes cobria a cabeça e os ombros e uma pesada couraça que, como uma saia, lhes protegia até os joelhos. Braços e pernas estavam recobertos por braçadeiras e gravas. Além disso, também carregavam um escudo, cuja medida era o comprimento de 2 braços** por um de largura. Esse escudo possuía, em sua parte superior, um arco de ferro capaz de suportar fortes golpes, além de outro que impedia o desgaste. Para atacar, contavam com uma espada em seu lado esquerdo e uma adaga do lado direito. Carregavam, ainda, um pilo, que logo no início da batalha era atirado contra o inimigo. Essas foram

---

* Soldado de infantaria leve da Roma Antiga. (N.T.)

** 1 braço equivalia, na época, a 60 centímetros. (N.T.)

as armas importantes que Roma utilizou para conquistar o mundo. E apesar de alguns escritores antigos também se referirem a uma pesada lança, não considero possível que tal arma pudesse ser utilizada, já que seriam necessárias duas mãos para manejá-la, o que me parece impossível, uma vez que um dos braços já empunhava o grande escudo. Além disso, tal arma seria inútil, exceto para a linha de frente, onde haveria espaço suficiente para manobra. Nas demais, tal espaço não existiria. A própria formação dos batalhões previa que os soldados permanecessem juntos, pois isso fazia com que temessem menos a empreitada. Apesar de tal alinhamento parecer inconveniente, as fileiras jamais deveriam dispersar-se. Desse modo, quaisquer armas que excedessem 2 braços de largura seriam inúteis em espaços apertados, pois, se um soldado desejasse manejá-las com as duas mãos e não ser estorvado pelo escudo, isso o impediria de atacar o inimigo. Se, em contrapartida, pretendesse segurar a lança e, ao mesmo tempo, valer-se do escudo, teria de fazê-lo segurando a haste pelo meio. Neste caso, os homens que estivessem atrás não lhe possibilitariam utilizá-la. De qualquer modo, observando as batalhas narradas por Tito Lívio,* pouca referência faz-se a tais lanças, mas inúmeras vezes descreve-se o uso dos pilos e, então, das espadas. Portanto, atenhamo-nos ao uso da espada para o ataque e, dos escudos e demais armas, para a defesa. Os gregos utilizavam-se de menos armas para a defesa e confiavam mais nas lanças do que nas espadas. Isso ocorria principalmente entre as falanges da Macedônia, cujas hastes chamavam-se "sarissas". Tais armas possuíam 10 braços de comprimento e era com elas que se abria espaço entre as fileiras inimigas e se mantinha a ordem nas falanges. E, embora outros autores insistam haver também um escudo, pelas razões expostas anteriormente, não vejo como uma "sarissa" e um escudo poderiam ser utilizados ao mesmo tempo. Além

* Pensador e autor da célebre obra intitulada *Ab urbe condita* (Desde a fundação da cidade), onde relata a história de Roma desde o momento tradicional da sua fundação 753 a.C. até o século I. (N.T.)

disso, não creio ter ouvido qualquer menção ao uso de escudos na batalha travada entre Lúcio Emílio Paulo* e Perseu,** rei da Macedônia, mas somente às "sarissas" e à dificuldade dos romanos em superá-las. Conjecturo, portanto, que uma falange macedônica parecesse bastante com os batalhões suíços de hoje, que dispõem toda sua força nos piques. Os romanos costumavam, também, ornamentar com plumas suas armas e infantaria, o que tornava o exército belo para os amigos e, ao mesmo tempo, terrível para o inimigo. Na Roma Antiga, tudo o que os soldados usavam era um escudo, um capacete e nenhuma outra blindagem. Ostentavam, ainda, uma espada e um bastão longo e fino com uma ponta de ferro, que os impossibilitava manusear adequadamente o escudo. As lanças quebravam-se e os homens acabavam feridos. Com o passar dos tempos, esses soldados começaram a usar os mesmos armamentos que a infantaria, mas seu escudo era muito menor e quadrado. As lanças tinham ferro nas duas pontas, para que, se um dos lados fosse danificado, o outro pudesse ser imediatamente utilizado. Com essas armas, tanto nas mãos da infantaria quanto da cavalaria, os meus romanos ocuparam todo o mundo e devemos assim acreditar, a partir dos frutos que observamos, no fato de que eram os melhores exércitos armados que já se viu. E Tito Lívio, em suas histórias, oferece-nos muitas provas, pois, na comparação com os exércitos inimigos, ele nos diz: "os romanos eram superiores em virtude, nas armas e na disciplina". E, por essa razão, discutimos em mais detalhes as armas dos vencedores, e não as dos vencidos. Parece-me apropriado discutir apenas esse método de armar os soldados. A infantaria utiliza, para sua defesa, uma placa de ferro sobre o peito e, para o ataque, uma lança de 9 braços a qual denominam pique, além de uma espada cuja ponta é mais arredondada do que propriamente afiada. Esse é o armamento básico da infantaria nos dias de hoje. Poucos dispõem

* Famoso general e político romano (230–160 a.C.). (N.T)

** O último rei da Dinastia Antigônida, e também o último de uma linhagem que começara após a morte de Alexandre, o Grande. (N.T.)

de proteção para as pernas ou braços, nenhum, para a cabeça. Alguns, no lugar do pique, fazem uso de uma alabarda, uma haste de 3 braços de comprimento, cuja ponta é luniforme e funciona como um machado. Entre eles, há escopeteiros, cujos disparos lembram os fundadores e besteiros. Esse método de armamento foi estabelecido pelos alemães e, sobretudo, pelos suíços, que, sendo pobres e querendo viver em liberdade, eram, e são, obrigados a combater as ambições dos príncipes germânicos, homens ricos e que possuíam fortes cavalos; e já que a pobreza impedia os menos favorecidos de utilizarem estes animais, surgiu entre eles a necessidade de buscar outros métodos que lhes servisse de defesa contra a fúria do inimigo montado. Afinal, qualquer homem prudente sabe que a infantaria desprovida de armas é totalmente inútil. Eles, portanto, assumiram as lanças, pois sabiam que elas seriam úteis não apenas para os defender dos cavaleiros, mas, até mesmo, para superá-los. E por causa da virtude dessas armas e das ordens antigas, os alemães mais pobres tornaram-se tão audazes, a ponto de 15 ou 20 mil deles lançarem-se em ataque contra qualquer grande número de cavalos. Desde então e nos últimos vinte e cinco anos, muitos têm sido os exemplos, os quais demonstram como a virtude dessas armas e ordens foram poderosas, pois, após a passagem do rei Carlos VIII* pela Itália, cada nação o tem imitado, incluindo a espanhola, que ganhou grande reputação.

COSME: – E qual método de armas mais vos agrada, o alemão ou o romano antigo?

FABRICIO: – O romano, sem qualquer dúvida, mas lhe direi, ainda assim, o que cada um deles tem a seu favor. A infantaria alemã pode enfrentar e superar a cavalaria. Ela é mais ágil em marcha e ao organizar-se, porque não está sobrecarregada com armas e

* Rei da França entre 1484 e 1498. (N.T.)

armaduras. Por outro lado, já que não usam armaduras, esses soldados estão totalmente expostos a golpes, tanto de perto como de longe. São inúteis para atacar fortificações ou até mesmo em lutas nas quais há grande resistência. Os romanos também conseguiram enfrentar e vencer a cavalaria e, com o uso de armaduras, estavam protegidos de golpes de perto e de longe. Tinham, ainda, o escudo, e mesmo em lugares apertados conseguiam valer-se da espada – o que não ocorria com os alemães e seus piques. É claro que o uso da espada sem a proteção do escudo de nada valeria. Ao atacarem fortificações, os romanos tinham a cabeça protegida, mas o escudo lhes dava ainda mais segurança. Seu único desconforto era, portanto, o peso das armas; contudo, uma vez acostumados a isso e que o corpo estivesse treinado para suportar os esforços, praticamente nada os poderia deter. Vossa Senhoria bem sabe que não nos faz sofrer aquilo ao que estamos acostumados. É preciso esclarecer que a infantaria deve ser capaz de lutar contra seus pares, assim como contra a cavalaria. Inúteis são os homens que não conseguem enfrentar os cavaleiros ou que, mesmo que capazes, preferem não o fazer por medo de seu poder e organização. Portanto, se considerásseis as infantarias romana e alemã, encontrarias nesta última grande empenho, mas desvantagens na superação de outra infantaria do mesmo modo organizada ou armada como a romana. Por essa premissa, percebemos que, embora ambos os lados tenham suas qualidades, os romanos são capazes de superar tanto a infantaria como a cavalaria, enquanto os alemães, somente a cavalaria.

COSME: – Apreciaria muito se nos fornecesse algum exemplo mais específico, para que melhor o compreendêssemos.

FABRICIO: – Digo-lhes que, na história, encontrareis inúmeros casos em que a infantaria romana enfrentou e derrotou variadas cavalarias. Jamais, contudo, encontrareis algum caso em que a infantaria romana tenha sido derrotada por homens a pé, seja pela incapacidade de seus soldados ou pela superioridade inimiga. Pois, se o modo como se armaram se demonstrasse defeituoso, teriam, certamente, tomado um de dois cursos: percebendo que o inimigo estivesse melhor preparado, desistiriam de avançar; ou, avaliando a superioridade do estrangeiro, copiariam seus modos e abandonariam seus próprios. Uma vez que nenhuma dessas situações ocorreu, pressupõe-se que os romanos tenham de fato sido superiores. O mesmo não ocorreu com a infantaria alemã, pois, quando precisaram combater homens a pé e tão obstinados quanto eles próprios, seus resultados foram ruins. Quando Filippo Visconti, duque de Milão, foi atacado por 18 mil suíços, mandou o Conde Carmagnola, comandante da época, ao seu encalço. À frente de 6 mil cavaleiros e de uma pequena infantaria, o conde partiu atrás dos suíços, mas enfrentou grandes perdas. Sendo um homem prudente, Carmagnola rapidamente reconheceu o poder das armas inimigas e o quanto aqueles homens organizados tinham prevalecido sobre a fragilidade de sua cavalaria. Ele, então, reagrupou suas forças e mais uma vez foi de encontro aos suíços. Desta vez, contudo, ao se aproximarem, ordenou que seus homens apeassem de seus cavalos e partissem para a luta a pé, matando 3 mil inimigos. Esses inimigos, percebendo que a luta estava perdida, renderam-se.

COSME: – Donde surge tal desvantagem?

FABRICIO: – Já lhes disseste anteriormente, mas como pareces não o ter compreendido, o irei repetir. Os soldados alemães [da infantaria, como dito há pouco, não dispõem de praticamente nenhuma proteção para se defender e usam lanças e espadas em sua ofensiva. Eles, portanto, enfrentam o inimigo contando apenas com suas armas e fileiras. Contudo, quando deparam com soldados protegidos por armaduras (como os de Carmagnola, os quais, a pedido de seu comandante, apearam de seus cavalos e lutaram a pé), percebem que suas lanças pouco lhes são úteis, já que dificilmente podem ser manuseadas em tão pouco espaço. Passam, então, a empunhar suas espadas, mas que, diante de homens recobertos por armaduras, são pouco efetivas. Diante disso, qualquer um que pese as vantagens e desvantagens de um e de outro perceberá a impossibilidade de lutar sem blindagem, pois aquele que estiver protegido por couraças não terá dificuldades em transpor as lanças e, por conseguinte, sairá vencedor. Nas batalhas, como certamente entenderás quando lhe demonstrar como os homens são dispostos em suas fileiras, os soldados aglomeram-se e são atacados no peito. Entretanto, mesmo que um deles caia morto, aqueles que permanecem em pé são tantos que facilmente reivindicarão a vitória. E foi isso que garantiu a vitória de Carmagnola, as poucas baixas em seu exército e o tamanho massacre dos suíços.

Cosme: – Vejo que os soldados de Carmagnola eram, de fato, homens das armas, os quais, embora estivessem a pé, como o inimigo, tinham os corpos cobertos por armaduras e, assim, foram capazes de lutar; considero, portanto, primordial que qualquer infantaria esteja devidamente protegida, se quiser impor similar estratégia.

Fabricio: – Se conseguisses lembrar-se do que eu disse sobre o modo como os romanos estavam armados, não pensarias dessa maneira. Pois um soldado de infantaria que tenha a cabeça recoberta com ferro, o peito protegido por uma couraça e um escudo e braços e pernas escondidos por uma armadura estará muito mais apto a arriscar-se por entre as fileiras inimigas e defender-se de suas lanças, do que um soldado da cavalaria que, por ora, esteja lutando a pé. Dar-vos-ei um pequeno exemplo do mundo moderno. A infantaria caminhou da Sicília rumo ao Reino de Nápoles, a fim de ir ao encontro de Gonzalo de Córdoba,* que fora sitiado pelos franceses em Barletta. Os homens depararam com o monsenhor D'Obigni e seus homens de armas, além de cerca de 4 mil soldados da infantaria alemã. Os alemães, aglomerados com lanças em

* General e político espanhol. (N.T.)

punho e em posição baixa, penetraram nas fileiras da infantaria espanhola. Esta, auxiliada por suas esporas e pela agilidade de seus homens, misturou-se aos alemães, impedindo que estes se utilizassem de suas armas, resultando na morte de quase todos os germânicos e na consequente vitória espanhola. Todos sabem o número de alemães que foram mortos no confronto de Ravena. Tais perdas resultaram dos mesmos erros anteriormente cometidos, já que a infantaria espanhola mais uma vez conseguiu infiltrar-se entre os germânicos e aproximar-se de suas espadas. Os alemães teriam encontrado o mesmo fim de seus antecessores se não fossem auxiliados pela cavalaria francesa. Os espanhóis, aglomerados, mantiveram a própria segurança. Concluo, portanto, que uma boa infantaria não apenas é capaz de suportar o ataque de seus pares, mas também de não temer a cavalaria. Isso está diretamente relacionado com suas armas e armaduras, bem como com sua organização e disciplina.

Cosme: – Conte-nos, pois, como armaria seus homens.

Fabricio: – Gostaria de poder contar com as armas utilizadas por ambos. Desse modo, metade dos soldados estaria armada como os romanos e, a outra metade, como os alemães. Pois, se em 6 mil soldados de infantaria (como explicarei oportunamente) eu pudesse ter 3 mil homens ostentando escudos como os dos romanos, 2 mil portando lanças e mil artilheiros como os dos alemães, isso já seria suficiente; disporia as lanças na linha de frente ou onde mais temesse a cavalaria inimiga; os que portassem escudos e espadas dariam apoio aos lanceiros e seriam responsáveis pela vitória, como hei de lhes demonstrar. Acredito que uma infantaria assim organizada derrotaria qualquer outra nos dias atuais.

Cosme: – O que nos diz é suficiente em matéria de infantaria, mas em termos de cavalaria, qual lhe parece mais bem-preparada, a nossa ou a dos antigos?

FABRICIO: – Acredito que, nestes tempos, o uso de selas e estribos, equipamentos que não eram utilizados pelos antigos, garanta aos soldados mais segurança sobre os cavalos. Creio, também, que os armamentos usados hoje sejam mais seguros: atualmente, a dificuldade em se barrar um esquadrão pesadamente armado é muito maior do que era no passado. Contudo, julgo que, nos dias de hoje, devamos considerar a cavalaria como já o fazíamos outrora, pois, como já explicado, ela enfrentou embaraço diante da infantaria no passado e continuará a enfrentar sempre que deparar com um exército organizado e disciplinado. Quando enfrentou Lúculo, capitão do exército romano, Tigrano, rei da Armênia, tinha cerca de cento e 50 mil homens sob seu comando. Muitos estavam armados como os nossos homens de armas e eram chamados de *catafratti*.* Os romanos tinham à sua disposição cerca de 6 mil homens da cavalaria e 15 mil da infantaria, de modo que, quando Tigrano se viu diante do exército inimigo, comentou: "Há cavalos suficientes para uma missão diplomática". No entanto, quando finalmente teve início o combate, seus homens foram derrotados. Há quem atribua tal derrota aos *catafratti*, que teriam sido inúteis por terem seus rostos cobertos, sendo impedidos de enxergar o inimigo claramente. Além disso, por utilizarem uma armadura extremamente pesada, tinham enorme dificuldade em se recolocar em pé depois de caírem, e provaram-se incapazes de lutar. Digo, portanto, que os povos ou reinos que estimam a cavalaria em detrimento da infantaria são sempre mais fracos e estão mais expostos à completa ruína, como observado em nossos tempos na Itália, que foi invadida, saqueada e arruinada por estrangeiros. Isso não ocorreu por qualquer outra falha do que apenas a de ter oferecido pouca atenção à própria infantaria e ter se preocupado em fornecer cavalos aos seus soldados. A cavalaria deve, porém, ser utilizada como segundo recurso, e jamais como o primeiro de um exército. Os cavaleiros são úteis e necessários para o reconhecimento da

* Este nome deriva do uso da catafrata, uma couraça feita de couro e lâminas de metal imbricadas. (N.T.)

área, para a invasão e o espólio das terras inimigas, para manter a perseguição e o incômodo sobre o exército adversário, de modo que este tenha de se manter continuamente armado, e, finalmente, para impedir-lhes a chegada de provisões. Todavia, nos combates e nas batalhas campais, primordiais na guerra, e o objeto da organização de exércitos, a cavalaria é mais valiosa na busca do que no enfrentamento e na derrota do inimigo; os cavaleiros são, portanto, bem inferiores aos soldados de infantaria para a guerra propriamente dita.

Cosme: – Duas dúvidas ainda me ocorrem: a primeira baseia-se no fato de que, embora saibamos que os partianos* utilizavam-se exclusivamente da cavalaria, ainda assim, dividiam o mundo com os romanos; a segunda, como a cavalaria pode ser sustentada pela infantaria e de onde surgem a virtude daquela e a fraqueza desta última.

Fabricio: – Bem, ou já discorri sobre este assunto ou, pelo menos, já tive a intenção de fazê-lo. Minha discussão sobre assuntos de guerra não vai além dos limites da Europa. Sendo assim, não sou obrigado a justificar os costumes da Ásia. No entanto, posso dizer-lhes que o exército da Pártia era completamente o oposto daquele dos romanos, já que os partianos lutavam somente sobre seus cavalos. A luta era confusa e perturbadora, instável e repleta de incertezas. Os romanos, em contrapartida, lutavam praticamente todos a pé e aglomerados. Ambas as nações alternaram-se em suas vitórias, o que dependia do local onde elas ocorriam. Havia espaços mais amplos e outros mais apertados. Nesse último caso, prevaleciam os romanos, mas, no primeiro, os partianos, capazes de defender regiões imensas, num litoral que tomava cerca de 1.500 quilômetros de distância, rios que separados por dois ou três dias de viagem, cidades distantes e

* Como eram chamados os iranianos. (N.E.)

populações dispersas. Um exército romano, pesado e lento devido aos armamentos e à própria organização, não o conseguia perseguir sem sofrer grandes baixas. Os que defendiam a Pártia estavam a cavalo e eram muito rápidos. Hoje estavam num lugar, amanhã, quase cem quilômetros adiante. Isso possibilitou aos partianos prevalecerem isolados utilizando-se apenas da cavalaria, resultando na ruína do exército de Crasso e nos enormes perigos enfrentados pelos homens de Marco Antônio. Mas, como já disse, neste debate, não tenho a intenção de falar de exércitos de fora da Europa e, portanto, prefiro continuar avaliando o que os romanos e gregos organizaram em seu tempo e o que os alemães fazem hoje.

Passemos, agora, à outra dúvida, de acordo com a qual desejas saber que tipo de organização ou virtude natural torna a infantaria superior à cavalaria. Digo-lhes, primeiramente, que os cavalos não podem ir a todos os lugares de que são capazes a infantaria. Os animais naturalmente precisam retroceder para, então, seguir em frente, ou, seguir em frente para, então, retroceder. Para o deslocamento, necessitam de uma parada, e esta leva-os ao deslocamento. A cavalaria, portanto, não age como a infantaria. Os cavaleiros, após a desordem imposta por uma batalha, deparam com dificuldades em ordenar um novo ataque, o que não acontece com a infantaria, que sabe exatamente o que fazer. Há, ainda, a questão da paridade de gêneros, pois um homem corajoso e voraz poderá ver-se montado num cavalo gentil, enquanto um animal feroz percebe-se comandado por um soldado não tão corajoso, percepções a partir das quais se podem surgir grandes transtornos. Não se deve estranhar, portanto, que a infantaria suporte os ataques da cavalaria, já que o cavalo é um animal sensato e reconhece os perigos à frente, prosseguindo a contragosto. Se pensardes, ainda, no que faz com que o animal siga em frente e naquilo que o detém, perceberás que a força que o impulsiona para a frente é bem menor que a que o faz hesitar, afinal, o avanço dá-se pelas esporas, o retrocesso, diante das espadas e das lanças. Assim, diante das experiências antigas e modernas, percebe-se que contar com um pequeno grupo de infantaria pode ser bem mais útil, seguro e, até mesmo, demonstrar-se insuperável perante a cavalaria. Se, contudo, sugerisses que o ímpeto e a força física de um cavalo furioso seriam suficientes para que o animal preferisse o pique à espora, eu lhe diria que, assim que ele percebesse o perigo, decidiria, por si só, interromper a marcha, fazendo com que seu montador fosse imediatamente ao chão ao se chocar contra uma lança, ou, mesmo sob comando de seu cavaleiro, mudar seu curso para a direita ou para a esquerda, evitando o embate. Se quiserdes colocar um cavalo à prova, basta fazer com que o animal corra contra um muro e logo perceberá que, raramente, ele irá chocar-se contra o alvo. César, ao lutar contra os suíços na Gália, apeou de seu cavalo e exigiu que todo o seu exército fizesse o mesmo, para que os animais estivessem fora das fileiras, já que estes certamente estariam mais dispostos a fugir do que a lutar. Porém, apesar dos reveses naturais que os cavalos proporcionam, um capitão de infantaria deve sempre selecionar as estradas que ofereçam aos cavalos o maior número de obstáculos possível, pois, assim, raramente seus homens serão incapazes de garantir sua segurança, independentemente do terreno. Se marchares por entre as colinas, o próprio local o livrará de surpresas, mas se optar pelas planícies, raramente encontrarás um campo que não cultivado ou coberto por bosques, características que naturalmente o irão manter em segurança, já que cada arbusto ou aterro, mesmo que pequenos, impedem que sejas surpreendido. As vinhas e outras árvores também impedem a passagem dos cavaleiros. E, quando chegar finalmente ao local do embate, perceberás que cada pequeno obstáculo em seu caminho reduzirá a fúria do animal. No entanto, não devemos nos esquecer de algo importante: embora os romanos sejam muito estimados em sua própria disciplina e confiem bastante em suas armas e armaduras, se tivessem de escolher entre um lugar tão áspero e irregular que pudessem proteger-se dos cavalos, mas onde não fossem capazes de implantar seu poderio, e outro onde, embora temendo os cavalos, conseguissem dispersar a contento, certamente optariam pelo segundo.

Passemos, agora, à formação dos homens. Estando a infantaria devidamente armada, de acordo com os costumes antigos e modernos, vejamos que tipo de treinamento foi dado aos romanos antes de a infantaria ser levada à batalha. Vale dizer que, embora eles fossem bem selecionados e estivessem mais bem armados, os homens foram treinados com maior atenção, pois, sem treinamento, nenhum soldado sobrevive. Esse treinamento consiste em três partes: a primeira objetiva endurecer o corpo e habituar o indivíduo a suportar as dificuldades, agindo com mais rapidez e com maior destreza; em seguida, o treinamento do uso das armas; a terceira expõe os formandos ao cumprimento de ordens na marcha, bem como nos acampamentos e no combate. Essas são as três ações principais que formam um exército, pois, se qualquer exército marcha, acampa e luta de modo prático e regular, o capitão mantém sua honra, independentemente do resultado do confronto. Todas as Repúblicas antigas, portanto, ofereciam tal formação pelos costumes e pela lei, e nenhum detalhe era ignorado. Os jovens eram treinados para que se tornassem rápidos na corrida, habilidosos nos saltos e fortes na condução de estacas e na luta corporal. E estas três qualidades são fundamentais num soldado, pois a velocidade torna-o capaz de ocupar os terrenos do inimigo, de surgir sobre ele de modo inesperado e de persegui-lo quando em fuga; a destreza os torna hábeis para evitar golpes, pois são capacitados a saltar sobre valas e escalar terrenos hostis; a força lhes oferece a capacidade de melhor transportar suas armas, de se atirar contra um inimigo e de sustentar seu ataque. E, acima de tudo, o corpo mais acostumado às dificuldades consegue transportar grandes pesos, e isso é necessário, pois longas são as expedições que o soldado terá de enfrentar, e caberá a ele carregar não somente armas, mas também provisões para vários dias. Sem estar habituado a essa vida, nenhum homem conseguiria fugir, muito menos alcançar uma vitória honrada. Quanto ao ensino do uso de armas, eles eram treinados do seguinte modo: os jovens eram vestidos em armaduras que pesavam mais que o dobro de seu peso original. Recebiam uma espada recoberta com chumbo que, em comparação às utilizadas em combates, era bastante pesada. Cada um recebia, também, uma haste de aproximadamente 3 braços de comprimento, a qual deveria ser fixada firmemente no solo, de modo que pudesse ser golpeada sem cair ou sair do lugar. Os homens eram, então, instruídos a partir contra esses mastros. Às vezes, atacavam a parte que seria a cabeça. Em outras ocasiões, o objetivo era perfurar a região peitoral e, algumas vezes, machucar as pernas. Esses movimentos eram repetidos inúmeras vezes. O objetivo era proteger a si mesmos e ferir o inimigo e, já que suas armas de treinamento eram pesadas, as que seriam usadas posteriormente durante os embates verdadeiros se tornariam bastante leves em suas mãos e sobre seus corpos. Os romanos não tinham o intuito de dilacerar seus inimigos, mas de os golpear com a maior força possível, o que, por si só, demonstrava-se fatal, pois os colocava em desvantagem para ataques subsequentes. Não surpreende o fato de os antigos pensarem em todos esses detalhes, pois, já que os soldados teriam de enfrentar batalhas duras, toda e qualquer vantagem seria fundamental; cumpre lembrá-lo de que vários escritores já se referiram ao que lhe disse. Não há república que não valorize o treinamento de seus soldados, pois não é o esplendor de suas joias nem seu ouro que lhes garante a submissão do inimigo, mas o medo de suas armas. Quaisquer erros cometidos nos mais variados assuntos podem ser corrigidos, exceto os que ocorrem durante a batalha. Nesse caso, a punição é severa e imediata, e não pode ser desfeita. Além disso, o fato de os homens saberem lutar tornava-os mais audaciosos, já que ninguém teme enfrentar uma situação para a qual foi devidamente treinado. Os antigos, portanto, queriam que seus homens superassem a si mesmos em todas as atividades de guerra; eles, inclusive, ensinavam os novos soldados a atirar lanças bem pesadas contra as hastes. Isso não apenas fazia dos recrutas especialistas nessa arte, mas também tornava seus braços fortes e ágeis. Havia, ainda, a prática com arco e funda. Havia instrutores para todas essas artes, de modo que, quando convocados para a guerra, os novos soldados estivessem prontos para a luta, em corpo e espírito. Nada, nenhum detalhe, era ignorado, e isso era a garantia de que, quando partissem para a guerra, poderiam facilmente misturar-se aos veteranos e saber exatamente como agir.

COSME: – Exigiríeis o mesmo treinamento nos dias de hoje?

FABRICIO: – Certamente muitos dos que foram mencionados, como a luta, a corrida e os saltos. Faria com que trabalhassem firmemente, utilizando-se de armas mais pesadas do que o normal. Exigiria, ainda, a prática com a besta e a funda. Contudo, acrescentaria, também, armas leves e mais recentes, porém, necessárias. Eu os treinaria para que lutassem com mais afinco e diligência e haveria sempre de realizar os treinamentos em seus dias livres. Instituiria, também, um treinamento específico para que todos aprendessem a nadar, pois isso seria extremamente útil, já que nem sempre existem pontes sobre os rios, nem navios. Se o contingente não souber nadar, certamente se verá impedido de aproveitar muitas oportunidades. Os romanos, contudo, realizavam seus treinamentos no Campo de Marte,* pois, desse modo, após o treinamento duro, seus soldados poderiam refrescar-se no Rio Tiber e, ao mesmo tempo, exercitar-se nadando.

* O Campo de Marte (em italiano Campo Marzio) era uma zona da Roma Antiga de aproximadamente dois quilômetros, inicialmente externa aos limites da cidade, e mais tarde subdividida por Augusto em duas das suas 14 regiões: a VII via Lata e a IX Circus Flaminius. (N.T.)

Como os antigos, treinaria meus soldados a lutar sobre seus cavalos. Isso vai além de os ensinar a montar, já que aprenderiam a comandar seus animais e a manobrá-los. No passado, os homens treinavam com cavalos de madeira. Aprendiam a saltar sobre eles, armados e desarmados, sem se utilizar das mãos. Isso possibilitava a todos que, a um único sinal do comandante, os cavaleiros se transformassem em infantaria e que, atendendo a outro sinal, reassumissem o controle de seus cavalos. Tais treinamentos já eram fáceis e comuns na Antiguidade, e esses hábitos mantêm-se nas cidades do poente, portanto, não seria difícil à república e a seus príncipes retomá-los.

Os habitantes eram divididos em vários grupos e, a cada um deles, era fornecido um tipo de armamento. Desse modo, os regimentos recebiam lanças, alabardas, arcos e escopetas, e seus soldados eram denominados lanceiros, alabardeiros, arqueiros e escopeteiros. Cada habitante devia declarar sua preferência para que todos fossem adequadamente matriculados. Aqueles que, por causa da idade ou de qualquer outro impedimento não pudessem escolher eram chamados de *giurati*, que significava "sob juramento". Em seus dias livres, eles eram obrigados a treinar o uso das armas. Os que não treinavam, mas não compunham os *giurati*, contribuíam apenas com dinheiro para o pagamento das despesas necessárias para a manutenção dos exercícios. Somos perfeitamente capazes de fazer o mesmo, contudo, nossa pouca prudência não nos permite adotar tais procedimentos.

Por causa desses exercícios, os antigos possuiam uma boa infantaria, assim como fazem hoje os reinos do ocidente. Os antigos exercitavam-se em casa, como faziam as repúblicas, e também nos exércitos, como exigiam os imperadores. Nós, contudo, não desejamos nos exercitar em casa nem o podemos fazer nos campos, pois não é possível obrigar os não súditos a praticar exercícios que não queiram. Isso fez com que os exércitos desaparecessem, assim como as instituições, de modo que os reinos e as repúblicas, especialmente a italiana, tornassem-se assim tão fracos.

Retomemos a questão do treinamento. Digo-lhes que não é o suficiente oferecer bom treinamento e tornar os homens mais duros e fortes, mais rápidos e hábeis. É fundamental ensiná-los a manter a disciplina, a obedecer a sinais sonoros (como o da corneta) e à voz de seu comandante, a saber quando permanecer e quando bater em retirada, quando avançar e quando combater, a marchar e a manter-se em suas fileiras. Sem tal disciplina, a despeito de toda a diligência e prática, nenhum exército será bom o suficiente, pois, sem dúvida, homens destemidos e indisciplinados são mais fracos dos que os tímidos e de bom comportamento. E, para que entendeis melhor o que lhes direi a seguir, preciseis saber que todas as nações treinaram seus homens na disciplina da guerra e os elegeram para um grupo principal. Este, embora ostente sempre o mesmo número – que varia entre 6 e 8 mil homens –, apresenta nomes variados. Os romanos chamam-no legião; os gregos denominavam-no falange; os gauleses apelidavam-no caterva;* já os suíços, que mantêm apenas uma sombra de suas antigas formações, denominam-nos batalhão. Na verdade, cada um desses grupos subdividia-se em pequenas *battaglia* (companhias), organizadas de acordo com sua finalidade. Parece-me, portanto, mais adequado que nos baseemos nesta última denominação e, de acordo com os sistemas mais antigos e modernos, arranjemo-nas do melhor modo possível. Como as legiões romanas eram compostas de 5 a 6 mil homens, distribuídos em 10 grupos, gostaria de dividir nosso batalhão em 10 companhias, compô-la de 6 mil homens a pé e designar 450 homens para cada companhia, dos quais 400 estariam fortemente armados e 50 portariam armas leves. Dentre os pesadamente armados, haveria trezentos com escudos e espadas, denominados *scudati* (escudeiros) e cem carregariam lanças (lanceiros); os outros 50 estariam armados com arcos e flechas, alabardas e pequenos escudos e seriam chamados de

* Pelos romanos esta denominação era utilizada para os vadios, desordeiros e pessoas de mau comportamento. (N.T.)

vélites (soldados ordinários); minha infantaria seria composta, em sua metade, por escudeiros e, na outra metade, por lanceiros e outros (carregadores). No comando de cada companhia, haveria 1 condestável, 4 centuriões* e 40 decuriões;** haveria, também, mais um comandante para os decuriões. Oferecia, aos mil lanceiros extraordinários, 3 condestáveis, 10 centuriões e 50 decuriões. Aos vélites extraordinários seriam oferecidos 2 condestáveis, 5 centuriões e 50 decuriões. Um general seria estabelecido para cada batalhão. Por fim, exigiria que cada condestável tivesse estandarte e toque de corneta próprios.

Em resumo, portanto, um batalhão seria composto por 10 companhias de 3 mil escudeiros, mil lanceiros ordinários, mil lanceiros extraordinários, quinhentos vélites ordinários e quinhentos vélites extraordinários; eles comporiam os 6 mil soldados de infantaria, dentre os quais estariam 1.500 decuriões, 15 condestáveis, com 15 diferentes estandartes e toques de corneta; haveria 55 centuriões, 10 capitães de vélites ordinários e um comandante para todo o batalhão. Repetiria tal distribuição inúmeras vezes, de modo que, quando lhes mostrasse os métodos para organizar as companhias, não se sentiríeis confusos.

Digo-lhes, portanto, que a qualquer rei ou República que quisesse organizar seus súditos armados, ofereceria tais divisões e armamentos e criaria tantos batalhões quantos fossem possíveis; e estes fossem organizados como previamente disposto e se existisse disposição em treiná-los como sugerido, bastaria que cada companhia fosse dividida e treinada isoladamente, pois, embora o número de homens em cada uma delas não fosse o suficiente para um exército, cada homem aprenderia a fazer aquilo que dele fosse esperado. Duas ordens são observadas no exército: a primeira, o que os homens deveriam fazer em cada companhia; a segunda, o que cada companhia deveria fazer ao

* Oficial no comando de uma companhia composta por cem cavaleiros, especialmente na milícia romana. (N.T.)

** Oficial que comandava um grupo de 10 cavaleiros, especialmente na milícia romana. (N.T.)

ver-se reunida às demais. Os que conseguem observar a primeira parte facilmente acostumam-se à segunda. Cada uma dessas companhias, portanto, poderá aprender a se manter disciplinada em suas fileiras, seja qual for o tipo ou o local da ação; saberá como reunir seus homens, como identificar os toques específicos, assim como as galés* faziam-no com seus apitos, quando distinguiam imediatamente o que devia ser feito: permanecer imóveis, seguir em frente ou recuar, assim como o momento e o lugar para usar suas armas. Saber como manter suas fileiras organizadas, evitando que a ação ou a disposição as desestabilize, possibilitará a cada uma delas e a todas juntas atender aos comandos de seus líderes, operando como um verdadeiro exército. E, para tanto, a prática geral não deve ser desconsiderada; todos os batalhões devem reunir-se uma ou duas vezes por ano, mesmo em tempos de paz, atuar como um exército completo e treinar por vários dias como se estivessem prestes a se engajar na batalha, cuidando das linhas de frente, dos flancos e tendo seus homens dispostos nas devidas posições.

E, como o comandante dispõe seu exército para o confronto, seja levando em consideração o inimigo que vê diante dos olhos ou aquele que não vê, mas teme, seus homens devem estar prontos para ambas as circunstâncias e estruturados de modo que possam marchar e lutar quando necessário; o líder deve demonstrar aos seus homens como deverão agir se e quando forem atacados por um lado ou por outro. Pois quando estes são instruídos a lutar contra um inimigo que podem ver, o comandante deverá mostrar-lhes como a batalha será ardente, como e quando deverão bater em retirada antes mesmo de serem repelidos, quem deverá assumir quais posições, os sinais, toques, a voz que deverá ser obedecida; deverá fazê-los praticar por meio de ataques forjados, de modo que anseiem pelo real

* Embarcação comprida e estreita, de baixo bordo, com duas velas acessórias, mas impelida basicamente por remos, usada desde a Antiguidade grega até os fins do XVIII. (N.T.)

combate. Um exército corajoso não se faz apenas de homens corajosos, mas pela disciplina de suas fileiras, pois um soldado que esteja na linha de frente e saiba não apenas o momento de recuar, mas quem assumirá sua posição quando for superado, sempre lutará com coragem, sabendo que a ajuda está bem ao seu lado; e, o que se encontra na segunda linha também não se deixará desanimar pelo recuo da primeira, pois já estará preparado para o ensejo, e desejoso pelo momento em que poderá combater e alcançar a vitória. Tal treinamento é extremamente necessário para a criação de um exército jovem, mas se este já existe e é formado por veteranos, também é primordial, como nos mostram os romanos, que, embora conhecessem a estrutura de seus exércitos desde a infância, estavam cientes de que seus capitães exercitavam-se em tais disciplinas bem antes de encontrarem o inimigo. Em suas histórias, Flávio Josefo* conta-nos que o modo contínuo como se preparavam os romanos evitava as turbulências tão comuns aos campos de batalha, já que todos os soldados sabiam exatamente o que deles era esperado. Mas, nos exércitos jovens, reunidos no momento de um embate ou para confrontos futuros, nada se poderia fazer sem muito treinamento, pois cada companhia era, em si mesma, um exército, e, portanto, diferentes no modo de agir; e já que a disciplina é fundamental, ela deve ser ensinada aos mais jovens ainda com mais afinco e dedicação, além de ser mantida nos que já a possuem. E para que isso se confirme, muitos comandantes não descansam sequer um minuto.

Cosme: – Parece-me que esta nossa discussão levou-o a afastar-se da questão, pois, embora ainda não tenhas mencionado os meios pelos quais as companhias são treinadas, já discorres sobre os compromissos de um exército completo.

* Historiador judaico-romano, descendente de uma linhagem de importantes sacerdotes e reis. Ele é conhecido por ter registrado *in loco* a destruição de Jerusalém, em 70 d.C. (N.T.)

FABRICIO: – O que dizes é verdade e a razão para isso é o carinho que tenho por essas ordens, assim como a tristeza que sinto ao perceber que elas não são colocadas em prática. No entanto, não temas, pois retornarei a essa questão mais tarde. Como disse, o fundamental na formação de uma companhia é manter suas fileiras ordenadas. Para fazê-lo, torna-se imprescindível exercitá-las. A isso dá-se o nome de *chiocciole* (movimento em espiral). Como já mencionei, cada uma dessas companhias deve consistir em 400 homens de infantaria, fortemente armados. Continuarei baseando-me nesse número. Tais indivíduos devem ser dispostos em 80 fileiras, cada uma delas com 5 soldados, que deverão prosseguir e parar; tais fileiras devem ser agrupadas e dispersadas, o que é mais fácil de explicar com palavras do que demonstrar. Esse procedimento torna-se, aos poucos, menos necessário, conforme os homens acostumam-se aos comandos. Isso há de servir-lhes basicamente para que saibam como manter suas fileiras. Vejamos como elas são montadas.

Digo-lhes que as fileiras podem ser formadas de três maneiras: a primeira e mais útil é torná-las completamente maciças, dando-lhes o formato de dois quadrados; a segunda é dar ao quadrado a forma de corno; a terceira é fazer um quadrado no qual o espaço central forme uma *piazza* (praça). O primeiro método pode ocorrer em duas etapas: a primeira é dobrar a fileira frontal, ou seja, intercalando a segunda à primeira, a quarta, à terceira e assim por diante. Desse modo, onde havia 80 fileiras cada qual com cinco homens, haverá, agora, 40 fileiras, cada uma com 10 soldados. Então, dobre-a uma segunda vez, transformando o total de fileiras em 20, cada uma com também 20 homens. Isso cria praticamente uma praça, pois, embora exista o mesmo número de homens de cada lado e bem próximos um do outro lateralmente, haverá o dobro de espaço entre as fileiras. O retângulo criado ostentará duas praças.

E como falaremos muitas vezes das partes da frente, de trás e dos lados de uma companhia, assim como do exército completo, perceberás que, quando digo cabeça ou frente, refiro-me à parte frontal da formação; quando digo ombros, refiro-me à parte de trás; quando digo flancos, às laterais. Os 50 vélites ordinários não se misturam às demais fileiras, mas quando a companhia é formada, eles se estendem ao longo de seus flancos.

Vejamos agora o segundo método de formação da companhia, que, por ser superior ao primeiro, gostaria de lhes apresentar em detalhes. Acredito que Vossa Senhoria se recorde do número de homens e dos líderes que os comandam, assim como das armas que carregam. A disposição, nesse caso, deve ser de 20 fileiras, com 20 homens em cada uma, sendo 5 fileiras de lanceiros na frente e 15 de escudeiros logo atrás; 2 centuriões seguem à frente, e 2, atrás nas laterais. Eles assumem o papel que os antigos costumavam chamar de *tergiduttori* (líderes da retaguarda). O condestável segue, de posse da corneta e do estandarte, entre os lanceiros e os escudeiros. Há, ainda, um decurião em cada flanco, de modo que cada um deles mantenha-se posicionado ao lado de seus homens – os que estão do lado esquerdo estarão posicionados ao lado do braço direito de seu próprio decurião e os que estão do lado direito, ao lado do braço esquerdo de seu decurião. Os 50 vélites estarão nos flancos e ombros (posteriores) da companhia. Contudo, se existir o desejo pela formação de uma infantaria regular, ela deverá ostentar a seguinte forma: o grupo em questão retorna às 80 fileiras, 5 homens em cada, como disse anteriormente, deixando os vélites na frente e na parte de trás, mesmo que fora da formação; a organização deve ser tal que cada centurião tenha 20 fileiras dispostas lateralmente e atrás dele. Esses homens formarão 5 fileiras de lanceiros e o restante deles serão escudeiros: o condestável, de posse do estandarte e da corneta, ficará no espaço entre os lanceiros e os escudeiros do segundo centurião e ocupará o espaço de três escudeiros; 20 decuriões estarão dispostos lateralmente à mão esquerda do primeiro centurião; 20 outros decuriões estarão exatamente no lado oposto, lateralmente à mão direita do quarto centurião. É preciso entender que o decurião, cuja função é liderar os lanceiros, também deve carregar uma lança, e os que comandam os escudeiros devem trazer nas mãos a mesma arma.

As fileiras, por conseguinte, dispostas dessa forma ao longo da marcha, formarão a cabeça da companhia. Nesse caso, o primeiro centurião deverá parar juntamente com a primeira fileira de 20 homens e o segundo deverá continuar a marcha e, voltando-se para o lado direito, seguir lateralmente pelas 20 fileiras que estão paradas, de modo a ficar face a face com o primeiro centurião, quando, então, também interromperá sua marcha; já o terceiro centurião continuará a marchar também voltando-se para o lado direito, ao longo do flanco dos soldados em repouso, parando de frente para os dois primeiros centuriões. O mesmo ocorrerá com o quarto centurião. Os dois centuriões que estão na frente imediatamente vão para a parte de trás da companhia, que se mantém assim formada, como disposto no primeiro método, denominado "duplicação em linha reta". Este último recebe o nome de "duplicação pelos flancos".

O primeiro método é mais fácil, enquanto este último proporciona melhor organização e adaptação, podendo ser mais bem controlado, pois a duplicação deve obedecer a números exatos, ou seja, de 5 para 10, de 10 para 20 e assim por diante, pois não serão possíveis formações com 15, 25 ou 35 homens. Contudo, ocorre, muitas vezes, a necessidade de uma linha de frente com 600 ou 800 homens, de modo que a duplicação em linha reta o tornará desorganizado; porém, este último método agrada-me mais e quaisquer dificuldades que surjam poderão ser mais facilmente superadas por meio da prática adequada.

Digo-lhes, portanto, que o mais importante em qualquer situação é que seus soldados saibam e consigam atingir a formação rapidamente, e é fundamental que sejam devidamente treinados para isso, capazes de seguir adiante e de recuar com a mesma bravura, e de passar por locais difíceis sem se desorganizarem; os homens que sabem agir desse modo são hábeis e, embora possam jamais ter deparado com o inimigo, podem ser considerados experientes;

em contrapartida, aqueles que não sabem manter a ordem, mesmo que tenham participado de mil guerras, sempre serão vistos como inexperientes. Isso se aplica à formação, quando estão marchando em pequenas fileiras; contudo, se estão bem formados, mas devido a algum incidente causado, seja pelas dificuldades inerentes ao local ou pelo próprio inimigo, reorganizá-los de modo imediato torna-se fundamental, demasiadamente difícil e requer muito treinamento e prática, o que os antigos sempre enfatizaram. Torna-se necessário tomar duas providências: a primeira consiste em possuir um bom número de sinais que possam ser facilmente compreendidos pelos soldados; a segunda, em manter a disposição da infantaria nas mesmas fileiras, ou seja, se um soldado é enviado para uma determinada linha, ele, então, deverá permanecer ali, inclusive na mesma posição; quanto ao grande número de sinais, eles são fundamentais para que os soldados de um determinado grupo possam organizar-se quando reunidos ao resto da companhia. É importante que o condestável e o centurião tenham na cabeça penachos coloridos, para que sejam facilmente reconhecidos. O mesmo deveria ocorrer com os decuriões, que teriam de ostentar, em seus capacetes, números que os identificassem. Não contentes com isso, cada soldado deveria escrever, em seu próprio escudo, sua fileira e posição. Os homens, acostumados a tais identificações e sinais e, principalmente, a manter-se dentro dos limites estabelecidos, mesmo que se desorganizassem, poderiam ser facilmente reorganizados. Desde que o estandarte se mantivesse posicionado no mesmo local, centuriões e decuriões rapidamente visualizariam suas posições, movendo-se da direita para a esquerda e desta para a direita, mantendo as devidas distâncias; a infantaria, guiada por suas regras e pelos próprios sinais, facilmente poderia reassumir suas posições, como partes de um quebra-cabeças cujas peças, devidamente assinaladas, podem ser facilmente recolocadas no local correto. Tal sistema, se praticado com diligência, pode ser ensinado de forma rápida e aprendido imediatamente; e, uma vez aprendidas as regras, elas dificilmente serão esquecidas; os jovens seriam guiados pelos mais velhos e, no tempo apropriado, as províncias que possuíssem tal treinamento se tornariam especialistas em guerra. Também é essencial que sejam ensinados a girar e retornar a partir dos flancos, liderados pelos que seguem na frente, ou mesmo da frente para os flancos e costas. Isso é muito fácil, pois bastará apenas que cada homem esteja treinado para mover o próprio corpo para o lado e todos os acompanharão na direção certa, ou seja, rumo à nova frente. É bem verdade que, quando se voltam para o flanco, as fileiras desorganizam-se em espaço, já que o peitoral é mais estreito do que os ombros; já de um flanco para o outro, o espaço mantém-se o mesmo, embora essa posição seja contrária à originalmente adotada pela companhia. Portanto, todo cuidado deve ser considerado ao empregar tais movimentações. Maior prática é ainda mais essencial quando a companhia deseja mover-se em bloco. Neste caso, faz-se necessário muito treinamento, pois, na necessidade de todos se voltarem para a esquerda, por exemplo, será fundamental que o flanco esquerdo esteja parado e que os homens mais próximos dos que estiverem parados marchem mais lentamente do que os que se encontram em sua asa oposta, que precisarão acelerar o passo; de outro modo, ocorreria uma grande confusão.

Mas como sempre acontece quando um exército marcha de um lugar para outro, as companhias posicionadas na frente e que não têm de combater seu inimigo frontalmente, nos flancos ou na parte posterior, terão de se movimentar rapidamente para frente. Quando essas companhias têm o espaço necessário como anteriormente indicado, não há problemas. Será preciso que os lanceiros dos flancos dirijam-se para a frente, assim como os decuriões, os centuriões e os condestáveis, e que assumam posições corretas. Portanto, se esse for o objetivo, será necessário organizar as 80 fileiras de 5 individualmente, colocando os lanceiros nas primeiras vinte, com 5 decuriões na frente delas e 5 na retaguarda; as outras 60 fileiras situadas atrás, compostas de escudeiros e totalizam 300 homens. Deve-se organizar a movimentação de modo que a primeira e a última fileiras de cada centena permaneçam com os decuriões; o condestável, de posse de seu estandarte e corneta, deverá permanecer no meio do primeiro cento de escudeiros; e os centuriões à frente de cada centena de soldados. Desse modo, quando desejar que os lanceiros estejam no flanco esquerdo, tereis de os duplicar, centena por centena, a partir do flanco direito; e se quiserdes que fiquem no flanco direito, teríeis de os duplicar a partir do lado oposto. Assim sendo, a companhia fará a movimentação mantendo os lanceiros à frente, com os decuriões na frente e atrás, os centuriões na dianteira e o condestável bem ao meio. Tal formação mantém-se na movimentação adiante; contudo, quando o inimigo vem e não há tempo suficiente, se precisardes que os lanceiros movimentem-se para o flanco esquerdo, precisareis duplicá-los às centenas a partir do flanco direito, mas se desejardes que eles movimentem-se rumo ao flanco direito, a duplicação deverá ocorrer a partir da esquerda. Tendo os centuriões na parte externa e todos os homens nos seus devidos lugares, será possível aos primeiros passarem por entre seus pares sem grandes dificuldades. Mas se estiverem marchando à frente e for preciso combater na retaguarda, será necessário que as fileiras sejam organizadas de modo que, ao formar a companhia, os lanceiros estejam posicionados na parte posterior e, para fazê-lo, nenhuma outra ordem deve ser mantida exceto de que, na formação ordinária, cada um dos cinco lanceiros à frente de cada centena de homens seja trazido para trás, mas que, em todas as demais áreas, seja observada a ordem anteriormente mencionada.

COSME: – Se me lembro bem, dissestes que esse método de treinamento intenciona permitir que essas companhias se reúnam e formem um exército, possibilitando que se reorganizem dentro dele. Mas se esses 450 homens da infantaria precisassem operar isoladamente, como os arranjaria?

FABRICIO: – Eu os orientarei quanto ao melhor julgamento na disposição dos lanceiros considerando os que tivessem tal responsabilidade. Cumpre lembrar-lhes de que isso em nada contraria o que já foi exposto, pois, embora esse seja o método observado quando, juntamente com outras companhias, os soldados engajam-se num confronto, é, não obstante, uma regra que serve para todos os métodos e que deve ser considerada quando um exército precisar embrenhar-se num confronto. Ademais, ao discorrer sobre os outros dois métodos por mim propostos para a organização de companhias, acredito que poderei responder à sua pergunta; de duas, uma: ou nunca são utilizados ou o são quando uma companhia está isolada das demais.

E para utilizar o método de formação em forma de corno, digo-lhes que será necessário organizardes as 80 fileiras com 5 soldados em cada uma: colocando o centurião no meio e, logo atrás dele, 25 fileiras compostas por dois lanceiros do lado esquerdo e três escudeiros do lado direito. Atrás dos primeiros cinco soldados, nas próximas 20 fileiras, também 20 decuriões devem ser posicionados, todos entre os lanceiros e escudeiros, exceto os decuriões que carregam lanças, os quais permanecerão junto aos lanceiros. Atrás dessas 25 fileiras assim arranjadas, outro centurião é posicionado e, em sua retaguarda, 15 fileiras de escudeiros. Depois deles vem o condestável, portando seu estandarte e corneta, e, atrás dele, outras 15 fileiras de escudeiros. O terceiro centurião vem logo em seguida e trás consigo 25 fileiras, cada uma delas composta de três escudeiros à esquerda e dois lanceiros à direita. Após as primeiras 5 fileiras, virão 20 decuriões, que serão colocados entre os lanceiros e os escudeiros. Em seguida, vem o quarto centurião. Se for desejado, portanto, arranjar tais fileiras formando uma companhia no formato de dois cornos, o primeiro centurião terá de interromper sua marcha, juntamente com as 25 fileiras que o acompanham. O segundo centurião será, então, reposicionado em conjunto com os 15 escudeiros que estão em sua retaguarda e deverá voltar-se para a direita, prosseguindo no flanco direito das 25 fileiras de modo a alcançar as 15 fileiras e estacionar. Posteriormente, o condestável terá de se reposicionar e, juntamente com as 15 fileiras de escudeiros que o seguem, voltar-se para a direita até o flanco direito das 15 fileiras reposicionadas anteriormente, marchar até a frente desses homens e parar. O próximo a se mover é o terceiro centurião, assim como as 25 fileiras que estão atrás dele e o quarto centurião que segue por trás. Estes se voltarão para a direita, marcharão ao longo do flanco esquerdo das últimas fileiras de escudeiros e não interromperão sua marcha até que estejam à frente deles. O movimento continuará até que as últimas fileiras de 25 homens estejam alinhadas com as de trás. E, após tais procedimentos, o centurião que encabeçava as primeiras 15 fileiras de escudeiros deixará o local onde estava e seguirá rumo à parte de trás do ângulo esquerdo. Com isso, ele conseguirá mover uma companhia de 25 fileiras compactas, com 20 infantes por fileira, em duas asas a cada lado de sua fronte, mas haverá, ainda, um espaço entre todos, que seria ocupado por 10 homens lado a lado. O capitão permanecerá entre as duas asas, e um centurião em cada canto da asa. Haverá duas fileiras de lanceiros e 20 decuriões em cada flanco. Essas duas asas abrigarão a artilharia sempre que a companhia os tiver trazido consigo, assim como os carros de transporte de carga. Os vélites deverão permanecer ao longo dos flancos sob a proteção dos lanceiros. Mas, se a intenção for reagrupar essa formação em asas transformando-a em formação de praça, nada precisará ser feito, exceto retirar oito das 15 fileiras de 20 soldados cada e realocá-las entre os pontos das duas asas, que, desse modo, se transformarão nos ombros traseiros da praça. Os carros de transporte devem ser mantidos nessa praça, assim como o capitão e a bandeira, contudo, a artilharia é movida para a frente ou para os flancos. Esses são os métodos que podem ser utilizados por uma companhia quando esta tiver de se locomover isoladamente em locais perigosos e suspeitos. Porém, a companhia compacta, sem asas e sem praça, ainda é a melhor opção. Mas se a intenção for proteger os desarmados, a formação em asas é necessária.

Os suíços também dispõem de várias formações, dentre as quais está a "disposição em cruz", na qual, nos espaços entre as armas, são mantidos seguros os escopeteiros. Mas já que tais companhias são hábeis em lutar isoladamente e minha intenção é discorrer sobre o modo como várias companhias trabalham de maneira conjunta, não alongarei nossa discussão a esse respeito.

Cosme: – Parecem-me claros os métodos que devem ser usados no treinamento dos homens em tais companhias, mas, se bem me recordo, mencionastes que, além das 10 companhias num batalhão, acrescentarias mil lanceiros extraordinários e 400 vélites extraordinários. Poderia descrever-nos como esses homens seriam treinados?

Fabricio: – Certamente e com o maior prazer e diligência. Treinaria os lanceiros em grupos isolados, pelo menos nas formações das companhias, como os demais, pois os utilizaria bem mais do que as próprias companhias ordinárias, em todas as ações específicas, como na escolta, nas incursões e em coisas desse tipo. Já os vélites seriam treinados em casa sem reuni-los aos demais, pois já que o trabalho deles é combater isoladamente, não se faz necessário que se juntem aos outros e que participem de exercícios conjuntos, mas que pratiquem em separado exercícios específicos. Eles deveriam, portanto, como dito no início, treinar seus próprios homens em suas formações, para que todos soubessem suas posições e pudessem retornar a elas rapidamente, seja pelo cair da noite ou por qualquer outra razão que os disturbe; quando isso ocorre, eles podem ser facilmente ensinados sobre a disposição da companhia e qual será seu trabalho no exército. Se uma república ou príncipe esforçar-se bastante nessas formações e treinamento, sempre haverá bons soldados em sua pátria, e estes homens serão superiores a seus pares em países vizinhos, cabendo-lhes dar as ordens, ao invés de recebê-las. Contudo, se existir desordem entre eles, isso levará ao desprezo e à falta de estima pelo treinamento, que acabará por mostrar-se ineficiente. Neste caso, mesmo que coexista entre os homens a virtude, eles serão incapazes de demonstrá-la.

COSME: – Que carros gostarias que cada uma dessas companhias tivesse à disposição?

FABRICIO: – Primeiramente, não apreciaria que centuriões ou decuriões estivessem montados. Já o condestável deveria seguir montado, contudo, não sobre um cavalo, mas sobre uma mula. A este seria permitido que levasse dois carros. Seguiriam, ainda, mais um carro para cada centurião e dois para cada grupo de três decuriões, pois estes aquartelariam muitos soldados em cada acampamento, como veremos no devido tempo. Portanto, cada companhia levaria consigo 36 carros, que transportariam o número necessário de tendas, utensílios para o preparo das refeições, machadinhas e estacas de ferro para a montagem dos alojamentos, e tudo o mais que fosse conveniente e necessário.

COSME: – Acredito que todos os chefes por vós instituídos sejam necessários; no entanto, um número tão grande de comandantes não acabaria por gerar confusão?

FABRICIO: – Tal confusão certamente existiria se todos se reportassem a um só homem, mas justamente por serem vários os chefes, estes mantêm a ordem; na verdade, sem tais diretrizes, seria impossível comandar tantos; o mesmo ocorre com um muro que se inclina para diferentes lados e precisa de arrimo frequente em todos eles, mesmo que cada um desses esteios seja isoladamente fraco; quando são poucos, tais reforços devem ser fortes, pois a virtude de um só, a despeito do espaço que exista entre o grupo, impedirá que o muro colapse. Sendo assim, dentro do exército, a cada grupo de 10 homens, deve existir um que seja dotado de mais vivacidade e paixão ou, pelo menos, de mais autoridade, aquele que, com coragem, palavras de incentivo e bons exemplos, consiga manter os homens firmes e dispostos a lutar. E as coisas por mim mencionadas, como os comandantes, os estandartes e as cornetas, são todas necessárias num exército e, ainda hoje, fazem parte de nossas armadas, embora ninguém faça o que lhe cabe. Falemos primeiramente dos decuriões, que, por desejarem que tudo se mantenha ordenado, consideram necessário permanecer ao lado de seus próprios homens, tanto no alojamento como no confronto, pois quando lá estão, conseguem manter seus soldados firmes; é impensável qualquer atribulação, mas caso ocorram, com sua presença, rapidamente os homens retornariam às posições. Contudo, os decuriões de hoje de nada servem aos exércitos a não ser para receber maior ganho e cumprir alguma tarefa específica. O mesmo ocorre com os responsáveis pelos estandartes, pois seu papel, hoje, resume-se a oferecer uma bela apresentação desprovida de qualquer uso militar. No passado, os antigos serviam-se dos porta-estandartes para guiar-se em meio à batalha e se organizarem rapidamente, pois, quando a bandeira estava firme, todos sabiam sua posição. Sabiam que, se o estandarte estivesse imóvel ou em movimento, deveriam também interromper a marcha ou seguir adiante. Isso justificava a necessidade de várias bandeiras num exército e que cada grupo de soldados tivesse a sua própria e seguisse seu próprio comando, pois, havendo muitos soldados, havia mais alma, mais coragem e mais vida. A infantaria, portanto, deveria marchar de acordo com o estandarte e este em conformidade com o toque da corneta, que, se bem tocada, manteria o ritmo entre os homens. Os antigos utilizavam-se de foles e pífaros, instrumentos perfeitamente modulados e sintonizados, que permitiam que as ordens fossem claras, pois, assim como aquele que dança prossegue em seus movimentos no ritmo da música e jamais perde o passo, um obediente exército segue os toques de comando e nunca se desorganiza. Os toques variavam conforme o desejo de instigar, acalmar ou mesmo elevar o espírito dos soldados. Cada um dos sons recebia um nome diferente. O som dórico gerava constância; o frígio instigava a coragem e a fúria, donde reza a história de que, certa vez, estando Alexandre à mesa, ao ouvir um chamado frígio, levantou-se animado e imediatamente empunhou suas armas. Seria necessário que o exército redescobrisse todos esses métodos, mas, se isso é difícil, que estes pelo menos não fossem deixados totalmente de lado por aqueles que ensinam o soldado a obedecer, mesmo que à sua própria maneira; e desde que a prática instituísse sons que se tornassem comuns aos ouvidos de seus homens e fossem facilmente reconhecidos. Hoje, contudo, nenhum benefício se consegue a partir desses toques, apenas barulho.

Cosme: – Desejaria saber de vós se já ponderastes a respeito de tamanha baixeza e desorganização. Donde, afinal, surge tal negligência nos treinamentos em nossos tempos?

Fabricio: – Direi-lhes com prazer o que penso sobre esta questão. Sabeis da existência de muitos excelentes homens das armas na Europa, alguns na África e poucos na Ásia. Isso justifica-se pelo fato de estas duas últimas partes do mundo terem apenas um ou dois principados e poucas repúblicas. Na Europa, contudo, existiram vários reinos e inúmeras repúblicas. Os homens europeus tornaram-se especiais, pois, ao serem empregados, demonstraram sua virtude e foram reconhecidos por seus príncipes, pela república e pelo rei. Ocorre, portanto, que, onde há muita energia, os homens valentes são vários, mas, onde a energia inexiste, eles são poucos. Na Ásia, por exemplo, encontramos Nino, primeiro rei da Assíria, Ciro, o rei da Pérsia, Ataxerxes, outro rei da Pérsia, e Mitríades, rei do Ponto, além de alguns poucos que poderiam lhes fazer companhia. Da África, omitindo, é claro, os faraós do Antigo Egito, temos Massinissa,* Jugurta** e os capitães que foram criados pela

---

* Rei berbere e o primeiro rei da Numídia unificada, atual Argélia. (N.T.)

** Filho de Massinissa. Governou a partir de 180 a.C. (N.T.)

República do Cartago, e estes são pouquíssimos se comparados aos representantes da Europa, que são inúmeros. E haveria muitos mais se, ao lado deles, listássemos ainda aqueles que foram esquecidos pela crueldade dos tempos; o mundo era bem mais virtuoso quando existiam Estados que primavam pela virtude, fosse pela necessidade ou pela paixão. Poucos homens, portanto, surgiram na Ásia, já que aquela era uma província totalmente subordinada a um único reino grandioso, onde seus homens mantinham-se ociosos, o que não propiciava o surgimento de grandes homens. O mesmo ocorreu na África, mesmo que alguns tenham surgido na República do Cartago. Mais homens de excelência surgem, portanto, nas repúblicas do que nos reinos, pois, nas primeiras, a virtude é louvada na maior parte do tempo, enquanto, nos reinos, é temida; disso resulta o fato de mais homens de virtude surgirem nas repúblicas, enquanto nos reinos estão praticamente extintos. Qualquer um que analise a situação da Europa, verá que o continente está repleto de repúblicas e principados, que, temerosos uns aos outros, viam-se forçados a manterem vivas suas organizações militares e honrarem aqueles que se distinguiam dentro delas. Na Grécia, e mesmo no Reino da Macedônia, havia várias repúblicas, e inúmeros homens excelentes surgiram nesses lugares. Na Itália, havia os romanos, os samnitas, os toscanos e os gauleses cisalpinos. A França e a Alemanha também estavam cheios de repúblicas e principados, e o mesmo ocorria na Espanha. E, embora em comparação aos romanos poucos tenham sido devidamente notados, isso deve-se à malignidade dos escritores, que, em busca de fortuna, concentravam-se em louvar os vencedores. Pois não é razoável que, entre os samnitas e toscanos, que lutaram por mais de cinquenta anos contra os romanos antes de serem derrotados, muitos homens de fibra não tenham surgido. O mesmo certamente aconteceu na França e na Espanha. Mas essa mesma virtude que os escritores insistiam em não celebrar nos homens fortes, comemoram exaltando seus povos em geral e elevando-os às estrelas por sua obstinação na defesa da própria liberdade. É verdade, portanto, que, onde há muitos impérios, mais homens de valor florescem, enquanto nos locais onde tais homens estão praticamente extintos, extingui-se também a virtude, pois há cada vez menos razões para que um homem seja virtuoso. E como o Império Romano continuou crescendo e todos os principados e repúblicas da Europa, da África e da maior parte da Ásia sendo extintos, nenhum outro caminho para a virtude fora deixado, à exceção de Roma. Com o desaparecimento dos homens de virtude na Europa e na Ásia, a própria virtude tornou-se rara, pois, se toda ela levava a Roma e a própria Roma estava inundada pela corrupção, praticamente todo o mundo estava corrompido. Os citas acabaram por pilhar o Império Romano, que havia aniquilado a virtude de outros e não conseguia manter a sua própria. E, embora posteriormente aquele império fora invadido por bárbaros e dividido em várias partes, tal virtude jamais ressurgiu. Isso deve-se, primeiramente, ao fato de um alto preço precisar ser pago para que se consiga recuperar instituições corrompidas, e ao modo como se vive nos dias de hoje a religião Cristã, que condena a ideia de que homens derrotados na guerra sejam sentenciados à morte ou permaneçam perpetuamente escravos, vivendo em absoluta miséria; no passado, as terras conquistadas tornavam-se desoladas, seus habitantes tinham seus bens tomados e eram expulsos, perdendo-se pelo mundo. Portanto, os perdedores numa guerra eram condenados a sofrer todo tipo de infortúnio. Os homens temiam isso acima de tudo e, por essa razão, exercitavam diariamente suas práticas militares e honravam aqueles considerados excelentes. Esse medo parcialmente dissipou-se nos dias de hoje, já que poucos derrotados são condenados à morte e ninguém é mantido prisioneiro por muito tempo, pois são facilmente liberados. Os cidadãos, ainda que possam rebelar-se contra os invasores, não são destruídos, nem seus bens são confiscados, e isso faz com que o pior dos seus medos seja apenas a imposição de taxas e impostos; os homens já não se submetem às ordenações militares e aos perigos que pouco medo lhes causam. Com o passar do tempo, as províncias da Europa passaram a existir sob o comando de poucos chefes, se comparadas ao passado, pois toda a França obedece a um único rei, toda a Espanha, a outro; a Itália, por sua vez, divide-se em poucas partes, suas cidades mais fracas aliam-se às vitoriosas e mais fortes e, pelas razões mencionadas, não temem a ruína.

Cosme: – E nos últimos vinte e cinco anos, muitas cidades foram pilhadas e perderam seus reinos; tais exemplos deveriam ensinar às outras como viver e reinstituir algumas das antigas ordens.

Fabricio: – Isso é o que dizes, mas deves considerar que as cidades saqueadas não são as mais fortes do Estado, apenas membros dele. Isso pode ser visto no saqueio de Tortona, mas não de Milão, de Cápua, e não de Nápoles, de Bréscia, e não de Veneza, e de Ravena, mas não de Roma. Contudo, tais exemplos não levam os governantes a mudar seu modo de pensar, pelo contrário, fazem-nos mostrar-se mais convictos de que a recuperação do poder somente ocorrerá mediante o estabelecimento de taxas e impostos. Esses homens não querem submeter-se ao aborrecimento dos treinamentos militares, que lhes parecem desnecessários e praticamente incompreensíveis. Já aqueles que são escravos e a quem tais exemplos causariam paúra, não têm força para resolver a questão; os príncipes que perderam seus reinos já não dispõem de tempo algum e aqueles que ainda comandam os seus não têm poderio militar nem o desejam possuir; estes desejam permanecer no poder pela fortuna, e não pela virtude, já que, existindo pouca virtude, é a fortuna que tudo rege. Os homens, por outro lado, querem ser governados pela fortuna, e não o contrário. E tudo o que temos discutido é verdade. Basta que consideremos a Alemanha, que reúne muitos principados e repúblicas, além de grande virtude, onde tudo o que é bom em seu exército atual depende do exemplo de pessoas que, por terem ciúmes de seu próprio Estado e temerem uma servidão que não amedronta outros lugares, mantêm-se honradas. Espero que isso baste para demonstrar as razões para todos esses acontecimentos, segundo minha opinião. Não tenho certeza, contudo, se tens a mesma impressão ou se o que disse apenas lhe causou ainda mais dúvidas.

COSME: – Dúvida nenhuma. De fato, estou plenamente satisfeito com sua exposição. Desejo apenas que, retomando nosso tema principal, possa aprender convosco como organizarias a cavalaria com tais companhias: quantos seriam os homens, como seriam comandados e como estariam armados?

FABRICIO: – Talvez lhe pareça que eu tenha omitido este assunto. Não deveis ficar surpreso, pois costumo falar pouco sobre isso por duas razões: a primeira, pelo fato de a cavalaria ser menos corrupta do que a infantaria. Os cavaleiros também não ostentam maior poderio ou força do que os da Antiguidade, sendo, hoje, bastante similares aos seus pares. De fato, há pouco seu método de treinamento foi mencionado. Quanto ao modo como os armaria, este não seria diferente do que ocorre nos dias de hoje, tanto no que diz respeito à cavalaria ligeira quanto à pesada. Porém, desejaria que os homens da cavalaria ligeira fossem, também, besteiros, e que houvessem entre eles alguns escopeteiros. Estes, embora costumem ser de pouca utilidade em outras ações de guerra, são perfeitos para aterrorizar os camponeses. Tais escopeteiros seriam dispostos em locais mais elevados, já que apenas um deles é capaz de causar mais medo no inimigo do que 20 outros soldados armados. Quanto aos números, digo-lhes que imitaria os romanos e não utilizaria menos do que trezentos homens em cada batalhão, dos quais 150 comporiam a cavalaria pesada e os outros 150 perfariam a brigada leve; daria a cada uma dessas alas um líder e estabeleceria dentre eles 15 decuriões, que portariam cada qual um estandarte e uma corneta. Cada grupo de 10 soldados da cavalaria pesada levaria cinco carros, e cada grupo de soldados da cavalaria ligeira seria seguido por dois que, assim como os da infantaria, transportariam tendas, utensílios para o preparo de alimentos, machados e estacas, além de outros instrumentos, caso coubessem. Não considero que o exposto seja inadequado, já que as cavalarias pesadas de hoje dispõem de quatro cavaleiros a seu serviço, o que soa condenável, visto que, na Alemanha, tais cavaleiros contam apenas com seu próprio cavalo e há apenas um carro para carregar os materiais de cada 20 homens. Os cavaleiros romanos estavam igualmente sozinhos, embora seja verdade que os triários* que acampavam nas proximidades fossem obrigados a prestar assistência aos cavaleiros nos cuidados dos animais. Isso poderia ser facilmente imitado por nós, como será demonstrado na distribuição dos alojamentos. Aquilo, portanto, que os romanos fizeram e que atualmente fazem os alemães, podemos também realizar. Porém, ao ignorarmos tal possibilidade, cometemos um grande erro. Esses cavaleiros, se mantidos próximos aos demais soldados e devidamente organizados junto aos outros batalhões, poderiam realizar treinamentos conjuntos, o que ajudaria no reconhecimento dos homens. Mas acredito já ter dito o suficiente sobre esse assunto por agora. Falemos, então, da formação de um grupo que seja capaz de atacar o inimigo e sair vitorioso, já que esse é o propósito de qualquer exército.

* Os triários eram soldados romanos que formavam a 3ª fileira. Eram fortemente armados, ricos, experientes, veteranos ou reformados, e somente intervinham quando os ataques dos demais falhavam. (N.T.)

Ilustrações referentes às diferentes formações dos exércitos

Legenda:

- LANCEIROS
- CAVALARIA PESADA
- CAPITÃO DA COMPANHIA
- VÉLITES ORDINÁRIOS
- DECURIÕES COM LANÇA
- ESTANDARTE
- ESCUDEIROS
- CAVALARIA LIGEIRA
- ARTILHARIA
- VÉLITES EXTRAORDINÁRIOS
- DECURIÕES COM ESCUDO
- CORNETEIROS
- CENTURIÕES
- CONDESTÁVEIS
- CAPITÃO-GERAL

Reorganização do exército para um ataque pela retaguarda

Formação de companhia em marcha

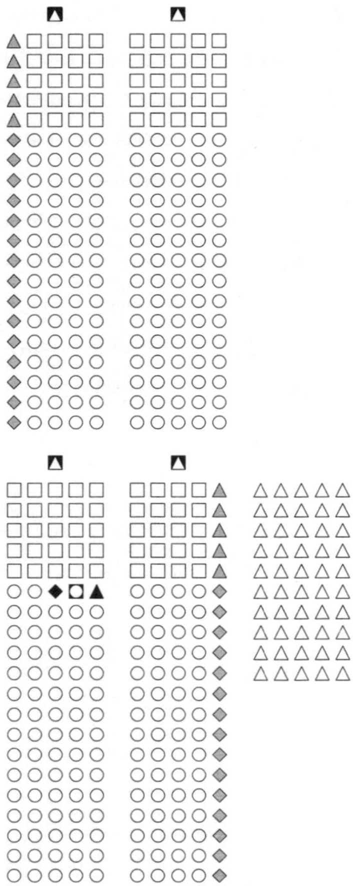

Reduplicação do exército pelos flancos

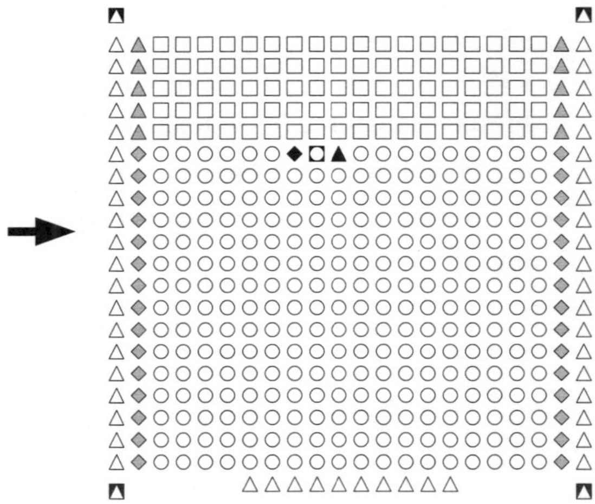

Reorganização do exército para um ataque pelo flanco

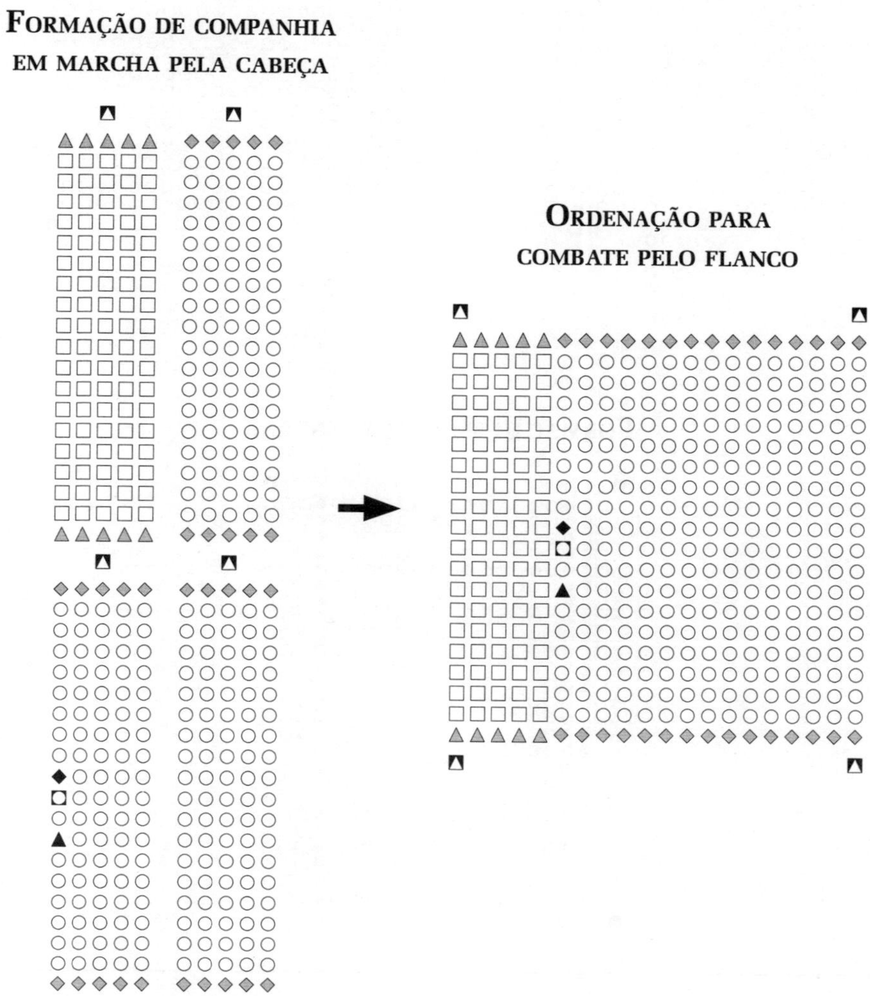

Diferentes formações da companhia

Formação em marcha

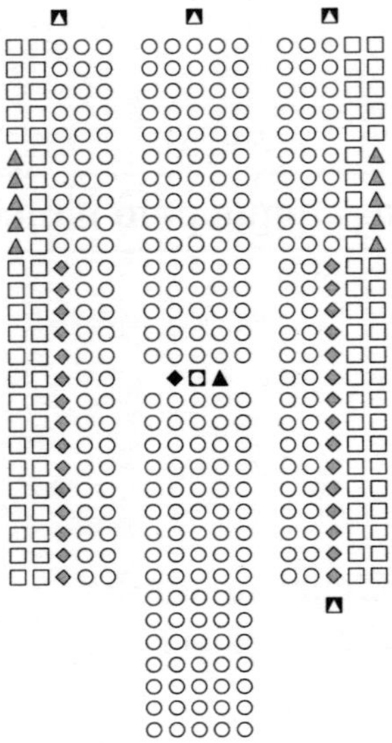

Formação em corno

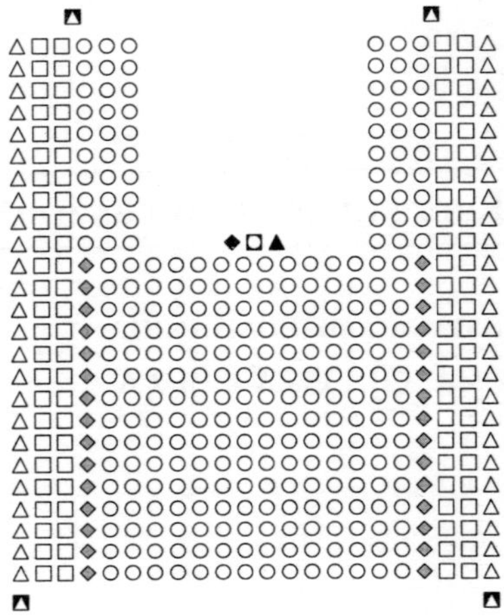

Formação em praça central

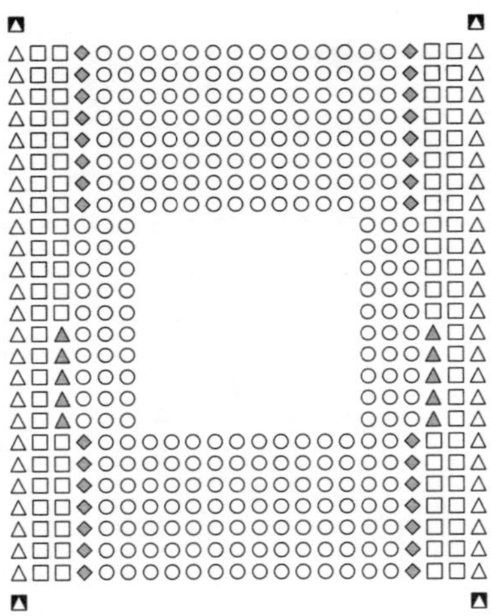

Comentários

Treinamento e armas

Quem luta deve ter virtude, sabedoria e treino para enfrentar os desafios. Com o preparo correto e as armas (ferramentas) certas, até um exército de 6 mil homens a pé pode derrotar outro de 150 mil a cavalo – o que nos demonstra que, desde a Antiguidade, "pequenas empresas," por sua agilidade e espírito inovador, podem criar negócios mais lucrativos e fazer frente às grandes corporações; estas, mais lentas, muitas vezes tornam-se reféns da burocracia!

"Homens ferozes e desordenados são mais frágeis que os tímidos e ordenados; porque a ordem expulsa o temor," decreta Maquiavel. Em seu exército ideal, cada soldado é treinado à exaustão para funções práticas e outras suplementares, e sempre com armaduras e armas mais pesadas àquelas que terão nas batalhas – pois, assim, ele estará mais preparado, mais forte e mais confortável ao encarar seus oponentes. No mundo corporativo não é diferente: um bom líder deve saber preparar seus comandados para que estes possam tirar o máximo de proveito possível das ferramentas disponíveis, e também para, com criatividade, transpor obstáculos da burocracia, que dificulta a adaptação às circunstâncias novas e inesperadas nos mercados em que a empresa atua.

Além disso, desde sempre lideranças são importantes e cada membro de uma milícia ou empresa deve saber não apenas seu lugar, mas também como se portar e como atender às ordens de seu superior ao sinal mais simples, ou código preconcebido. Além do chefe propriamente dito, a cada 10 soldados (funcionários, colaboradores etc.), um deles deve ter mais vivacidade, mais coragem e mais autoridade; alguém que se destaque e que, com o seu ânimo, mantenha os demais dispostos.

(J. S. C.)

Livro Terceiro

Cosme: – Já que estamos mudando o assunto de nosso debate, sem desejar parecer presunçoso, algo que sempre condenei nos homens, gostaria que qualquer um destes nossos amigos assumisse meu lugar e propusesse outras questões.

Zanobi: – Seria perfeitamente agradável se continuasses, mas desde que não desejas fazê-lo, poderia ao menos indicar quem deveria assumir seu lugar.

Cosme: – Preferiria, então, passar este fardo ao Senhor Fabricio.

Fabricio: – Fico contente em aceitá-lo. Gostaria de seguir o costume veneziano segundo o qual os jovens falam antes dos mais velhos. Afinal, este é um exercício para os jovens e estou convencido de que estes são mais adeptos a argumentar do que o são em acompanhar um raciocínio.

Cosme: – Assim, devo indicá-lo Luigi. Estou plenamente satisfeito com tal sucessor, e certo de que apreciareis tê-lo por interlocutor.

Fabricio: – Tenho certeza de que, se quiser demonstrar como um exército é bem preparado e organizado para um embate, seria necessário descrever como os gregos e romanos dispunham suas fileiras em seus próprios exércitos. Porém, já que os senhores mesmos são capazes de ler e estudar estas técnicas, valendo-se dos escritores da Antiguidade, optarei por omitir muitos detalhes e citar apenas aquilo que for necessário para que possamos imitar nossos mestres gregos e romanos e prover nosso exército com a perfeição dos antigos. Isso será feito e, no devido momento, mostrarei como um exército é preparado para um confronto, como enfrenta uma verdadeira batalha e o modo como deve ser treinado por meio de simulações. O maior erro que os homens cometem ao organizar um exército para uma guerra é fazê-lo avançar numa só frente, esperando que saiam vitoriosos após uma única empreitada. Isso ocorre pelo fato de terem se esquecido dos métodos empregados pelos antigos, que faziam suas fileiras assimilarem umas às outras. Sem esta técnica, seria impossível aos soldados de trás ajudar, defender ou, até mesmo, substituir os que estivessem na frente, uma prática perfeitamente realizada pelos romanos. Ao explicar este sistema, gostaria de abordar a maneira como os romanos dividiram cada legião em três partes: hastados, príncipes e triários. Os hastados vinham na primeira linha do exército e formavam fileiras sólidas e compactas. Atrás deles, vinham os príncipes, cujas fileiras eram mais abertas. Por último, estavam os triários arranjados em fileiras mais esparsas, que permitiam a entrada dos príncipes e hastados. Além dessas fileiras, havia, também, os arremessadores e os arqueiros, entre outros soldados com armas leves, que não estavam nessas fileiras, mas vinham à frente do exército entre a cavalaria e a infantaria. Esses homens levemente armados eram responsáveis por inflamar a batalha. Se fossem bem-sucedidos [o que raramente acontecia], marchavam para a vitória, mas, se rechaçados, evadiam-se pelos flancos ou passavam pelos espaços deixados para tal escape e posicionavam-se entre os homens não armados. Então, era a vez dos hastados enfrentarem o inimigo e, se percebessem a si mesmos superados, retiravam-se aos poucos pelos espaços existentes entre as fileiras dos príncipes e, ao lado deles, reiniciavam o combate. Se ambos os grupos fossem repelidos, todos reuniam-se aos triários e, em massa, retomavam o embate; se todos fossem derrotados, não haveria o que fazer, pois não haveria espaço para uma nova formação. A cavalaria mantinha-se nos flancos do exército, posicionada como duas asas de um corpo. Algumas vezes, lutavam a cavalo, outras, de acordo com a necessidade, ajudavam a infantaria. É praticamente impossível superar este método de reposicionamento, pois isso dependeria de os soldados falharem três vezes e de a virtude do inimigo ser suficiente para que saísse três vezes vitorioso. Os gregos, com suas falanges, não se utilizam desse sistema, e, embora tivessem muitos líderes em sua formação, constituíam um corpo sólido, ou melhor, uma frente compacta, de modo que, a fim de ajudar uns aos outros, eles não abandonavam suas fileiras para se unir às posteriores, mas cada homem tomava o lugar do primeiro, do seguinte modo: suas falanges eram compostas de fileiras, e, supondo que eles mantivessem 50 homens em cada uma delas, quando chegavam diante do inimigo, somente as 60 primeiras fileiras seriam capazes de lutar, já que suas sarissas eram tão longas que alcançavam e feriam os pares que estivessem à frente. Portanto, quando lutavam, se algum homem da primeira fileira fosse morto ou ferido, o que estivesse exatamente atrás tomava seu lugar, e assim sucessivamente, de modo que as fileiras de trás sempre suprissem a falta dos soldados na frente. Isso fazia impedia que qualquer fileira ficasse incompleta, exceto a última, única a ser afetada pelas perdas. As falanges, portanto, fortes e sólidas, diminuíam, mas não se rompiam. Os romanos, no início, também utilizaram-se de falanges, e instruíam suas legiões de maneira semelhante. Em seguida, não satisfeitos com tal formação, dividiram a legião em vários organismos, as tropas e os esquadrões, pois julgavam [como dito há pouco] que o corpo armado tinha mais vida (ser mais ativo), mais espírito, e que, portanto, deveria ser composto de vários segmentos, cada um deles capaz de regular a si mesmo. Os batalhões suíços de agora empregam todos os métodos das falanges, tanto em tamanho como em organização; imitam o método de ajudar uns aos outros. Ao enfrentar o inimigo, dispõem seus batalhões lateralmente ou um atrás do outro. Eles não oferecem espaço para receber os que estão em dificuldades, mas utilizam os batalhões posicionados na lateral ou atrás para oferecer socorro aos que precisarem. Outro batalhão é mantido na retaguarda, à distância de um tiro, pois, caso os dois primeiros caiam diante do inimigo, o terceiro terá espaço para seguir em frente e os homens que foram rechaçados poderão encontrar um lugar para retornar e evitando chocar-se nos que estão avançando. É impossível receber uma grande quantidade de soldados do mesmo modo como se acata um número pequeno e, portanto, os grupos pequenos e separados que compunham o exército romano podiam ser mantidos reunidos e, ao mesmo tempo, aceitar a entrada de soldados em suas fileiras, ajudando-se uns aos outros. E para demonstrar que essa disposição dos soldados suíços não é tão boa quanto costumava ser a dos antigos romanos, basta observar os inúmeros confrontos das legiões romanas contra as falanges gregas, nos quais os gregos eram sempre dizimados pelos romanos. Isso ocorria não apenas pelos tipos de armas utilizados, mas pelo próprio método de reposição dos soldados, que não conseguia manter a solidez da falange. Baseando-me nesses exemplos, se tivesse de organizar um exército, manteria parcialmente as armas e métodos tanto das falanges gregas como das legiões romanas. Por esta razão, mencionei meu desejo de reunir 2 mil lanças, armas utilizadas pelas falanges macedônias; 3 mil espadas e escudos, armas usadas pelos romanos. Dividiria o batalhão em 10 companhias, assim como os romanos dividiam sua legião em 10 tropas. Contaria, ainda, com os vélites, que carregariam armas leves para inflamar o combate, como faziam os romanos. Assim, armas e homens se mesclariam, e cada companhia teria 5 fileiras de lanceiros na frente e o restante dos homens levariam escudos, para que pudessem resistir à cavalaria e facilmente penetrar nas linhas inimigas a pé. Esperaria que as lanças, nossa primeira defesa contra o inimigo, fossem suficientes para segurá-los. Então viriam os escudos e as espadas, aos que caberiam derrotar o opositor. E se repirardes na virtude de tudo isso, perceberás que cada uma destas armas executará sua função perfeitamente, já que as lanças são eficientes contra a cavalaria e, diante da infantaria, cumprem o que lhes cabe no encerramento do combate. Contudo, quando os lanceiros ficam pressionados, tornam-se inúteis. Diante disso, os suíços, no intuito de evitarem tal desvantagem, colocam um alabardeiro depois de cada 3 fileiras de lanceiros, que, embora não seja o suficiente, oferece espaço de manobra aos lanceiros. Colocando nossas lanças na frente e os escudos e espadas atrás, eles conseguem resistir à cavalaria e, ao incendiar a batalha, são capazes de abrir e atacar a infantaria inimiga; porém, quando o embate encerra-se e esses alabardeiros tornam-se inúteis, os escudos e espadas tomam seu lugar e cumprem sua função.

Luigi: – Estamos ansiosos para saber como ordenaríeis o exército para a batalha com tais armas e organizações.

Fabricio: – Tudo o que mais desejo é demonstrar exatamente isso: precisas compreender que, num exército romano regular, o qual denominavam Exército Consular, não havia mais do que duas legiões de cidadãos romanos, que consistiam em 600 cavaleiros e cerca de 11 mil infantes. Eles contavam, ainda, com homens de infantaria e cavalaria que lhes eram enviados por países amigos e confederados, e que se dividiam em duas partes: as alas direita e esquerda; jamais era permitido que o número de infantes amigos superasse os da própria legião, mas todos concordavam que o número de cavaleiros deveria ser maior. Com um exército que contava com uma infantaria de 22 mil homens e cerca de 2 mil cavaleiros, o cônsul era capaz de realizar qualquer ação e enfrentar qualquer situação. E, se houvesse a necessidade de enfrentar um inimigo ainda maior, trariam consigo dois cônsules e, assim, dois exércitos. É preciso observar também que, entre as três principais atividades dos exércitos, ou seja, marchar, acampar e lutar, a legião sempre permanecia no centro, porque a virtude que mais prezam e na qual mais confiam é a unidade. Isso ficará claro conforme discutirmos essas três atividades. Aqueles da infantaria auxiliar, devido ao treinamento que tiveram com a infantaria da legião, tornavam-se tão eficazes quanto os últimos, e também disciplinados, logo, engajavam-se de modo similar. Todos sabiam exatamente a disposição do todo (exército). Portanto, tendo já explicado como era dividida a legião em 3 linhas e como cada uma dessas fileiras receberia os soldados provenientes da outra, cumpre agora discorrer sobre o modo como todo o exército era organizado para um combate.

Se quisesse, por conseguinte, organizar um exército de acordo com os romanos antigos, na posição onde eles utilizavam duas legiões, eu disporia dois batalhões. Com base nesta disposição, seria possível conhecer todo o exército; a adição de mais homens somente ampliaria a organização. Não acredito que seja necessário relembrá-los de quantos infantes formam um batalhão nem de que nele existem 10 companhias; também não acredito seja preciso recordar quem são os líderes, quem são os lanceiros, que armas utilizam e coisas deste tipo, pois já havia mencionado todos esses detalhes, assim como a importância de os manter na memória para que se pudesse compreender quaisquer outras acomodações. Passarei, desse modo, à demonstração da disposição, sem me ater ao que já foi explicado. Parece-me que 10 companhias de um batalhão deveriam ser alocadas no flanco esquerdo, e outras 10, no direito. Aquelas à esquerda devem ser organizadas da seguinte maneira: as 5 companhias deveriam ser colocadas uma ao lado da outra na parte frontal, de modo que entre elas restasse um espaço não superior a 4 braços. A área ocupada seria, portanto, de 140 braços de comprimento e 40 de largura. Por detrás dessas cinco companhias, outras 3 seriam dispostas a 40 braços de distância, em linha reta. Duas delas deveriam vir para trás, também em linha reta, e postar-se nas extremidades das cinco primeiras, e a outra deveria ocupar o espaço no meio. Assim, estas três ocupariam, em comprimento e largura, o mesmo espaço das cinco primeiras, mas em vez de manterem uma distância de 4 braços entre si, essas três ficariam distantes 33 braços. Por trás delas, eu colocaria as últimas duas companhias, também em linha reta e atrás, distantes uma da outra 43 braços. Estas seriam dispostas no final das três anteriores, de modo que o espaço entre ambas fosse de 91 braços. Todas essas companhias organizadas desse modo dariam cobertura a uma área de 141 braços de comprimento e 200 de largura. Os lanceiros extraordinários seriam estendidos ao longo do flanco esquerdo dessas companhias e permaneceriam a uma distância de 20 braços. Eles formariam 43 fileiras com 7 homens em cada uma, de modo a abranger o comprimento total das 10 companhias descritas anteriormente. Haveria, ainda, 40 fileiras cuja função seria proteger os carros e os homens desarmados na retaguarda do exército. Os decuriões e centuriões seriam alocados nos locais devidos, já os condestáveis seriam dispostos em três posições específicas, um na frente, outro no meio e outro na última fileira, que realizaria a função do *tergiduttore*,* como os antigos chamavam o encarregado da parte de trás do exército. Mas, voltando à linha de frente, digo-lhes que colocaria os vélites extraordinários ao lado dos lanceiros extraordinários, que, como vós sabeis, seriam em número de 500, e dispostos lateralmente a uma distância de 40 braços; colocaria, ainda, os soldados armados a uma distância de 150 braços. Atrás destes, viria a cavalaria ligeira e, aos cavaleiros, eu atribuiria o mesmo distanciamento dos homens de armas. Os vélites ordinários permaneceriam ao lado de suas companhias e ocupariam os espaços deixados entre uma companhia e outra. Atuariam como auxiliares delas, a menos que considerasse mais adequado subordiná-los

* Do Italiano, da época, capitão responsável pela condução da retaguarda. (N.E.)

aos lanceiros extraordinários; isso dependeria do quanto esse fato pudesse beneficiar meus planos. O capitão-geral de todos os batalhões seria colocado no espaço entre a primeira e a segunda companhias ou, ainda, na parte frontal, no espaço existente entre a última das cinco primeiras companhias, e os lanceiros extraordinários, conforme parecesse mais eficiente. Eles estariam cercados por 30 ou 60 homens cuidadosamente escolhidos, capazes de executar qualquer missão de maneira prudente, e corajosamente resistir a um ataque. O capitão-geral e esses homens deveriam, ainda, estar cercados pelos corneteiros e porta-estandartes. Essa é a ordem que gostaria de implantar num batalhão do lado esquerdo, o que significaria metade do exército. Ele cobriria uma área de 511 braços de comprimento e tanto quanto mencionado anteriormente de largura, não incluindo o espaço que os lanceiros extraordinários deveriam ocupar na proteção dos homens desarmados, que seria de cerca de cem braços de comprimento. Os batalhões do lado oposto seriam implantados exatamente do mesmo modo, mantendo um espaço de 30 braços entre um e outro. Na cabeça, haveria um espaço no qual disporia algumas peças de artilharia, atrás das quais viria o capitão-geral de todo o exército. Em torno dele, seguiriam, além do corneteiro e do porta-estandarte principal, duzentos homens cuidadosamente escolhidos, a maior parte a pé, entre os quais deveriam haver pelo menos 10 que estivessem aptos a atender qualquer tipo de comando. Eles deveriam possuir armas e cavalos, além de serem capazes de seguir a pé ou montados, de acordo com a necessidade. Dez canhões da artilharia seriam suficientes para destruir cidades inteiras. Eles não deveriam exceder a carga máxima de cerca de 17 quilos e cuja função seria mais a defesa dos acampamentos, do que propriamente o ataque. Todo o resto da artilharia não deveria exceder 15 quilos. A artilharia viria à frente de todo o exército, a menos que o terreno permitisse sua disposição no flanco, onde estaria mais protegida, já que não poderia ser atacada pelo inimigo. Um exército assim organizado, em combate, pode manter a ordem tanto diante das falanges como das legiões romanas, porque trazem os lanceiros na frente e todos os infantes dispostos em fileiras, os quais, diante do confronto com o inimigo, resistiriam perfeitamente. Esses homens deveriam ser capazes de reorganizar as primeiras fileiras contando com os soldados imediatamente atrás delas, conforme fazem as falanges. Por outro lado, se atacados de modo que se vissem obrigados a abandoná-las, poderíam alocar-se no espaço da segunda companhia logo atrás, unindo-se a seus soldados e sendo capazes de resistir novamente perante o inimigo. Contudo, se novamente não conseguissem superá-lo, poderíam, mais uma vez, abandonar a posição, instalando-se atrás da terceira companhia e novamente partindo para a luta, de acordo com o método dos batalhões. Tal reorganização segue, portanto, ambos os sistemas grego e romano. Quanto à força do exército, esta não poderia ser maior, já que ambas as asas são amplamente guarnecidas de líderes e armas e nenhuma delas mostra-se fraca, exceto a área na parte de trás que está desarmada, mesmo que parte dela tenha seus flancos protegidos por lanceiros extraordinários. Também não encontrará o inimigo qualquer área que possa ser facilmente atacada. Até mesmo a retaguarda não será alvo fácil, já que não existirá um inimigo com tanto poder que seja capaz de atacar um exército igualmente de todos os lados. Lembrando que na existência de um único lado desprotegido, não se deve enfrentar o adversário. Em contrapartida, se o inimigo for organizado, se o exército dele for um terço maior do que o teu, e o ataque lhe vier por todos os lados, ele irá se tornar mais fraco em um de seus lados e haverá, então, uma brecha por onde o poderás derrotar. Se a cavalaria inimiga for superior à sua, assegure-se de que as suas fileiras de lanceiros serão capazes de cercar seus próprios homens e defendê-los do avanço de seu oponente, mesmo que seus cavaleiros sejam rechaçados. Além disso, os chefes estarão posicionados nas laterais, capazes de comandar e obedecer com facilidade. E os espaços que existem entre uma companhia e a próxima, e entre um posto e outro não servirão apenas para acolher os soldados vindos da frente, mas também para prover um lugar para os mensageiros que vão e vêm, por ordem do capitão. E como dito anteriormente, considerando que os romanos possuíam mais de 20 mil homens num único exército, todos os soldados emprestados de outras regiões devem imitar o modo de luta e a formação definidos para suas legiões. O mesmo deveria ocorrer com os batalhões. E conforme os exemplos fornecidos, isso se torna fácil, pois, para incrementar um exército, bastará acrescentar batalhões e replicar a disposição dos homens, e, em vez de 10 companhias, terás 20. Tudo o que terás de fazer é duplicar o número de soldados ou estender suas fileiras, de acordo com o local e o inimigo à sua frente.

LUIGI: – Verdadeiramente, meu senhor, tenho em minha mente uma imagem tão clara do exército, que quase consigo vê-lo diante dos olhos. De modo nenhum desejaria que vós se tornásseis Fábio Máximo e tivésseis a intenção de atrasar o inimigo e mantê-lo à distância, pois falaria de vós palavras ainda mais duras do que as proferidas contra ele pelo povo romano.

FABRICIO: – Não temeis. Não ouves a artilharia? Nossos homens disparam uma única vez, e causam poucos ferimentos ao inimigo; e nossos vélites surgem ao lado da cavalaria ligeira e se espalham bradando furiosamente e tomando o inimigo de assalto, permitindo que este também atire uma só vez e, mesmo assim, não impeça a passagem da frente de nossa cavalaria sem que lhe sejam causados maiores danos. E por não terem a oportunidade de atirar uma segunda vez, nossos vélites e cavaleiros já conseguem dominar nossos oponentes, os quais, para se defender, veem-se obrigados a seguir adiante para evitar que ambos os lados possam desempenhar seu trabalho. Percebes, portanto, a virtude de nossos homens e a disciplina à qual estão acostumados, devido não apenas ao treinamento, mas à confiança que depositam em seu exército. Tal confiança pode ser vista nos passos firmes que empregam na marcha, tendo ao seu lado os homens das armas, com o objetivo de inflamar o embate contra o adversário. Podes ver nossa artilharia, que, para dar espaço à luta armada, move-se de volta ao local donde os vélites surgiram. Vê, também, o capitão encorajando seus soldados e apontando-lhes a vitória. Observa os vélites e a cavalaria ligeira espalhando-se e, então, retornando aos flancos do exército para, a partir dali, tentar causar algum mal ao inimigo. Percebe, agora, os dois exércitos que estão frente a frente. Observa com que virtude nossos homens conseguem suportar o confronto com o adversário. Note o silêncio que se impõe e como o capitão comanda seus homens para que resistam, nem atacando nem deixando suas posições. Olhe como nossa cavalaria ligeira move-se para atacar um bando de escopeteiros que planejavam atacar pelos flancos, e como os cavaleiros inimigos tentam socorrê-los. Os escopeteiros, que têm às costas sua própria cavalaria, não podem revidar o ataque dos nossos cavaleiros sem atingir seus próprios homens, e recuam para trás de suas companhias. Vê com que tamanha fúria nossos lanceiros atacam o inimigo. Agora, os infantes adversários estão tão próximos uns dos outros que, como mencionado anteriormente, já não se podem utilizar as lanças, então os nossos recolhem-se aos poucos, abrindo espaço para os escudeiros, que vêm logo atrás com suas espadas. Assiste o modo como o grandioso inimigo faz nossos soldados recuarem e como nossa estratégia e disciplina abrigam esses nossos homens por trás dos lanceiros extraordinários, reformando suas brigadas, repelindo o adversário e dizimando um grande número de oponentes. Na verdade, todos os lanceiros ordinários encontram-se escondidos entre as fileiras de escudos e espadas, mas deixam a luta nas mãos desses escudeiros, que, com virtude, segurança e até liberdade, aniquilam o inimigo. Não percebe que, durante a luta, as fileiras estão tão próximas que os homens mal podem manusear suas espadas? Vê como o inimigo move-se rapidamente, pois armados apenas com suas lanças e espadas, em meio a tão pouco espaço e diante de um inimigo tão fortemente armado, ou testemunha seus homens caírem mortos e feridos, ou foge. Note como o adversário escapa pelo flanco direito e, também, pelo esquerdo. Olhe, pois a vitória é nossa. Não achas que vencemos com certa facilidade? Digo-lhes que teria sido uma vitória ainda mais feliz se tivéssemos a oportunidade de colocar tais planos em prática. Nem mesmo nos foi necessário utilizar a segunda e a terceira fileiras, pois nossa linha de frente foi suficiente para rechaçá-los. Nesse sentido, não tenho nada mais a dizer, exceto, logicamente, dirimir qualquer dúvida que tenha surgido.

Luigi: – Ganhastes essa batalha com tamanha fúria que me deixastes estupefato. Nem consigo ter certeza de que tenha restado alguma dúvida em minha mente. Contudo, confiando em vossa prudência, tomarei coragem de dizer o que penso. Diga-nos, primeiramente, por que não deixastes que a artilharia atirasse mais do que uma única vez? Percebo que esses homens rapidamente retiraram-se do combate e jamais foram mencionados novamente. Parece-me, também, que considerastes que a artilharia inimiga estivesse postada de um modo específico, no entanto, se as linhas fossem perfuradas por ela [e acredito nesta possibilidade ocorrer muitas vezes em batalhas], que remédio oferecerias para tal situação? E já que estou me referindo à artilharia, gostaria de discutir esse assunto de modo que não precisemos fazê-lo novamente. Tenho ouvido muitos menosprezarem as armas e a organização dos antigos exércitos, argumentando que hoje eles pouco poderiam contra a fúria da artilharia, cujos homens e armas seriam superiores às lanças, escudos e espadas no objetivo de romper fileiras, de modo que lhes parece loucura criar um arranjo em que tais homens não sejam devidamente considerados e que se deva suportar as dificuldades de um embate, apenas com armas que já não podem defender um exército.

Fabricio: – A pergunta que me fazes requer uma longa resposta. É verdade que a artilharia não disparou mais de uma vez e isso certamente desperta dúvidas. A razão para isso é simples: é mais importante evitar que o adversário atire contra nossos homens, do que fazer a própria artilharia atingir o inimigo. Deves compreender que, se não quiserdes ser ferido pela artilharia inimiga, é preciso que permaneças em local seguro e a boa distância. Afinal, nenhuma outra medida deterá seu oponente. Contudo, faz-se necessário que sua proteção seja muito forte e resistente. Os capitães, que precisam envolver-se no combate, não podem permanecer por trás de muros ou barricadas nem em locais onde possam ser atingidos. E já que não podem evitar os danos, terão de encontrar um meio pelo qual estes sejam apenas superficiais. Para isso, os ataques precisam ser rápidos e espalhados, e não lentos e compactos. A rapidez evitará que o inimigo recomponha-se e o espalhamento reduzirá o número de baixas. Se o ataque for feito por um grupo alinhado, mas que se disperse ao longo da marcha, ele há de tornar-se desorganizado. Será, então, desnecessário que o inimigo tente romper suas defesas, pois elas já estariam rompidas. Portanto, gostaria de organizar um exército que fosse capaz de atacar e recuar, colocando os mil vélites nas asas da artilharia e fazendo com que, posteriormente ao disparo, eles seguissem adiante com a cavalaria para derrotar a artilharia inimiga. O fato de não ter sido ordenado um segundo disparo foi justamente com o objetivo de não permitir que o inimigo tivesse tempo de atirar contra nós, pois não há melhor remédio contra a artilharia inimiga do que a atacar; e se o inimigo abandona sua posição, podemos dominá-lo, e se quiserem defender sua posição, precisarão deixar sua artilharia para trás e não mais poderão utilizá-la. Acredito que, mesmo sem mais exemplos, tal discussão já seria suficiente, porém, já que posso, fornecerei mais alguns: Públio Ventídio, na batalha contra os partianos, cuja virtude estava no uso de arcos e flechas, deixou que o inimigo chegasse praticamente aos acampamentos antes de permitir que seus homens partissem para o combate. Seu único objetivo era dominá-los rapidamente e não permitir que tivessem a chance de manejar suas armas. Em suas batalhas na Gália, César afirmou que seus próprios soldados foram atacados com tamanha fúria pelos franceses que sequer tiveram tempo de armar seus arcos, como era o costume romano. Vê-se, portanto, que, estando no campo e não desejando ser atingido pelo inimigo, o mais acertado é ser capaz de agir o mais rapidamente possível. Mas existe, ainda, outra razão pela qual a artilharia somente foi usada uma vez, e talvez ela o faça rir, embora eu não a julgue menor. Nada há que cause mais confusão num exército do que obstruir sua visão. De fato, muitos exércitos robustos foram sobrepujados por terem-na encoberta, fosse pelo sol ou pela poeira. A própria fumaça liberada pela artilharia também impede a visão, portanto, imagino que seja mais prudente deixar que o inimigo cegue a si mesmo, em vez de tentar enfrentá-lo cegamente. Desse modo, preferiria não atirar novamente, mas dispor a artilharia nas extremidades do exército, para que, havendo a necessidade de atirar, a fumaça não ofuscasse a visão dos soldados na linha de frente, fundamental num exército. O fato de a obstrução da visão ser uma medida útil pode ser comprovado no exemplo de Epaminondas, que, no intuito de cegar os que marchavam contra ele, ordenou que sua cavalaria ligeira galopasse à frente do adversário e obstruísse sua visão com a poeira, o que lhe garantiu a vitória. Quanto ao fato de achardes que manipulei a artilharia à minha própria maneira, fazendo com que os projéteis passassem por sobre a infantaria, respondo-lhes que, na maioria das ocasiões, a artilharia não atinge os infantes, pois eles estão abaixo da linha de fogo. Contudo, se os canhões são posicionados de maneira a seguir uma trajetória mais baixa, eles atingem o solo, e não os homens. Há, ainda, a questão do desnível do terreno que pode dificultar o trabalho da artilharia. Em relação aos escopeteiros e à cavalaria, mais especificamente, que são mais altos e mais fáceis de serem atingidos, eles devem ser mantidos na retaguarda do exército até que a artilharia tenha feito o primeiro disparo. Na verdade, são os homens da artilharia leve e os escopeteiros que são atingidos mais facilmente do que a cavalaria, em cujos casos a melhor saída é partir para o ataque o quanto antes. E se no primeiro ataque alguns forem abatidos (e isso sempre ocorrerá), um bom capitão e um exército de qualidade jamais deverão temer as baixas controladas, e, sim, as gerais, imitando o que fazem os suíços, que jamais baixam a cabeça diante de um confronto, mesmo que aterrorizados pela artilharia inimiga. Em vez disso, eles punem com a pena capital qualquer soldado que abandone sua fileira por medo ou sequer demonstre apreensão. Fiz com que a artilharia retornasse para que deixassem o espaço livre para as companhias. O fato de não as mencionar novamente é que são inúteis depois do início da batalha.

Mencionastes também que muitos julgam vãos as armas e os métodos dos antigos. E, de acordo com sua narrativa, alegas que os homens modernos encontraram armas e sistemas capazes de subjugar a artilharia. Se possuíres tal conhecimento, peço que o compartilhe comigo, já que, até agora, jamais ouvi qualquer comentário a esse respeito nem acredito que isso possa ocorrer de fato. Gostaria de saber desses homens a razão para usarem corseletes de ferro e para que seus cavaleiros vistam-se com armaduras, pois, se consideram o uso de tais equipamentos inútil perante a artilharia, obviamente os deveriam dispensar. E, lembrando que a própria artilharia surgiu na Antiguidade, também apreciaria se pudesses explicar por que os suíços utilizam-se de companhias compostas de 6 mil a 8 mil homens, a exemplo dos antigos sistemas, e, mais ainda, por que motivo tantos outros imitam-nos expondo suas formações aos mesmos perigos. Acredito, sinceramente, que eles não saberiam o que responder, mas se questionasses os próprios soldados, que devem, afinal, ter alguma experiência, provavelmente eles responderiam que, primeiramente, andam armados porque, mesmo que a blindagem não os consiga proteger da artilharia, os deixará mais seguros em relação a outros ferimentos infligidos pelo inimigo; e acrescentariam, certamente, que isso os ajudaria a resistir aos ataques da infantaria, da cavalaria e, ao mesmo tempo, a oferecer mais dificuldades ao avanço inimigo. Observe-se, portanto, que os soldados têm muito mais a temer do que somente a artilharia e, por isso, defendem-se com armaduras e muita organização. Disso resulta o fato de que, quanto melhor um exército estiver armado e quanto mais serradas e fortes forem suas fileiras, mais segurança terão seus soldados. Portanto, qualquer um que tenha a opinião que mencionastes deve ser pouco prudente ou não ter dado ao assunto a devida consideração; se observarmos a utilização das lanças nos dias de hoje e a organização antiga nos batalhões suíços e que nos servem tão bem e tanto podem oferecer aos nossos exércitos, porque não acreditaríamos que as demais armas e sistemas da Antiguidade também não nos seriam úteis? Além disso, se, como os suíços, não damos tanta importância à artilharia por atuarmos de modo compacto, que outros métodos de ataque poderiam causar-nos medo? Não há, portanto, nenhum outro sistema que possa causar mais medo do que um posicionamento sólido. Ademais, se a artilharia inimiga não me apavora quando cerco uma cidade ou fortificação – donde consegue causar grandes danos e, ao mesmo tempo, manter-se em segurança atrás das grandes muralhas, de modo que, não podendo capturá-la, apenas resta ao meu exército insistir com paciência e minha própria artilharia –, por que razão deveria temê-la em campo aberto, onde fácil e rapidamente conseguiria cercá-la? Digo-lhes, portanto, e para colocar fim nesta discussão, que a artilharia, segundo minha opinião, não impede aquele que é capaz de usar os métodos e demonstrar a virtude dos antigos. E se já não tivesse falado sobre esse aspecto, gostaria de me estender ainda mais. Mas desejo retornar ao que foi dito há pouco.

Luigi: – Fostes capaz de nos proporcionar excelente compreensão ao discorreres sobre a artilharia. Em resumo, demonstrastes que o melhor remédio contra ela, quando se está em campo aberto, é dominá-la rapidamente. Surge, então, uma dúvida. Parece-me que o inimigo, sabendo disso, pudesse assim alocá-la num dos flancos de seu próprio exército, donde seria capaz feri-lo, mas estaria protegida por todos os lados e não poderia ser dominada. Certamente, deveis lembrar de que, ao dispor seu exército para a batalha, criaria intervalos de 4 braços entre uma companhia e a próxima, e ali colocaria 20 lanceiros extraordinários. Se o inimigo organizasse seu exército de maneira semelhante e posicionasse sua artilharia dentro desses intervalos, acredito que, a partir dali, fosse capaz de feri-lo com maior segurança para si mesmo, já que seria impossível adentrar nas colunas inimigas para o capturar.

FABRICIO: – Sua dúvida demonstra grande prudência, portanto, esforçar-me-ei para resolvê-la ou, pelo menos, para oferecer-lhes um remédio. Já lhes disse que essas companhias estão sempre em movimento, seja preparando-se para o ataque ou já em combate. Por natureza, elas sempre acabam juntas, de modo que, se mantivesse entre suas colunas pequenos intervalos que abrigassem a artilharia, em pouco tempo os homens estariam tão próximos uns dos outros que não poderiam desempenhar sua principal função. Em contrapartida, se os espaços fossem grandes demais, dariam ao inimigo a oportunidade de capturar sua artilharia e derrotá-la. Deves ter em mente que é impossível manter a artilharia entre as fileiras, especialmente quando suas armas estão montadas sobre carros, já que estes movem-se numa direção, mas atiram em outra. Portanto, se quiserdes acionar tais armas enquanto em movimento, precisarias girar os carros. Isso demandaria grande espaço e a completa desorganização de suas companhias. Nesse caso, seria necessário, portanto, que a artilharia e seus carros fossem mantidos fora das fileiras, para que fossem operados como mostrado anteriormente. Suponhamos, no entanto, que eles sejam mantidos naquele espaço e que um meio-termo seja encontrado, por meio do qual fosse possível manter um espaço fechado, propiciar o uso da artilharia e, ainda, impedir a entrada do inimigo. Digo-lhes que isso poderia ser facilmente arranjado se, no momento do embate, fossem criados intervalos em nosso exército, por meio dos quais nossos tiros pudessem ser disparados. Neste caso, a fúria inimiga seria vã. Tal procedimento seria adequado, pois, se o exército adversário quisesse proteger sua própria artilharia, precisaria que ela fosse mantida na retaguarda. Deste modo, para que os disparos não atingissem seus próprios homens, eles precisariam seguir sempre na mesma direção e em linha reta, o que obrigaria os soldados inimigos a abrir caminho. Esta, aliás, é uma regra básica: deve-se dar espaço àquilo que não se pode deter ou resistir. Tal método já era usado pelos antigos quando defrontavam elefantes e carros-foice. Imagino que penses que meu objetivo seja demonstrar minha capacidade de preparar e ganhar uma batalha à minha própria maneira, porém, digo-lhes, sem a menor dúvida, que seria impossível a um exército assim organizado e armado não derrotar, já no primeiro embate, qualquer inimigo que estivesse organizado e armado como os exércitos modernos, que, muitas vezes, utilizam-se de uma única linha de frente, e não dispõem de escudos ou espadas, ou de qualquer outra arma que possa defendê-los de um inimigo próximo. Esses exércitos que, quando alocam suas companhias lateralmente, não oferecem espaço para incorporar umas às outras geram enorme confusão e permitem que a formação seja perturbada. Embora deem ao seu exército três nomes distintos e dividam-nos em três posições – vanguarda, companhia e retaguarda –, não há dúvida de que tal nomenclatura sirva-lhes apenas para a distinção na marcha e nos alojamentos, pois, durante o confronto, todos os soldados são forçados a atacar de modo conjunto e a contar com a própria sorte.

Luigi: – Reparei que, ao embrenhar-se no embate, sua cavalaria foi repelida pela inimiga e se alojou entre os lanceiros extraordinários, posição a partir da qual todos resistiram, e expulsaram o inimigo na retaguarda. Acredito que tal formação possa, de fato, suportar o ataque dos lanceiros e da cavalaria inimiga, como dissestes, mas não o de um grande e forte batalhão, como conseguem os suíços, pois, em seu exército, contas com 5 fileiras de lanceiros na linha de frente e 7 no flanco. Não entendo como seria possível resistir a tamanha força.

Fabricio: – Apesar de eu ter-lhes dito que 6 fileiras foram empregadas nas falanges macedônias, é preciso considerar que, mesmo que um batalhão suíço dispusesse de 10 mil fileiras, não poderia empregar mais do que 4 ou, no máximo, 5, porque o comprimento de cada lança é de 9 braços, e cerca de um braço e meio é ocupado pelas mãos do soldado; restam, portanto, 7 braços e meio de comprimento para os homens da primeira coluna. Para a segunda fileira, descontando-se o espaço utilizado para as mãos, é preciso levar em conta o espaçamento que deve existir entre as fileiras, de modo que somente é viável a utilização de pouco menos de 6 braços de lança. O espaço útil do objeto na terceira fileira cai para 4 braços e meio, para 3 braços na quarta e um e meio na quinta. Portanto, nas demais fileiras, essa arma seria inútil para infligir qualquer dano, contudo, são adequadas na substituição dos feridos nas linhas de frente e servem como reforço para as cinco primeiras fileiras. Sendo assim, se cinco de suas fileiras pudessem controlar a cavalaria, por que razão cinco das nossas não poderiam fazer o mesmo, se contam com o mesmo suporte, embora não tenham as lanças, como outros possuem? E se as fileiras de lanceiros extraordinários nos flancos lhe parecem estreitas, eles podem assumir a formação em quadrado e ser dispostos nos flancos das duas companhias que eu disporia nas últimas fileiras do exército, local a partir do qual todos reunidos seriam capazes de apoiar a frente e a retaguarda do exército e ajudar, ainda, a cavalaria, de acordo com a necessidade.

Luigi: – Utilizarias sempre essa forma de organização ao engajar-se numa batalha?

Fabricio: – Não em todos os casos, já que seria necessário adequar nossa formação ao local, ao tipo de adversários, ao número de soldados inimigos, o que será explicado antes do final desta discussão. Digo-lhes, contudo, que a formação aqui demonstrada, embora extremamente útil, não está acima das demais. A questão é que, por meio dela, é possível criar outras ordenações. Cada ciência parte sempre das descobertas feitas anteriormente e nelas se baseia. Afirmo, ainda, que jamais um exército deve ser organizado de modo que os homens das primeiras fileiras não se possam beneficiar da ajuda e apoio dos que seguem atrás, pois quem comete esse erro inutiliza grande parte de seu potencial, e se uma única virtude é eliminada, não há como vencer.

Luigi: – E sobre este aspecto, surge uma dúvida em minha mente. Tenho visto que sua disposição para as companhias é uma linha de frente composta por cinco homens de cada lado, três logo atrás e dois na retaguarda; acredito, porém, que seria mais adequado inverter tal ordem, tornando mais difícil para o inimigo atacá-lo, pois independentemente de quem fosse o inimigo, quanto mais penetrasse em nossas fileiras, mais difícil seria sua empreitada. Do modo como sugeres, parece-me que quanto mais o inimigo avança, maior a fragilidade das companhias.

Fabricio: – Se lembrásseis dos triários, que compunham a terceira ordenação nas legiões romanas e jamais excediam 600 homens, não teríeis essa dúvida, pois eles eram posicionados nas últimas fileiras. Compreenderíeis que, motivado por este exemplo, aloquei duas companhias também nas últimas fileiras, perfazendo um total de 900 homens; desse modo, prefiro, como os romanos, errar pelo excesso do que pela falta. E, embora este exemplo já fosse suficiente, gostaria de lhes oferecer as razões. A linha de frente do exército precisa ser sólida e extensa porque tem de suportar o ataque inimigo. Não receberá outros soldados em seus espaços pequenos, portanto, deverá abundar em homens. Um número reduzido de soldados, assim como uma disposição esparsa, tornaria fraca a vanguarda. Mas a segunda linha, cujo objetivo é abrigar os homens que lhes chegam da primeira, ostenta intervalos mais amplos e, justamente por esta razão, conta originalmente com número menor de soldados; se a segunda fileira tivesse números maiores, simplesmente não haveria espaço algum, o que levaria à desordem. Em contrapartida, se algum espaço fosse mantido, a fileira excederia a primeira nas laterais, o que tornaria a formação incompleta e imperfeita. Quanto ao que disseste sobre o inimigo deparar-se com maior fragilidade ao adentrar nossas linhas, isso não procede, pois o inimigo jamais conseguirá lutar com a segunda linha se esta estiver reunida com a primeira. Isso o fará encontrar pela frente linhas cada vez mais fortes, e, não, mais fracas. O mesmo irá ocorrer caso o inimigo alcance a terceira linha, já que, nessa ocasião, terá de enfrentar não apenas duas novas companhias, mas todo o batalhão. Como essa parte precisa abrigar mais homens, seus espaços são mais amplos, e aqueles que os recebem, em menor número.

LUIGI: – Aprecio o que explicastes, mas gostaria que esclarecêsseis mais uma questão. Se as cinco primeiras companhias abrigarem-se entre as três seguintes, tornando-se oito e, mais tarde, essas três nas outras duas, elevando o total para 10, como haveria espaço para tantos num local onde originalmente havia apenas cinco?

FABRICIO: – A primeira coisa que lhes respondo é que não se trata do mesmo espaço; as cinco primeiras fileiras dispõem de uma área de 4 braços entre si. Tal espaço é ocupado quando os soldados movem-se entre as fileiras; existem, ainda, os espaços entre as companhias e os lanceiros extraordinários, que são mais amplos. Acrescentam-se a estes os espaços originais que existem entre os soldados que permanecem imóveis em suas fileiras, pois, quando se movimentam, as linhas comprimem-se ou se espalham. O grupo torna-se mais disperso quando os soldados estão com tanto medo que acabam fugindo do inimigo; torna-se mais compacto quando o temor é tamanho que os homens sentem a necessidade de protegerem-se uns atrás dos outros. Há, ainda, o fato de os componentes das 5 fileiras de lanceiros, que seguem à frente, uma vez que tenham iniciado o combate, precisarem recuar para as companhias da retaguarda, abrindo espaço para os escudeiros e suas espadas, que estão prontos para a batalha. Quando os lanceiros seguem para trás, devem estar preparados para ajudar aqueles que seu capitão considerar mais necessitados, já que, na frente, com a batalha já iniciada, sua presença seria inútil. Portanto, os espaços arranjados tornam-se fundamentais para as forças remanescentes. Porém, mesmo que fossem insuficientes essas brechas, devo lembrar-lhes de que os flancos de um exército consistem de homens, e, não, de muralhas; e quando eles se espalham e abrem caminho, uma grande área é desobstruída, capaz de receber mais homens.

LUIGI: – Quanto aos lanceiros extraordinários que colocas nos flancos do exército quando a primeira companhia se move por entre a segunda, desejaríeis que se mantivessem firmes e que formassem duas asas para o exército, ou que também se retirassem juntamente com as companhias? Se preferísseis que se retirassem, não entendo como o poderiam fazer, já que não há companhias atrás deles com intervalos que os possam abrigar.

FABRICIO: – Se o inimigo não os combater enquanto força as companhias a se retirar, eles serão capazes de se manter firmes e infligir danos aos flancos adversários desde a retirada da primeira companhia. Contudo, se também tivessem de os combater, o que parece razoável, ostentando poder suficiente para forçar as demais a evadir, também seriam capazes de lhes forçar a evacuação. Isso não será impossível para elas, embora não tenham atrás de si quem as possa receber, já que a partir do meio para a frente serão capazes de promover uma duplicação à direita, na qual uma fileira acabará por incorporar a outra do modo previamente discutido. É verdade que, durante a duplicação, em querendo fazer a retirada por trás, se deveriam buscar outros métodos em relação àqueles anteriormente mencionados, já que a segunda fileira teria de se mesclar à primeira, e a quarta, à terceira, de modo que, pouco a pouco, o exército não se iniciasse pela frente, mas pela retaguarda, e de maneira que, na duplicação das fileiras, os soldados deveriam começar a retirada em direção à retaguarda, e não à frente. Mas, em resposta àquilo que expusestes sobre o combate por mim demonstrado, devo repetir o modo como organizei esse exército e explicar-lhes o método de combate, por duas razões: a primeira para demonstrar-lhes como um exército é organizado; a segunda, como é treinado. Quanto aos sistemas, acredito que todos aqui tenham conhecimento. Em relação ao exército, penso que deva ser sempre reunido desse modo, já que os comandantes são instruídos a manter suas companhias de maneira que seja obrigação de cada soldado manter a organização como lhe foi ordenado, e de cada homem em posição de chefia, manter seus homens posicionados e saber respeitar seu general. Eles devem, portanto, saber como mesclar suas companhias e reassumir suas posições imediatamente, e, assim, o estandarte de cada companhia deve ostentar seu próprio símbolo para que os soldados sejam comandados e consigam reconhecer sua numeração. Esses números deveriam refletir os níveis dos soldados no exército. Por exemplo, o primeiro grau seria o de decurião, o segundo seria de vélite, o terceiro, do centurião, o quarto seria do comandante da primeira companhia, no quinto estaria o comandante da segunda companhia, no sexto, o da terceira, e assim por diante até a décima companhia, que viria imediatamente atrás do capitão-geral do batalhão; ninguém poderia assumir tais postos a menos que tivesse galgado todos os anteriores. E como existem ainda os três condestáveis no comando dos lanceiros extraordinários e aqueles dos vélites extraordinários, gostaria que estes fizessem parte do grau de condestáveis da primeira companhia, mas não me importaria se tivessem a mesma classificação, desde que em condições de serem promovidos para a segunda companhia. Cada um desses capitães, portanto, sabendo o exato posicionamento de seus comandos, necessariamente os seguiriam ao toque da trombeta e ao tremular da bandeira, pois todos estariam em seus devidos lugares. Esse é o primeiro exercício ao qual um exército deve acostumar-se, ou seja, o de se reunir rapidamente. E, para isso, os soldados devem ser diariamente organizados e desorganizados.

LUIGI: – Que sinais desejaríeis que as bandeiras do Exército ostentassem, além do número?

FABRICIO: – Gostaria que a do capitão-geral apresentasse o emblema do exército; todas as demais também deveriam trazer tal emblema, mas com pequenas variações que fossem significativas para cada comandante. Porém, isso pouco importa, desde que cumprissem sua missão de organizar o exército e tornar possível a todos que se reconhecessem.

Passemos, agora, a outro exercício com o qual o exército deveria ser treinado, que visa promover a movimentação, a marcha em ritmo adequado e a ordenação durante a evolução. No terceiro exercício, aprenderiam a comportar-se após o embate, a usar a artilharia e, então, retirá-la, a avançar os vélites, treiná-los em simulações e fazê-los recuar, a treinar a primeira companhia como se estivessem sob ataque, a recuá-los para dentro dos intervalos da segunda e terceira companhias e, a partir dali, fazê-los retornar a seus postos. Todos deveriam ser tão treinados nessas movimentações que estariam perfeitamente familiarizados e preparados para o verdadeiro confronto. No quarto exercício, aprenderiam a entender e a obedecer aos comandos de seus capitães de acordo com o toque da corneta e com o movimento da bandeira, assim como compreenderiam sua voz. E como a importância da ordem depende do toque oferecido pelo corneteiro, hei de lhes dizer quais eram utilizados pelos antigos. De acordo com Tucídides, os macedônios usavam pífanos, pois acreditavam que o som agudo daqueles instrumentos instigava seus soldados a lutarem sem medo e a não temer o adversário. Motivados pela mesma razão, os cartagineses, em seu primeiro ataque, utilizavam o cistre. Aliates, da Lídia, dispunha de cistres e pífanos. Já Alexandre, o Grande, e os romanos faziam uso de trombetas e trompas. Todos acreditavam que o som proveniente desses instrumentos exacerbava a coragem de seus homens, fazendo-os combater com bravura e intrepidez. Mas, assim como temos emprestado dos gregos e romanos os melhores meios de equipar nosso Exército, o mesmo deveria ser feito em relação aos sons. Eu, particularmente, colocaria trombetas ao lado do capitão-geral, já que seu som é capaz de não apenas inflamar o exército, mas de superar quaisquer outros ruídos. Gostaria que os condestáveis e demais comandantes de companhias estivessem rodeados por pequenos tambores e pífanos que soassem exatamente como ocorre durante os banquetes, e, não, da forma habitual. Desejaria que o capitão usasse trombetas para indicar quando seus homens deveriam parar, avançar ou simplesmente recuar, em que momento a artilharia deveria ser acionada e os vélites extraordinários, deslocados. Por meio de tais sons, seriam apontados ao exército quaisquer movimentos, sendo as trombetas seguidas por tambores. E já que a compreensão desses componentes é fundamental, seria preciso que os acompanhasse de perto em seu treinamento. Quanto à cavalaria, optaria também pelo uso de trombetas, mas com instrumentos cujo volume fosse mais baixo e cujo tom diferisse daqueles dos capitães. Isso é tudo o que me ocorre sobre a organização e a formação do exército.

LUIGI: – Imploro-lhe que esclareçais, ainda, outra questão. Por que fizestes com que a cavalaria ligeira e os vélites extraordinários partissem para o ataque de modo tão ruidoso e furioso, mas que sua reinserção ao exército ocorresse em máximo silêncio? Não entendo a razão para tal medida.

FABRICIO: – Os capitães da Antiguidade ostentam opiniões diversas sobre se deveriam utilizar-se de sons para acelerar os passos dos soldados, ou manter o silêncio, fazendo-os seguir lentamente.

Esta última opção serviria para manter os homens firmes e para fazê-los compreender os comandos mais facilmente, enquanto a primeira teria como objetivo encorajar os soldados. Embora acredite que ambas devam ser cuidadosamente consideradas, preferi que o ataque fosse realizado com som, e que o recuo, em silêncio. De qualquer modo, não penso que o barulho devesse ser contínuo, pois impediria o entendimento das ordens. Nem me parece razoável que os romanos, mesmo depois dos ataques, continuassem soando seus instrumentos, já que a história demonstra-nos que os soldados eram exortados e incentivados a retomar a luta pelas palavras e conselhos de seus capitães. Isso não teria sido possível se o som fosse constante, pois teria encoberto sua voz.

Ilustração referente à formação do exército

Legenda:

- LANCEIROS
- CAVALARIA PESADA
- CAPITÃO DA COMPANHIA
- VÉLITES ORDINÁRIOS
- DECURIÕES COM LANÇA
- ESTANDARTE
- ESCUDEIROS
- CAVALARIA LIGEIRA
- ARTILHARIA
- VÉLITES EXTRAORDINÁRIOS
- DECURIÕES COM ESCUDO
- CORNETEIROS
- CENTURIÕES
- CONDESTÁVEIS
- CAPITÃO-GERAL

Exército em formação de batalha

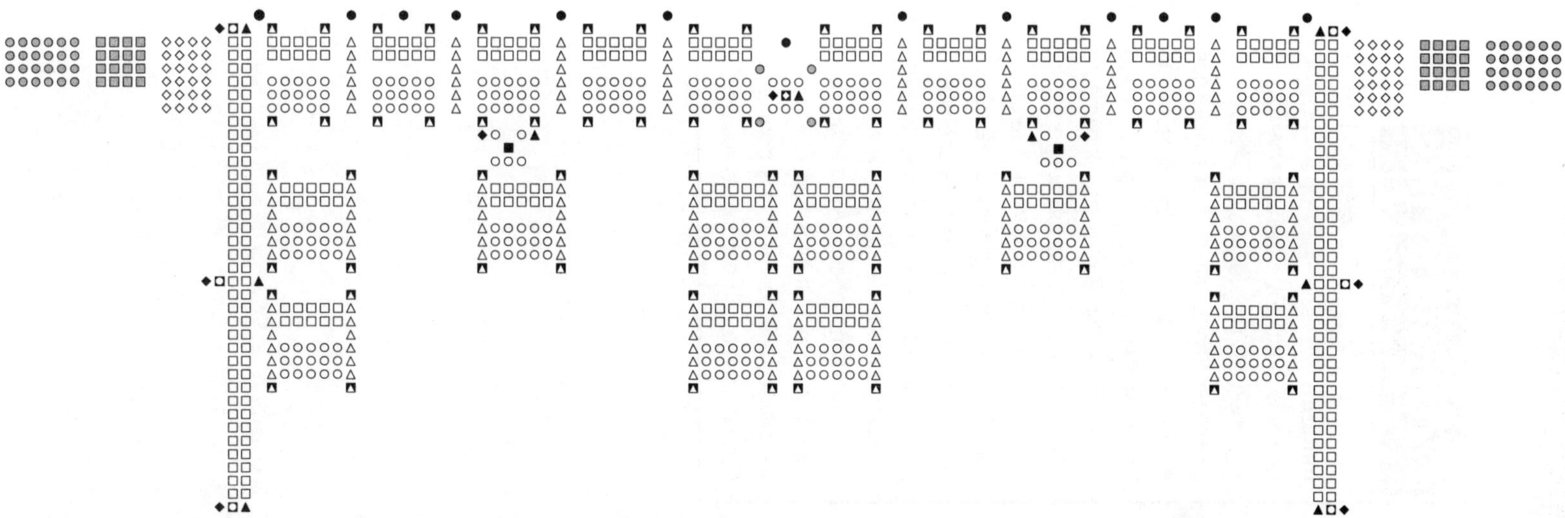

Comentários

Imitare

Exércitos montados e treinados, Maquiavel nos ensina os procedimentos básicos subsequentes. Não se enfrenta um exército que não se possa abater, independentemente de se estar em maior ou menor número de soldados. Primeiro, o posicionamento deve ser preciso e disciplinado, em regimentos primários, secundários e terciários, com flancos bem-postados. Comandados por seus superiores, cada companhia deve seguir exatamente as instruções transmitidas, inclusive as de recuo e de apoio às ações dos companheiros. A estratégia deve contemplar movimentos bem-sucedidos de diversos e experimentados oponentes. Cabe ainda ao comandante, antes de ir a campo com suas tropas, criar internamente desordenamentos calculados para que seus soldados, quando nas batalhas, saibam exatamente como retornar à ordem. E as promoções devem ser sempre progressivas; jamais alguém sobe de cargo sem cumprir a etapa anterior. Toda empresa tem por obrigação promover os seus profissionais mais talentosos, mas sempre um degrau por vez.

Além disso, é muito importante destruir políticas e procedimentos falhos e inoperantes, sem compaixão. A ruptura pode, sim, ser salutar quando cria um ambiente propício à inovação. Copiar (imitare) e adaptar as melhores políticas de mercado não é vergonhoso! Ao contrário, é sábio aprender com os erros e acertos de outras empresas.

(J. S. C.)

Livro Quarto

Luigi: – Tendo conseguido vitória tão brilhante durante meu reinado, considero imprudente continuar a me valer da sorte, já que ela é instável. Penso, portanto, que seja o momento de renunciar ao meu posto como inquiridor e, seguindo o que foi combinado, dar a vez a Zanobi, o segundo mais novo. Sei que ele não recusará esta honra ou, talvez fosse melhor dizer, este árduo trabalho, e o assuma para me livrar deste prazeroso fardo e demonstrar o quanto é mais corajoso do que eu. Certamente não terás medo de assumir essa tarefa, pois está preparado tanto para vencer como para ser vencido.

Zanobi: – Assumo com deleite esta função, embora preferisse continuar como ouvinte, já que até o presente momento sinto-me mais satisfeito com as perguntas que propusestes, Luigi, àquelas que me ocorreram. Espero que, apesar de terdes tempo e paciência, não vos incomodeis com nossas cerimônias.

Fabricio: – De modo algum, pois tal mudança possibilita-me conhecer diferentes gênios e seus desejos. Existe algum detalhe sobre a questão discutida que ainda precise ser esclarecido?

Zanobi: – Há duas questões que gostaria que vós esclarecêsseis antes de passarmos para o próximo tópico. A primeira é se haveria outra forma de se organizar um exército. A segunda, quais considerações deveriam ser feitas por um capitão antes do início de um combate e, no caso de algum acontecimento imprevisível apresentar-se à sua frente, quais medidas poderia ele tomar?

Fabricio: – Esforçar-me-ei para satisfazê-lo, contudo, não responderei cada uma das perguntas isoladamente, já que, ao responder à primeira, já estarei possivelmente a responder à segunda. Já lhes disse, anteriormente, que proponho uma forma para o exército que preencha todos os requisitos e que esteja de acordo com a natureza do inimigo e do local, para que se possa agir em conformidade com a realidade de ambos. Veja, entretanto, que não há perigo maior do que estender excessivamente a linha de frente de um exército, a menos que este seja demasiadamente amplo e formado por homens de extrema coragem; deves, portanto, torná-lo menos largo e mais compacto, ao invés de menos estreito e mais disperso. Uma vez que ostentes menor força do que o inimigo, deverás buscar outros meios, como, por exemplo, dispor seu exército de modo que ele esteja cingido num dos lados por rios ou pântanos ou, até como fez César, na Gália, cercando-se de profundos fossos. Neste caso, terás de ser flexível o suficiente para poder ampliar ou comprimir sua frente, de acordo com os números do inimigo. Porém, se o inimigo apresenta número menor, deverás procurar lugares amplos, especialmente se seus homens forem tão disciplinados que possam não apenas cercar o inimigo, mas alargar suas fileiras, já que, em lugares ásperos e difíceis, não tendes a vantagem de valer-se de todas as suas companhias. Por esta razão, os romanos quase sempre buscavam campos abertos e evitavam os mais difíceis. Em contrapartida [como disse anteriormente], se contas com uma força pequena ou pouco disciplinada, deverás buscar por locais que poucos homens sejam capazes de defender e oportunidades nas quais a inexperiência não lhe possa causar prejuízo. Além disso, deverás optar por lugares mais altos, que facilitam o ataque contra o inimigo. No entanto, é fundamental organizar-se de modo a evitar a proximidade de praias e pontos de junção com os morros que as cercam, de onde possa surgir o adversário, pois, nesse caso, em relação à artilharia, qualquer elevação lhe seria perigosa, pois se tornaria alvo fácil e contínuo; paralelamente, estarias impedido por seus próprios soldados de atingir o inimigo; para isso não haveria remédio. Além disso, qualquer um que pretenda organizar um exército deve ter em mente o sol e o vento, e certificar-se de que, no momento da batalha, seus homens não estejam de frente nem para um nem para o outro. Ambos turvariam sua visão, o primeiro com seus raios, o último pela poeira. O vento também não o ajudaria com suas armas e tornaria seus golpes mais fracos. Quanto ao sol, não bastaria evitar que este ferisse seus olhos, mas que o calor não se tornasse insuportável para seus homens. Portanto, ao dispor meu exército, tomaria o cuidado de ter o sol às minhas costas, para que os soldados tivessem muito tempo antes de ele mover-se para sua frente. Tal método foi observado por Anibal,* na batalha de Canas, e por Caio Mário,** contra os cimbros. Caso fordes muito inferior em cavalaria, organizes vosso exército entre vinhas, árvores e outros obstáculos, como fizeram os espanhóis de nossos tempos, quando derrotaram os franceses em Cerignola. Vemos, frequentemente, que, quando os exércitos mudam suas ordenações e locais de batalha, deixam de ser derrotados e tornam-se vitoriosos. Um bom exemplo são os cartagineses, que, após serem vencidos repetidas vezes por Marco Régulo,*** alcançaram o triunfo sob

* General e estadista cartaginês considerado por muitos um dos maiores táticos militares da história. (N.T.)

** Político e general da República Romana. (N.T.)

*** Político e militar da República Romana, filho de Marco Atílio Régulo (o cônsul capturado durante a Primeira Guerra Púnica). (N.T.)

o comando de Xantipo,* o lacedônio, que os fez descer rumo à planície e utilizar a força de sua cavalaria e de seus elefantes para derrotar os romanos. Acredito que, de acordo com os exemplos dos antigos, praticamente todos os melhores capitães, ao perceberem que seus inimigos reforçavam um lado de suas companhias, atacavam o mais fraco. O lado adversário mais forte via-se diante de um exército mais débil. Desse modo, quando a batalha começava, os considerados fortes não atacavam o inimigo, apenas se defendiam; os mais fracos deixavam-se repelir e retornavam para as fileiras na retaguarda. Isso gerava duas grandes desordens no inimigo: ele percebia finalmente que sua ala mais forte estava completamente cercada; ao considerar a batalha praticamente ganha, ele se desorganizava ainda mais, e assim enfrentava a derrota. Daí advém o segundo exemplo: Cornélio Cipião,** quando enfrentou na Espanha o cartaginês Asdrúbal,*** cuja formação do exército já era notória e sempre reunia os homens mais fortes no centro, pouco antes do início do embate deslocou suas legiões mais fortes para os flancos, deixando no centro sua área mais frágil. Cipião ordenou, ainda, que os soldados do centro seguissem mais lentamente em relação aos dos flancos. Asdrúbal, desconhecendo esta súbita orientação, enviou suas companhias laterais mais débeis de encontro aos soldados mais fortes do oponente. Ambos os exércitos confrontaram-se somente pelas extremidades, e os de Asdrúbal foram derrotados sem que as partes centrais jamais se enfrentassem. E foi assim que Cipião comemorou sua vitória. Tal método foi extremamente útil no passado, mas, hoje, devido ao uso da artilharia, se mostraria inútil, pois o espaço que se criaria entre as partes centrais lhes daria tempo suficiente para agir, o que, como mencionado, seria fatal. Esse sistema deve,

* Mercenário que, embora de origem espartana, reorganizou o exército de Cartago aos moldes macedônios, reconhecendo a mobilidade e o impacto das tropas montadas cartaginesas. (N.T.)

** Militar e estadista da Roma Antiga, do século III a.C. Foi o pai de Cipião, o Africano. (N.T.)

*** General cartaginês, filho de Amílcar Barca. (N.T.)

portanto, ser reservado e aplicado quando todo o exército estiver engajado em combate e puder valer-se de uma parte mais fraca. Quando um comandante percebe que dispõe de um contingente maior que o do inimigo e quiser cercá-lo, deve alinhar a fronte de seu exército para que esta seja similar à linha de frente adversária. Então, quando a batalha tiver início, ordenará que seus homens do centro se retirem do combate, enquanto os flancos marcham em maior velocidade. Isso cingirá o inimigo por todos os lados, sem que sequer tenha percebido. Quando um comandante deseja lutar em total segurança e não ser atacado, dispõe seu exército de modo que possa facilmente encontrar refúgio próximo, seja entre pântanos ou montanhas, ou mesmo numa cidade poderosa; desse modo, ele não será perseguido pelo inimigo nem perseguirá seu adversário. Este método foi utilizado por Aníbal ao perceber que sua sorte havia mudado diante de Marco Cláudio Marcelo.* Inúmeros comandantes, com o intuito de desorganizar as fileiras inimigas, ordenaram que seus soldados portadores de armas mais leves iniciassem o embate e imediatamente se retirassem para dentro das fileiras; quando ambos os exércitos se viam frente a frente e ocupados com o próprio enfrentamento, os que primeiro haviam iniciado a batalha saíam pelos flancos, desorganizavam e derrotavam o inimigo. Em contrapartida, qualquer comandante que considere sua cavalaria inferior poderá, além dos métodos citados, alocar uma companhia de lanceiros logo atrás dos cavaleiros e, durante a luta, instruí-los a abrir caminho para as lanças. Desse modo, sempre será superior. Muitos treinaram alguns infantes de armas leves para que lutassem em meio à cavalaria, o que oferecia grande apoio aos cavaleiros. Mas, entre todos os que sabiam organizar seus exércitos para a batalha, sem dúvida os mais louváveis foram Aníbal e Cipião, quando lutaram na África. Aníbal compôs seu exército utilizando-se de cartagineses e de auxiliares provenientes de várias nações. Em sua linha de frente,

* Político e general da República Romana. Foi um dos comandantes do exército romano durante a Segunda Guerra Púnica e responsável pelo sítio e pela tomada de Siracusa (Sicília). (N.T.)

colocou 80 elefantes. Atrás deles, estavam os auxiliares, que eram imediatamente seguidos pelos cartagineses. Finalmente, vinham os italianos, nos quais Aníbal pouco confiava. Tal organização tinha um motivo: ao postar os auxiliares atrás dos animais e na frente de seus próprios homens, impediu que eles fugissem e, ao mesmo tempo, os impeliu a lutar. O objetivo daqueles homens era, portanto, superar ou, pelo menos, exaurir as forças romanas, o que permitiria que a força reservada de seus próprios homens – os cartagineses – pudesse, posteriormente, superar os romanos com facilidade. Para se opor a tal disposição, Cipião alocou seus hastados, príncipes e triários de acordo com seu conhecido método de oferecer abrigo e apoio uns aos outros. Ele criou vários espaços na fronte de seu exército, mas para que estes não pudessem ser percebidos pelo adversário, preencheu-os com vélites, que recebiam a seguinte instrução: quando deparassem os elefantes, deveriam abrir caminho, posicionar-se entre as legiões e deixar que os animais passassem. O ataque daqueles gigantes tornou-se vão e garantiu a vitória a Cipião.

ZANOBI: – Fizestes lembrar-me de um fato interessante a respeito dessa batalha. Cipião, durante o confronto, não se utilizou do conhecido método de abrigar os hastados entre os príncipes. Em vez disso, para abrir espaço para estes, apenas dividiu os primeiros em dois grupos e os alocou nos flancos. Gostaria, portanto, que dissésseis a razão para Cipião agir desse modo.

FABRICIO: – E lhes direi. Aníbal colocara todo o seu poderio na segunda linha de seu exército – os cartagineses. Cipião, a fim de garantir a seu próprio exército poder semelhante, utilizou-se dos príncipes e dos triários. Dentro dessa disposição, não havia espaço para os hastados, que foram realocados para as laterais. Contudo, tal método de abrir as primeiras linhas para dar lugar a outras não pode ser empregado, exceto quando estas forem superiores. Nesse caso, é conveniente ser capaz de fazê-lo, e Cipião o era. Mas se tal superioridade não existir, esse ato será um manifesto à própria ruína, a menos que tenhas nas fileiras posteriores espaço para receber os soldados da frente. Mas voltemos à nossa discussão. Os antigos asiáticos dispunham de carros-foice (entre tantas outras ferramentas para ferir o inimigo) que serviam não apenas para abrir as linhas inimigas durante o ataque, mas, também, para matar o adversário com as lâminas. As medidas usadas para resistir a tais ataques eram três: tornar as fileiras mais densas e impenetráveis; abrir espaço para que tais carros passassem direto, como ocorria com os elefantes; ou impor uma feroz resistência ao inimigo, como o estratagema usado por Silas,* o romano, contra Arquelau,** de Mitrídates. Este último trazia consigo vários desses carros, os quais denominava *falcati* (falcados). Silas, a fim de resistir aos monstros, ordenou que troncos de madeira fossem enterrados no solo atrás das primeiras fileiras. Os carros, impedidos de prosseguir, perderam sua função. Importante notar, também, o novo método que Silas utilizou na disposição do exército, colocando os vélites e a cavalaria na retaguarda, trazendo todos os soldados fortemente armados para a frente e deixando vários espaços para que os homens de trás pudessem ocupar no caso de necessidade. Quando a batalha teve início, com a ajuda da cavalaria para a qual ofereceu livre passassem, Silas alcançou a vitória. Para que consigas preocupar o inimigo durante o combate, deves fazer com que algo inesperado aconteça e desorganize o adversário, seja anunciando a chegada de mais homens, ou demonstrando que algo dessa natureza está prestes a acontecer. Fazendo com que o inimigo seja enganado por tais aparências, ele ficará aterrorizado e, assim, poderá ser facilmente derrotado. Esses métodos foram usados pelos cônsules romanos Marco Minúcio Rufo*** e Mânio Acílio Glabrião.**** Outro

* Lúcio Cornélio Silas (cujo sobrenome também é escrito Sula, ou ainda, Sila), foi um general e estadista romano. (N.T.)

** General (e provavelmente também genro) de Mitrídates VI, do Ponto, que viveu no século II a.C. Combateu Roma na Primeira Guerra Mitridática. (N.T.)

*** Foi um cônsul romano no ano 221 a.C. (N.T.)

**** Cônsul no ano de 91 d.C., originário de distintíssima família da aristocracia plebeia. (N.T.)

que se valeu de estratégia ousada foi o general, também romano, Caio Sulpício Galo,* que ordenou que mulas e outros animais inúteis à guerra fossem carregados com os pertences dos soldados, de modo que os volumes parecessem homens armados. Os animais foram posicionados no alto das colinas adjacentes, enquanto seu exército combatia os franceses e alcançava a vitória. Caio Mário** fez o mesmo quando lutou contra os teutões. Tais estratégias criativas e falsos ataques são extremamente úteis e tornam os verdadeiros combates ainda mais promissores, especialmente se, improvisados durante o embate, possibilitarem o ataque ao inimigo pela retaguarda ou pelos flancos, o que normalmente é uma tarefa difícil, a não ser que o terreno ajude; mas se este terreno for aberto, retardará parte de seus homens, como normalmente ocorre nessas ocasiões; contudo, em locais recobertos por árvores e montanhas e capazes de propiciar emboscadas, parte de seus homens pode manter-se escondida, possibilitando que o inimigo seja atacado de maneira repentina e inesperada, o que possivelmente irá lhe garantir a vitória. E, às vezes, é importante que, durante a batalha, alguns boatos sejam propalados sobre a morte de capitães inimigos ou sobre a derrota de alguma companhia adversária, método que geralmente dá a vitória àquele que o utiliza. O inimigo pode, também, sentir-se fortemente perturbado por formações e sons que, aos seus olhos e ouvidos, sejam completamente inusitados. Creso,*** por exemplo, colocou camelos diante da cavalaria inimiga, e Pirro,**** utilizou-se de elefantes diante da cavalaria romana. A visão daqueles animais assustou e desorganizou o exército adversário. Em nossos tempos, os turcos afugentaram o xá da Pérsia e o sultão da Síria valendo-se apenas do som de suas armas, que tanto afetou a cavalaria inimiga, desacostumada a tal ruído, que os turcos facilmente alcançaram a vitória. Os espanhóis,

* General romano, homem de Estado, político e astrônomo. (N.T.)

** General e político da República Romana. (N.T.)

*** Último rei da Lídia, da Dinastia Mermnada (560–546 a.C.). (N.E.)

**** Rei de Épiro (318-272 a.C.). (N.E.)

para superar o exército de Amílcar,* dispuseram, em suas linhas de frente, carros de boi carregados de lenha. Ao depararem o inimigo, atearam fogo na madeira, e os animais, enlouquecidos e tentando se livrar das chamas, partiram descontrolados contra o adversário, dispersando-o. Como dito anteriormente, quando o terreno permite, é comum atrair o inimigo para emboscadas; mas quando a região é ampla e aberta, muitos se utilizaram da técnica da cavar valas e recobri-las com galhos e um pouco de terra. Espaços sólidos eram deixados para que se pudesse sair com segurança da armadilha; quando a batalha começava, o inimigo, sem saber o que o espera, avançava e enfrentava a própria ruína. Se, durante uma batalha, um comandante se vê diante de um incidente que possa apavorar seus soldados, é prudente que saiba como agir dissimuladamente e distraí-los com algo positivo. Essa foi a técnica usada por Lúcio Cornélio Silas, que, durante o combate, percebendo que grande parte de suas forças passara para o lado do inimigo e que isso desanimara seus homens, rapidamente informou todo o seu exército que aquela era uma estratégia ordenada por ele mesmo. Seu ato não apenas reanimou seus homens como lhes deu ainda mais coragem e garantiu-lhes a vitória. Lúcio Silas também levou ao conhecimento de seus homens que enviara aquele grupo de soldados infiéis de encontro ao inimigo para que todos fossem devidamente punidos. Sertório,** enquanto lutava na Espanha, matou um homem que o acusara de ter assassinado um de seus comandantes, com medo de que tal denúncia desanimasse os demais soldados. É demasiadamente complicado impedir um exército em fuga e fazê-lo retomar a batalha. Deve-se, portanto, ser capaz de distinguir se todos os soldados estão em fuga, o que seria impossível deter, ou se apenas uma parte deles está batendo em retirada, o que poderia ser remediado. Muitos capitães romanos

* Amílcar Barca foi o fundador da dinastia dos Bárcidas, grande general e estadista cartaginês da época da Primeira Guerra Púnica. (N.T.)

** Quinto Sertório, General romano (123-72 a.C.) que adquiriu grande reputação em Roma como magistrado e orador. (N.T.)

conseguiram impedir a debandada, colocando-se diante dos fugitivos e fazendo-os sentir-se envergonhados com tal atitude. Assim o fez Lúcio Silas, que, ao perceber que parte de sua legião estava se preparando para fugir, rechaçada pelo exército de Mitrídates, parou à frente deles com sua espada em punho e disse: "Se alguém lhes perguntar onde deixaram seu comandante, diga-lhe que vós o deixastes combatendo sozinho na Beócia." Já o cônsul Atílio deparou os homens em fuga com os demais que permaneciam na batalha, demonstrando-lhes que, se abandonassem o combate com o inimigo, teriam de encarar amigos e inimigos. Filipe da Macedônia,* ao perceber que seus homens estavam aterrorizados diante dos soldados citas, alocou alguns de seus mais fiéis cavaleiros na retaguarda do exército e lhes ordenou que matassem qualquer um que tentasse abandonar o embate; seus homens, preferindo morrer honrosamente em combate a morrer em fuga, acabaram por vencer a batalha. Muitos romanos, não exatamente com o intuito de conter uma debandada, mas com o objetivo de oferecer aos seus homens uma chance de exibir sua valentia, tomavam uma das flâmulas ostentadas pelo próprio exército, atiravam-na em meio ao adversário e ofereciam uma recompensa a quem tivesse coragem suficiente para resgatá-la.

Não acho que seja incoerente acrescentar a esta discussão alguns breves detalhes sobre o que ocorre após uma batalha, pois eles são importantes para ilustrar essa questão. Dir-lhe-ei, portanto, como algumas batalhas são perdidas ou ganhas. Quando um exército sai vitorioso, deve aproveitar tal situação rapidamente, tomando como exemplo César, e não Aníbal. Este último, por ter parado logo após derrotar os romanos em Canas, acabou por perder o Império Romano. César, por outro lado, jamais descansava após uma vitória, mas continuava a perseguir o inimigo com fúria e entusiasmo, até que o tivesse destruído completamente. Contudo, quando um exército fracassa, qualquer comandante

* Rei macedônio (382–336 a.C.), pai de Alexandre, o Grande. (N.T.)

deve buscar algo de positivo em sua derrota, especialmente se lhe restarem soldados. Afinal, pode surgir outra oportunidade de surpreender o inimigo, principalmente se este estiver inebriado com sua vitória. Como fez Márcio, o romano, que, após ter sido atacado pelo exército cartaginês e perdido ambos os Cipiões, e vendo seu contingente desacreditado, acabou vencendo em novo confronto. Vê-se, portanto, que nada há que propicie maior chance de sucesso do que ter diante de si um inimigo que não imagine que possas atentar contra ele, já que seus homens poderão ser aniquilados com maior facilidade se não estiverem apreensivos. Assim sendo, qualquer comandante que não consiga vencer uma batalha deverá, pelo menos, esforçar-se para que os danos sejam restritos. Isso requer que providências sejam tomadas para impedir que o inimigo o persiga, ou que, pelo menos, seja devidamente atrasado. No primeiro caso, alguns líderes ordenam às suas tropas que sigam caminhos diferentes, já tendo concentrado os homens a quem deverão reunir-se posteriormente num único local. Todavia, o inimigo, temendo dividir seu exército, mantém o maior contingente onde está em segurança. No segundo, os soldados são instruídos a atirarem ao solo tudo o que possuírem de mais estimado. Os adversários, vendo-se diante de tantos objetos valiosos, acabavam retardando a perseguição. Tito Dídio,* que perdeu um grande contingente numa batalha que durou até o pôr do sol, demonstrou toda sua astúcia ao ordenar que a maioria de seus homens fosse enterrada durante a noite, deixando apenas alguns corpos de soldados romanos à vista. Na manhã seguinte, quando o inimigo percebeu tamanha perda em seu exército e, ao mesmo tempo, tão poucos mortos entre os inimigos romanos, acreditou estar em desvantagem e fugiu.

Acredito que, embora possa ter-vos confundido um pouco com essas histórias, tenha conseguido satisfazer, pelo menos em parte, vossa curiosidade. Cabe-me, ainda, dizer-lhes como é o

* General romano que viveu entre os séculos II e I a.C. (N.T.)

costume de alguns capitães organizarem sua fronte no formato de cunha, julgando-o um meio mais fácil de penetrar as linhas inimigas. Contudo, seria mais prudente que essas linhas fossem organizadas em forma de tesoura, para que, desse modo, se pudesse receber o contingente inimigo disposto em forma de cunha, cercá-lo e combatê-lo por todos os lados. Digo-lhes, ainda, que o melhor remédio que se pode ministrar contra uma formação inimiga é lutar contra ela com vontade e de bom grado, embora o objetivo de seu adversário seja o de forçá-lo a fazê-lo. Se partirdes para a luta de bom grado, devereis manter-se organizado e tereis a vantagem, ao mesmo tempo em que causareis desvantagem ao adversário. Porém, se o fizerdes à força, alcançareis a ruína. Quanto à fortificação utilizada, não me incomodaria em lhes dizer o que já foi dito. O inimigo forma-se em cunha para forçá-lo a abrir suas fileiras? Se marchardes com as suas abertas, o desorganizarás, mas ele não desmantelará sua formação. Aníbal utilizou-se de elefantes em sua linha de frente para forçar uma abertura no exército de Cipião, que abriu sua vanguarda e alcançou a vitória, levando o primeiro à ruína. Com o intuito de rechaçar o adversário, Asdrúbal alocou seus homens mais fortes e vigorosos ao centro, bem diante da frente formada por Cipião, que surpreendeu o inimigo e os fez partir em retirada, derrotando-o. Muitos planos, portanto, dão a vitória àqueles contra os quais foram planejados. Falta, ainda, dizer-lhes, se bem conseguir lembrar-me, sobre os cuidados que um capitão deve observar antes de partir para uma batalha: em primeiro lugar, um comandante jamais deverá envolver-se em um combate se não possuir a vantagem, ou, ainda, se não se vir forçado a fazê-lo. As vantagens advêm do local do enfrentamento, da organização de um exército e de seu poderio e tamanho. A necessidade, ou compulsão, surge quando percebes que, com ou sem a batalha, perderás, seja em campo, seja por não poder pagar seu exército, quando já não tens alimento ou sabes que o inimigo está prestes a reforçar suas linhas. Nesses casos, sempre se deve partir para a luta, mesmo que em desvantagem, pois é melhor tentar a sorte quando esta pode, de algum modo, lhe ser favorável, do que não arriscar e enfrentar a ruína definitiva. Nesta situação, qualquer comandante comete um erro gravíssimo ao perder uma oportunidade de vencer, seja por ignorância ou covardia. O próprio inimigo, às vezes, se oferece à vantagem, mas, outras, está à deriva de sua prudência. Muitos adversários de peso foram vencidos por um exército sagaz, que esperou que o inimigo estivesse bem no meio de um rio para cercá-lo e atacá-lo. Essa foi a técnica utilizada por César contra os suíços, por meio da qual conseguiu destruir um quarto de seus soldados, depois que estes viram-se divididos pelas águas. Em outras situações, ao perceberdes que o inimigo está exaurido após uma feroz perseguição e se se sentires descansado, não deves abandonar a chance de destruí-lo. Além disso, se um adversário lhe propõe a batalha logo pela manhã, sempre poderás adiá-la, evitando o confronto até horas mais tarde. O inimigo, que se manteve de armas em punho por mais tempo do que o previsto, esgotado e já sem o mesmo ímpeto, poderá ser facilmente derrotado. Cipião Metelo aplicou esse método na Espanha. A primeira vez contra Asdrúbal, a segunda contra Sertório. Se o inimigo perde seu ímpeto, seja por ter suas forças divididas, como provocado por Cipião, seja por qualquer outra razão, deverás certamente tentar a sorte contra ele. A maioria dos capitães mais prudentes testemunha a força e o furor do seu próprio exército cederem à coragem e à determinação do oponente, já que a audácia e o arrojo prevalecem sobre o arrebatamento, transformando-o em covardia. Foi desse artifício que se utilizou Fábio Ruliano* contra samnitas e gauleses. Seu colega Públio Décio** não teve a mesma sorte e acabou morto. Alguns que temeram a virtude inimiga iniciaram a batalha

* Filho de Marco Fábio Ambusto, foi um político e militar romano que chegou a ocupar o cargo de cônsul em cinco ocasiões e o de ditador, e é considerado um herói das Guerras Samnitas. (N.T.)

** Públio Décio Mus foi um militar romano do século IV a.C. (N.T.)

uma hora antes do cair da noite para que, em caso de derrota, pudessem esconder-se na escuridão e recuar. Outros, conhecendo as superstições do adversário em relação à realização de combates em determinada hora, estabeleceram que o enfrentamento se daria exatamente na hora indesejada, e venceram. Foi isso o que fez César contra Ariovisto,* na Gália, e Vespasiano** contra os judeus, na Síria. O mais importante para um comandante é o conhecimento de que tens ao seu lado homens leais, especialistas em guerra e prudentes, com os quais possa reunir-se e discutir continuamente a capacidade e as virtudes de seu próprio exército, assim como as do inimigo: qual deles é maior em número, qual está mais bem armado e preparado, qual enfrenta o maior risco de escassez de suprimentos, em que força se deve confiar mais, na infantaria ou na cavalaria. É importante que considerem o local onde estão e a que exército ele é mais adequado, qual possui mais suprimentos, se o melhor é adiar o confronto ou partir para a luta e quais benefícios pode o clima oferecer a um e ao outro. Com frequência, quando os soldados percebem que o embate se estende demais, ficam irritados, exaustos e entediados, e o abandonam. Acima de tudo, é importante que o comandante conheça o inimigo e quem ele tem ao seu lado: se o adversário é ousado ou cauteloso, tímido ou audaz. Analises se podes confiar nos homens de outras nações que o estejam auxiliando. Por fim, é fundamental que vosso exército não esteja temeroso ou receoso quanto à vitória, pois a mais clara indicação da derrota é acreditar que não se possa vencer. Nesse caso, deve-se, portanto, evitar o confronto, seguindo os passos de Fábio Máximo, que, acampando em locais fortificados, simplesmente desencorajou Aníbal de atacá-lo, ou, ao saber que o inimigo está bem abrigado, dividindo suas tropas em várias cidades, entediando e exaurindo o adversário a ponto deste desistir de capturá-lo.

* Ariovisto (101- 54 a.C.) foi o chefe do povo germânico dos suevos. (N.T.)

** Tito Flávio Sabino Vespasiano (9 -79 d.C.), foi um imperador romano, o primeiro da dinastia Flávia, que ocupou o poder em 69 d.C., logo após o suicídio de Nero (em 68 d.C.). (N.T.)

ZANOBI: – E não haveria outro modo de evitar o confronto que não dividindo o exército em partes e distribuindo entre as cidades?

FABRICIO: – Acredito que já tenhamos discutido que todo exército à beira de um confronto, e que tenha diante de si um inimigo desejoso de lutar a qualquer preço, não poderá evitá-lo. Nesse caso, resta somente um remédio: manter-se a, pelo menos, cem quilômetros de distância, para que se tenha tempo e condições de escapar caso ele decida persegui-lo. Fábio Máximo jamais evitou um confronto com Aníbal, apenas volvia a situação a seu favor; Aníbal, por sua vez, não considerava seu exército capaz de vencer o adversário se partisse para o confronto no local onde Fábio estava acampado, mas, se pensasse de outro modo, Fábio teria de enfrentá-lo de qualquer modo, ou fugir. Filipe, rei da Macedônia, pai de Perseu, ergueu acampamento no alto de uma montanha para evitar um confronto com os romanos; estes, contudo, galgaram o monte e o derrotaram. Vercingétorix,* capitão dos gauleses, para evitar o enfrentamento com César, que cruzara o rio de modo inesperado, colocou-se a quilômetros de distância do adversário. Os venezianos de nosso tempo, se não estavam dispostos a partir para um embate contra o rei da França, não deveriam ter esperado até que o exército francês cruzasse o rio Adda,** mas fugido como Vercingétorix. Em vez disso, aguardaram pelo inimigo e não souberam aproveitar a oportunidade de partir para o ataque durante a travessia, nem evitar o enfrentamento. Foram surpreendidos enquanto desmontavam o acampamento, e derrotados. É, portanto, impossível evitar uma batalha se o adversário estiver decidido a travá-la. Não se pode fazer uso do exemplo de Fábio ou mesmo de Aníbal, pois naquela ocasião ambos decidiram evitar o confronto. Frequentemente, há casos em que os

* Chefe gaulês do povo dos Arvernos que liderou a grande revolta gaulesa contra os romanos em 53-52 a.C. (N.T.)

** Rio italiano afluente do rio Pó, onde chega após formar o Lago Como. Percorre a região da Lombardia na Itália setentrional. (N.T.)

próprios soldados não desejam combater e seu comandante sabe que, por causa do número de homens que possui, do local onde seu exército se encontra, ou de qualquer outra razão, está em desvantagem. Mesmo assim, deseja que seus soldados mudem de ideia. Às vezes, a necessidade ou mesmo a oportunidade o obrigam a partir para a luta e, nesse caso, mesmo o comandante sabendo que seus homens não desejam o confronto, se vê forçado a amedrontá-los ou excitá-los. No primeiro caso, se a persuasão não funcionar, não há melhor maneira de estimular todos a lutar – tanto os desejosos quanto os reticentes – do que oferecendo alguns dos próprios homens ao inimigo, como iscas. Outro método seria agir com astúcia e imitar o que fez Fábio Máximo em seu próprio território. O exército de Fábio, assim como seu mestre de cavalaria, desejava combater o de Aníbal. O próprio Fábio Máximo, contudo, achava mais prudente não lutar. Então, com o intuito de diminuir tal disposição, dividiu o exército em duas partes. Fábio manteve seus homens no acampamento e enviou o mestre da cavalaria para a batalha. Esse grupo teria sido completamente aniquilado se Fábio não tivesse vindo em seu socorro. Percebendo isso, tanto o mestre da cavalaria como o resto do exército perceberam que seria melhor obedecer a Fábio. Quanto à opção por incitar e entusiasmar os soldados para um confronto, o método é promover o ódio contra o inimigo, fazendo-os acreditar que o adversário os tenha difamado e caluniado, até mesmo convencendo alguns a acampar próximo ao oponente e iniciar algumas escaramuças. Aquilo que se vê diariamente não pode ser renegado. Ao mostrar-se indignado com os próprios homens e ao demonstrar seu desprezo por sua preguiça, conseguirá fazê-los sentir vergonha ao dizer que somente partirá para a batalha se eles ficarem para trás. Mas, acima de tudo, se quiserdes que seus soldados sejam obstinados na batalha, não permitas que eles enviem para casa quaisquer pertences, ou que se estabeleçam em lugar algum até que a guerra esteja terminada. Isso os fará entender que, se a fuga lhes garante a vida, não lhes garantirá suas posses. O amor pela primeira, que não é menor que pela última, levará seus homens à obstinação.

ZANOBI: – Dissestes como os soldados podem ser estimulados a lutar, conversando com eles. Sugeres que tal diálogo seja individual ou que o comandante o tenha com os chefes?

FABRICIO: – Persuadir ou dissuadir apenas alguns homens é fácil, pois, mesmo que suas palavras não sejam suficientes, poderá conseguir seu objetivo pela força. O mais difícil é demover muitos de uma ideia execrável, esteja ela de acordo ou contrária à sua própria opinião, situação na qual somente o diálogo poderá ser usado. Portanto, se quiserdes persuadir todos, terás de ser ouvido por todos. Os comandantes precisam ser excelentes oradores, pois, sem saber como expressar seus pensamentos a todo um exército, as coisas boas somente serão alcançadas com enorme dificuldade. Esse tipo de diálogo tem sido ignorado nos dias de hoje. Leia a biografia de Alexandre, o Grande, e verás quantas vezes foi necessário que ele discursasse publicamente perante seu exército. Sem isso, ele jamais teria conseguido levar seu enorme contingente pelos desertos da Arábia e da Índia, tornando seus homens cada vez mais ricos e ambiciosos em suas pilhagens, ainda que enfrentando tantas dificuldades e problemas. Inúmeros obstáculos podem levar um exército à ruína se seus comandantes não souberem ou não estiverem acostumados a dialogar com os soldados. A conversa é capaz de sobrepujar o medo, de incitar a coragem, de ampliar a obstinação, de desfazer enganos e de prometer recompensas; ela aponta os perigos e os meios pelos quais se pode evitá-los; ela repreende, implora, ameaça, enche de esperança, louva, injuria e promove todas as sensações que irão extinguir ou inflamar a paixão humana. Quando um príncipe ou república planeja criar um novo exército e dar a esse contingente uma boa reputação, deverá acostumar seus homens a ouvir seu capitão, e, a este, como falar com seus soldados. A religião também era de grande valor para se manter os antigos exércitos bem dispostos, e todos os soldados faziam um juramento quando entravam para a vida militar; e quando cometiam um erro, viam-se ameaçados não apenas pelo terror que lhes poderia ser causado por seus pares, mas por aquele que se poderia esperar de uma divindade. Tal prática, mesclada a outras táticas religiosas, geralmente tornava os empreendimentos mais fáceis para os antigos capitães e isso ocorria sempre que existisse, por parte dos soldados, respeito e temor às leis religiosas. Sertório utilizou-se desse método ao dizer a seus homens que uma cerva que representava a divindade lhe havia garantido a vitória. Dizia-se que Silas costumava falar com uma estátua que teria sido retirada por ele do Templo de Apollo. Muitos alegaram que o próprio Deus teria aparecido para eles durante o sono e os advertido para que lutassem. Dizia-se, também, nos tempos de nossos pais, que Carlos VII, rei da França, à época da guerra contra os ingleses, era visitado por uma jovem enviada por Deus, denominada "Anjo da França",* que teria sido responsável pela vitória. Outra estratégia é fazer seus soldados perderem o respeito pelo inimigo, como fez Agesilau, o espartano, que mostrou aos seus soldados alguns persas completamente nus para que, vendo seus delicados membros, não tivessem razão para temer o inimigo. Alguns fizeram seus exércitos lutar por necessidade, ao desprover-lhes de qualquer esperança de salvação, exceto por meio da vitória. Esse é, aliás, o meio mais eficaz de tornar seus soldados obstinados; e tal obstinação é exacerbada pela confiança e pelo amor que os homens têm pelo seu capitão e por sua pátria; já a confiança é instilada pela organização dos soldados, pelas novas vitórias, e pelo conhecimento do capitão. O amor pela pátria surge da natureza humana, o amor pelo capitão advém de sua virtude acima de tudo. As necessidades podem ser muitas, porém, a mais forte entre todas elas é a que nos obriga a vencer ou morrer.

* Referência a Joana d'Arc, também denominada "Donzela de Orleans" e "Pucela de França". (N.T.)

Comentários

A palavra

[...] "serão infinitas as possibilidades de ruína do exército se o capitão não souber falar-lhe [...]; porque sua fala dissipa o temor, inflama os ânimos [...], revela as fraudes, promete prêmios, mostra os perigos [...], enche de esperança [...] e faz todas as coisas por meio das quais as paixões humanas se extinguem ou se acendem." [...].

A oratória é a espinha dorsal de Maquiavel no livro quarto. E aqui o destaque é para o uso estratégico da palavra; seja para reordenar suas companhias (por necessidades do terreno ou do número de soldados) e ludibriar o inimigo, seja para manter o ânimo de suas milícias em alta. É preciso envergonhar aqueles que desistem de lutar, pois refutar uma batalha é algo que somente deve ser feito para cansar o inimigo e, depois, abatê-lo. Um exército jamais foge de seu compromisso – vencer a guerra.

Saber vender uma ideia é fundamental para o sucesso pessoal. No entanto, indo mais além, saber transmitir a visão, a estratégia e multiplicar as táticas implementadas faz grande diferença no mundo corporativo. Boas táticas não são meras tiradas geniais (muitas vezes incompreensíveis aos níveis de execução), mas, sim, conceitos estratégicos cuja finalidade todos, independentemente de seus graus hierárquicos, entendem rapidamente. Importante: cuidado com o que fala! Informações privilegiadas são o bem maior de uma empresa, por isso fique atento ao vazamento de estratégias.

(J. S. C.)

Livro Quinto

Fabricio: – Demonstrei como organizar um exército de modo que possas combater qualquer outro que se ponha à sua frente; mostrei-lhes o melhor modo de vencê-lo e também as várias circunstâncias que poderias enfrentar diante dos mais variados incidentes. Parece ser, agora, o momento apropriado para discutirmos a melhor maneira de se organizar para combater um exército que não consigas ver, mas cujo ataque temas que possa ocorrer a qualquer momento. Isso acontece quando se marcha por territórios hostis ou que, supostamente, estejam ocupados por inimigos. Primeiramente, é importante que saibas que o exército romano, antes de seguir adiante, sempre enviava parte da cavalaria e algumas tropas com observadores. Depois deles, seguiam, em sequência, as várias partes do exército: os soldados do flanco direito, os carros que pertenciam a essa ala, uma legião de soldados, os carros dessa legião, o flanco esquerdo com seus carros logo atrás e, finalmente, o restante da cavalaria na retaguarda. Essa era a maneira como se organizava uma marcha. Se, durante a jornada, o exército fosse atacado, pela frente ou pela retaguarda, os comandantes ordenavam que todos os carros fossem movidos para um dos lados, de acordo com o que fosse melhor ou possível conforme o terreno, e todos os soldados, livres da carga transportada, concentravam-se em defender-se do inimigo. Se o ataque surgisse contra um dos flancos, os homens manteriam os carros onde lhes parecesse mais seguro e estabeleceriam sua defesa do lado oposto. Sendo este um excelente método e, desde que bem executado, acredito que devesse ser imitado, ou seja, enviando-se parte da cavalaria para observar o local e quatro batalhões em linha, cada qual com seus carros logo atrás. E como os carros são de dois tipos, ou seja, aqueles que trazem pertences dos soldados e os que carregam material de todo o exército, os dividiria em quatro grupos, designando-os a cada um dos batalhões. Também dividiria a artilharia e todos os não armados, de modo que todos os que estivessem armados tivessem o mesmo nível de dificuldades. Porém, considerando que, às vezes, os terrenos não são apenas considerados hostis, mas definitivamente perigosos, mantendo os soldados temerosos o tempo todo, com o intuito de se manter a segurança, normalmente se optava por adotar uma disposição mais comum, de modo que se pudesse evitar que os habitantes locais ou o exército inimigo lhe causassem algum dano. Nesse caso, os antigos costumavam seguir com a formação em praça, cuja denominação servia apenas para demonstrar que esses homens eram capazes de combater nos quatro lados e estavam preparados tanto para a marcha quanto para a guerra. Não desejo distanciar-me desse método, mas dispor meus dois batalhões do seguinte modo, o que, aliás, considero uma regra para qualquer exército: se quisesse, portanto, marchar com segurança pelo terreno inimigo e, no caso de um ataque surpresa, ser capaz de lutar pelos quatro lados, além de, conforme costume antigo, dispor os homens em forma de praça, partiria de um quadrado cujo centro ostentasse um vão de cerca de 200 braços de comprimento em todos os lados; o primeiro passo seria estabelecer os flancos, cada um deles a uma distância de 212 braços um do outro; disporia cinco companhias no comprimento de cada flanco, e distantes 3 braços uma da outra; cada companhia ocuparia seu próprio espaço, ou seja, 40 braços por 212 braços; entre a frente e a retaguarda dos dois flancos, colocaria outras 10 companhias, sendo cinco de cada lado, arranjando-as de tal modo que quatro delas ficassem próximas à parte frontal do flanco direito e quatro, na parte de trás do flanco esquerdo, deixando, entre cada uma delas, um intervalo de 4 braços; uma companhia ficaria próxima à frente do flanco esquerdo, e a última, na retaguarda do flanco direito. Considerando que o espaço existente entre esses dois flancos fosse de 212 braços e que essas companhias estivessem posicionadas no comprimento, e não na largura, elas ocupariam, com os intervalos, 134 braços, e haveria, entre as quatro companhias postadas na frente juntamente ao flanco direito e àquela alocada na frente com o flanco esquerdo, um espaço remanescente de 28 braços e um espaço similar naquelas postadas na parte de trás; não haveria qualquer outra diferença, exceto que um desses espaços seria na parte traseira e na direção da asa direita e o outro seria na parte dianteira em direção à asa esquerda; no espaço frontal de 78 braços, colocaria todos os vélites ordinários e, no de trás, os extraordinários, compondo dois grupos de cem homens em cada um dos espaços; desejando que o espaço interno do exército fosse de 212 braços de cada lado, cuidaria para que as cinco companhias que viessem à frente e as cinco que estivessem atrás não ocupassem espaços já ocupados pelos flancos e, desse modo, veria que as cinco companhias de trás viessem imediatamente atrás dos flancos e que as da frente se mantivessem imediatamente à frente dos flancos, de modo que, em ambos os lados do exército, existisse espaço para que se abrigasse outra companhia; e como haveria quatro espaços, requisitaria quatro bandeiras dos lanceiros extraordinários e posicionaria uma em cada canto, sendo que as outras duas seriam colocadas no meio do espaço vazio do quadrado de companhias, sob o comando do capitão-geral, que estaria rodeado pelos próprios homens. E como todas as companhias marchariam na mesma direção, mas não lutariam juntas de um só lado, ao reuni-las, seria necessário que os outros lados não fossem resguardados por outras companhias durante a batalha. Assim, é preciso considerar que todas as cinco companhias da frente fossem capazes de proteger todos os demais lados do quadrado, exceto a frente; cada companhia deveria, portanto, ser organizada para que seus lanceiros estivesem em seu lado menos protegido; as cinco companhias que seguissem atrás protegeriam todos os lados, exceto a retaguarda; as cinco da direita protegeriam todos os lados a partir do flanco direito; as cinco da esquerda fariam o mesmo em relação ao flanco esquerdo; portanto, dentro dessa organização, os lanceiros deveriam sempre ocupar o lado das companhias que estivesse menos guarnecido. Os decuriões seriam colocados na frente e atrás, de modo a garantir que, no momento do combate, todos estivessem nos lugares certos, o meio para se fazer isso foi descrito quando discutimos os métodos de disposição das companhias. A artilharia seria dividida, sendo uma parte alocada do lado externo do flanco direito e a outra, na mesma posição à esquerda. Enviaria a cavalaria ligeira para que fizesse o reconhecimento do território. Uma parte dos soldados seria colocada na parte de trás, na asa direita, a outra, também na parte de trás, mas na asa esquerda. Eles permaneceriam a uma distância de 40 braços das companhias. Mas, independentemente do modo como se organiza um exército, em relação à cavalaria, deve-se ter mente uma regra geral, segundo a qual ela deve estar disposta na retaguarda ou nos flancos. Quem quer que decida por alocar a cavalaria à frente do exército deve tomar os seguintes cuidados: posicioná-la de modo que os cavaleiros fiquem a uma grande distância da infantaria, para, no caso de serem rechaçados, terem espaço suficiente para buscar abrigo sem se chocarem contra a própria infantaria; outra opção é organizar a infantaria para que esta ofereça intervalos por meio dos quais a cavalaria possa passar sem causar qualquer desordem. E que ninguém desconsidere tais precauções, pois muitos desavisados encontraram a ruína ao provocarem sua própria desorganização. Os carros e homens desarmados devem ficar na praça que existe dentro do exército e devidamente compartimentados, de modo que possam dar espaço a qualquer um que precise se mover de um lado para outro, ou de uma extremidade a outra. Tais companhias, desprovidas de artilharia ou da cavalaria, ocupariam 282 braços na parte externa em todas as direções. Como a praça é formada por dois batalhões, deveria estar claro qual deles seria responsável por esses homens. E já que cada batalhão tem um número definido de homens e é formado por 10 companhias e um comandante, faria com que o primeiro batalhão colocasse cinco de suas companhias na frente e cinco no flanco esquerdo. O comandante, nesse caso, deveria permanecer no ângulo esquerdo frontal. As cinco primeiras companhias do segundo batalhão seriam posicionadas no flanco direito, as demais na parte de trás, seu comandante permaneceria no ângulo direito e assumiria o papel do *tergiduttore*.

O exército assim organizado estaria pronto para marchar, e durante sua movimentação deveria sempre se ater a tal disposição. Estaria, indubitavelmente, seguro em relação a tumultos criados pelos habitantes do território inimigo. O capitão não deveria se preocupar muito com esses sinais de rebeldia, mas, vez ou outra, poderia enviar alguns cavaleiros e um grupo de vélites para restabelecer a ordem. Esses agitadores, contudo, jamais se aproximariam o suficiente que pudessem ser atingidos com lanças e espadas, pois, sendo desordeiros, temeriam a ordem; a baderna não envolveria mais do que gritos e xingadelas e seus integrantes mais se assemelhariam a uma matilha de pequenos cães ladrando em torno de um mastim. Quando Aníbal rumou com seu exército para atacar os romanos na Itália, atravessou o território francês sem jamais dar atenção aos tumultos criados pelos locais. Quando se puseres a marchar, terás de providenciar aplanadores e homens munidos de machados para limpar o terreno, que deverão estar bem protegidos pela cavalaria que faz o reconhecimento. Apesar de, normalmente, um exército marchar cerca de 30 quilômetros por dia, o ideal seria marchar aproximadamente 16 quilômetros. Desse modo, no final do dia, ainda haveria luz do sol suficiente para que os homens erguessem o acampamento e se alimentassem. Nunca serás atacado por um exército organizado de maneira repentina, pois, assim como o vosso exército, o outro também marcha em ritmo cadenciado. Portanto, sempre terás tempo para se reorganizar e retomar a formação original ou similar, demonstrada anteriormente. E se fordes atacado pela frente, não farás nada exceto trazer para os espaços vagos já mencionados, e de acordo com as distâncias estabelecidas, a artilharia dos flancos e a cavalaria da retaguarda. Os mil vélites que estão à frente deixariam suas posições, seriam divididos em grupos de cem e ocupariam os espaços entre a cavalaria e os flancos do exército. Então, nos lugares deixados por ele, entrariam os lanceiros extraordinários outrora alocados na praça do exército. Os mil vélites mantidos na retaguarda abandonariam a posição e se distribuiriam entre os flancos das companhias para reforçá-las; pelo espaço vago, passariam os carros e os homens sem armas, que avançariam e se colocariam na retaguarda das companhias. A praça, portanto, permaneceria vazia, pois todos já teriam assumido suas posições, as cinco companhias dispostas na parte de trás do exército avançariam pelo vazio que se formaria entre os flancos e marchariam em direção à companhia da frente; três delas se aproximariam mantendo uma distância de 40 braços e intervalos iguais entre si; as outras duas se manteriam atrás a uma distância de 40 braços. Tal formação poderia ser rapidamente providenciada e pareceria bastante similar àquela descrita antes. Se esta disposição se mostrasse mais estreita na frente, se tornaria, também, mais ampla nas laterais, o que não diminuiria sua força. Mas como as companhias de trás trazem seus lanceiros na retaguarda, por razões já explicadas, seria necessário que esses homens fossem trazidos para frente, se a intenção fosse tê-los imediatamente atrás da linha de frente; desse modo, seria preciso que cada companhia se virasse individualmente, como um corpo sólido, ou que se as fizesse marchar rapidamente entre as fileiras de escudeiros e espadachins e, do mesmo modo, trazendo-as para frente. O método mais rápido e adequado seria fazer com que elas se virassem. E assim deveria ser o procedimento com todos os que estivessem na parte de trás em cada momento de ataque, como mostrarei. Se, contudo, o inimigo surgisse na retaguarda, a primeira medida seria fazer todos se virarem para enfrentar o adversário, de modo que a frente do exército imediatamente se tornasse sua retaguarda. Então, todos os métodos de organização da fronte deveriam ser colocados em prática. Se o ataque viesse do flanco direito, todos deveriam estar voltados para aquele lado e todas as medidas deveriam ser tomadas para que aquela nova frente fosse reforçada, de modo que a cavalaria, os vélites e a artilharia fossem posicionados nessa fronte. A única diferença na troca de frentes refere-se aos que se movem; às vezes, eles avançam mais, outras, menos. É fato que, se o flanco direito se tornasse a frente, os vélites teriam de adentrar nos intervalos que existem entre as asas do exército, e a cavalaria usaria os vãos próximos ao flanco esquerdo, na posição daqueles que teriam de entrar entre os dois grupos de lanceiros extraordinários, posicionados no centro. Contudo, antes de tal mobilização, os carros e homens desarmados posicionados nos espaços deveriam deixar a praça e se mover para trás do flanco esquerdo, que se tornaria, então, a parte de trás do exército. Os outros vélites, que deveriam ser alocados para a parte de trás, de acordo como o arranjo original, deveriam, nesse caso, ser mantidos em suas posições, já que aquele espaço não poderia ficar aberto, pois ele, sendo a retaguarda, se transformaria em flanco. Todas as demais alterações deveriam ser feitas como dito anteriormente em relação à primeira fronte.

O que lhes disse sobre transformar um flanco direito em frente aplica-se no lado inverso, já que as mesmas medidas deverão ser tomadas. Se o exército inimigo for amplo e bem organizado para atacá-lo nas laterais, ambos os lados deveriam ser reforçados pelos homens de cujos lados não estivessem sofrendo a ofensiva, dobrando-se as fileiras em cada um deles e distribuindo-se a artilharia, os vélites e a cavalaria entre eles. Se o inimigo avançasse por três ou quatro lados diferentes, isso ocorreria por vossa imprudência ou do próprio adversário. No primeiro caso, o descuido seria vosso por colocar-se numa situação desprotegida que possibilitasse o ataque do inimigo. Este, em contrapartida, teria de ser poderoso o suficiente para atacá-lo por todos os lados com a mesma força, o mesmo contingente e a mesma organização do vosso exército. Vale dizer que, se fores tão pouco prudente a ponto de se colocares em pleno território inimigo, diante de um exército três vezes maior do que o vosso, não poderás reclamar de vossa sorte, apenas de si mesmo. Se, contudo, o ataque ocorresse não por vossa culpa, mas por falta de sorte, o dano não lhe causaria embaraço e ocorreria com vós do mesmo modo como aconteceu a Cipião, na Espanha, ou a Asdrúbal, na Itália. Porém, se o inimigo possuísse o mesmo poderio e, na tentativa de desorganizar vosso exército, tentasse atacá-lo por todos os lados, seria por vossa própria conta e risco, e por estupidez; para fazê-lo, teria de espalhar vossos homens de modo que vosso exército se tornaria demasiadamente estreito, possibilitando que vós o atacásseis por um lado e, ao mesmo tempo, vos defendêsseis do outro, o que, em pouco tempo, levaria vosso adversário à ruína. Tal método de organização, no qual o contingente todo não pode ser visto, mas é temido, é extremamente necessário. É útil, portanto, que todos os soldados estejam acostumados a se reunir e a marchar nessa ordenação, e que durante a jornada se preparem para a luta de acordo com a linha de frente previamente planejada; que retornem à formação a partir da qual formarão uma nova frente na retaguarda, e que repitam isso em relação aos flancos e novamente retomem a posição original. Tais exercícios e processos de familiarização são indispensáveis se quiseres ter um exército disciplinado e preparado. Capitães e príncipes precisam trabalhar firmemente nesse treinamento, pois a disciplina militar nada mais é do que saber como comandar e o melhor modo de executar manobras. Um exército disciplinado é aquele que está bem treinado nessas formações. Não seria possível que alguém, nos tempos atuais, que se utilizasse de tais mecanismos, fosse derrotado. E se essa formação em praça que descrevi lhes parece difícil, tal grau de dificuldade é necessário e deve ser visto como um exercício, pois a sabedoria em organizar-se e manter-se dessa forma irá ajudá-lo a realizar, com ainda mais facilidade, aquelas que não lhe forem tão complicadas.

Zanobi: – Acredito que tais arranjos sejam de fato necessários, como dizeis, e sinceramente não acho que poderia acrescentar ou ignorar algum deles. Gostaria, no entanto, de esclarecer duas outras dúvidas. A primeira: quando desejais criar uma fronte a partir da retaguarda ou dos flancos e precisais que os homens se voltem para outra direção, o comando deve ser dado por vós ou pelos corneteiros? A segunda: gostaria que esclarecêsseis se aqueles que enviastes na dianteira para aplanar o terreno são soldados das companhias ou homens de outras qualificações que receberam essa atribuição.

Fabricio: – Sua primeira pergunta é muito importante, pois frequentemente os comandos do capitão não são compreendidos ou são mal-interpretados, e isso desorganiza vosso exército; portanto, o tom de voz do capitão nos momentos de perigo deve ser alto e claro. Se o comando for feito por meio de cornetas, é preciso certificar-se de que todos os sinais sejam bem diferentes uns dos outros, para que não sejam confundidos; se comandares por voz, deves estar alerta para evitar palavras genéricas e utilizar apenas termos específicos, e, destes, evite aqueles que possam ser interpretados de modo incorreto. Muitas vezes um comando do tipo "voltar, voltar!" pode levar um exército à ruína; portanto, ele deve ser evitado e, em seu lugar, deve se dizer "recuar". Se quiseres que eles se virem para um dos lados e formem uma nova frente, seja a partir da retaguarda ou de um dos flancos, jamais utilize "virar", mas "para a esquerda", "para a direita", "para a frente" ou "para trás". Do mesmo modo, todas as palavras devem ser simples e claras, como: "acelerar", "alto", "avante" e "retornar".

E, assim, tudo o que puder ser realizado com um comando de voz o será, e o restante, com o uso de instrumentos. Quanto aos encarregados de aplanar o caminho, ordenaria que meus próprios soldados o fizessem, não apenas pelo fato de os antigos terem agido desse modo, mas também porque, assim, haveria menos homens desarmados no exército e, consequentemente, menos complicações; retiraria esses homens de diferentes companhias e os faria usar as ferramentas apropriadas, deixando suas armas nas fileiras que estivessem mais próximas, que as transportariam durante a marcha. Dessa forma, no caso de um ataque inimigo, tudo o que os aplanadores teriam de fazer seria resgatar suas armas e juntar-se às suas fileiras de origem.

Zanobi: – E quem ficaria responsável por carregar os equipamentos para o aplanamento do solo?

Fabricio: – Os carros utilizados para o transporte de equipamentos.

Zanobi: – Acredito que jamais fizestes nossos homens cavar.

Fabricio: – Tudo será discutido a seu tempo. Por enquanto, gostaria de deixar essas questões de lado e me ater ao estilo de vida do exército, pois me parece que, depois de ter demonstrado o quanto é duro seu trabalho, nada mais justo seria do que o deixar descansar e se alimentar. Deves entender que um príncipe necessita organizar seu exército de maneira diligente, deixando para trás tudo o que é supérfluo e que pudesse criar dificuldades durante a jornada. Um dos maiores problemas é ter de manter o estoque de vinho e pão. Os antigos não se preocupavam com a falta de vinho, pois costumavam beber água com um pouco de vinagre. Também não preparavam os pães em fornos, como é de costume nas cidades; eles forneciam farinha aos soldados que, de posse de toucinho, banha de porco e condimentos, satisfaziam suas próprias necessidades de acordo com sua preferência, o que os mantinha fortes. Portanto, as provisões do exército eram a farinha, o vinagre, o toucinho, a banha de porco e a cevada para os cavalos. Era comum que os exércitos levassem consigo rebanhos de animais adultos e filhotes, e como esses animais não precisavam ser carregados, não causavam maiores problemas aos soldados. Isso permitia que os antigos marchassem por vários dias por locais desolados sem enfrentar a falta de suprimentos, pois dependiam apenas de coisas que poderiam facilmente ser deixadas para trás. Nos exércitos atuais, ocorre exatamente o oposto. Como os homens não abrem mão do vinho e do pão assado caseiro, e que não podem ser mantidos por muito tempo, eles estão sempre famintos; porém, mesmo que seus estoques sejam mantidos, isso causa grandes dificuldades. Por essa razão, gostaria que meu exército colocasse em prática o método dos antigos e, potanto, não permitiria que comessem outro pão que não fosse produzido por eles mesmos. Quanto ao vinho, não proibiria que o bebessem nem que fosse levado pelo exército, mas não me esforçaria para consegui-lo do mesmo modo como a outros tipos de provisões. Agiria, por conseguinte, exatamente como os antigos. Se considerardes bem essa questão, verás quantos obstáculos podem ser removidos, quantas dificuldades podem ser evitadas pelo capitão e os benefícios que alcançarás agindo desse modo.

Zanobi: – Derrotamos o inimigo no campo e marchamos pelo seu território: a racionalidade nos leva a não desejar que as cidades tomadas sejam saqueadas, que seus habitantes sejam forçados a pagar por suas vidas ou que sejam feitos prisioneiros. Gostaria de saber como os antigos agiam em relação a essas questões.

Fabricio: – Satisfarei, então, sua curiosidade. Acredito que tenhais considerado (como discutido anteriormente) que as guerras modernas empobrecem não apenas os que perdem, mas também os que ganham; enquanto um lado perde o Estado, o outro abre mão de seu dinheiro e bens que trazia ao longo da jornada. Isso não acontecia com os antigos, quando somente o vencedor tornava-se mais rico. Isso ocorre pelo fato de os exércitos de hoje não se preocuparem com o produto de espólios obtidos por seus próprios homens e de deixarem isso por conta de seu próprio discernimento, o que causa duas grandes desordens. A primeira: a já mencionada; a segunda: os soldados tornam-se cada vez mais ávidos pela possibilidade de enriquecerem com a pilhagem, e menos preocupados em obedecer e manter a ordem; costuma-se dizer que a cobiça transforma mesmo os vencedores em perdedores. Os romanos, porém, que nos servem de modelo, cuidavam de ambas as questões adequadamente, dispondo que todo o espólio fosse considerado bem público e, como tal, usufruído pelo povo como este bem desejasse. O exército mantinha seu próprio tesoureiro, que eram, como denominamos atualmente, chefes de gabinete. A eles eram entregues todas as riquezas para que fossem devidamente controladas. O cônsul servia-se delas para pagar o soldo que cabia a cada soldado, para cuidar dos feridos e enfermos e para atender às demais necessidades do exército; às vezes, o cônsul permitia que os soldados pilhassem o inimigo, contudo, isso não gerava grande desordem. Todo o espólio era recolhido e disposto diante de todos, sendo, então, distribuído entre todos os homens de acordo com seu mérito na batalha. Isso gerava dois efeitos positivos: fazia os soldados se preocuparem mais com a vitória do que em roubar o inimigo derrotado; e que o exército derrotasse o adversário, mas não o perseguisse, já que seus soldados jamais se afastavam de suas ordenações. Os únicos que tinham a permissão de ir ao encalço do inimigo eram os cavaleiros, mas nunca os legionários. Em contrapartida, se o espólio fosse mantido por quem quer que o tivesse realizado, não se poderia esperar nem conceber a ideia de que toda uma legião fosse controlada, o que causaria grande perigo e desordem. O procedimento adotado levou ao enriquecimento do bem público e possibilitou aos cônsules trazer, além dos triunfos, grandes riquezas para o Tesouro, que consistiam inteiramente em espólio e novas taxas implantadas sobre os derrotados. Outra questão bem considerada pelos antigos era o soldo oferecido a cada soldado: um terço do salário ficava sob a tutela do porta-estandarte e somente era devolvido ao seu dono no término do combate. Isso ocorria por duas razões: primeiramente, para que o soldado poupasse parte de seus ganhos, já que, muitos sendo jovens e inexperientes, gastavam em demasia e sem necessidade; o segundo motivo era fazer esses homens se aplicarem ainda mais na defesa do estandarte, já que parte do seu próprio soldo estava sob sua guarda. Este método os tornava fortes e responsáveis. Todas essas medidas são necessárias se quiseres que vosso exército atinja o padrão desejado.

ZANOBI: – Acredito que não seja possível, para um exército que se movimenta de um lugar para outro, esquivar-se de incidentes perigosos, situações que certamente precisarão dos esforços dos comandantes e da virtude dos homens a fim de que sejam sobrepujadas ou evitadas; se tendes algo em mente sobre esta questão, adoraria ouvir vossos comentários.

FABRICIO: – E de bom grado o compartilharei com todos vós, principalmente se meu intuito é oferecer-lhes todo o conhecimento sobre as práticas militares. Os capitães, enquanto marcham com o exército, deveriam, acima de tudo, proteger-se contra emboscadas, que poderiam acontecer de duas maneiras: podes cair em uma delas enquanto marchas, ou ser atraído com astúcia pelo inimigo, sem sequer perceber. No primeiro caso, se quiserdes evitar surpresas, é preciso que envies, à frente do exército, duas vezes a quantidade de homens que costumam fazer o reconhecimento do território. E quanto mais o local for adequado para emboscadas, com florestas e regiões montanhosas, maior deverá ser o esforço e a diligência de seus homens, pois o inimigo sempre se enconde atrás das árvores ou dos montes. E, do mesmo modo como estarás arruinado por não preverdes uma emboscada, o fato de conseguir antevê-la certamente lhe evitará prejuízos. O voo das aves ou a existência de poeira no ar são pistas que muitas vezes denunciam o inimigo, pois o adversário não consegue se mover sem espantar os pássaros ou levantar uma nuvem de poeira, o que assinala que está rumando em sua direção. Assim, em várias ocasiões, quando um capitão percebe pombos decolando ou até mesmo outras aves circulando sem encontrar descanso, em um lugar por onde ele pretendia passar, reconhece a probabilidade de uma emboscada e, imediatamente, envia suas forças, salvando a si mesmo e surpreendendo o inimigo. Quanto ao segundo caso, em que o exército é atraído pelo inimigo [a que chamamos armadilha], é preciso que se olhe para todo o cenário sem prontamente acreditar em coisas que parecem menos razoáveis do que deveriam: como seria o caso se o inimigo colocasse em vosso caminho uma presa, como um ato de pura amizade, mas que abrigasse um terrível embuste.

Há muitas outras ciladas: o fato de um grande número de soldados inimigos ser rechaçado por poucos dos seus; o de ser atacado por poucos adversários; de o inimigo fugir aparentemente sem motivo. Nesses casos, deveis sempre temer o engodo. Nunca deveis acreditar que o inimigo não conheça as artimanhas de seu próprio negócio, a menos que queiras enganar a si mesmo. Quanto mais fraco e cauteloso parecer o adversário, mais deveis estimá-lo e respeitá-lo. Deveríeis lançar mão de dois métodos diferentes: no silêncio dos vossos pensamentos, deveis temê-lo e valorizá-lo, preparando-se para o que estiver por vir e, assim, manter-se mais cauteloso e menos suscetível a erros; mas, em suas palavras e em outras manifestações, deveis demonstrar vosso desprezo e escárnio pelo uso de tais artimanhas pelo inimigo, inflando em seus próprios soldados mais esperança em obter a vitória. Sabei que, enquanto estiverdes marchando por território inimigo, enfrentarás mais perigos do que no momento da batalha. Portanto, todo capitão deve redobrar sua diligência enquanto percorre o terreno adversário e a primeira coisa a fazer é ter em mãos a representação e a descrição detalhada do terreno a ser invadido – distâncias, números, rios, montanhas, pântanos e todas as demais características do local. É preciso que tenhais ao vosso lado homens que conheçam profundamente a região, que estes sejam questionados com diligência e que as informações por eles transmitidas sejam anotadas e, então, confirmadas. É fundamental que a cavalaria seja enviada à frente, liderada por um chefe prudente, cujo objetivo não seja tanto descobrir o inimigo, mas reconhecer o território e checar se o local é, de fato, como foi descrito. Também devem ser enviados guias, devidamente esperançosos por recompensas e temerosos de possíveis punições. E, acima de tudo, deveis manter segredo sobre os caminhos que serão seguidos e as atitudes que serão tomadas, pois nada há de mais útil na guerra do que manter-se calado sobre as coisas que têm de ser feitas. E para que um ataque repentino não perturbe seus soldados, deveríeis aconselhá-los a manter-se sempre preparados com as armas, já que as coisas previstas causam menos danos. Muitos comandantes, de modo a evitar confusão no momento da marcha, colocam os carros e os homens sem armas sob a proteção das bandeiras e ordenam que sigam atrás delas para que, no caso de precisarem parar ou recuar durante a marcha, sejam capazes de fazê-lo mais facilmente, o que eu particularmente aprovo por considerar uma medida útil. Deve-se, também, cuidar para que, durante a jornada, uma parte do exército não se separe da outra, ou que um grupo marche mais rápido em relação ao outro, pois isso desorganizaria todo o contingente. É necessário, portanto, colocar os chefes posicionados lateralmente, para que mantenham o espaçamento uniforme, contendo os muito rápidos e acelerando os mais lentos, o que pode ser feito mais adequadamente com o uso de sinais sonoros. As estradas deveriam ser alargadas de modo que pelo menos uma companhia possa mover-se sempre em ordem. Os costumes e as características do inimigo devem ser considerados, ou seja, é preciso saber se ele costuma atacar pela manhã, na parte da tarde ou à noite, se sua maior força está na infantaria ou na cavalaria, pois, a partir dessas descobertas, poderás organizar suas ações e preparar-se. Vejamos, por exemplo, uma situação comum: às vezes, por se considerar inferior ao inimigo e preferir evitar o confronto, um comandante instrui seu exército a recuar; o adversário, então, o persegue e ataca sua retaguarda no momento em que o seu exército está às margens de um rio, o que faz perder tempo na travessia e dá ao inimigo a chance de se reunir para o embate. Alguns já depararam tais perigos e, de modo a possibilitar a fuga de seus homens, ordenaram que fossos fossem cavados atrás deles e que lenha fosse ali colocada e incendiada. Isso possibilitou a fuga desses exércitos em segurança e, ao mesmo tempo, a detenção do inimigo.

ZANOBI: – É difícil crer que o fogo possa deter o inimigo, especialmente quando me vem à mente o caso de Hanão, o cartaginês, que, ao perceber seu exército cercado pelo adversário, ordenou a seus homens que cingissem um dos lados com lenha e ateassem fogo. Enquanto o inimigo acreditava desnecessário guardar o lado em chamas, Hanão ordenou que seus próprios homens protegessem o rosto do fogo e da fumaça com os escudos e ultrapassassem as labaredas.

FABRICIO: – Dissestes bem, mas deveis considerar o exemplo que lhes dei e compará-lo ao que fez Hanão. No primeiro caso, houve o cuidado de se cavar um fosso, enchê-lo de lenha e, então, atear fogo, de modo que qualquer um que desejasse passar para o outro lado teria duas barreiras a transpor: o fosso e o fogo. Hanão utilizou-se do fogo, mas não da vala, e como ele próprio pretendia ultrapassar as chamas, cuidou para que as labaredas não fossem muitas altas, o que teria impedido sua fuga. Não te recordas de que Nábis, o espartano, quando viu Esparta cercada pelos romanos, ateou fogo em parte de sua própria cidade, a fim de impedir a passagem do inimigo, que já havia adentrado a cidade? O inimigo não apenas foi contido, mas rechaçado para fora de seus limites. Mas voltemos ao assunto que estávamos discutindo. Quinto Lutácio, o romano, quando perseguido pelos cimbros, deparou com um rio. Para ter tempo suficiente para atravessá-lo, ordenou que algumas tendas fossem erguidas, como se o exército fosse ali pernoitar. Ele também mandou que seus homens cavassem fossos e até ordenou que trocassem as ferraduras de alguns de seus cavalos. Os cimbros, acreditando no cenário que se criara à sua frente, decidiram também acampar, dividindo-se em vários grupos a fim de se alimentarem. Assim que Lutácio tomou conhecimento do que estava acontecendo no campo adversário, atravessou o rio sem qualquer impedimento. Alguns, pretendendo cruzar um rio na inexistência de uma ponte, acabavam desviando o curso das águas e dividindo o fluxo em duas correntes; uma se mantinha em sua retaguarda, e a outra, mais rasa, tornava tranquila a travessia dos soldados. Se o objetivo é garantir a segurança da infantaria, os cavalos mais capazes são colocados mais acima, pois conseguem reter a velocidade das águas; outros cavalos são dispostos mais abaixo e próximos da infantaria, para que seja possível socorrer os homens que porventura sofram adversidades. Rios intransponíveis a pé devem ser atravessados com o uso de pontes, barcos e jangadas, portanto, seu exército deve conter homens capazes de construir esses equipamentos. Às vezes, durante a travessia de um rio, percebe-se o inimigo na outra margem, pronto para impedir sua passagem. Nesse caso, não há melhor exemplo do que o de César em um rio da Gália, o qual, vendo que Vercingétorix, o gaulês, o esperava do outro lado, ordenou que seus homens marchassem durante dias margeando o rio. O inimigo fez o mesmo. César, então, ordenou que um acampamento fosse erguido numa região montanhosa, adequada para esconder suas forças. Posteriormente, ele retirou três companhias de cada legião, fê-las permanecer naquele local e ordenou que, assim que se afastasse, deveriam construir uma ponte e fortificá-la. No comando do restante de suas forças, César seguiu em frente. Vercingétorix, ignorando a redução no exército oponente, também se pôs em marcha. Assim que considerou que o tempo fora suficiente para a construção da ponte, César deu meia--volta e, ao encontrar tudo como esperava, cruzou para o outro lado sem dificuldades.

ZANOBI: – Tendes alguma regra para o reconhecimento das vaus de um rio?

FABRICIO: – Sim, sem dúvida. Quem olhar para um rio sempre notará uma linha reta entre as águas plácidas e as correntes. Aquele é o local mais adequado para a travessia, pois é ali que se depositam no leito tudo o que é transportado pelo próprio rio, possibilitando a vadeação. Isso já foi comprovado em inúmeras ocasiões.

ZANOBI: – Mas, se a correnteza levasse o que se deposita no leito do rio e os cavalos afundassem, que opção restaria?

FABRICIO: – Poderiam ser feitos gradis de madeira e colocados no leito do rio para se cruzar sobre eles. Mas continuemos a nossa discussão. Se acontecer de um capitão e seu exército se virem cercados por duas montanhas, restarão apenas duas maneiras de salvar o contingente, ou pela frente ou pela retaguarda, e essas áreas estarão ocupadas pelo inimigo. Nesse caso, a solução é fazer o que outros já fizeram no passado, ou seja, cavar uma vala difícil de ser ultrapassada à sua retaguarda e demonstrar claramente ao inimigo que seu intuito é detê-lo e que espera sem medo o ataque pela frente, cuja passagem está aberta. O adversário, acreditando nisso, fortifica sua própria frente no lado que permanece livre de obstáculos e abandona o que está bloqueado. Nesse momento, seus soldados providenciam uma ponte de madeira sobre a vala e todo o seu exército consegue escapar por ali, livrando-se do inimigo. O cônsul romano Lúcio Minúcio estava em Ligúria com seu exército e viu-se forçado pelo inimigo a abrigar-se entre montanhas, local de onde não conseguia sair. Ele reuniu alguns soldados da Numídia, que integravam seu exército, e ordenou que seguissem por um caminho que estava guardado pelo inimigo. Os númidas estavam armados de modo precário e seus cavalos eram pequenos e esqueléticos, mesmo assim, a primeira reação do adversário foi de proteger a passagem. Contudo, depois de perceberem a fragilidade e desorganização daqueles homens, o inimigo decidiu não perder tempo com eles. Assim que os númidas notaram que não haveria resistência, esporearam seus cavalos e partiram com toda a sua força contra o inimigo, que foi incapaz de resistir à investida. Em sua passagem, destruíram e saquearam o território, forçando o adversário a permitir a passagem do exército de Lúcio. Alguns capitães, ao serem atacados por um adversário numeroso, reforçaram suas linhas e deram chance ao inimigo para cercá-los por todos os lados e, então, aplicaram mais força na região que lhes pareceu mais frágil, abrindo caminho e salvando a si mesmos e a seus homens. Marco Antonio, enquanto recuava diante dos partos, percebeu que todos os dias seu inimigo o atacava ao nascer do sol e, em determinado momento, decidiu que somente levantaria acampamento depois do meio-dia. O adversário, acreditando que Marco Antonio não se moveria naquele dia, baixou a guarda, permitindo que o exército romano seguisse tranquilamente pelo resto do dia. Esse mesmo comandante, com o objetivo de escapar às flechas partianas, ordenou que todos os homens da linha de frente se ajoelhassem e que os da segunda fileira os protegessem com seus escudos. O mesmo seria feito pelos homens das demais fileiras, de modo que todos estivessem protegidos por um teto de escudos. São esses os casos dos quais me lembro sobre incidentes que podem acontecer a um exército em marcha. E se mais nenhuma questão tiverem sobre este assunto, passarei à próxima discussão.

Ilustrações referentes às formações dos exércitos

Exército em formação de quadrado

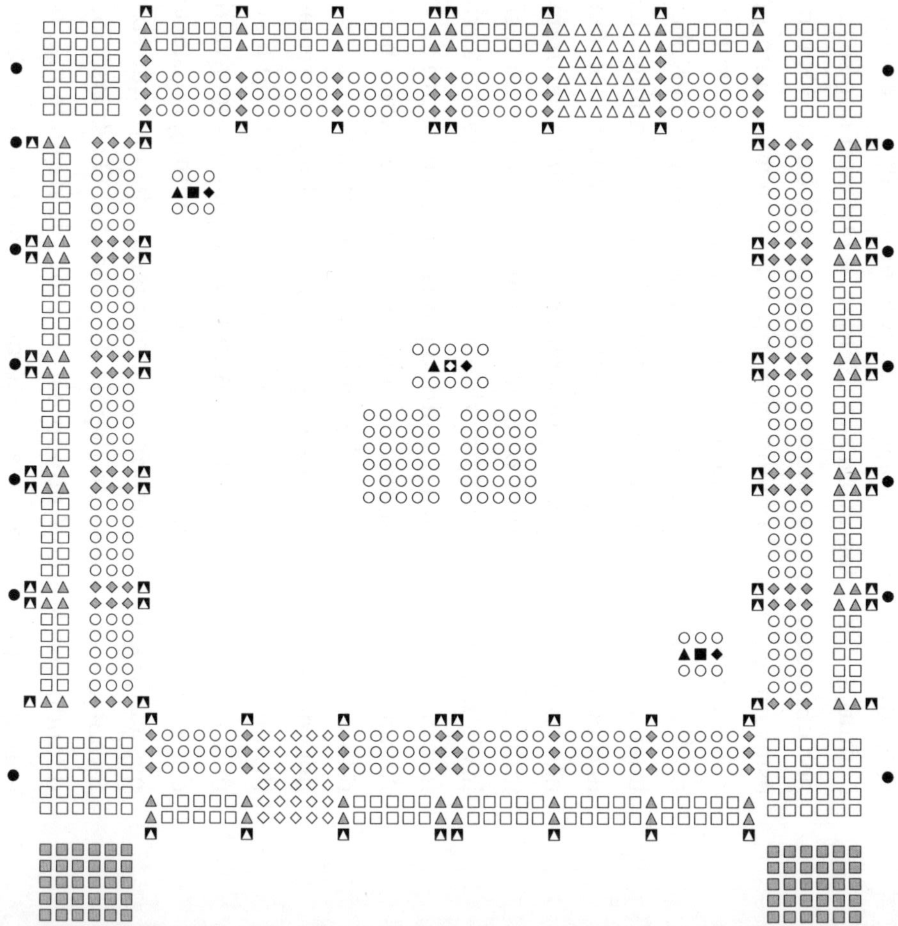

Legenda:

- LANCEIROS
- CAVALARIA PESADA
- CAPITÃO DA COMPANHIA
- VÉLITES ORDINÁRIOS
- DECURIÕES COM LANÇA
- ESTANDARTE
- ESCUDEIROS
- CAVALARIA LIGEIRA
- ARTILHARIA
- VÉLITES EXTRAORDINÁRIOS
- DECURIÕES COM ESCUDO
- CORNETEIROS
- CENTURIÕES
- CONDESTÁVEIS
- CAPITÃO-GERAL

Exército em formação ordinária para a batalha

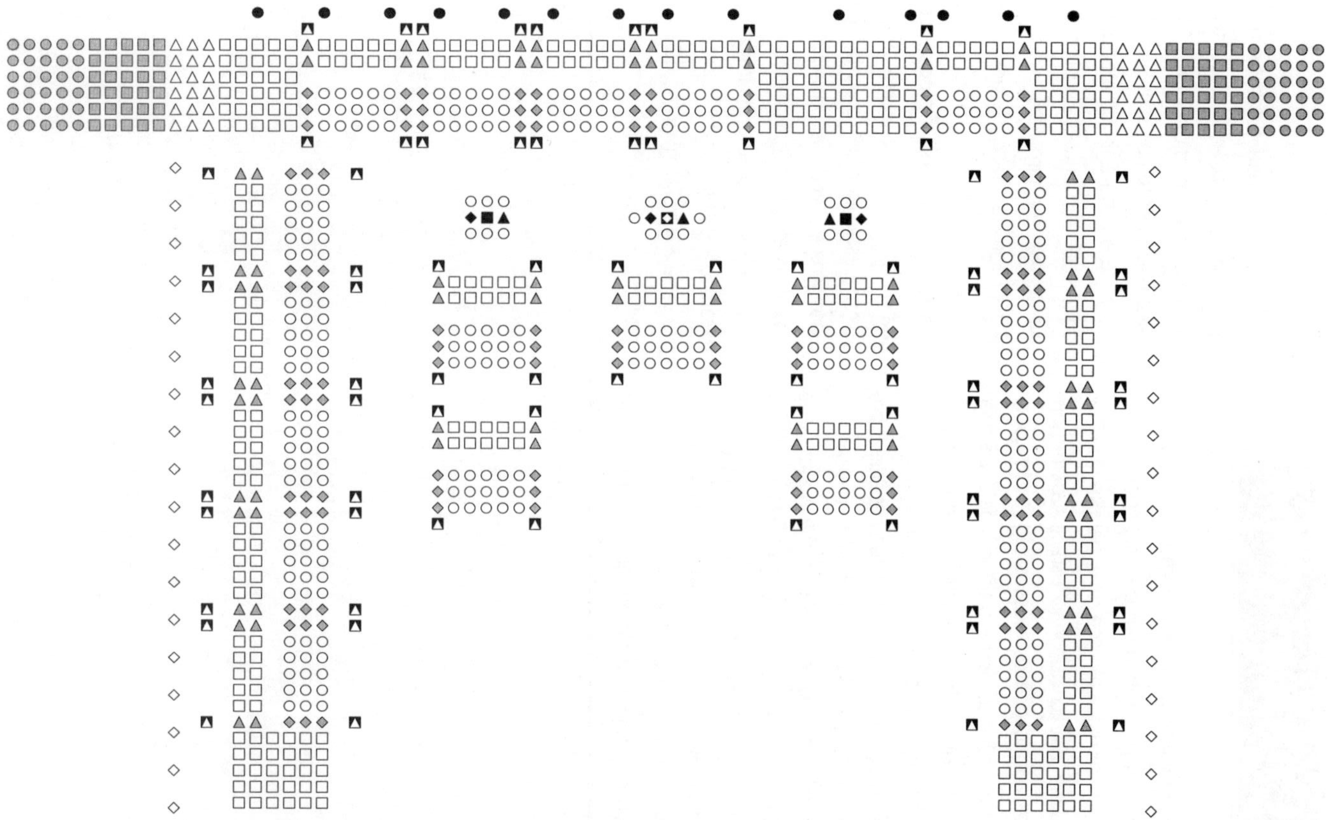

Comentários

O inimigo que não se vê

Tão importante quanto atentar para o exército inimigo durante uma batalha é considerar aquilo que não está imediatamente ao alcance de nossos olhos. Um bom comandante deve, antes da peleja, enviar o máximo de soldados à frente de suas companhias, para que estes lhe tragam informações preciosas de toda espécie. É imperativo conhecer seu inimigo e o terreno por onde suas tropas passarão. Para isso, é preciso valer-se de questionamentos feitos a diferentes fontes, para que seja possível montar um rico panorama de seu concorrente – ou mesmo do seu cliente. Tratá-lo com certa distância e manter sempre suas formações ordenadas também é vital; a desordem e a insegurança minam seus pares e fortalecem o oponente. Nunca diga antecipadamente aos seus soldados como será toda a estratégia de ataque; e não se esqueça de alimentá-los e premiá-los, para que se mantenham rijos e estimulados, e não se tornem fracos e ladrões. Analogamente ao mundo corporativo, claro que não imaginamos ver criminosos com o crachá da empresa, mas as lideranças devem sempre estar atentas ao ambiente interno e ao clima político e econômico no seu dia a dia. Isso evitará o surgimento de competidores inesperados, tanto internos quanto externos – estes, possivelmente motivados por uma ambição inconfessada...

(J. S. C.)

Livro Sexto

Zanobi: – Acredito, uma vez que estamos prestes a iniciar uma nova discussão, seja o momento de Battista assumir meu cargo. Nesse caso, seguiremos os passos dos bons capitães, que, como nos foi ensinado por vós, colocam seus melhores soldados na frente e na retaguarda do exército, por considerarem que os da fronte têm de ser corajosos para inflamar a batalha e, os de trás, destemidos para oferecer o apoio necessário. Cosme começou esta discussão de modo prudente e Battista irá terminá-la de maneira cautelosa. Coube a mim e a Luigi dar continuidade ao debate. E, considerando que todos participaram de bom grado, acredito que Battista nos ajudará a terminá-la sem objeções.

Battista: – Até aqui deixei-me reger por seus conhecimentos e, doravante, pretendo continuar a fazer o mesmo. Peço que continueis com vossas explicações e, se um de nós resolver interrompê-lo com dúvidas, rogo que nos perdoeis.

Fabricio: – Já lhes disse que suas dúvidas são um favor, pois elas reavivam minha imaginação em vez de embargá-la. Se queremos dar continuidade aos debates, digo-lhes que este é o momento de aquartelarmos nosso exército, já que todos merecem descanso e segurança; cumpre lembrar que descanso desprovido de segurança não é descanso. Imaginei que não lhes fosse interessante se iniciasse nossa conversa pelo repouso e, somente então, passasse pela marcha e, finalmente, pela batalha, por isso fiz exatamente o contrário. A necessidade fez com que lhes demonstrasse, primeiramente, como um exército deve se organizar para uma batalha e, então, como marchar e se mobilizar para o enfrentamento. Voltando ao assunto que propus, digo-lhes que, se quiserdes que um acampamento seja seguro, ele precisará ser fortificado e organizado. A organização provém do esforço e da habilidade dos capitães; a fortificação advém do local escolhido e do conhecimento da arte da guerra. Os gregos sabiam como estabelecer acampamentos seguros e jamais escolhiam lugares que não fossem próximos a cavernas, margens de rios, florestas ou qualquer outro obstáculo natural que lhes servisse de proteção. Já os romanos não se preocupavam tanto com a segurança do local, mas com a arte da guerra; eles também não erguiam acampamento em locais fechados que impossibilitassem o espalhamento de todas as suas forças, de acordo com sua disciplina. Esse pensamento garantia aos acampamentos romanos sempre as mesmas forma e distribuição, pois o objetivo não era se adequar ao espaço, mas adequar o espaço ao exército. Em contrapartida, os gregos dispunham seus alojamentos de acordo com o terreno e, portanto, a formação e a organização de seus exércitos dependiam da região em que estivessem acampados. Os romanos, por conseguinte, suplantavam a insegurança do local com esforço e criatividade. E já que em minha narrativa sempre propus que os romanos fossem imitados, irei me concentrar no modo como acampavam. Contudo, não irei me deter, agora, em detalhes desnecessários, mas apenas naqueles fundamentais e que me pareçam apropriados. Sempre afirmei que os romanos traziam duas legiões de seus próprios homens em seus exércitos consulares, que englobavam, ainda, 11 mil infantes enviados por nações amigas e aliadas; porém, nunca havia mais estrangeiros do que romanos no exército, exceto na cavalaria, cujo número de forasteiros não preocupava; em todas as suas ações, as legiões romanas eram mantidas no centro e cercadas por seus auxiliares. Tal método era utilizado também no acampamento, como certamente todos já devem saber por meio dos escritores. Sendo assim, não irei me ater às minúcias, mas somente de lhes dizer como, nos dias de hoje, eu distribuiria o acampamento. Desse modo, todos saberão quais características do método romano estão sendo aplicadas. Sabeis que, para corresponder às duas legiões romanas, dispus 2 batalhões com 6 mil infantes e 300 excelentes cavaleiros para cada um desses batalhões, dividindo-os em companhias, por armas e nomes. Lembrai-vos que, ao organizar o exército para marchar e lutar, não mencionei outras forças, apenas demonstrei que, para dobrá-las, bastaria que as ordenações fossem duplicadas.

Já que agora meu objetivo é demonstrar-lhes o melhor modo de acampar, parece-me adequado não me ater somente a dois batalhões, mas reunir um exército considerável, composto por eles e por várias forças auxiliares. Sei que o formato de um acampamento é mais perfeito quando um exército completo é alojado, contudo, isso não me pareceu necessário na demonstração anteriormente apresentada. Portanto, se meu desejo for aquartelar um gigantesco exército de 24 mil homens e 2 mil cavaleiros, dividindo-os em 4 companhias, 2 compostas por seus próprios homens e 2 outras por estrangeiros, ateria-me ao seguinte método: ao encontrar o local que considerasse apropriado, imediatamente fincaria o estandarte e ordenaria que, em torno dele, fosse estabelecido um quadrado; a distância de cada um dos lados – norte, sul, leste e oeste – em relação ao estandarte seria de 50 braços. Dentro desse espaço, ficaria o alojamento do capitão. E, por considerar prudente e estar praticamente de acordo com o sistema romano, separaria os homens armados dos não armados, assim como os que carregassem armas mais pesadas dos que transportassem as mais leves. Alocaria os que estivessem armados, ou pelo menos a maioria, no leste e os não armados no oeste, transformando o leste numa espécie de linha de frente e o oeste, na retaguarda. Portanto, o norte e o sul seriam meus flancos. Para distinguir os alojamentos dos homens armados, faria o seguinte: estabeleceria uma linha que partisse do estandarte e atravessasse o acampamento na direção leste, por 680 braços, e outras duas paralelas à primeira, a uma distância de 15 braços de cada lado. Essa via receberia o nome de Via Capitã e teria uma largura de 30 braços por 630 braços de comprimento, já descontando os 50 braços do quadrado central. Então ordenaria que outra linha de 1.250 braços fosse traçada do norte ao sul, que passaria exatamente ao lado do alojamento do capitão, teria, também, 30 braços de largura e receberia o nome de Via Cruz. Estando estabelecidos o alojamento do capitão e essas linhas, partiria para a definição do acampamento dos dois batalhões; o primeiro seria alocado no lado direito da Via Capitã; o segundo ficaria à esquerda. A partir do limite da Via Capitã, seriam montados 32 alojamentos de cada um dos lados, deixando um espaço de 30 braços entre o 16º e 17º, pelo qual passaria uma estrada transversal que atravessaria todos os demais alojamentos dos batalhões, como será visto no momento oportuno. De acordo com essa disposição, nas primeiras tendas adjacentes à Via Cruz, alocaria os condestáveis dos cavaleiros; como cada companhia conta com 150 homens, designaria 10 deles para cada tenda. A área de cada alojamento dos condestáveis deveria ter uma largura de 40 braços e um comprimento de 10 braços. Nesse contexto, devo lembrar-lhes de que, quando menciono a largura, refiro-me à área que vai do norte ao sul e quando digo comprimento, refiro-me à área de leste a oeste. Os alojamentos dos cavaleiros teriam 15 braços de comprimento e 30 de largura. Nos próximos 15 alojamentos [que têm seu início na linha transversal e entre os quais as medidas seriam as mesmas daqueles para os cavaleiros], disporia a cavalaria ligeira. Sendo cada companhia de cavalaria composta de 150 homens, alocaria 10 em cada uma das 15 tendas e, na 16º que sobrasse, abrigaria o condestável, oferecendo-lhe o mesmo espaço que é dado aos condestáveis dos cavaleiros. Portanto, os alojamentos das cavalarias dos dois batalhões seriam instalados na Via Capitã e serviriam de modelo para os demais alojamentos. Note o modo como os 300 cavaleiros de cada batalhão foram abrigados juntamente com os seus condestáveis, em 32 alojamentos situados na Via Capitã, iniciando a partir da Via Cruz. Veja, também, que entre o 16º e o 17º será deixado um espaço de 30 braços para manter a passagem da linha transversal. Se eu quiser, portanto, abrigar as 20 companhias que constituem o contingente dos 2 batalhões, disporia os alojamentos das duas companhias atrás daqueles da cavalaria e cada um deles teria 15 braços de comprimento por 30 de largura, assim como os da cavalaria, e estariam unidos na parte de trás. E em cada primeiro alojamento de cada lado que estiver de frente para a Via Cruz, alocaria o condestável de uma companhia, cuja posição corresponderia àquela ocupada pelo condestável dos cavaleiros. O espaço oferecido ao condestável da companhia seria de 20 braços de largura por 10 de comprimento. Nos próximos 15 alojamentos em cada grupo que segue até a linha transversal, aquartelaria uma companhia de infantaria de cada lado e, como elas somam 450 homens, em cada tenda seriam alocados 30 deles. Os outros 15 alojamentos seriam dispostos de maneira contígua em relação a cada grupo da cavalaria que tenha o mesmo espaço e, em cada um deles, alocaria uma companhia de infantaria. No último alojamento de cada grupo ficaria o condestável da companhia, que ficaria adjacente àquele da cavalaria, em um espaço de 10 braços de comprimento por 20 de largura. Desse modo, as duas primeiras carreiras de tendas seriam formadas metade por cavaleiros e metade por infantes.

Se quisesse que essa cavalaria fosse eficiente e que os próprios cavaleiros não tivessem problemas no cuidado com os cavalos, faria os infantes aquartelados atrás da cavalaria ajudarem a cuidar dos animais. Esses soldados deveriam, portanto, estar isentos de quaisquer outros afazeres do acampamento, pois era assim que faziam os romanos. Também deixaria, em torno desses alojamentos, um espaço de 30 braços, onde passaria uma estrada; a cada uma daria o nome de Via 1 Direita e Via 1 Esquerda. Seriam, então, erguidos outros 32 alojamentos duplos, também unidos na parte de trás, de acordo com as medidas já mencionadas, e seriam divididos entre os números 16 e 17 para manter a passagem da linha transversal. Tais alojamentos abrigariam quatro companhias de infantaria e seus condestáveis ficariam nas extremidades. Mais uma vez, seria deixado um espaço de 30 braços entre as fileiras e seriam criadas duas outras estradas, a Via 2 Direita e a Via 2 Esquerda. O mesmo processo seria repetido na criação das demais carreiras de alojamentos. Com isso, estariam abrigados todos os cavaleiros e soldados da infantaria dos dois batalhões ordinários, todos com acesso direto à Via Capitã. Os dois batalhões auxiliares (compostos da mesma maneira) seriam alocados de acordo com a mesma configuração apresentada e as vias subsequentes receberiam seus nomes de acordo com seu posicionamento. Desse modo, todo o exército estaria aquartelado em doze carreiras de tendas e treze estradas, incluindo-se a Via Capitã, a Via Cruz e a Via Transversal.

Eu ordenaria que um espaço de cem braços fosse deixado entre o final dos alojamentos e o fosso lateral. Se considerássemos a distância entre o portão leste e o meio do alojamento do capitão, ela seria de 700 braços. Permanecem, então, 2 espaços livres, dos quais o primeiro é aquele entre o local onde está aquartelado o capitão e o portão sul, e o segundo é o que existe entre o centro do quadrado e o portão norte. Cada um deles, medidos a partir do ponto central, toma 635 braços, de cujo total subtrairia os 50 braços do quadrado central, os 45 braços de cada lado do quadrado e os 30 braços da estrada que dividiria ambos os espaços mencionados ao meio. Restaria, ainda, descontar os cem braços do fosso lateral. Sobraria, portanto, de ambos os lados, uma área de 410 braços de largura por cem de comprimento, considerando o espaço ocupado pelo próprio alojamento do capitão. Dividindo este em duas metades, então teríamos 40 alojamentos de 50 braços de comprimento e 20 de largura de cada lado, perfazendo um total de 80 tendas. Nelas, seriam alocados os comandantes-gerais dos batalhões, os chefes de gabinete, os mestres do acampamento e todos os homens que tivessem outras ocupações no exército, deixando-se algum espaço livre para estrangeiros que pudessem se unir ao grupo mais tarde, assim como para aqueles que combatessem em cortesia ao capitão. Na parte de trás do alojamento do capitão, ordenaria que fosse aberta uma estrada de 30 braços de largura, de norte a sul, e lhe daria o nome de Via Frontal, que seguiria, portanto, ao longo dos 80 alojamentos mencionados, já que entre ela e a Via Cruz teriam o alojamento do capitão e os outros 80 em seus flancos. A partir da Via Frontal e em sentido inverso ao alojamento do capitão, criaria outra estrada que iria dali até o portão oeste, também com largura de 30 braços, correspondendo, em comprimento e localização, à Via Capitã, e se chamaria Caminho da Praça. Depois que ambas estivessem estabelecidas, definiria a área do mercado, que seria erguido no início do Caminho da Praça, de frente para o alojamento do capitão e próximo da Via Frontal. Desejaria que tivesse a forma quadrada e que tivesse, em cada um de seus lados, um espaço de 120 braços. Dos lados direito e esquerdo dessa praça, construiria duas carreiras de alojamentos e cada uma teria 8 alojamentos duplos, com 12 braços de comprimento por 30 de largura, de modo que eles ocupassem ambos os lados da praça. Haveria, portanto, em cada carreira, 16 tendas, perfazendo um total de 32. Nesses alojamentos, seriam alocados o resto da cavalaria dos batalhões ordinários. Mas se esse espaço não fosse suficiente, haveria de lhes oferecer alguns dos alojamentos ao redor do capitão, especialmente aqueles que estivessem situados em frente ao fosso.

Resta-nos, agora, aquartelar os mil lanceiros extraordinários e 500 vélites que cada batalhão possui, além das 10 companhias de infantaria. Portanto, os 2 batalhões ordinários terão, juntos, 2 mil lanceiros extraordinários e mil vélites, o mesmo número de homens que compõem os batalhões auxiliares. Se fosse preciso, seria possível alojar, ainda, 6 mil infantes no lado oeste, ao longo dos fossos. A partir da Via Frontal, em direção ao oeste, e deixando um espaço de cem braços da vala, disporia uma carreira de 5 alojamentos duplos que teriam 75 braços de comprimento e 60 de largura, de modo que, se dividida, cada tenda teria 15 braços de comprimento e 30 de largura. Como haveria 10 tendas, seria possível abrigar 300 infantes, ou seja, 30 em cada uma delas. Deixando uma distância de 31 braços, ergueria outra carreira similar com 5 alojamentos duplos, cujos espaços seriam iguais. Repetiria o processo até que tivéssemos 5 carreiras com 5 alojamentos duplos dispostos ao longo do lado norte e a cem braços do fosso. Essas tendas seriam suficientes para abrigar 1.500 homens da infantaria. Do lado oeste, utilizaria a mesma configuração e construiria outros 50 alojamentos, embora o espaço entre eles, nesse caso, não fosse superior a 15 braços. Ali seriam abrigados 1.500 infantes. Portanto, a partir do portão norte até o oeste, ao longo dos fossos, haveria cem tendas, divididas em 10 carreiras de 5 alojamentos duplos cada. O mesmo ocorreria no espaço entre o portão oeste e o sul, onde, ao longo dos fossos, também seriam construídas outras cem tendas. Ali seriam alocados os lanceiros extraordinários e os vélites dos batalhões auxiliares. Seus condestáveis poderiam utilizar as tendas laterais do lado que estivesse voltado para o fosso, se isso lhes parecesse mais conveniente.

Quanto à artilharia, esta seria alocada ao longo do aterro próximo ao fosso. Todo o espaço restante em direção a oeste seria usado para aquartelar os homens desarmados e dispor a bagagem de uso geral no acampamento, ou seja, os carros, equipamentos e outros profissionais, como carpinteiros, ferreiros, sapateiros, engenheiros e bombardeiros. Além disso, lá também ficariam o gado e o rebanho de ovelhas que seriam usadas na alimentação das tropas, e os carros com provisões de alimentos e armas. Haveria, portanto, 4 espaços que poderiam ser ocupados do seguinte modo: um pelos pastores e seus rebanhos; outro por artesãos e demais profissionais; um terceiro para carros de provisões; e um quarto para os artilheiros e suas bombardas. Existiriam algumas estradas que não deveriam ser ocupadas, como o Caminho da Praça, a Via Frontal e aquela que receberia o nome de Via Central. Esta sairia do norte e atravessaria todo o acampamento rumo ao sul, passando pelo centro do Caminho da Praça, que, no lado oeste, teria a mesma função da Via Transversal no leste. Além dela, haveria, ainda, uma estrada que passasse por trás dos alojamentos dos lanceiros extraordinários e vélites. Todas essas estradas deveriam ter 30 braços de largura. A artilharia seria disposta ao longo do fosso na parte de trás do acampamento.

Battista: – Confesso que não entendo e também não me envergonho de dizê-lo, já que esta não é minha profissão. Aprecio tal organização, embora peça a vós que esclareçais algumas dúvidas: a primeira delas é o motivo pelo qual faz estradas tão amplas ao redor dos alojamentos; a segunda, e que mais preocupa-me, é o modo pelo qual seriam utilizados os espaços dos alojamentos.

Fabricio: – A largura das estradas objetiva possibilitar que toda uma companhia possa transitar por ela na devida formação. Se recordas bem, expliquei que cada uma dessas formações ocupava um espaço de 25 a 30 braços de largura. O espaço de cem braços entre o fosso e os alojamentos é necessário, pois ali serão manejadas as companhias, a artilharia e o caminho ao longo do qual o espólio será transportado. Quando o recuo for necessário, novas valas e aterros poderão ser feitos. É melhor, portanto, que o espaço entre os alojamentos e os fossos seja amplo, pois, desse modo, os homens estarão mais protegidos do fogo e de quaisquer outras armas e artifícios de que o inimigo possa se utilizar. Quanto à segunda questão, minha intenção não era a de que cada pavilhão ocupasse o espaço completo, mas que este fosse usado do modo mais conveniente. Os homens poderiam optar por ter poucas ou inúmeras tendas, desde que não ultrapassassem os limites estabelecidos. Ao erguer os alojamentos, os homens precisam usar toda sua experiência e ser excelentes arquitetos. É preciso que eles sejam capazes de, imediatamente após o sinal do capitão, agir de maneira rápida na delimitação dos espaços e estradas, usando, para isso, apenas cordas e machadinhas. E para que confusões sejam evitadas, o acampamento deveria sempre estar voltado para o mesmo lado. Desse modo, todos já saberiam exatamente onde procurar pela área que lhe cabe. O mesmo procedimento deveria ser obedecido sempre, para que o acampamento fosse como uma cidade móvel e, dessa maneira, onde quer que fosse montado, ostentasse a mesma configuração. Esse método não pode ser usado por aqueles que montam seus acampamentos de acordo com a região escolhida. Os romanos tornavam o local seguro valendo-se de artifícios de defesa, construindo aterros e cavando fossos de 6 braços de largura e 3 de profundidade, que poderiam ser ampliados de acordo com o tempo que pretendessem permanecer no local e do quanto temessem o inimigo. Particularmente, não acho que seria necessário montar uma barreira de defesa imediatamente, a menos que o objetivo fosse invernar num determinado local. Jamais, contudo, deixaria de cavar fossos e construir aterros com, no mínimo, as medidas previamente mencionadas, ampliando-os de acordo com a necessidade. E para que a artilharia pudesse responder a qualquer ataque proveniente dos flancos, seria interessante que as extremidades do fosso tivessem o formato de semicírculo. Os soldados precisam ser devidamente treinados não apenas a desenhar um acampamento, mas ocupar o devido espaço rapidamente. Não há grandes dificuldades nisso, como lhes demonstrarei no devido tempo. Por enquanto, gostaria de ater-me à segurança do acampamento, que não seria eficaz sem que todos os homens estivessem apropriadamente distribuídos.

Battista: – Antes de passardes para essa questão, gostaria apenas que dissésseis quais métodos deveriam ser usados quando se deseja acampar próximo ao inimigo, pois não sei se neste caso haveria tempo para tamanha organização sem que o perigo de sofrer um ataque estivesse à espreita.

Fabricio: – É preciso que saibas que nenhum capitão jamais acampa próximo do inimigo, a menos que esteja disposto a lutar de acordo com o desejo do adversário. E se esse for o caso, não haverá perigo, pois enquanto alguns trabalham erguendo os alojamentos, outros se mantêm preparados para o combate. Os romanos, por exemplo, adotavam o seguinte procedimento: enquanto os acampamentos dos triários eram erguidos, os príncipes e hastados permaneciam em posse de suas armas. Isso ocorria pelo fato de os triários serem sempre os últimos a se envolverem numa batalha, o que, nesse caso, lhes daria tempo suficiente para deixar o trabalho e partir para a luta. Se quiserdes imitar os romanos, para a construção do acampamento terás de encarregar a companhia que pretenderes usar por último. Voltemo-nos, agora, para a discussão sobre a proteção dos alojamentos. Não creio que os antigos se utilizassem de guardas posicionados além dos fossos para vigiar o acampamento durante a noite, como fazem hoje os soldados os quais denominamos sentinelas. Possivelmente julgassem tal ideia perigosa por considerarem a possibilidade de esses homens serem facilmente oprimidos pelo inimigo ou, até mesmo, corrompidos. Desse modo, todo seu poderio encontrava-se dentro dos limites do acampamento e por trás do fosso, que era cavado com grande esforço e diligência. Vale dizer que qualquer um que se desviasse das ordens nesse sentido era punido de modo exemplar. Não pretendo entediá-los com detalhes sobre o modo como isso era feito, pois poderão observar sozinhos, se já não o fizeram. Portanto, irei me ater apenas a dizer-lhes de modo breve o que eu faria. Para proteger o acampamento, manteria um terço do exército armado durante toda a noite, sendo que um quarto dos homens permaneceria de pé, os quais seriam posicionados por todo o aterro e em todas as partes do acampamento. Haveria soldados do lado de fora de todos as praças de alojamento. Alguns permaneceriam parados, mas outros fariam a ronda de uma extremidade à outra. E, caso o inimigo estivesse próximo, tais medidas seriam também adotadas durante o dia. Quanto ao modo como esses homens seriam substituídos a cada noite e a outros detalhes inerentes aos procedimentos comuns nesses casos, e já bastante conhecidos, preferirei não abordá-los. Apenas gostaria de lembrar-lhes sobre uma questão fundamental que, quando considerada, pode ser extremamente benéfica, mas que, se desprezada, pode causar males irremediáveis: a enorme atenção que deve ser dada a qualquer um que não se aloje dentro do acampamento ou a cidadãos que chegam de fora inesperadamente. Isso não é uma tarefa tão difícil considerando a organização e a distribuição do acampamento, pois já que cada alojamento abriga um número determinado de homens, será fácil perceber se alguém está faltando e puni-lo de modo exemplar como fugitivo, ou se existe algum desconhecido em seu território e questioná-lo sobre sua origem, situação e até mesmo sobre informações importantes que possa trazer consigo. Esse tipo de esforço evita que o inimigo tenha acesso a seus condestáveis e outros homens em posições de chefia, ou que venha a descobrir seus planos. Se tais precauções não tivessem sido observadas com cuidado pelos romanos, Claudio Nero, ao perceber-se próximo de Aníbal, não teria conseguido partir de seu acampamento em Lucânia nem teria marchado e retornado ao acampamento sem que seus passos fossem percebidos pelo inimigo. Contudo, nem toda essa organização será eficiente e satisfatória se a supervisão da segurança não for devidamente observada. Nada há de mais precioso do que o seguimento de tal cuidado num exército. As leis nesse sentido devem ser duras e pungentes, assim como seus executores. Os romanos puniam com a morte qualquer soldado que se ausentasse da guarda, que abandonasse sua posição durante um combate ou trouxesse algo para dentro do acampamento de maneira clandestina. O mesmo ocorreria se alguém alardeasse um ato heroico durante um confronto e este não tivesse de fato ocorrido; se algum homem decidisse levantar sua arma ao inimigo sem a autorização do capitão; se, por medo, alguém soltasse sua arma durante um combate. E se todo um grupo incorresse num mesmo erro, para evitar que todos fossem sacrificados, todos os nomes eram colocados num saco, de dentro do qual era retirada apenas sua décima parte, cujos homens pertencentes aos nomes sorteados eram mortos. Isso fazia com que todos os soldados se mantivessem alertas às consequências que enfrentariam se cometessem um erro grave. Mas, assim como havia duras punições, existiam também as recompensas por atos heroicos, inflando nos soldados, ao mesmo tempo, medo e esperança. Entre os feitos que mereciam reconhecimento estavam: salvar a vida de um companheiro, ser o primeiro a escalar as muralhas de uma fortificação inimiga ou a adentrar seu acampamento; matar ou ferir um adversário ou, pelo menos, derrubá-lo de seu cavalo. Tais atos de coragem eram publicamente louvados e recompensados pelos cônsules. Os que recebiam tal reconhecimento, além de ostentar sua glória e fama diante de seus pares, podiam exibir suas realizações com orgulho e pompa em meio aos amigos e parentes. Não nos deve espantar, portanto, que esses povos, tão observadores das leis e das recompensas vigentes, e sempre devidamente punidos ou celebrados por seus atos, tenham conquistado tantos impérios. Não posso, portanto, deixar de mencionar o método de punição utilizado na época. Quando alguém era considerado culpado diante do tribuno ou de um cônsul, o indivíduo era surrado por eles com uma verga. Depois disso, o criminoso podia fugir, mas os soldados tinham a permissão de persegui-lo e matá-lo atirando pedras e flechas ou, até mesmo, utilizando-se de outras armas. Eram raras as vezes em que um condenado conseguia escapar vivo e mais difícil ainda que este retornasse ao acampamento. Mas, mesmo que este fosse o caso, jamais conseguiria voltar para casa, exceto submetendo-se a enormes incômodos e vergonhas, o que tornava a morte preferível à vida. Veja que esse método é praticamente usado pelos suíços, que estabelecem que o condenado seja morto pelos soldados. Tal medida funciona bem, pois não se deseja que um homem das armas, e de bem, seja defensor de um criminoso. Portanto, o melhor remédio é fazer com que o soldado seja o executor. Se não quiserdes que alguém seja favorecido em relação aos seus erros por um determinado grupo de pessoas, é melhor julgá-lo publicamente. Vejam, nesse caso, o exemplo de Mânlio Capitolino, que, ao ser acusado pelo Senado, foi defendido pelo público até o momento em que este se viu transformado em juiz e acabou por condená-lo à morte. Esse é, por conseguinte, um método de punir, acabar com tumultos e observar a justiça. Mas já que para restringir os atos de homens armados não basta o temor às leis dos homens, os antigos passaram a observar, também, a autoridade divina. Com isso, em todas as cerimônias importantes, os soldados eram conduzidos a renovar seus votos de obediência à disciplina militar, pois, do contrário, não deveriam temer apenas as leis dos homens, mas as de Deus. Por isso, todos os esforços eram feitos para que os soldados seguissem a religião.

Battista: – Os romanos permitiam que mulheres se unissem aos exércitos, ou mesmo que se praticassem jogos ociosos, como ocorre nos dias de hoje?

Fabricio: – Ambos eram proibidos, mas tal proibição não era difícil de ser mantida, já que os exércitos passavam diariamente por tantos exercícios de treinamento – individuais ou em grupo – que os homens mal tinham tempo para pensar em mulheres ou jogos, ou em qualquer outra coisa que torna os soldados fracos e inúteis.

Battista: – Aprecio o que dizeis. Mas, quando um exército precisava levantar acampamento, quais medidas eram tomadas?

Fabricio: A trombeta do capitão soava três vezes: no primeiro toque, as tendas eram desarmadas e colocadas numa pilha; no segundo, tudo era devidamente carregado; no terceiro, os homens colocavam-se em marcha, de acordo com o método já mencionado, segundo o qual todos os equipamentos vinham na parte de trás, os homens armados nos flancos, e as legiões, no centro. Assim, seria necessário que o batalhão de auxiliares se movesse e, atrás dele, sua própria carga, que seria seguida por um quarto da carga de uso comum, sobre a qual já falamos. Portanto, era importante que os homens desarmados fossem distribuídos pelas companhias, de modo que, quando elas se movessem, todos soubessem exatamente onde deveriam se posicionar. E cada batalhão prosseguiria com os próprios equipamentos em sua retaguarda, como demonstrado quando mencionei a maneira como marchavam os romanos.

Battista: – Ao definirem o local do acampamento, os romanos tinham quaisquer outras considerações além das que mencionastes?

Fabricio: – Já lhes disse que, ao montar seus acampamentos, os romanos desejavam apenas que seus métodos fossem seguidos cuidadosamente e, desde que isso ocorresse, não havia outras considerações. Mas havia duas preocupações: em primeiro lugar, era fundamental que o local fosse apropriado e salubre; em segundo, que o acampamento fosse armado de modo que não pudessem ser atacados pelo inimigo nem que este pudesse cortar seu suprimento de água e provisões. Para evitar tais problemas, portanto, evitavam regiões alagadiças ou a exposição a ventos que lhes prejudicassem a saúde. Eles reconheciam tais problemas não necessariamente pelas características do local, mas pelas do povo que ali vivia. Se percebessem que os habitantes da região ostentavam uma coloração estranha na pele, falta de ar ou até infecções, imediatamente desistiam de montar o acampamento. Quanto à questão de evitar cercos, a natureza do local deve ser considerada, assim como a localização dos aliados e dos inimigos, e, a partir daí, definir se há alguma possibilidade de seu exército se ver cercado. O capitão, portanto, deve ser um especialista na leitura dos territórios e cercar-se de homens que tenham o mesmo conhecimento que ele. Os romanos costumavam evitar doenças e fome para que o exército não fosse desorganizado. Se o objetivo for manter os homens saudáveis, estes devem necessariamente dormir em tendas; durante o dia, os homens devem ser aquartelados onde houver árvores que lhes proporcionem sombra, onde haja madeira para que possam cozinhar e não devem marchar sob calor intenso. É, então, fundamental que o acampamento seja pensado antes mesmo que chegues ao local apropriado. No inverno, é preciso que se evite marchar sobre o gelo e sob neve, sem que seja possível fazer uma fogueira e que se tenham as roupas necessárias. É preciso que os homens evitem água de má qualidade, pois aqueles que adoecem em suas casas podem ser cuidados por um médico, mas nenhum capitão encontrará remédio para combater simultaneamente o inimigo e as doenças. Nada é, contudo, mais importante para manter um exército saudável do que o exercício. Por essa razão, os antigos costumavam fazer seus homens se exercitarem todos os dias. O valor do exercício está em mantê-lo saudável no acampamento e vitorioso no combate. Quanto à fome, é preciso certificar-se de que o inimigo não interrompa suas provisões, que seus estoques sejam bem armazenados e jamais perdidos. É fundamental que um exército tenha provisões para um mês e, a partir daí, contar com os aliados para que lhes forneçam alimentos diariamente, mantenham os suprimentos em locais seguros e, acima de tudo, tomem cuidado com a distribuição, dando-lhes apenas o que puderem transportar, e evitando a desorganização. Tudo em uma guerra pode ser superado com o tempo, exceto a fome, pois, neste caso, o tempo o derrota. Portanto, jamais crie inimigos que, a despeito das armas, possa destruí-lo pela escassez de alimentos, pois mesmo que tal vitória não seja honrosa, é mais segura e certa. Nenhum exército que aja com imprudência, comendo de maneira descontrolada quando quiser, consegue evitar a fome. Se o fato de os suprimentos não chegarem é danoso, pior ainda é quando eles chegam e são consumidos de modo licencioso e perdulário. Sendo assim, os antigos certificavam-se de que toda a comida distribuída fosse devidamente ingerida pelos soldados e que eles somente se alimentassem quando o capitão o fizesse. Quanto aos exércitos modernos, todos sabem que tais regras se aplicam exatamente ao contrário, o que justifica que seus homens sejam considerados licenciosos e bêbados.

Battista: – Dissestes no início que, ao organizar um acampamento, não se utilizarias de apenas dois batalhões, mas de quatro, e demonstraria como um grande exército deveria ser aquartelado. Gostaria, portanto, que esclarecêsseis duas dúvidas: a primeira, se contasse com um número menor ou maior de homens, como deveria alojá-los? A segunda: que número de homens considerais suficiente para combater um inimigo?

Fabricio: – Em relação à primeira questão, digo-lhes que, se um exército contar com quatro ou 6 mil soldados a mais ou a menos, as carreiras de tendas devem ser acrescentadas ou suprimidas de acordo com a necessidade, pois sempre será possível acomodá-las. Porém, quando os romanos reuniram dois exércitos consulares e contaram com 24 mil homens, eles ergueram dois acampamentos e fizeram com que as áreas onde estavam os homens desarmados ficassem de frente uma para a outra. Quanto à segunda pergunta, devo dizer que o exército romano contava regularmente com 24 mil homens, mas que, diante da pressão inimiga, o maior número alcançado foi de 50 mil homens. E foi com esse contingente que se opuseram a duzentos gauleses após terem vencido os cartagineses. Com esse mesmo número, se opuseram também a Aníbal. É preciso lembrar que romanos e gregos sempre combateram com números pequenos, mas suas formações eram fortificadas pela ordem e pelo conhecimento da arte da guerra. Já os exércitos do leste e do oeste costumavam combater com exércitos gigantescos, sendo os últimos levados pela fúria natural de seus homens e os primeiros, pela lealdade e obediência que demonstravam a seu rei. Mas, como na Grécia e na Itália inexistia a mesma fúria ou obediência a um rei, foi necessário que se desenvolvesse a disciplina, que se mostrou tão poderosa que foi capaz de derrotar a bravura e a obstinação de multidões. Digo-lhes, portanto, que se quiserdes imitar os romanos e gregos, o número de 50 mil não deve ser excedido. Na verdade, esse número deveria ser reduzido; o excesso de soldados causa confusão e não permite a observância da disciplina e das ordens. Pirro, por exemplo, costumava dizer que, com apenas 15 mil homens, dominaria o mundo.

Passemos, agora, a outra parte. Já fizemos nosso exército combater e sair vitorioso; mostrei-lhes os problemas que podem ocorrer numa batalha; nossos homens marcharam e demonstrei-lhes que eles podem ser atacados pela retaguarda, onde estão a carga e os desarmados; por último, cuidamos do aquartelamento do contingente, por meio do qual puderam ter o merecido repouso e se preparar para a guerra iminente. No acampamento, muitos assuntos são discutidos, especialmente se ainda existirem inimigos pela frente ou cidades suspeitas. É preciso que se tenha esse tempo para retomar a segurança e capturar aqueles que forem hostis. Faz-se necessário que passemos a essas demonstrações e que superemos tais dificuldades com a mesma glória com a qual lutamos até então, tratando, agora, das pequenas coisas. Caso, por exemplo, precisardes que vários homens ou até povos diferentes façam algo que pareça bom para vós, mas prejudicial a eles mesmos (como derrubar as muralhas da própria cidade ou enviar para o exílio seus pares), será necessário que essas pessoas ou povos sejam enganadas e pensem que seu objetivo não é dominá-los, mas a outros. Desse modo, eles deixarão de ajudar-se mutuamente e acabarão se deixando dominar por vós. Outra opção é dar a mesma ordem a várias pessoas ou povos ao mesmo tempo, para que todos, imaginando serem os únicos em quem confias, cumpram o solicitado sem demora. Desse modo, sem tumulto, seus comandos são obedecidos por todos. Se suspeitardes da lealdade dos homens e desejardes certificar-se quanto a isso, para que possas disfarçar suas intenções mais facilmente, não há melhor método do que comunicar-lhe parte de seus planos e solicitar-lhe ajuda, demonstrando que pretendes, por exemplo, conquistar outros territórios, mas que a região que ele habita não está em seus planos. Desse modo, esse indivíduo baixará sua guarda e estará despreparado para quando invadirdes suas terras. Se imaginardes que dentro de vosso próprio exército existe alguém que mantenha o inimigo informado, não há método melhor do que se utilizar da malignidade desse indivíduo, comunicando-lhe exatamente o que não pretendes fazer e mantendo em segredo seus verdadeiros planos. É importante que lhe fale sobre coisas que o estão preocupando, quando, de fato, não estão; e de coisas que absolutamente não lhe causam qualquer preocupação, mas que, na verdade, tiram-lhe o sono. Isso fará o inimigo tomar atitudes pensando saber sobre seus planos. Nesse momento, podereis enganá-lo e derrotá-lo. Se, como Claudio Nero, desejardes enviar vossos homens para auxiliar um aliado, é fundamental que nenhuma parte de vosso acampamento seja desmontada, mas que tudo se mantenha exatamente nos devidos locais, até mesmo as fogueiras. Se, ao contrário, quiserdes contar com um contingente ainda maior, mas não desejardes que vosso inimigo saiba de vossos planos, faz-se necessário que o acampamento não seja aumentado, pois é sempre mais interessante que vossos planos sejam mantidos em segredo. Quando Metelo estava com seu exército na Espanha, ao ser questionado por um de seus homens o que faria no dia seguinte, respondeu: "Se minhas vestes soubessem, ordenaria que fossem queimadas." Em outro exemplo, quando um dos soldados perguntou a Marcos Crasso quando ele pretendia colocar seus soldados em marcha, ele replicou: "Por quê? Acreditais que somente vós não ouvireis as trombetas?". Se preferirdes saber o que se passa em campo inimigo, podereis enviar embaixadores para visitá-los e, junto como eles, devidamente disfarçados como familiares, outros especialistas em guerra para que tenham acesso ao exército inimigo e avaliem suas forças e fraquezas. Isso lhes dará a chance de vencê-lo. Alguns chegaram a enviar amigos próximos para o exílio com o objetivo de obter informações sobre os planos do adversário. Podereis também aprender mais sobre vosso inimigo se levardes convosco alguns prisioneiros para tal propósito. Mario, na guerra que lutou contra os cimbros, no intuito de se certificar quanto à lealdade dos gauleses que viviam na Lombardia e eram aliados dos romanos, enviou-lhes algumas cartas abertas e outras fechadas. Nas abertas, mencionou que as que estivessem fechadas deveriam permanecer assim por mais algum tempo. Antes do prazo estabelecido, solicitou que as cartas fechadas fossem devolvidas e algumas delas tinham sido abertas, fazendo-o perceber que sua lealdade não era completa. Alguns capitães, ao serem derrotados pelos seus oponentes, se recusavam a ir ao seu encontro e, em vez disso, partiam para assolar seus países e forçá-los a retornar, a fim de defender seus territórios. Isso geralmente funcionava, pois os soldados que estavam sendo derrotados viam-se como vencedores e retomavam sua confiança, enquanto os que estavam vencendo deparavam com o pesadelo de terem se tornado perdedores. Todos que tentaram essa façanha saíram vitoriosos. Essa alternativa somente pode ser colocada em prática por homens cujas nações forem mais fortes que a do inimigo, pois, do contrário, essa estratégia os destruiria. Outro estratagema útil para um capitão que se veja cercado pelo adversário é dar início a algum tipo de acordo, estabelecendo uma trégua que dure alguns dias. Somente inimigos negligentes aceitariam essa proposta, mas, valendo-se de tal inexperiência, podereis livrar-se da situação em que se encontram. Por duas vezes, Silas utilizou-se desse método para libertar-se do inimigo. O mesmo fez Aníbal na Espanha, que se viu livre das forças de Claudio Nero, que o haviam cercado.

Além do que já foi mencionado, existem outros meios de manter o inimigo à distância. Isso pode ser feito de duas maneiras: atacando-o com parte de seu exército, pois isso irá torná-lo ocupado, possibilitando que o resto de seus homens escapem; ou criando um incidente que atraia a atenção do adversário. Isso poderá deixá-lo apreensivo em relação a algo que possa lhe acontecer, o que o manterá imóvel. Foi o que fez Aníbal quando se viu cercado por Fábio Máximo. Durante a noite, ele ordenou que tochas fossem atadas aos chifres de vários bois. Fábio, surpreso com a novidade, ficou sem ação e acabou autorizando a passagem do exército oponente. Um capitão deveria, entre suas ações, utilizar-se de toda sua criatividade para dividir as forças de seu inimigo, seja conduzindo-o à desconfiança de seus próprios homens, nos quais acreditava plenamente, ou dando-lhe motivo para dividir suas forças, tornando-se débil. O primeiro estratagema poderia ser implementado simplesmente poupando os bens, a família ou deixando de taxar alguns dos aliados desse adversário. É sabido que Aníbal queimou todos os campos em torno de Roma, mantendo intactos somente os de Fábio Máximo. Coriolano, ao invadir Roma, livrou os nobres e seus bens, mas destruiu completamente a terra e as posses dos plebeus. Quando Meteleu liderou seu exército contra Jugurta, todos os embaixadores enviados por este último ao acampamento de Meteleu receberam a mesma proposta: entregar-lhe Jugurta como prisioneiro. Posteriormente, Meteleu escreveu cartas a esses mesmos embaixadores, nas quais discutia novamente o assunto. Isso fez, em pouco tempo, Jugurta passar a desconfiar de seus próprios conselheiros e se livrar deles de diferentes modos. Aníbal, durante o tempo em que se refugiou em Antioquia, foi visitado com tamanha frequência pelos embaixadores romanos que Antióquio começou a desconfiar de seus conselheiros.

Quanto a dividir as forças inimigas, o meio mais confiável é atacar seu território com metade de seu exército. O adversário, na tentativa de defender as próprias terras, abandonará o combate. Esse, aliás, foi o artifício utilizado por Fábio quando seu exército se viu diante das forças gaulesas, toscanas, úmbrias e samnitas. Tito Dídio, percebendo que seu exército era pequeno diante de um inimigo maior e aguardando a chegada de uma legião romana que vinha em seu amparo, mas que seu inimigo planejava atrasar enviando parte de seu exército de modo a combatê-la, disse em voz alta, para que todos pudessem ouvi-lo, que pretendia atacar o adversário no dia seguinte. Então, ordenou que seus homens, propositalmente, deixassem alguns de seus prisioneiros escapar. Seu objetivo era que aqueles homens levassem a notícia ao inimigo. Isso funcionou e fez com que o adversário não fosse ao encontro da legião, pois este não queria diminuir suas próprias forças. Desse modo, Tito Dídio conseguiu manter-se em segurança, porque, embora esse artifício não tenha servido para dividir as forças do inimigo, ajudou-o a ganhar tempo a fim de reunir mais homens. Alguns permitiam que seus oponentes invadissem suas cidades e deixassem parte de seus soldados vigiando os locais. Os adversários, sem perceber, reduziam suas forças e acabavam sendo derrotados. Outros, quando desejavam invadir uma província, fingiam atacar outra. O inimigo, na tentativa de ajudar a região atacada, deixava de se preocupar com o território que, teoricamente, não estava em risco, e, antes que percebesse, via aquelas terras sendo ocupadas sem que pudesse socorrê-las. O inimigo, sem saber se os planos do adversário incluem retornar ou não ao local previamente ameaçado, vê-se forçado a não abandonar um local para socorrer outro e acaba por não defender nenhum dos dois.

Além de conhecer essas artimanhas, é fundamental que o capitão-geral saiba agir nos momentos de sublevação e discórdia, conseguindo extingui-las com arte. A melhor saída é castigar os responsáveis por tais motins e desavenças, de modo que consiga puni-los antes mesmo que tenham conhecimento de seus planos. Caso esses homens estejam distantes, o melhor método é convocar todos, culpados e inocentes, à sua presença. Despreocupados por considerarem que não há motivos para serem punidos, os responsáveis obedecerão, dando-lhe a oportunidade de castigá-los. Na presença de todos, o melhor será valer-se dos que não têm culpa e serdes rigoroso com eles e, desse modo, chegareis aos verdadeiros culpados. Se houver discórdia entre seus homens, é importante expô-los ao perigo, pois o medo sempre os fará unir-se novamente. Porém, acima de tudo, o que mantém um exército unido é a reputação de seu capitão, que resulta de sua própria virtude. Sem ela, não bastarão os laços de sangue nem o uso da autoridade. A primeira tarefa de um capitão é certificar-se de que os soldados sejam pagos e punidos, pois sempre que o pagamento não é feito, o castigo deve ser dispensado. Não se pode, afinal, castigar um homem de quem se rouba. Em contrapartida, se pagá-lo e mesmo assim não o punir por seus erros, o soldado há de se tornar insolente, sendo incapaz de manter a dignidade de sua posição; a falta de dignidade, por sua vez, necessariamente gera tumultos e discórdia, que são a ruína de um exército. Os antigos tinham um costume que os presentes ignoram, ou seja, a interpretação de sinais em suas tarefas diárias como maus presságios. Por exemplo, se uma flecha caísse no solo diante dos soldados, se o sol ou a lua fossem obscurecidos, se um terremoto ocorresse, se o capitão caísse de seu cavalo ao montar ou desmontar, todos esses eram vistos como sinais de azar e, quando esse exército partia para a batalha, todos estavam tão aterrorizados que eram facilmente derrotados. Sendo assim, sempre que algo dessa natureza ocorria, o capitão imediatamente tentava explicar o incidente reduzindo-o a causas naturais ou, até mesmo, interpretando o sinal de maneira positiva dentro de seus propósitos. Quando César foi até a África, ele sofreu uma queda ao desembarcar de seu navio. Ao levantar-se, disse: "África, pertences a mim!" Muitos se aproveitaram de eclipses e de terremotos, considerando-os a seu favor. Tais coisas já não acontecem nos dias de hoje, pois nossos homens já não são tão supersticiosos e a própria religião cuida de dirimir tais enganos. Contudo, caso algo desse tipo ocorra, as ordens dos antigos devem ser imitadas. Quando, por causa da fome extrema ou de qualquer outra necessidade natural, até mesmo paixão, vosso inimigo se vê tão desesperado que decide partir para o ataque, é melhor que permaneças imóvel em vosso acampamento e evite o confronto a todo custo. Isso aconteceu em várias ocasiões: os lacedemônios contra os messênios; César contra Afrânio e Petreio. Quando Fúlvio era cônsul e lutou contra os cimbros, fez sua cavalaria atacar o inimigo ao longo de vários dias. Vendo que, normalmente, os cimbros costumavam persegui-los, Fúlvio ordenou que uma emboscada fosse preparada e, quando os inimigos deixaram seu acampamento, foram derrotados e saqueados. Outro artifício que se mostrava bastante eficaz era o ataque de um capitão contra seu próprio território, valendo-se da insígnia do inimigo. Ao ouvir dizer que havia forças aliadas lutando em seu nome, o adversário partia para oferecer apoio e acabava se desorganizando e oferecendo a oportunidade de ser vencido. Alexandre, de Épiro, valeu-se dessa artimanha quando lutou contra os ilírios, assim como Leptines, de Siracusa, contra os cartagineses. Em ambos os casos, a estratégia funcionou. Muitos aniquilaram seus inimigos simplesmente dando-lhes a oportunidade de se fartar de comida e bebida, inclusive, deixando em seus acampamentos gado e vinho para que se enfastiassem. Depois convenciam o adversário que seus oponentes temiam o confronto. Quando percebiam que o exército inimigo havia extrapolado todos os limites naturais, invadiam o acampamento e os derrotavam com facilidade. Foi assim que agiram Tamíres contra Ciro e Tibério Graco contra os espanhóis. Alguns chegaram a envenenar o vinho e a comida para facilitar o confronto. Há pouco tempo, disse-lhes que não acreditava que os antigos costumassem manter sentinelas e que achava que o objetivo era evitar males ao exército, já que, em algumas ocasiões, a alocação de vigias, mesmo durante o dia, causara a ruína de todo um contingente. Mas, às vezes, vale a pena mudar seus próprios hábitos, pois isso enganará seu inimigo. Certo capitão ordenou a seu vigia que, ao perceber o avanço do adversário, fizesse um sinal, que deveria ser de fogo durante a noite e de fumaça durante o dia. Mais tarde, esse capitão ordenou que os mesmos sinais fossem usados quando o inimigo estivesse imóvel, de modo que, quando o inimigo finalmente avançasse, teria a impressão de que sua movimentação não tivesse sido notada, o que o levaria a mover-se de modo desorganizado e tornaria sua derrocada mais fácil. Mêmnon, de Rodes, quando desejava tirar o inimigo de suas fortificações, enviava um de seus homens disfarçado de fugitivo e, para dar maior veracidade ao ato, iniciava alguns tumultos entre os aquartelados. O inimigo, acreditando ser capaz de atacá-lo e destruí-lo, era aniquilado.

Além de tudo o que já foi mencionado, é fundamental que se tome cuidado para que o inimigo não seja levado ao extremo do desespero. César teve esse cuidado ao deparar os germânicos. Percebendo que eles não tinham como escapar e que a necessidade os tornaria ainda mais bravos, simplesmente abriu caminho para que passassem. Ele preferiu, portanto, persegui-los e atacá-los enquanto se defendiam. Lúculo, ao perceber que alguns cavaleiros macedônios aliados haviam bandeado para o lado inimigo, soou a trombeta e fez seu exército perseguir os desertores. O inimigo, percebendo que a batalha era iminente, enviou seus homens para o confronto. Os cavaleiros macedônios foram, então, forçados a se defender daqueles aos quais pretendiam se unir e, ao derrotá-los, de fugitivos transformaram-se em vencedores. É importante que saibais como manter-se seguro numa cidade que acabastes de conquistar e de cuja lealdade duvidais. Para isso, temos alguns exemplos dos antigos. Pompeu, depois de invadir a Catânia, pediu que seus habitantes abrigassem alguns de seus soldados feridos. Contudo, quando esses homens chegaram à cidadela, percebeu-se que eram, de fato, fortíssimos e que não tinham qualquer ferimento, mas já era tarde demais e o local foi tomado. Públio Valério, desconfiado da fidelidade dos habitantes de Epidauro, informou que seria oferecida uma anistia em uma igreja fora da cidade. Quando todos chegaram para receber o benefício, Públio ordenou que as portas fossem trancadas por fora e somente permitiu que saíssem aqueles nos quais confiava. Quando Alexandre, o Grande, decidiu invadir a Ásia e quis certificar-se de estar seguro na Trácia, levou consigo todos os líderes daquela província, ofereceu-lhes provisões e colocou homens humildes para dirigir a cidade. Desse modo, conseguiu controlar tanto os líderes, que eram bem-remunerados, quanto o povo da Trácia, já que seus novos chefes eram pessoas simples e incapazes de amotinar-se. Entre todos os artifícios que podem ser usados para se ganhar a confiança e o respeito de alguém estão a justiça e a pureza. Um bom exemplo é o caso de Cipião na Espanha, que devolveu uma jovem belíssima em segurança ao pai e ao marido. Esse ato lhe rendeu mais do que o uso de armas. César, ao pagar pela madeira que utilizou para fazer as fogueiras em torno de seu exército na Gália, ganhou para si mesmo a fama de homem justo, o que facilitou a tomada daquela província. Não tenho certeza de que ainda resta algo a ser dito sobre tais eventos e que tudo o que reza sobre este assunto já não tenha sido discutido por nós. Somente é preciso discorrer sobre os métodos de capturar e defender as cidades, o que farei de bom grado a seguir, se não estiverem entediados.

BATTISTA: – Vossa benevolência é tamanha que nos permite satisfazer nossa curiosidade sem que por isso nos tornemos presunçosos, pois oferecestes gratuitamente o que teríamos vergonha de pedir. Digo-lhe que nada há de mais valoroso para nós do que o debate que nos proporciona. Porém, antes de prosseguirmos, gostaria que esclarecêsseis uma dúvida: considerais mais prudente que, mesmo durante o inverno, as batalhas sejam mantidas, ou que o melhor é que os soldados permaneçam em seus acampamentos durante essa estação e aguardem até o verão para reiniciar as guerras, como faziam os antigos?

FABRICIO: Vejam todos. Se não existisse a prudência dos inquiridores, questões de mérito teriam sido omitidas. Digo-lhes, mais uma vez, que os antigos sempre agiram com mais prudência do que nós. Se em tantas coisas na vida cometemos alguns erros, na guerra, podem-se cometer todos. Nada há que denote maior imprudência ou perigo do que um capitão que opte pela guerra nos tempos de inverno. E tal ameaça é bem maior para quem ataca do que para aquele que se defende. A razão é clara. Todos os esforços da disciplina militar visam à organização para que se possa confrontar o inimigo, já que essa é a finalidade de qualquer capitão. É o embate que faz dele um vencedor ou um derrotado. Portanto, aquele que souber organizar seu exército e cujos soldados forem mais disciplinados terá vantagem e poderá almejar a vitória. Em contrapartida, nada há de mais desfavorável à organização do que locais de difícil acesso, o frio e a umidade. Terrenos hostis impedem que um capitão utilize todo o potencial e a disciplina de seus homens, enquanto o frio e as chuvas impedem que o contingente se mantenha reunido. Os homens precisam ser acomodados separadamente e, para isso, o capitão passa a depender de castelos, vilarejos e fazendas que possam abrigá-los. Desse modo, todo o esforço no treinamento e no disciplinamento dos homens torna-se inútil, pois os soldados ficam distantes uns dos outros. Não se consegue enfrentar um inimigo com o exército reunido nem se pode fazê-lo com ele disperso. Não estranha o fato de, atualmente, os exércitos guerrearem durante o inverno, afinal, eles não têm qualquer organização e desconhecem os danos que a separação dos soldados podem causar. Eles simplesmente não se importam com a falta de disciplina e ordenação, já que as desconhecem. Porém, o prejuízo causado por campanhas realizadas no inverno deve ser observado. Basta lembrarem-se dos franceses, que, no ano de 1503, às margens do rio Garigliano, foram derrotados pelo frio, e não pelos espanhóis. E, como já lhes disse, aquele que ataca está em desvantagem, pois o clima o afeta mais do que àquele que vive na região e a ele está acostumado. O invasor terá de definir se suportará a inconveniência do frio e da chuva para que o exército seja mantido reunido ou se sucumbirá às intempéries e dividirá suas forças. Já o que espera, pode selecionar o local onde deseja permanecer e se preparar para receber o inimigo com suas tropas descansadas, que podem ser reunidas fácil e rapidamente e, quando saírem para enfrentá-lo, resistirão com toda sua fúria e determinação. O frio derrotou os franceses e derrotará todos que tentarem conduzir uma guerra em pleno inverno. Qualquer um, portanto, que negligencie o valor da organização, da disciplina e da virtude faz guerra em tempos de frio intenso. E já que os romanos não abriam mão desses conceitos, nos quais colocavam tamanho esforço, eles evitavam não apenas o inverno, mas também as regiões montanhosas e de difícil acesso e qualquer outro obstáculo que os impedissem de demonstrar sua habilidade e virtude. Acho que isso responde à sua pergunta. Falemos, agora, do ataque e da defesa das cidades, das localizações e de suas edificações.

Ilustração referente à disposição do acampamento de um exército formado por 24 mil soldados e 2 mil cavaleiros

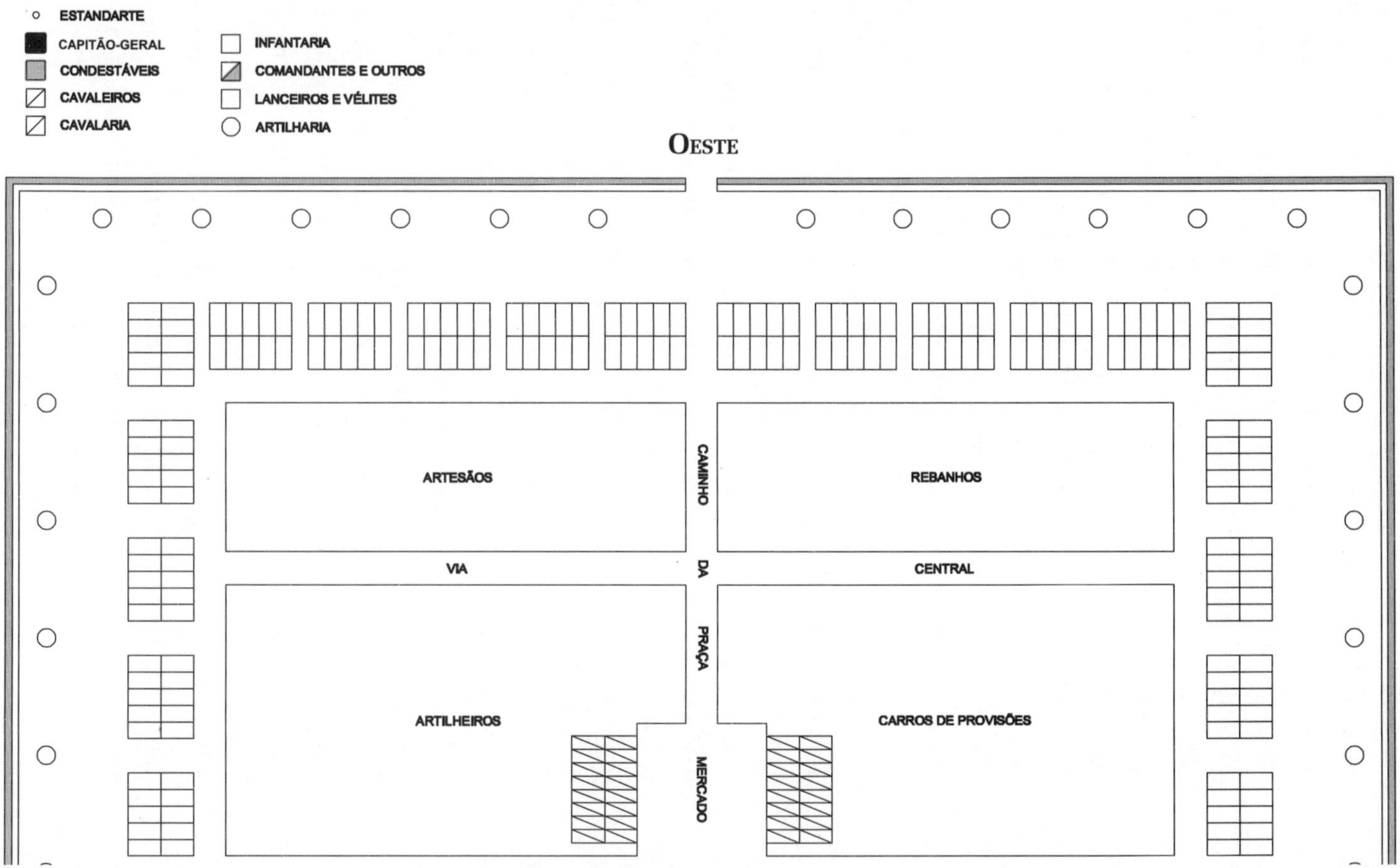

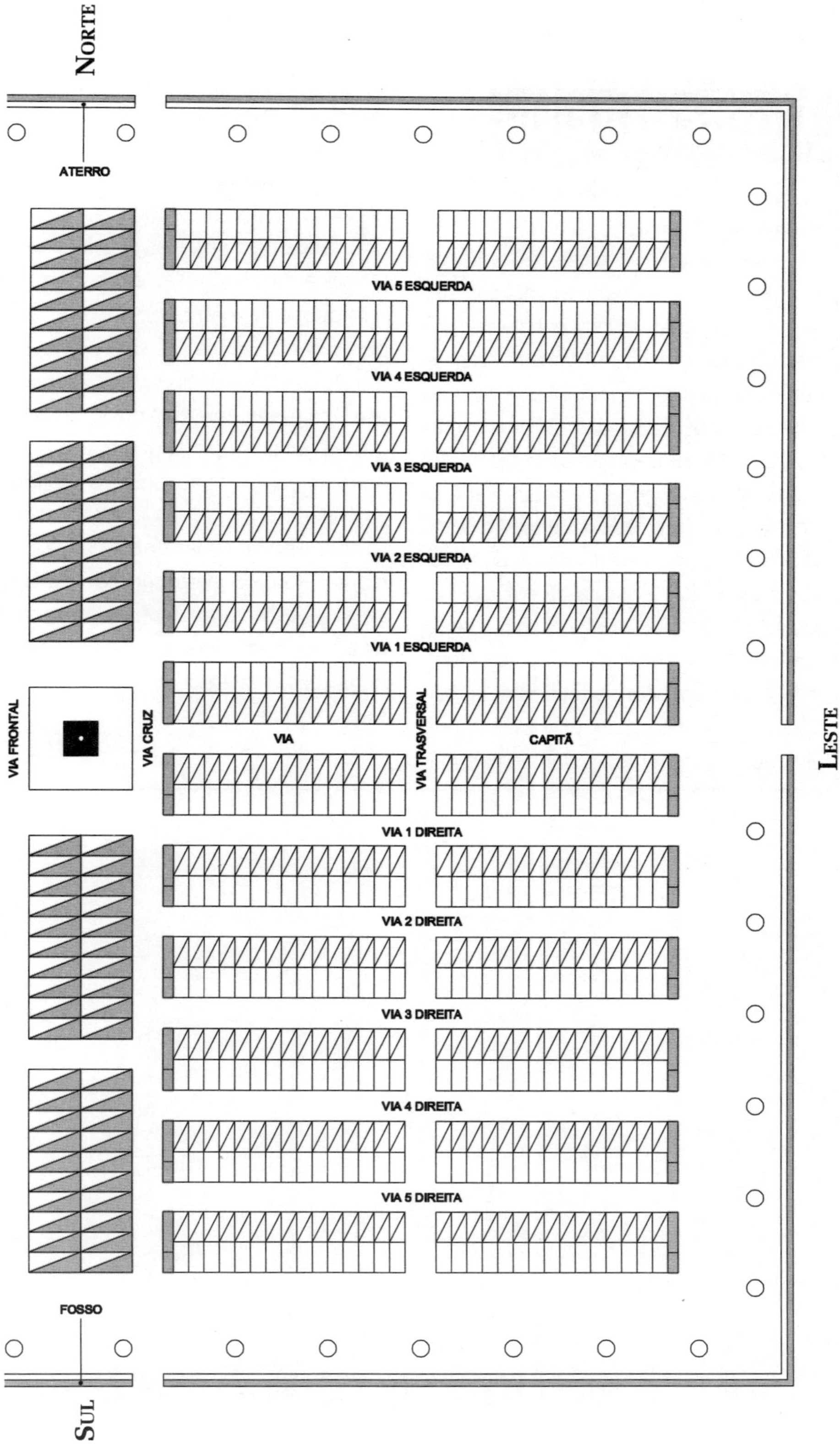

NORTE
ATERRO
VIA 5 ESQUERDA
VIA 4 ESQUERDA
VIA 3 ESQUERDA
VIA 2 ESQUERDA
VIA 1 ESQUERDA
VIA FRONTAL
VIA CRUZ
VIA
VIA TRASVERSAL
CAPITÃ
LESTE
VIA 1 DIREITA
VIA 2 DIREITA
VIA 3 DIREITA
VIA 4 DIREITA
VIA 5 DIREITA
FOSSO
SUL

Comentários

Ingannare

Um exército que se preze necessita de um quartel devidamente fortificado. Estar protegido é fundamental e, para isso, há detalhes a se levar em conta, desde a arquitetura da construção – que inclui espaços adequados para soldados, carros e víveres – até sua localização, que deve ser privilegiada. No quartel, antes da batalha, cabe ao comandante uma série de procedimentos de sobrevivência: não divulgar suas ações (o segredo é parte vital da vitória), espalhar boatos falsos que confundam inimigos, premiar e punir seus comandados – premiar não apenas com o soldo, mas verbalmente, em público, para valorizá-los; puni-los igualmente frente aos demais, para que sirvam de exemplo e trabalhem não apenas pelas coisas que possam receber, mas pelo temor e respeito à chefia –, expulsar e eliminar os traidores. Além disso, ele deve pensar em estratégias criativas para ludibriar oponentes e jamais expor o aumento ou a redução drástica de suas tropas (leia-se: quadro de funcionários/colaboradores). O que Maquiavel está nos ensinando é que não adianta apenas querer se destacar no mercado, frente aos seus oponentes e aos seus clientes se sua empresa sequer se estabelece adequadamente. Montar – e manter – uma infraestrutura adequada, ter acesso à tecnologia disponível e usufruir dela, bem como reduzir o volume de informações estratégicas circulando entre os seus colaboradores é vital!

(J. S. C.)

Livro Sétimo

FABRICIO: – É importante que saibais que cidadelas e fortificações podem ser naturalmente robustas e seguras, mas que tais robustez e segurança podem advir do esforço humano. As que por natureza são fortes estão cercadas por rios e pântanos, como Mântua ou Ferrara, ou, ainda, situadas no topo de uma rocha ou em montanhas íngremes, como Mônaco e Santo Leo. Aquelas que se situam em montanhas de fácil acesso, considerando a existência de cavernas e o uso de artilharia, são frágeis. Portanto, é comum nos dias de hoje que se busquem terrenos planos onde se possam construir fortificações seguras. O primeiro esforço é erguer muralhas que sejam repletas de saliências e reentrâncias e, desse modo, bastante irregulares. Isso permite que o inimigo seja rechaçado não apenas pela frente, mas pelos flancos. Se os muros são altos demais, tornam-se excessivamente expostos à artilharia adversária, mas se forem baixos em demasia, podem ser escalados com rapidez. Se optardes pela escavação de fossos que dificultem a passagem do adversário e o uso de escadas para a invasão de seus limites, estes poderão ser facilmente preenchidos com lenha e os muros acabarão sendo tomados. Acredito, pessoalmente, que se quiserdes proteger-se contra ambos os males, os muros terão de ser altos, e os fossos, cavados na parte interna, e não externa. Essa é a maneira mais eficaz de agir, pois vos protegereis tanto da artilharia como das escadas e não dareis ao inimigo a possibilidade de preencher as valas. As muralhas deverão ter a altura que julgardes conveniente, e uma espessura de não menos que 3 braços, para evitar que sejam facilmente destruídas. Deverá ostentar várias torres separadas por uma distância de 200 braços. As valas deverão ter, no mínimo, 30 braços de largura por 12 de profundidade. Toda a terra retirada desses fossos deve ser atirada na direção da cidade e usada para construir um segundo muro, que terá seu início dentro do fosso e será erguido a uma altura suficiente para esconder um homem que se coloque atrás dele. Isso tornará, num dos lados, a altura do próprio fosso ainda maior. O fundo do fosso deverá conter uma casamata a cada 200 braços, que serão usadas pela artilharia leve, capaz de aniquilar qualquer um que tente entrar pela vala. A artilharia pesada, responsável por defender a cidade, deve ser alocada atrás da primeira grande muralha que esconde a existência do fosso. Como a muralha é alta, de modo a defender a frente, não é possível o uso de outros tipos de canhões que não sejam pequenos ou médios. Se o inimigo tentar escalar a muralha, a altura dessa edificação o protegerá. Se vier com a artilharia, precisará, antes, vencer a primeira muralha, destruindo-a. Porém, depois disso, considerando que os destroços sempre ficarão do lado de onde veio o ataque e, desde que não haja um fosso que abrigue tais ruínas, o adversário terá, agora, de superar duas vezes a altura do fosso interno, de modo que se torna impossível para o inimigo seguir adiante, pois terá pela frente uma vala intransponível. Em segurança, podereis dizimá-lo. A única alternativa do inimigo seria tentar preencher o fosso com os escombros da muralha, mas isso seria uma tarefa árdua e demorada. Por tais razões, considero que uma cidade assim organizada se tornaria indestrutível.

BATTISTA: – Se, além da vala interna, existisse também uma externa, não achais que a cidade estaria ainda mais segura?

Fabricio: – Sem dúvida. Meu raciocínio, contudo, é de que se deseje construir uma só vala e, nesse caso, seria importante que ela fosse feita na parte interna.

Battista: – Colocarieis água dentro dela ou permaneceria seca?

Fabricio: – As opiniões divergem. Fossos cheios de água os protegeriam de túneis; os secos lhes causariam dificuldades caso precisásseis preenchê-los novamente. Mas, considerando os prós e contras, eu os manteria secos. Aliás, como já observado, as valas com água podem congelar-se durante o inverno e deixar a cidade desprotegida, como aconteceu em Mirandola, quando foi cercada pelo Papa Júlio II. Quanto aos túneis, faria a vala tão profunda que qualquer um que tentasse cavar abaixo dela encontraria água. Quanto à construção das próprias fortalezas, utilizaria o mesmo sistema usado para as muralhas e valas, pois, desse modo, seriam plenamente confiáveis. Agora, dois conselhos importantes para qualquer um que pense em erguer uma fortaleza: o primeiro, jamais construa bastiões fora de suas muralhas e distantes delas; o segundo, não permita que em sua fortaleza existam áreas que sirvam de refúgio para aqueles que queiram esconder-se caso a muralha seja transposta. O motivo para o primeiro conselho é que ninguém deve agir de modo a prejudicar a própria reputação diante do inimigo. Isso sempre ocorrerá se bastiões forem erguidos fora de seus limites e tiverdes de defendê-los, pois sempre acabareis perdendo o controle sobre esses postos. Não sereis capaz de defender as coisas mais ínfimas quando estas estiverem nas mãos furiosas do inimigo. A perda desses bastiões significará, portanto, sua própria derrocada. Quando Gênova rebelou-se contra o rei Luiz, da França, alguns bastiões foram erguidos nos montes próximos à cidade. No momento em que eles foram dominados pelo rei francês, rapidamente a própria cidade de Gênova foi perdida. Em relação ao segundo conselho, digo-lhes que nada há de mais perigoso em uma fortaleza do que oferecer espaço seguro para que os homens se refugiem. Quando os homens abandonam o combate e buscam proteção, perdem seu espaço; e, quando isso ocorre, toda a fortaleza cai em mãos inimigas. Um exemplo recente foi a queda da fortaleza de Forli, defendida pela condessa Catarina contra o ataque de César Bórgia, o duque de Valentino, filho do Papa Alexandre VI, que liderava o exército do rei da França. A fortaleza estava repleta de entradas e saídas que pertenciam à cidade que ali existira. Antes da fortaleza, havia um fosso que somente era transporto por uma ponte levadiça. A área total se dividia em três partes, sendo cada uma delas separada por uma vala cheia de água e somente podiam ser atravessadas por pontes. Quando o duque de Valentino destruiu uma das partes da fortaleza com sua artilharia, abriu-se um buraco na muralha. Quem deveria proteger aquele posto era Giovani de Casale que, contudo, preferiu fugir e buscar proteção em um dos inúmeros refúgios que existiam. As forças do duque de Valentino adentraram no território sem encontrar oposição, e imediatamente tomaram o local, apoderando-se das pontes que ligavam as partes. A perda dessa fortaleza considerada inexpugnável se deu por dois erros singelos: a existência de refúgios na construção e a falta de controle sobre as pontes, que permaneceram sem proteção durante o embate. Isso causou a desgraça da ousada fortaleza mantida pela condessa, num confronto no qual nem o rei de Nápoles nem o duque de Milão tiveram a coragem de se engajar. E embora os esforços do duque de Valentino não tenham alcançado um final feliz, ele tornou-se célebre por seus próprios méritos e inúmeros foram os epigramas escritos a seu respeito na época, e que tanto o elogiavam. Portanto, se tivesse de construir uma fortaleza, faria suas muralhas amplas em largura, e os fossos, como já mencionado. Não deixaria que nenhum outro abrigo existisse que não fossem moradias, as quais seriam baixas e frágeis, de modo que não impedissem a visão das muralhas por qualquer um que ocupasse a praça central. Desse modo, o capitão poderia ver com seus próprios olhos o local onde sua presença seria mais útil. Eu faria todos compreenderem que a perda da muralha ou do fosso levaria à ruína da própria fortaleza. E mesmo que permitisse a construção de redutos seguros, faria as pontes construídas sobre pilastras erguidas dentro dos fossos e que essas passagens ficassem bastante separadas umas das outras. Além disso, iria me certificar de que um responsável pela defesa de cada uma delas se manteria de prontidão.

BATTISTA: – Dissestes que, atualmente, pequenas coisas não podem ser defendidas, contudo, acho que entendi justamente o oposto, ou seja, que quanto menores as coisas, mais fácil torna-se defendê-las.

FABRICIO: – Não entendestes bem. Digo-lhes que não se pode chamar de seguro e resistente um forte no qual aquele responsável por sua defesa não tenha espaço para recuar, onde possa construir novos fossos e aterros para proteger-se. A fúria da artilharia inimiga é enorme e todo aquele que confiar numa única muralha ou vala há de enganar-se. Com relação aos bastiões, se não quiserdes que ultrapassem as medidas regulares, pois pareceriam com moradias ou castelos, estes não devem ser feitos para que outros busquem refúgio dentro deles, pois logo cairão em mãos inimigas. Portanto, é melhor deixar os bastiões de lado e fortificar as entradas das torres, protegendo os portões com revelins* e evitando que qualquer pessoa entre ou saia do portão em linha reta. É importante que um fosso e uma ponte sejam construídos entre esse revelim e o portão principal. Todos os portões também devem ser fortalecidos com corredoras,** que permitirão a reentrada de seus homens depois do combate, mas impedirão a dos inimigos que a eles tentem misturar-se. Esse sistema já era usado

* Na arquitetura militar, trata-se de uma construção em forma triangular erguida atrás do portão principal de uma fortificação. Sua função é proteger a entrada e impedir a passagem direta dos inimigos. (N.T.)

** Trata-se de uma grade de ferro ou madeira, grande e pesada, que, colocada paralelamente ao portão principal, impossibilitava o acesso a uma fortificação. (N.T.)

pelos antigos e denominado *cateratte*; é importante lembrar que, nesses casos, é difícil utilizar pontes ou portões, pois eles estarão tomados pela multidão.

BATTISTA: – Já vi essas corredoras que mencionastes. Na Alemanha, elas são feitas de ferro, na forma de grades. As nossas são feitas de madeira. Gostaria que nos explicasseis a diferença entre elas e qual seria mais forte.

FABRICIO: – Já lhes disse e não me importo em repetir que, comparado aos antigos, os métodos e organizações de guerra em nosso mundo estão praticamente extintos. E, mais especificamente, na Itália eles simplesmente inexistem. Se ainda existe algo que resista ao tempo, certamente vem dos ultramontanos. Deves ter ouvido falar, e os demais aqui certamente se lembrarão de como eram frágeis as construções antes de o rei Carlos, da França, cruzar a Itália no ano de 1494. As ameias eram feitas com uma espessura de apenas meio braço; os lugares onde ficavam os arqueiros e bombardeiros eram feitos com uma abertura externa pequena, enquanto a interna era enorme; havia, ainda, inúmeros outros problemas e defeitos que, para não entendia-los, prefiro omitir. Construídos nesses moldes, as ameias eram facilmente destruídas, assim como os espaços dos arqueiros e bombardeiros. Com os franceses, aprendemos a construir ameias amplas e a fazer os espaços dos arqueiros e bombardeiros largos em sua parte externa, mais estreitos no centro e novamente largos na parte interna. Isso torna bem mais difícil para o inimigo destruir as defesas de uma fortificação. Os franceses têm inúmeros outros mecanismos como esses, mas, considerando que jamais foram vistos, são desconsiderados. Entre eles está a corredora feita com gradil de ferro, que certamente é superior àquela utilizada por vós, normalmente feita em madeira e sólida. Se precisardes, por exemplo, consertar a corredora de um portão como o que usas e baixá-lo enquanto ainda estás preso dentre dele, não sereis capaz de ver ou ferir o inimigo, mas este poderá atacá-lo a qualquer hora, utilizando-se de tochas ou lanças. Porém, se a corredora for feita com grades de ferro, podereis defender-se utilizando-se de lanças, flecha e qualquer outro tipo de arma.

BATTISTA: – Tive a oportunidade de observar outro costume ultramontano na Itália: a construção de carros de artilharia em que o raio das rodas era inclinado em relação ao eixo. Gostaria de saber a razão para que sejam assim construídos; parece-me que seriam mais resistentes se fossem retos, como os nossos.

FABRICIO: – Jamais acrediteis que coisas que diferem do comum sejam feitas por acaso. Nem penseis que o objetivo aqui é tornar algo mais belo, pois estaria a cometer um grande erro. Quando a resistência é fundamental, pouco uso tem a beleza. Essas rodas francesas são bem mais fortes e seguras do que as nossas. A razão é a seguinte: quando o carro está carregado, ele se mantém no nível do solo ou se inclina para um dos lados. Quando segue nivelado, as rodas sustentam o peso igualmente, e este, justamente por estar disposto regularmente, não causa problemas às rodas. Contudo, quando o carro se inclina, o peso vai todo para a roda que está daquele lado inclinado. Se essa roda estiver posicionada num ângulo reto em relação ao eixo, ela poderá facilmente partir. Portanto, quando esse carro segue por uma estrada reta ou quando carrega pouco peso, suas rodas se manterão firmes; quando, ao contrário, o caminho é desnivelado ou o peso é demasiado, a roda se torna fraca ao envergar para dentro. O contrário ocorre com os franceses. Considerando que as rodas já são inclinadas para fora, quando o carro se inclina para um dos lados, as rodas (daquele lado) assumem uma posição vertical e conseguem sustentar o peso mais facilmente; e quando o carro volta a seguir por caminhos nivelados, as rodas voltam a ficar inclinadas em relação ao eixo.

Retornemos, agora, às nossas cidades e fortalezas. Os franceses, para manter a segurança de suas cidadelas e, ao mesmo tempo, permitir a entrada e a saída de tropas mais facilmente, além dos artifícios já mencionados, adotam outro recurso que ainda não tive o prazer de ver em uso na Itália. Eles erguem duas pilastras na extremidade externa de uma ponte levadiça e sobre cada uma delas penduram uma trave, de modo que a metade fique sobre a própria ponte e a outra, para fora. Posteriormente, à parte da trave que ficou para fora, outras traves são trançadas, formando uma espécie de gradil. Na parte da trave que ficou para dentro, correntes são amarradas em cada extremidade. Quando os homens desejam fechar a porta pelo lado de fora, basta que a corrente seja liberada e que, como o peso, todo o gradil desça. Diante da necessidade de abri-la, basta que as correntes sejam puxadas e o gradil imediatamente subirá, oferecendo espaços variáveis, suficientes para a passagem de um homem a pé ou, se preciso, até mesmo de um cavaleiro. Isso funciona melhor do que as corredoras em termos de segurança, pois estas podem ser impedidas pelo inimigo de descer, ou fazê-lo apenas com grande dificuldade. Em contrapartida, esse tipo de ponte levadiça não desce imediatamente em um ângulo de 90 graus, como ocorre com a corredora, que pode ser facilmente penetrada. Aqueles que desejam construir uma cidade devem, portanto, dispor de todos esses mecanismos. Além disso, deveria ser deixado um espaço de pouco mais de um quilômetro e meio, no qual não seriam permitidas nem construções nem plantações. Nessa área, não deverão ser deixados arbustos, árvores ou aterros, ou qualquer coisa que impeça a visão ou que esconda um inimigo que intencione cercá-lo. Deve-se notar que uma cidade que tenha seus fossos externos e seus aterros altos torna-se muito frágil, pois oferece refúgio ao inimigo, que poderá atacá-lo de surpresa. Não apenas isso, tais aterros podem, também, servir de apoio para a artilharia inimiga.

Bem, passemos, agora, à cidade. Não desejo investir muito tempo discutindo o fato de que, além do já mencionado, provisões de armas e alimentos devem ser incluídos, pois são coisas básicas e, sem elas, qualquer outro suprimento torna-se inútil. Deve-se, geralmente, ater-se a dois pontos: o primeiro que é preciso suprir nossas próprias necessidades, mas, ao mesmo tempo, impedir que o inimigo usufrua de nossos recursos; portanto, qualquer grão ou pedaço de carne que não possa ser consumido por vós ou pelo vosso povo deve ser destruído; quem quer que esteja responsável pela defesa da cidade deve cuidar para que nada seja feito de modo tumultuado e desordenado e certificar-se de que todos saibam o que deve ser feito na iminência de qualquer incidente; o segundo ponto consiste na estratégia por meio da qual mulheres, crianças, idosos e os civis de um modo geral permaneçam em casa, deixando as ruas livres para os jovens e bravos que, armados e distribuídos pelas muralhas, pelos portões de acesso e importantes lugares da cidade, tentem remediar possíveis males que possam surgir. Deverá haver um grupo de homens que não seja imediatamente alocado a algum posto e que possa socorrer qualquer área da cidade que se encontrar em dificuldades. Quando tudo é devidamente organizado, dificilmente há tumultos que possam causar preocupações. É preciso notar, também, que, ao atacar ou defender cidades, nada oferece ao inimigo mais esperança de ocupá-la do que saber que seus habitantes não estão sempre alerta. Muitas vezes, o controle de uma cidade é perdido por causa do medo, sem que nenhuma ação se faça necessária. Ao invadir uma cidade aterrorizada, o inimigo usará de todos os artifícios para mostrar-se cruel. Em contrapartida, uma cidade, ao ser atacada, deve alocar os homens mais bravos, que não temem seus próprios pensamentos, apenas com as armas no flanco que for atacado pelo inimigo, pois se este não conseguir seu intento, a coragem dos que estiverem cercados crescerá e o adversário será forçado a superar as dificuldades utilizando-se de toda sua virtude e reputação.

Os equipamentos utilizados pelos antigos para defender suas cidades eram muitos. Entre eles estavam as catapultas, os onagros, os escorpiões, as arcubalistas, as fundas e os fundíbulos. Mas havia, também, instrumentos usados para o ataque, como o aríete, as torres de assalto, os manteletes, os plúteos, as víneas romanas, as gadanhas e as tartarugas.* Atualmente, no lugar de tais instrumentos, tanto os que se defendem como os que atacam utilizam-se da artilharia, então, não irei me aprofundar nesse tema. Retornemos, portanto, ao nosso assunto e falemos dos detalhes de um cerco. Deve-se, primeiramente, tomar muito cuidado para que a fome não se instale entre os habitantes. Além disso, é importante não se render aos ataques inimigos. Em relação à fome, é fundamental que, antes de o assédio começar, haja o cuidado de prover todos com alimentos suficientes. Contudo, se durante um longo período de cerco ocorrer escassez de comida, algumas estratégias extraordinárias já foram utilizadas, especialmente quando da existência de um rio nos limites da cidade. Os romanos, por exemplo, quando viram que seu castelo de Casalino estava cercado por Aníbal e percebendo que não havia como lhes enviar suprimentos pelo rio, jogaram enormes quantidades de nozes dentro dele, que foram naturalmente carregadas pelas águas e, por algum tempo, serviram de alimento para os habitantes daquela fortaleza. Alguns capitães, ao se verem cercados, no intuito de demonstrar ao inimigo que tinham alimento suficiente e que, portanto, não poderiam ser derrotados pela fome, atiravam pães sobre as muralhas; outros fizeram um bezerro se enfastiar com grãos para depois soltá-lo e permitir que o inimigo o matasse e verificasse o quão bem alimentado o animal estava,

* Onagro: antiga máquina de guerra utilizada para lançar projéteis; escorpião: tipo de catapulta construída sobre uma besta e capaz de arremessar um dardo de dois quilos a mais de quinhentos metros; arcubalista: antiga arma portátil que consiste de um arco de madeira, chifre ou aço, montado sobre uma coronha, cujas extremidades são ligadas por uma corda que se retesa por meio de mola e que, ao ser solta, arremessa setas curtas; aríete: máquina de guerra utilizada para derrubar muralhas ou portões de cidades sitiadas; torres de assalto: estruturas fortemente blindadas montadas sobre um carro. Têm a forma de torres e abrigam armas pesadas; mantelete: grande escudo de madeira que se desloca sobre rodas ou cilindros, garantindo a proteção dos soldados que atacam uma fortaleza; plúteo: abrigo móvel utilizado pelos soldados durante uma invasão. Ele é usado para proteger os homens de flechas lançadas pelos sitiados. Este equipamento era usado na Roma Antiga; vínea romana: espécie de carro em forma de túnel usado para transportar soldados em segurança; gadanha: tipo de foice; tartaruga: veículo de guerra totalmente coberto e com um teto removível usado para assediar o inimigo. Também se refere a uma formação na qual os soldados se mantêm todos juntos e cobertos por todos os lados sob seus próprios escudos. (N.T.)

dando, assim, um claro sinal de abundância, que, na verdade, inexistia. Em contrapartida, muitos excelentes capitães utilizaram-se de vários métodos para levar o inimigo à míngua. Fábio, por exemplo, permitiu que os habitantes da Campânia semeassem seus grãos, de modo que, mais tarde, antes do período de colheita, não tivessem sequer sementes para se alimentar. Dionísio, enquanto mantinha o cerco a Reggio, enganou os habitantes locais fingindo desejar um acordo com eles. Durante as negociações, Dionísio cuidou para que seus homens recebessem todas as provisões necessárias e, então, quando os locais já não tinham o que comer, venceu-os pela fome. Alexandre, o Grande, quando decidiu tomar Leocádia, cuidou de dominar todos os castelos ao redor, permitindo que seus habitantes fugissem para a cidade, que, completamente lotada, acabou vencida pela fome. Em relação aos ataques, costuma-se dizer que é primordial defender-se da primeira investida, estratégia com a qual os romanos conseguiram ocupar muitas cidades, tomando-as de assalto por todos os lados. Tal estratégia era denominada ataque em coroa* e foi usada por Cipião, quando ocupou Nova Cartago, na Espanha. Se resistirdes a um primeiro ataque, dificilmente sereis vencido. E mesmo quando o inimigo consegue invadir suas muralhas, até mesmo os pequenos terraços de artilharia podem ajudar a contornar a situação, desde que não sejam abandonados. Muitos exércitos foram derrotados e rechaçados mesmo depois de invadirem uma fortaleza. O importante é que os habitantes desses locais se mantenham em áreas elevadas e lutem de suas casas e torres. Contudo, os que conseguem invadir uma fortificação utilizam-se de dois artifícios: o primeiro é abrir os portões para que os habitantes fujam em segurança; o segundo é transmitir-lhes em voz alta a mensagem de que somente serão sacrificados os homens que tiverem armas em suas mãos, e todos os que se renderem serão poupados. Esse procedimento possibilitou a tomada de muitas cidades com enorme facilidade. A captura de uma cidade também se

* O termo original é *aggredi urbem corona* e significa um ataque a um alvo por todos os lados e, portanto, em forma de coroa. (N.T.)

torna fácil quando o ataque ocorre repentinamente. Isso pode ser feito quando um exército é mantido bem longe dos limites da fortaleza e seus habitantes não acreditam que poderão ser invadidos por um contingente que se mantém tão longe. Portanto, se conseguir atacá-los secretamente e com rapidez, provavelmente poderá celebrar a vitória. Não posso falar com boa vontade do que ocorre em nossos dias, pois, certamente, somente poderia me ater às minhas próprias ideias, já que desconheço o que se passa com os outros. Não obstante, em relação a isso, apenas me resta lembrar de um exemplo de César Bórgia, o duque de Valentino, que, estando em Nocera com seu exército, sob o pretexto de capturar Camerino, voltou-se para o estado de Urbino, atacando-o e ocupando-o em apenas um dia, sem esforço. Poucos o teriam feito, mesmo com mais tempo e diligência. Todos os que estão cercados devem evitar cair em armadilhas e ser enganados pela perspicácia do inimigo, simplesmente não acreditando no que veem o adversário fazer de modo contínuo. Devem partir sempre da premissa que seus atos visam a enganá-lo e agir no sentido de inverter a situação. Certa vez, Domício Calvino cercou uma cidade e, depois disso, passou a cercá-la com boa parte de seus homens todos os dias. Os habitantes, acostumados com as manobras e considerando-as simples exercícios, relaxaram a guarda e foram atacados e aniquilados. Alguns capitães, ao descobrirem que a cidade sitiada aguardava reforços, enviaram homens disfarçados com as insígnias aliadas, que, ao serem recebidos dentro da fortaleza, tomaram a cidade. Em outra ocasião, Cimo, o ateniense, ordenou que ateassem fogo a um templo fora da cidade. Quando o povo deixou os portões para tentar apagar o incêndio, a fortaleza foi deixada nas mãos do inimigo. Outros capitães mataram cidadãos que haviam deixado a cidade para ferrar cavalos e realizar outros negócios, vestindo seus soldados com suas roupas. Esses homens, depois de recebidos na fortaleza, entregavam-na facilmente ao adversário. Alguns capitães do passado utilizavam-se de estratégias para se livrarem das tropas das cidades que desejavam invadir. Cipião, quando estava na África e querendo invadir vários castelos nos quais guarnições militares haviam sido alocadas pelos cartagineses, fingiu várias vezes partir para o ataque, mas, depois, demonstrando medo, não apenas desistia, mas recuava. Aníbal, acreditando que o inimigo estivesse amedrontado, reuniu todas as suas forças para persegui-lo. Cipião, ao saber o que havia ocorrido, enviou seu capitão Máximo para capturá-lo. Pirro, quando lutava numa grande cidade da Esclavônia, onde estava sediado um grande exército, fingiu ter perdido a esperança de invadi-la e tomá-la. Ele, então, voltou-se para outros vilarejos e forçou a grande cidade a enviar reforços para defendê-los, o que lhe abriu caminho para assumir o controle da importante cidade. Muitos comandantes poluíram rios e até redirecionaram suas águas no intuito de tomar cidades e, mesmo assim, não o conseguiram. É fácil manter um cerco e até conseguir a rendição de um oponente valendo-se de histórias sobre vitórias passadas ou de boatos sobre a chegada de mais tropas. Os capitães do passado, além de tantos outros métodos, geralmente ocupavam cidades por meio da perfídia e contavam com o auxilio de alguém que estivesse dentro das muralhas. Alguns chegaram a enviar um de seus próprios homens como se fosse um desertor fugitivo, que ganhava a confiança e o respeito daqueles que o recebia, apenas para depois entregá-los ao inimigo. Outros capitães concentraram-se em aprender a rotina da guarda adversária e, posteriormente, conseguiram sobrepujá-la. Outros, ainda, conseguiram fazer com que o portão principal ficasse bloqueado com uma trave de madeira ou carro de carga e não pudesse ser fechado, o que permitiu a invasão inimiga. Aníbal fez um dos guardas do oponente lhe entregar o castelo, mandando-o caçar à noite. Este, para não levantar suspeitas entre seus pares, justificou-se dizendo que temia o inimigo durante o dia. Ao retornar com a caça, o guarda foi aceito no castelo, mas estava acompanhado dos homens de Aníbal. O traidor foi morto, e o portão, tomado. Também é possível enganar os que estão cercados, fazendo-os deixar seus portões e persegui-lo em campo aberto. Muitos dos que agiram desse modo, dentre os quais está o próprio Aníbal, atraíram os habitantes de uma cidadela para seus próprios acampamentos e encontraram caminho livre para invadir as fortificações. Alguns fingem boa vontade, como Fórmion, o ateniense, que depois de saquear as terras dos calcídicos, recebeu seus embaixadores e lhes prometeu segurança e benevolência. Estes, pouco cautelosos, acreditaram, e, mais tarde, foram capturados por Fórmion. Os que estão cercados devem sempre suspeitar da lealdade dos que estão em seu meio, mas, às vezes, ao perceber a traição, vale mais a pena recompensá-la com prêmio do que com punição. Veja, por exemplo, o caso de Claudio Marcelo, que, ao perceber que Lúcio Bâncio Nolano havia passado para o lado inimigo, tratou-o com tamanha humanidade e generosidade que acabou transformando aquele adversário num grande amigo. Os que se encontram sob cerco devem ser mais diligentes em sua guarda quando o inimigo está longe, do que quando se encontra próximo. Devem, também, ter mais preocupação com os lugares que menos esperam sejam atacados. Muitas cidades foram perdidas ao serem atacadas em uma fronte inesperada. Isso ocorre por duas razões: a primeira por se considerar que tais lugares estejam devidamente fortificados e que sejam inacessíveis; e a segunda porque o inimigo, usando de toda sua esperteza, os ataca ruidosamente de um dos lados, enquanto, silenciosamente, os invade por outro flanco. Portanto, é fundamental que qualquer cidade sob cerco esteja ciente dessas artimanhas e que, acima de tudo, durante todo o tempo, e principalmente à noite, tenha bons sentinelas nas muralhas, além de ótimos cães. É fundamental que eles sejam ferozes e alertas, que consigam distinguir o inimigo pelo faro e possam denunciá-lo com o latido. Além do uso de cães, gansos também já salvaram uma cidade. Isso aconteceu com os romanos quando os gauleses cercaram o capitólio. Em outra ocasião, quando Atenas estava cercada pelos espartanos, Alcibíades, no intuito de verificar se seus homens estavam atentos, cuidou para que todas as vezes que uma tocha fosse erguida todos os soldados se levantassem, punindo aqueles que não atendessem ao seu comando. Ifícrates, o ateniense, matou um guarda que havia dormido, dizendo aos demais que o deixara exatamente como fora encontrado. Aqueles que se encontravam sob cerco sempre achavam vários meios de enviar notícias a seus aliados. De modo a evitar a movimentação de seus embaixadores, mandavam cartas cifradas e as escondiam de diversos modos criativos. Alguns escreviam suas mensagens na bainha de uma espada. Outros colocavam suas cartas dentro de pão cru que, depois de assado era servido ao transportador. Outros, ainda, alocavam suas notas dentro de várias partes do corpo. Existiam aqueles que escondiam suas cartas na coleira de um cão feroz, acostumado com o recebedor. Há, ainda, aqueles que escreviam cartas comuns e, então, entre as linhas, usavam água para compor mensagens secretas. O papel, depois de ser molhado e aquecido, revelava o que estava escondido. Esse método em particular foi bem observado pelos homens do nosso tempo, que, por não desejarem confiar em portadores, afixavam nas portas dos templos mensagens corriqueiras, entrelinhadas, como já explicado, com informações importantes e demarcadas com um sinal específico conhecido somente por vós e por aquele a quem a direciona. Elas eram então lidas e compreendidas apenas pelos que conheciam o sinal previamente definido e, portanto, qualquer outro que a lesse e a trouxesse para vós poderia ser facilmente logrado. Existem inúmeros meios de alguém encontrar e desvendar essas mensagens. Certamente, é mais fácil escrever para quem está cercado do que receber alguma mensagem de alguém que esteja sitiado, exceto, logicamente, se o transportador saísse da cidade como um fugitivo, o que é extremamente perigoso, eis que o inimigo estará alerta. Já o portador de mensagens direcionadas a quem está aprisionado pode se valer de vários pretextos para mesclar-se aos que fazem parte do cerco e esperar uma boa oportunidade de adentrar a cidade.

Falemos, agora, de capturas presentes. E digo-lhes que, se elas ocorrerem quando se estiver lutando dentro de uma cidade que não disponha de fossos internos, como explicado anteriormente, quando não desejar que o inimigo entre pelos buracos feitos pela artilharia na muralha [já que não há como evitá-los ou tapá-los], faz-se necessário que, enquanto a artilharia o atinge, uma vala seja cavada imediatamente atrás da muralha que estiver sendo atacada. Essa vala deverá ter, pelo menos 30 braços de largura, e a terra deverá ser atirada em direção à cidade, o que criará um aterro e tornará um dos lados da vala ainda mais intransponível. Isso deve ser feito rapidamente para que, caso a muralha seja derrubada, o fosso adquira uma profundidade de, pelo menos 5 ou 6 braços. Enquanto esse fosso for escavado, é preciso que ele seja protegido, em ambos os seus lados, por uma parede de pedras, pois isso garantirá a segurança de quem o está cavando. Se vossa muralha for tão forte a ponto de dar-lhe tempo suficiente para construir a vala e a proteção, certamente, mesmo que colapse, se tornará a área mais impossível de ser transposta, pois a altura em relação ao fundo do fosso será ainda maior. Contudo, se a muralha for fraca e não lhes oferecer tempo suficiente para agir, terás de contar com vossa própria virtude e se opor ao inimigo com todo seu poderio e toda sua força. Esse método de reparo foi utilizado pelos pisanos, quando eram assediados pelos próprios florentinos. Suas muralhas eram extremamente fortes e o terreno, sólido o suficiente para que pudessem erguer uma parede defensiva e cuidar dos reparos necessários. Se esse não fosse o caso, estariam perdidos. Dito isso, vale lembrar que sempre é mais prudente preparar-se de antemão para enfrentar vossa sorte, cavando fossos atrás das muralhas e em qualquer outro local apropriado dentro da cidade, como dito anteriormente. Assim, considerando que suas defesas estão prontas, poderá esperar pelo inimigo em paz e segurança. Utilizando-se de túneis, os antigos costumavam ocupar cidades de duas maneiras diferentes: a primeira como fizeram os romanos na cidade de

Veios, na qual adentraram ao cavarem um túnel secreto através do qual chegaram até a cidade; a segunda era cavando por debaixo de uma parede, fazendo esta cair. Este último método é bastante utilizado atualmente e torna as cidades construídas no alto das montanhas mais frágeis, já que podem ser facilmente solapadas. E, depois disso, se os invasores se valerem daquele pó que se inflama com facilidade,* colocando-o dentro dos túneis e explodindo-os, não será apenas a muralha a ser destruída, mas toda a montanha. Isso causará a desintegração da montanha e, consequentemente, de toda a cidade. O remédio para isso é sempre construir em terreno plano e cavar seus fossos com grande profundidade, para que eles a protejam, de modo que o inimigo não possa cavar mais além sem encontrar água, a única inimiga dessas escavações. Mas se vossa cidade estiver localizada sobre uma colina, não haverá outra solução a não ser cavar vários poços de água na parte de dentro de suas muralhas, que deverão ser profundos o suficiente para verter água e destruir as escavações que o inimigo venha a fazer em seu terreno. Outra possibilidade é escavar a terra indo exatamente de encontro à escavação do inimigo, pois isso impedirá que ele continue. Além disso, mesmo que esteja cercado por um adversário cauteloso, esse método é difícil de ser previsto. Qualquer cidade que se encontre sob cerco deve ter cuidado para não ser atacada em momentos de repouso, ou seja, logo após uma outra batalha, depois de montar guarda por várias horas, durante a madrugada e, sobretudo, na hora do jantar. Muitas cidades foram perdidas nessas ocasiões. É preciso, por conseguinte, que se esteja diligentemente preparado por todos os lados e, se possível, plenamente armado. Não posso deixar de vos lembrar de que o que torna difícil defender uma cidade ou acampamento é o fato de ter de manter todas as suas forças separadas. Isso ocorre porque, enquanto o inimigo ataca com todo seu exército e de uma só vez, quem defende precisa estar em todos os lugares passíveis de serem atacados e,

* O autor se refere à pólvora. (N.T.)

portanto, não podem manter-se reunidos. Além disso, quem defende pode ser completamente dominado, mas o mesmo não ocorre com quem ataca, a menos que primeiro seja rechaçado. Existem, contudo, exemplos de tropas que, embora menores e inferiores, conseguiram aniquilar o invasor: Claudio Marcelo, em Nola, e César, na Gália. Este último, ao perceber que seu acampamento era atacado por um grande número de gauleses, que não poderia defendê-lo sem dividir seus homens em várias frontes diante da fúria inimiga nem poderia enfrentar o inimigo em meio às paliçadas, simplesmente abriu o acampamento num dos flancos e partiu para cima do adversário com tamanha virtude e entusiasmo que acabou aniquilando os invasores. Muitas vezes, a perseverança dos cercados apavora e desespera os que os cercam. Quando Pompeu combateu César, o exército deste último sofria pela falta de alimento. Certo dia, alguns pães que eram usados para alimentar os soldados de César foram levados a Pompeu, que, ao perceber serem os pães feitos com capim, ordenou que seus homens não vissem aquilo, pois jamais deveriam saber o tipo de adversário que estavam prestes a combater. Nada dava aos romanos mais orgulho ao combater Aníbal do que sua (dos romanos) própria pertinácia e determinação. Independentemente de quais fossem as adversidades, quanto mais aqueles homens se negavam a pedir a paz, menos sinais de medo demonstravam. Na verdade, quando Aníbal estava ao redor de Roma, os campos mais próximos de seu acampamento eram vendidos a preços mais altos do que o normal. Os romanos eram tão obstinados em seus esforços que, para defender Roma, não deixaram de atacar Cápua, cercada pelos romanos na mesma época em que Roma fora cercada.

Sei que já lhes esclareci diversas dúvidas e que todos foram capazes de entender e considerar por si próprios. Contudo, meu objetivo sempre foi demonstrar-lhes, por meio dessas explicações, o melhor tipo de treinamento, além, é claro, de satisfazer aqueles, se houverem, que jamais tiveram a oportunidade de aprender como vós. Não me parece que reste algo a ser dito a não ser algumas regras úteis, com as quais precisam estar familiarizados. São elas:

O que beneficia o inimigo lhe causa o mal, e o que vos beneficia faz mal ao vosso adversário;

Aquele que, na guerra, for mais vigilante quanto aos infames propósitos do inimigo e mais se empenhar no treinamento de seus homens, enfrentará menos perigo e terá maior chance de vitória;

Jamais leve seus soldados para um embate a menos que tenhas certeza da coragem desses homens. Certifique-se de que não tenham medo e de que estejam organizados, e jamais tente algum movimento a menos que estejas certo de que eles realmente almejam a vitória;

É melhor que derrotes um inimigo pela fome do que pelo aço de suas espadas. Nessas vitórias, vossa sorte será mais importante do que vossa virtude;

Nenhum plano é melhor do que aquele que conseguistes esconder de vosso inimigo até que tenha sido colocado em prática;

Saber reconhecer uma oportunidade em meio a uma guerra e aproveitá-la o beneficiará mais do que qualquer outra coisa;

A natureza é responsável por poucos homens realmente bravos, enquanto o esforço e o treinamento são responsáveis por inúmeros;

Numa guerra, a disciplina conta bem mais do que a fúria;

Se alguns do lado inimigo forem desertados e lhes oferecerem seus serviços, se forem leais, sempre deverão ser considerados como uma bela aquisição, embora sua presença cause desconfiança nos mais jovens e ódio nos mais velhos. As forças do inimigo diminuem mais com a fuga de seus próprios homens do que com a morte de seus próprios soldados;

Ao organizar-se para uma batalha, é melhor manter o apoio atrás da linha de frente do que ampliá-la demasiadamente e torná-la fraca;

Será sempre mais difícil combater e derrotar aquele que conhece bem não apenas suas próprias forças, mas também as do inimigo;

A virtude de um soldado vale mais do que uma multidão de homens, mas, às vezes, o lugar escolhido para uma batalha vale mais do que a virtude;

As coisas novas e inesperadas assustam os exércitos, enquanto os velhos hábitos e as ações previsíveis são pouco estimados. Faça vosso exército se exercitar em pequenos embates antes de envolver-se numa batalha com um novo inimigo;

Aquele que persegue seu inimigo de modo desorganizado, mesmo depois de derrotá-lo, transforma-se de vencedor em perdedor;

Aquele que não cuida para que suas provisões de alimentos sejam suficientes será vencido sem o aço de uma espada;

Aquele que confia mais na cavalaria do que na infantaria, ou mais na infantaria do que na cavalaria, deve rezar para que, pelo menos, o local da batalha o favoreça;

Se quiserdes descobrir quaisquer espiões que tenham invadido vosso território, não deixeis que retornem a seus alojamentos;

Mude vossos procedimentos quando souberes que o inimigo já os conhece;

Aconselhe-se com muitos sobre o que pretendes fazer, mas com poucos sobre o que decidiste colocar em prática;

Quando os soldados estão confinados em seus alojamentos, o que os controla é o medo ou a punição, mas quando estão prestes a entrar em combate, o que os norteia é a esperança e a recompensa;

Bons capitães jamais se envolvem em batalhas a menos que a necessidade os obrigue ou que a oportunidade lhes apareça;

Não permita que vosso oponente conheça a organização de vosso exército e, qualquer que seja ela, sempre cuide para que os homens da primeira fileira sejam recebidos pela segunda e os da segunda, pela terceira;

Numa batalha, jamais utilizes uma companhia para trabalhos aos quais não foram previamente designados e treinados a menos que estejas disposto a causar desordem;

Remedia-se com dificuldade o que não foi previsto a menos que se pense com rapidez;

Os pilares de uma guerra são os homens, a espada, o dinheiro e o pão, mas, entre todos eles, os dois primeiros são essenciais, pois eles conseguem encontrar o dinheiro e o pão, enquanto estes últimos não são capazes de encontrar o homem e a espada;

O homem rico desarmado é o prêmio de um soldado pobre;

Acostuma vossos soldados a desprezarem a vida e as roupas luxuosas.

É isso o que me ocorre no momento, embora eu tenha a certeza de que poderia ter abordado inúmeras outras questões em nossa discussão, tais como de que maneira os antigos organizavam suas fileiras, se vestiam e treinavam em várias outras funções. Também poderia ter-lhes oferecido muitos outros detalhes que julguei menos importantes, visto que todos são capazes de observá-los por si mesmos. Meu objetivo não era o de me aprofundar no modo como funcionava um exército antigo, mas na maneira como um contingente deve se portar atualmente, valendo-se de uma virtude que não possue. Contudo, não tenho a intenção de discutir mais a fundo as questões antigas. Poderia, certamente, ter me alongado mais nas questões inerentes à cavalaria e aos conflitos marítimos, já que se costuma dizer que um exército é sempre um exército, esteja ele no solo ou no mar, montado ou a pé. Porém, prefiro não me ater a assuntos navais, não porque não tenha conhecimento, mas por considerar que eles sejam um assunto para genoveses e venezianos, que estudaram profundamente essa área e realizaram grandes feitos. Também não pretendo me aprofundar nos assuntos da cavalaria, além, é claro, do que já lhes disse e sobre o fato desta ser menos corrupta. Além disso, resta apenas dizer que, se uma infantaria, o centro nervoso do exército, é bem organizada, certamente a cavalaria será excelente. Apenas gostaria de lembrar-vos de que quem quer que esteja responsável pela organização do exército em seu país deverá, no momento de escolher seus cavalos, ater-se a duas questões importantes: a primeira é a distribuição de boas éguas em todo o território; é também importante que seus homens se acostumem a arrebanhar seus potros do mesmo modo como é feito com mulas e vitelos em Florença; e a segunda é que, para garantir que os arrebanhadores encontrem compradores, proibiria qualquer um de possuir uma mula, ou qualquer outro animal de montaria, sem ter também um cavalo; além disso, ninguém que não possuísse um cavalo poderia vestir-se com seda. Sei que essa providência foi tomada por alguns príncipes de nossos tempos, o que resultou na formação de uma excelente cavalaria em seus países e em pouco tempo. Em relação a outras coisas que se deveria ou poderia esperar dos cavaleiros, insisto no que já lhes foi dito e no que já é de costume. Talvez agora vocês queiram saber o que faz de um homem um excelente capitão e como o escolheria. Nesse caso, satisfarei vossa curiosidade de maneira breve: escolheria aquele que soubesse e estivesse preparado para fazer tudo o que foi discutido por nós no dia de hoje. Mesmo assim, isso não seria suficiente se tal indivíduo não fosse capaz de descobrir outras por si só, pois ninguém que não tenha imaginação jamais se tornou um grande homem em sua arte; e se a imaginação contribui para a honra em outras coisas, neste ofício, contribui ainda mais. Deve-se observar que toda criação, mesmo que ínfima, é celebrada pelos escritores. Isso é observado no modo como louvam Alexandre, o Grande, que, para evitar barulho na partida de seu exército, deixou de lado a trombeta e valeu-se de um chapéu na ponta de uma lança. Esse mesmo homem é louvado por ter ordenado a seus soldados que, ao depararem o inimigo, apoiassem um joelho no chão, pois, desse modo, estariam mais fortes para aguentar o ataque do adversário; isso não apenas lhe rendeu a vitória, mas também grande honra, a ponto de muitas estátuas erigidas em sua homenagem retratarem-no nessa posição.

Porém, como é chegada a hora de encerrarmos esta discussão, gostaria de retomar nosso assunto principal. Se lembrardes bem, Cosme, dissestes que, se, por um lado, sou um enaltecedor das coisas antigas e ávido censurador daqueles que não as imitam nas questões mais sérias, por outro, não as copio eu mesmo nas questões de guerra. Dissestes, na ocasião, que não entendias por que, e eu respondi: os homens que desejam realizar uma tarefa precisam, primeiramente, preparar-se para saber exatamente como essa tarefa funciona e como ela pode ser realizada e, somente então, estarão aptos a colocar tal conhecimento em prática no devido momento. Quanto ao fato de eu estar ou não apto a reunir um exército nos moldes dos antigos, deixarei que vós o julgueis, já que ouviu toda a discussão sobre esse assunto. Agora podeis imaginar quanto tempo me dediquei a esses pensamentos. Podeis, também, presumir quanto desejo há em mim de colocar tais ideias em prática. Acredito que não duvidais de que isso ocorreria no momento em que a oportunidade se apresentasse. Contudo, para assegurá-lo disso e para oferecer-lhe ainda mais embasamento, gostaria de acrescentar as razões para tanto e, de certo modo, cumprirei aquilo que lhes prometi, ou seja, mostrar-lhes as facilidades e dificuldades que hoje seriam encontradas em tal imitação. Digo-lhes, em primeiro lugar, que não há atividade mais fácil de se fazer retornar ao modelo antigo do que a militar, contudo, isso somente ocorreria em nações enormes, cujos príncipes tivessem condições de reunir, entre seus próprios homens, 15 ou 20 mil soldados. Ao mesmo tempo, nada é mais difícil do que isso entre as nações que não dispõem de tal conveniência. E para que fique bastante claro, há somente duas razões pelas quais os capitães devem ser louvados: a primeira é pelo fato de terem realizado grandes feitos com um exército bem organizado, a partir de sua própria disciplina; assim ocorreu com inúmeros cidadãos romanos e com outros, que lideraram exércitos e não encontraram dificuldades em manter seus homens unidos e liderados; a segunda razão reside no fato de os capitães não apenas terem de enfrentar e derrotar o inimigo, mas, mesmo antes disso, sentirem-se compelidos a tornar seus exércitos preparados e ordenados, os quais, sem dúvida, merecem mais glórias do que os primeiros, que receberam mérito no comando de um exército naturalmente preparado e virtuoso. Neste segundo grupo, estão Pelópidas, Epaminondas, Tulo Hostílio, Filipe da Macedônia (pai de Alexandre), Ciro, rei da Pérsia, e Graco, o romano. Todos esses homens tiveram, primeiramente, de transformar seus exércitos em grupos bem ordenados e organizados, antes mesmo de colcá-los num combate. Todos esses comandantes foram capazes de fazer isso em função de sua prudência e pelo fato de contarem com homens capazes de serem direcionados a tais práticas. Independentemente do quão bons e eficientes fossem, nenhum deles teria realizado nenhum ato digno de celebração se estivessem num país estranho, entre corruptos, e não estivessem acostumados à sincera obediência. Na Itália, portanto, não é suficiente que um capitão saiba como liderar um exército já existente, mas que tenha condições e conhecimento para construí-lo e comandá-lo. E, é claro que, para isso, é preciso que existam príncipes com seus amplos domínios e enorme contingente. Não me incluo entre eles, pois jamais comandei nem conseguiria comandar, exceto os exércitos de estrangeiros e de homens que estivessem subordinados a outros, não a mim. Se é ou não possível introduzir na mente desses príncipes algumas dessas ideias hoje discutidas, caberá a vós julgar. Será que eu faria os soldados de hoje carregarem mais armas e alimentos para dois ou três dias e uma enxada? Será que eu os faria cavar? Faria-os permanecer horas em pé em treinamento, para que, nas verdadeiras batalhas, demonstrassem todo o seu valor? Será que eles abandonariam os vícios de jogar e praguejar e as suas atitudes lascivas e insolentes? Teriam eles tanta disciplina que mesmo uma macieira que fosse encontrada, carregada em meio ao acampamento, seria deixada intacta, como já aconteceu com os exércitos antigos? O que poderia prometer-lhes que os fizesse me respeitar e me amar, mas que, ao final da guerra, simplesmente não precisassem mais de mim? Do que poderia fazê-los envergonhar-se se já nasceram desprovidos de vergonha? Sob que divindade ou santos deveria eu pedir a esses homens que fizessem seu juramento? Sob aqueles que adoram ou que odeiam? Desconheço qualquer um a quem amem, mais sei que a todos amaldiçoam. Como posso acreditar que eles manterão suas promessas aos homens por quem frequentemente demonstram desprezo? Como poderiam aqueles que menosprezam Deus reverenciar os homens? Que bons costumes, então, podem ser ensinados a esses povos? E se me disseres que suíços e espanhóis são bons, lhes direi que são bem melhores que os italianos. Mas se repardes no que foi exposto, verás que muito lhes falta (suíços e espanhóis) para que alcancem a perfeição dos antigos.

Os suíços têm sido bons devido aos seus próprios costumes, pelas razões já expostas, já os espanhóis o fazem por necessidade, pois, ao lutarem em países estrangeiros, parecem que o fazem sabendo que deverão vencer ou morrer e, como não lhes surgiu uma oportunidade de escapar, tornaram-se bons. Contudo, essa capacidade é falha em muitos aspectos. Não há nada de especial neles a não ser o fato de saberem esperar até que o inimigo possa ser atingido por uma lança ou espada. Também não haveria ninguém que lhes pudesse ensinar o que lhes falta, muito menos sem falar sua língua. Voltemos, porém, aos italianos, que, por não contarem com príncipes inteligentes, não produziram bons exércitos e, por não terem as mesmas necessidades dos espanhóis, acabaram sem resolver essa questão por conta própria e tornaram-se a vergonha do mundo. Os homens não são os culpados, mas seus príncipes. Estes foram castigados e, por conta de sua ignorância, perderam suas terras de maneira desonrosa, sem demonstrar qualquer virtude. Quereis conferir se o que lhes digo é verdade? Considereis quantas guerras têm sido lutadas na Itália, desde a passagem do rei Carlos, da França, até os dias de hoje. As guerras geralmente tornam os homens combativos e lhes dão fama. Essas guerras, embora grandiosas e cruéis, fizeram seus combatentes e líderes perder sua reputação. Isso necessariamente nos mostra que as ordenações habituais não eram e não são boas o suficiente e que já não existe quem saiba e possa implementar as novas ordens. Nem perca tempo acreditando que alguma boa reputação será alcançada pelos exércitos italianos, exceto no modo como já lhes demonstrei e por aqueles que dispõem de grandes estados no país. Isso somente pode ser instilado em homens simples, brutos e da mesma raça que a vossa, mas nunca nos maliciosos, mal-acostumados e estrangeiros. Jamais encontrará escultor que se diga capaz de esculpir uma bela obra a partir de uma peça de mármore defeituosa. Nossos príncipes italianos, antes mesmo de sentirem os primeiros ventos das guerras ultramontanas, acreditavam que lhes seria suficiente saber o que estava escrito, imaginar uma resposta cautelosa, escrever uma bela carta, demonstrar inteligência e presteza em suas palavras, saber como tramar uma farsa, ornamentar-se de ouro e pedras preciosas, dormir e alimentar-se mais do que os outros, manter-se cercados de pessoas lascivas, conduzir-se de modo ganancioso e arrogante perante seus súditos, tornar-se podre pela indolência, distribuir posições no exército do modo como bem preferisse, demonstrar desprezo por qualquer um que tenha se mostrado merecedor de louvor e querer que suas próprias palavras sejam as respostas dos oráculos. Aqueles pequenos homens também não sabiam que estavam prestes a tornar-se presas dos que os atacassem. Por causa disso, no ano de 1494, tiveram início as grandes batalhas nas quais um número estupendo de vidas foi perdido. Os mais ricos estados da Itália foram saqueados e espoliados repetidas vezes. No entanto, ainda pior é o fato de que aqueles que resistem continuam a persistir nos mesmos erros e a existir na mesma desordem. Eles não entendem que os antigos realizaram tantas coisas concentrando-se basicamente na preparação do corpo para as dificuldades e da mente para que não temessem o perigo. César, Alexandre e todos aqueles grandes príncipes eram os primeiros entre os combatentes a apear de seus cavalos e seguir a pé e, mesmo quando perdiam um Estado, estavam dispostos a perder a própria vida. Por isso eles viveram e morreram pela virtude. E se eles, ou pelo menos alguns deles, poderiam ser acusados de ostentar demasiada ambição pelo poder, jamais, em contrapartida, se poderia dizer que eram fracos ou temerosos, ou que demonstrassem qualquer sinal de covardia. Se tais coisas fossem lidas e acreditadas pelos príncipes de hoje, seria impossível que estes não mudassem seu modo de vida e que a sorte de suas nações não fosse boa. E como no início de nossa discussão reclamastes da eficácia de sua organização, digo-lhes que se esta fosse ordenada do modo como discutimos até aqui e, ainda assim, não alcançasse êxito, aí sim terias razão para tanto. Porém, se vossa organização não for treinada e ordenada como lhes disse, será o exército que poderá reclamar de vós, por terdes criado um aborto no lugar de uma criatura perfeita. Os venezianos, assim como o Duque de Carrara, tentaram, mas não tiveram sorte; e isso foi culpa deles, não de seus soldados. Afirmo, portanto, que qualquer um que tenha o controle dos Estados na Itália de hoje e que se disponha a agir do modo como sugeri alcançará mais poder do que qualquer outro neste país. Acontecerá, aqui, o que aconteceu no reino da Macedônia, que, sob o comando de Filipe, que havia aprendido a organizar seus exércitos com Epaminondas, o tebano, tornou-se, com tais arranjos e práticas, tão poderoso que, em poucos anos, já ocupava toda a região, a ponto de deixar um grande legado para o filho Alexandre, que viria a tornar-se o príncipe de todo o mundo. Tudo isso enquanto os gregos se divertiam representando suas comédias. Porém, qualquer príncipe ou cidadão que desconsiderar tais pensamentos perderá, respectivamente, seu principado ou cidade. Apenas me resta reclamar com a natureza por ter-me, ao mesmo tempo, feito conhecer tal realidade, mas não ser capaz de mudá-la. Também não acredito, agora que sou velho, que ainda tenha a oportunidade de mudar esta situação. Por esse motivo, sinto-me perfeitamente à vontade para dizer-lhes tudo isso, pois, sendo homens jovens e qualificados, poderão, no momento certo, caso considerem adequado o que lhes disse, alertar seus príncipes e ajudá-los. Não quero que tenhais medo ou desconfiança do que lhes disse, pois este país parece predestinado a ressuscitar coisas mortas, como tantas vezes foi observado na poesia, na pintura e na escultura. Mas não esperem por mim, pois já estou velho e já não creio nisso. Digo-lhes que, se no passado tivesse a oportunidade de implementar as mudanças necessárias, acredito que em curto período poderia ter mostrado ao mundo o valor das antigas instituições. E, sem dúvida, teria sido capaz de torná-lo ainda mais glorioso ou o teria perdido sem arrependimento.

Comentários

A virtù

No livro sétimo, Maquiavel reforça a necessidade de se montar adequadamente o quartel e nos ensina modelos mais seguros, que garantam a defesa. Em seguida, enaltece a importância de o comandante não deixar que faltem itens de subsistência aos seus soldados; fato que poderia minar internamente seu próprio exército. Isso, no mundo corporativo, se assemelha a uma falha crassa de seu estoque e, consequentemente, a uma pane em cascata no gerenciamento da logística, o que levaria a um colapso (fatal crash) em sua cadeia de suprimentos. Desarranjos, insegurança e desânimo internos são fatores que resultam em derrota e simplificam o trabalho do inimigo. Em contrapartida, a força da palavra, quando bem empregada pode ruir forças adversárias, até mais do que armas. Maquiavel faz então uma compilação de seus principais ensinamentos, destacando a importância da virtude nas batalhas, o que, na visão dele, é a principal característica que diferencia os "bons soldados" dos demais; e usa como modelo alguns dos grandes comandantes de outrora, principalmente romanos. Para finalizar, em um tom de certa modéstia, o autor assume seu desconhecimento das ciências navais e encerra, esperançoso que, de sua experiência relatada no livro, jovens se formem grandes comandantes.

(J. S. C.)

A Arte da Guerra

Sun Tzu

Tradução: Paulo Holzschuh

editora Évora.

DIRETOR-PRESIDENTE
Henrique José Branco Brazão Farinha

PUBLISHER
Eduardo Viegas Meirelles Villela

EDITORA
Cláudia Elissa Rondelli Ramos

PRODUÇÃO EDITORIAL
Sieben Gruppe Serviços Editoriais

PROJETO GRÁFICO E DIAGRAMAÇÃO
Cissa Tilelli Holzschuh

TRADUÇÃO
Paulo Holzschuh

PREPARAÇÃO DE TEXTO
Maria Augusta Finotti

REVISÃO
Cissa Tilelli

CAPA
Rubens.Lima

ILUSTRAÇÕES DA CAPA
Istockphoto | Seraficus
Istockphoto | Yougen
Istockphoto | PixHook

IMPRESSÃO
Intergraf

Título original: *Sun Tzu on the Art of War*
Traduzido do inglês da edição primeiramente traduzida do chinês com introdução e notas críticas por Lionel Giles, Mestre das Artes. Assistente do Departamento de Livros Orientais Impressos e Manuscritos do Museu Britânico.

Rua Sergipe, 401 – Cj. 1.310 – Consolação
São Paulo – SP – CEP 01243-906
Telefone: (11) 3717 1247
Site: http://www.editoraevora.com.br
E-mail: contato@editoraevora.com.br

DADOS INTERNACIONAIS DE CATALOGAÇÃO NA PUBLICAÇÃO (CIP)
(Câmara Brasileira do Livro, SP, Brasil)

S955a
Sunzi, séc.VI A.C.
[Sun Tzu on the art of war. Português]
A arte da guerra / Sun Tzu ; tradução: Paulo Holzschuh. - São Paulo: Évora, 2011.

Tradução de: Sun Tzu on the art of war, do original em chinês.
ISBN 978-85-63993-99-1
1. Ciência militar – Obras anteriores à 1800. 2. Guerra – Obras anteriores à 1800. I. Título.

CDD- 355.02

Sumário

Prefácio à edição brasileira,
por Wang Chi Hsin. V

Introdução de Lionel Giles 1

1. Traçando planos 35
2. Conduzindo a guerra. 43
3. Ataque por estratagema 51
4. Disposições táticas. 61
5. Energia 67
6. Pontos fortes e fracos 77
7. Manobras. 87
8. Variações táticas 99
9. O exército em marcha 109
10. Terreno 125
11. As nove situações 135
12. Ataque pelo fogo 165
13. O uso de espiões 175

Prefácio à edição brasileira

A arte da guerra, de Sun Tzu, por Wang Chi Hsin

Cheguei ao Brasil em 1966, aos 8 anos de idade. Na época, o conhecimento brasileiro da cultura chinesa era extremamente limitado; todos os orientais de olhos puxados eram chamados de *sam*, vocativo amistoso de tratamento da língua japonesa difundido no Brasil. Caminhando pelas ruas, chamavam-me *sam*, sem distinguir-me entre chineses, coreanos ou japoneses. À época, os japoneses eram encontrados em maior número no Brasil e, portanto, eram os mais conhecidos; os chineses formavam um grupo incipiente no país. A cultura chinesa era praticamente desconhecida na realidade brasileira. Os chineses trabalhavam predominantemente no comércio, eram donos das pastelarias, de pequenas lojas ou de bazares onde se vendia brindes contrabandeados. Ser chinês não era, portanto, motivo de orgulho.

Cresci em São Paulo, assimilando a cultura da região, superando as dificuldades do aprendizado da língua portuguesa e dos hábitos locais. O mais sofrido era enfrentar a aula de ditado, pois transferir ao papel sons tão diferentes da língua chinesa era bem difícil!

Apesar da minha plena integração, em que apreciar o arroz e o feijão é uma bela demonstração, os valores morais e culturais chineses sempre estiveram presentes na minha formação. Os valores tradicionais do budismo e do confucionismo* sempre estiveram impregnados no meu modo de analisar e compreender os fatos, valores orientais estes incutidos por pais religiosos e conservadores que, apesar

* Esta filosofia moral, conhecida entre os chineses como "os ensinamentos dos sábios", e construída com base em observações empíricas e cotidianas, apresenta profunda valorização e disseminação da moral, da disciplina, da ordem e da consciência política, exaltando o respeito pelos mais velhos e experientes. (N.E.)

de sempre me encorajarem a assimilar a cultura do país para onde imigráramos, nunca permitiram meu distanciamento deles.

São eles que norteiam minha vida pessoal e profissional, em complemento aos valores ocidentais que convivem em mim; às vezes em harmonia, outras, em conflito, muitas vezes esses valores limitam minha atuação, por seu excesso ou falta, mas em outras servem de forte subsídio para o uso da razão ou da emoção, propiciando decisões mais ponderadas e consubstanciadas.

Busco em obras como *A arte da guerra* não apenas o refúgio e o conforto em alguns momentos de reflexão solitária, mas também a análise para uma decisão pragmática e vencedora. Procuro ensinamentos milenares, porém realistas e sempre atuais, totalmente aplicáveis à nossa formação e ao pragmatismo com que vemos a vida se de fato estivermos abertos a incorporá-los, aprendendo e adotando estratégias não somente por meio de números, mas também de raciocínio intuitivo e filosófico.

Passados vários anos, a China, o "país do centro" (como se denomina) – o desconhecido –, assumiu papel global preponderante, tornando-se a segunda maior economia mundial, que poderá, em poucas décadas, tornar-se a maior de todas. A China está em alta aos olhos ocidentais. O crescimento chinês como vagão propulsor contribui para a recuperação do comércio mundial. Transformou-se em pólo absorvedor das exportações brasileiras. É ponto de partida para uma nova onda de investimentos estrangeiros, que certamente estão por aportar em curto e médio prazos por aqui.

A arte da guerra está nos ensinamentos das suas gerações, está enraizada na formação de seus líderes, é referenciada e praticada pela maneira como os chineses buscam novas fronteiras e estabelecem novos relacionamentos pessoais e comerciais. Uma obra estudada nas pequenas e longínquas escolas de um país grandioso de quase 1,4 bilhão de habitantes ou nas principais universidades de Pequim e Shangai, seus centros intelectuais

O Brasil conscientizou-se de que a China não é somente um parceiro comercial estratégico. Constatou que na cultura chinesa há legados milenares com valiosos ensinamentos por extrair e que, embora já adotados e praticados por séculos por vários povos ocidentais e orientais, eram praticamente desconhecidos pelo povo brasileiro.

Um compêndio chinês de estratagemas militares escrito há mais de dois mil anos, com ensinamentos dos mais preciosos, é a essência de *A arte da guerra*, do guerreiro e estrategista Sun Tzu, um filósofo militar que organizou e colocou em pergaminhos estratégias até hoje inspiradoras. Observações e pensamentos para se buscar formas de vencer uma guerra, por meio do planejamento estratégico, sem necessariamente enfrentar uma batalha; a arte de um general. Uma obra ampla e perfeitamente estruturada por seu caráter perceptivo, permitindo-lhe atenção e destaque na literatura militar chinesa, permanecendo até os dias de hoje como um dos grandes clássicos marciais em todo o mundo. Esta obra tornou-se conhecida no ocidente por intermédio dos jesuítas portugueses, cuja interpretação foi publicada pela primeira vez em 1772.

O líder Sun Tzu, na convicção de seus conceitos e valores, e para provar que estava certo, ousou desobedecer ao próprio rei soberano na condução da tarefa militar recebida, sob o risco de ser decapitado: a guerra era uma questão de sobrevivência, de crescimento e de grande importância para o Estado, e, por isso, exigia profundo estudo e análise, a fim de que fosse criada uma base racional de planejamento estratégico antes mesmo da condução das tropas, pois, desse modo, os objetivos militares seriam atingidos. O objetivo era conduzir uma guerra em que o inimigo não fosse subjugado nem enfrentado, e na qual não houvesse derramamento de sangue.

Como conduzir um exército contra um inimigo desnorteado? Como determinar o destino desse inimigo? Como liderar sua tropa, oferecendo-lhe ambiente moral e emocional; como puni-la com rigor e lucidez; recompensá-la da maneira e no momento adequados, não se excedendo em nenhuma questão e jamais recompensando um crime.

O general, confiante e vitorioso, munido de sabedoria, sinceridade, humanidade, coragem e rigor, escolhe as circunstâncias mais propícias, conhece o terreno e as condições climáticas do campo de batalha, tem pleno controle da sua tropa e aguarda o momento certo para atacar um inimigo desmoralizado e derrotado. Utiliza-se de agentes secretos para o levantamento de informações vitais, rompe alianças do inimigo, recorre a atividades subversivas, e, acima de tudo, sabe reconhecer alterações no desenrolar dos fatos para, sem hesitação, implementar as modificações eventualmente necessárias.

A arte da guerra está mais presente do que nunca no mundo de hoje. Erramos frequentemente quando agimos e pensamos que o tempo é invariavelmente escasso, que já temos toda a informação necessária. Acabamos iniciando uma batalha sem pensar e refletir adequadamente sobre nossas estratégias e decisões. Dificilmente planejamos nossas ações de maneira suficiente e adequada. Não nos dedicamos com afinco ao planejamento estratégico antes de iniciarmos nossa missão. Vejamos, então, alguns dos ensinamentos de Sun Tzu:

- a guerra máxima é subjugar o inimigo sem enfrentá-lo no campo de batalha; é tomar o Estado inimigo por inteiro, sem danos ou ruínas. Batalhas são arriscadas e muitas vezes imprevisíveis, guerras são perigosas;
- capacite-se para resolver dificuldades antes que elas efetivamente surjam;
- ao adentrar uma guerra, lembre-se de que sua essência é a vitória, e não as operações que se prolongam por muito tempo;
- entenda a estratégia do seu inimigo e ataque-a, atrapalhando seus planos; a excelência da guerra é justamente atacar tais planos, se possível desde o início;
- rompa as alianças do seu inimigo; se a força dele é maior que a sua, divida-a; na igualdade de forças, combata-a; se for numericamente inferior ao seu inimigo, assegure-se de que a estratégia de uma retirada possa ser executada;
- a invencibilidade depende de nós; a vulnerabilidade, do inimigo; torne-se invencível e aguarde o momento de vulnerabilidade do inimigo.

Os ensinamentos de Sun Tzu são a descrição suprema das mais diversas formas de atuação pessoal e profissional. Um livro de referência a ser lido e relido, que nos faz lembrar de nossas fraquezas, e nos ensina a explorar nossas fortalezas. Estes são pensamentos escritos há milhares de anos, que, no entanto, jamais foram esquecidos, pois lidam com valores e ambições permanentes dos seres humanos.

Como dirigente de empresas multinacionais, tive o privilégio de construir algumas histórias de sucesso empresarial. Lidei com pessoas de origem ocidental e oriental das mais diversas formações. Alguns ocidentais mais emotivos e mais predispostos ao convencimento verbal do que à ponderação e ao planejamento prévios poderiam ter atingido melhores resultados se tivessem se dedicado mais ao planejamento estratégico antes de partirem para o confronto de maneira impetuosa. Em contrapartida, pude conviver com orientais cujas influência e prática dos ensinamentos estratégicos eram nítidas, mas que acabavam demorando demasiadamente em seu processo decisório. Certamente haveria amplo espaço para um complemento dos valores ocidentais aos orientais e vice-versa, em uma situação de ensinamento mútuo, na qual ambas as partes se beneficiariam.

A arte da guerra é um instrumento que pode propiciar um amplo ganho pessoal e profissional se lido repetidamente, de tempos em tempos. Apesar de originariamente visar o planejamento para uma guerra física, a obra aborda profundos ensinamentos práticos e filosóficos para a preparação e o emprego de estratégias e táticas operacionais, além de aspectos logísticos que habitam nossa realidade cotidiana; ensinamentos que nos fazem pensar sobre o modo como nos relacionamos com o próximo, sobre os papéis do líder e dos liderados, e sobre a importância e a valorização da atuação do grupo na busca de objetivos comuns.

A China é um país complexo unificado tardiamente, que, apesar dos ensinamentos de grandes generais estrategistas como Sun Tzu e o Imperador Mongol Genghis Khan, não soube guerrear contra nações estrangeiras e acabou perdendo em confrontos com Portugal, Inglaterra, Estados Unidos, Holanda e Japão, e vendo-se obrigada a ceder territórios como Macau, Hong Kong e Taiwan. Contudo, esta nação foi redescoberta e reivindica seu papel de liderança mundial, dessa vez recorrendo aos ensinamentos dos seus antigos sábios. A China certamente continuará sendo fonte de valiosos conhecimentos filosóficos e estratégicos totalmente adaptáveis aos nossos dias, e subsidiando a nossa formação e a de muitos gestores das futuras gerações. Obras como a de Sun Tzu serão cada vez mais reconhecidas e assimiladas por aqueles dispostos a ampliar suas visões pessoais.

A arte da guerra é certamente uma obra que lhe será muito útil, assim como o tem sido para mim.

Foto: Paulo Sergio de Souza

Wang Chi Hsin nasceu em Taiwan e vive aqui desde os 8 anos. Aos 25 anos, deu início às operações da Epson no Brasil e foi seu presidente por vinte anos, construindo um caso consagrado de sucesso empresarial e influenciando a história da informática nacional. Foi eleito pelos leitores da InfoExame como um dos dez mais influentes líderes do mercado de tecnologia. Gestor e consultor de diversas empresas, há sete anos atua na estruturação e operacionalização de negócios nas áreas de internet, incorporação imobiliária e entretenimento. É autor do livro *Sucesso é superar encrencas: as turbulências são oportunidades para quem quer crescer nos negócios*.

Introdução de Lionel Giles*

Sun Wu e seu livro*

Ssu-ma Ch'ien dá a seguinte biografia de Sun Tzu:

Sun Tzu Wu era um nativo do Estado de Ch'i.[1] Sua *A arte da guerra* o tornou conhecido por Ho Lu,[2] rei de Wu. Ho Lu disse-lhe: "Tenho examinado cuidadosamente seus 'treze capítulos'. Posso submeter sua teoria de condução de soldados a um pequeno teste?"

Sun Tzu respondeu: "Pode."

Ho Lu perguntou: "O teste pode ser aplicado às mulheres?"

A resposta foi novamente afirmativa, então arranjos foram feitos para trazer 180 senhoras para fora do palácio. Sun Tzu dividiu-as em duas companhias e colocou duas das concubinas favoritas do rei à frente de cada uma delas. Ele ordenou a todas que tomassem lanças em suas mãos e dirigiu-se a elas assim: "Eu presumo que vocês saibam a diferença entre frente e trás, direita e esquerda?"

As meninas responderam: "Sim."

Sun Tzu continuou: "Quando eu disser 'olhos à frente', vocês devem olhar diretamente à sua frente. Quando eu disser 'esquerda volver', vocês devem girar para a sua esquerda. Quando eu disser 'direita

---

* A introdução e os comentários à obra original de Sun Tzu foram feitos por Lionel Giles, também tradutor do texto completo, do chinês para o inglês, nos anos de 1910. Giles foi curador assistente do Museu Britânico, e responsável por seu Departamento de Manuscritos Orientais e Livros Impressos. (N.E.)

volver', vocês devem girar para a sua direita. Quando eu disser 'meia volta volver', vocês devem girar pelo lado direito até alcançarem a direção oposta."

Novamente as meninas concordaram. Com as palavras de comando assim explicadas ele preparou alabardas* e machados de guerra a fim de iniciar o treinamento. Então, ao som dos tambores, deu a ordem "direita volver". Mas as meninas apenas explodiram em gargalhadas.

Sun Tzu disse: "Se as palavras de comando não são claras e distintas, se as ordens não são completamente compreendidas, então o general é o culpado."

Então, ele começou a treiná-las novamente e, dessa vez, deu a ordem "esquerda volver", ao que as meninas mais uma vez estouraram em ataques de riso.

Sun Tzu: "Se as palavras de comando não são claras e distintas, se as ordens não são completamente compreendidas, a culpa é do general. Mas se suas ordens SÃO claras e, no entanto, os soldados as desobedecem, então a falha é dos seus oficiais."

Assim dizendo, ele ordenou que as líderes das duas companhias fossem decapitadas. Naquele momento, o rei de Wu estava assistindo à cena do alto de um pavilhão elevado e, quando viu que suas concubinas favoritas estavam prestes a serem executadas, ficou extremamente alarmado e apressadamente enviou a seguinte mensagem: "Estamos agora bastante satisfeitos quanto à nossa capacidade geral de lidar com as tropas. Se formos privados dessas duas concubinas, nossa comida e bebida perderão o sabor. É nosso desejo que não sejam decapitadas."

Sun Tzu respondeu: "Uma vez recebida a incumbência de Vossa Majestade para ser o general de suas forças, há certas ordens de Vossa Majestade que, atuando nesta função, sou incapaz de aceitar."

Assim, ele teve as duas líderes decapitadas e logo instalou em seus lugares, pela ordem, o par seguinte de líderes. Feito isso, o tambor soou para o treino uma vez mais e as meninas passaram por todas as evoluções, virando à direita ou à esquerda, marchando à frente ou

* Antiga arma composta de longa haste e rematada por peça pontiaguda de ferro em forma de meia-lua. (N.E.)

girando para trás, de joelhos ou de pé, com perfeita exatidão e precisão, não se aventurando a proferir um som. Então, Sun Tzu enviou um mensageiro ao rei, dizendo: "Seus soldados, Senhor, agora estão devidamente treinados e disciplinados, e, portanto, prontos para a inspeção de Vossa Majestade. Eles podem ser colocados a qualquer uso que seu soberano possa desejar; ordená-los atravessar fogo e água, e eles não desobedecerão".

Mas o rei respondeu: "Que o nosso general cesse os exercícios e volte para o acampamento. Quanto a nós, não temos nenhum desejo de descer e inspecionar as tropas".

Então, Sun Tzu disse: "O rei é apenas um apreciador das palavras, não é capaz de traduzi-las em atos".

Depois disso, Ho Lu percebeu que Sun Tzu era alguém que sabia como lidar com um exército e, finalmente, nomeou-o general. No oeste, ele derrotou o Estado de Ch'u e forçou seu caminho para a capital, Ying; ao norte, ele amedrontou os Estados de Ch'i e Chin e espalhou sua fama no exterior entre os príncipes feudais. E Sun Tzu compartilhou o poder do rei.

Sobre o próprio Sun Tzu, isso é tudo que Ssu ma Ch'ien tem a nos dizer neste capítulo. Mas ele passa a dar uma biografia de seu descendente, Sun Pin, nascido cerca de cem anos depois da morte de seu famoso ancestral, que foi também um importante gênio militar do seu tempo. O historiador fala dele também como Sun Tzu e, em seu prefácio, podemos ler: "Sun Tzu teve seus pés cortados e, ainda assim, continuou a discutir a arte da guerra."[3] É provável, então, que "Pin" tenha sido um apelido conferido a ele após sua mutilação, a menos que a história tenha sido inventada para dar uma explicação ao nome. O incidente supremo de sua carreira, a derrota esmagadora de seu traiçoeiro rival P'ang Chuan, será relatado brevemente no capítulo 5 § 19, nota. Voltando ao velho Sun Tzu, ele é mencionado em outras duas passagens do *Shih Chi*:

No terceiro ano do seu reinado (512 a.C.), Ho Lu, rei de Wu, foi a campo com Tzu-hsu (ou seja, Wu Yuan) e Po P'ei e atacou Ch'u. Ele capturou a cidade de Shu e matou os dois filhos do príncipe que tinham sido anteriormente generais de Wu. Foi, então, meditar sobre uma investida a Ying (a capital), mas o general Sun Wu lhe disse: "O exército está exausto. Ainda não é possível. Temos de esperar ..." (Após outra luta bem-sucedida), no nono ano (506 a.C.), o rei Ho Lu dirigiu-se a Wu Tzu-hsu e Sun Wu, dizendo: "Antes, vocês declararam que ainda não era possível para nós atacar Ying. O momento é oportuno agora?"

Os dois homens responderam: "O general de Ch'u, Tzu-ch'ang,[4] é cobiçoso e avarento, sendo que ambos os príncipes de T'ang e Ts'ai têm ressentimentos contra ele. Se Vossa Majestade resolver fazer um grande ataque, deve primeiro conquistar T'ang e Ts'ai e, então, poderá ser bem-sucedido."

Ho Lu seguiu esse conselho (sobrepujou Ch'u em cinco batalhas campais e marchou sobre Ying).[5]

Essa foi a última data em que algo sobre Sun Wu foi mencionado. Ele não parece ter sobrevivido a seu benfeitor, que morreu dos efeitos de uma ferida em 496 a.C. Em outro capítulo, ocorre esta passagem:[6] "A partir deste momento, alguns soldados famosos surgiram, um após o outro: Kao-fan,[7] que foi contratado pelo Estado Chin; Wang-tzu,[8] a serviço de Ch'i; e Sun Wu, a serviço de Wu. Esses homens desenvolveram e explicaram os princípios da guerra."

É bastante óbvio que Ssu-ma Ch'ien, pelo menos, não tinha dúvidas sobre a realidade de Sun Wu como personagem histórico e, com uma única exceção para ser observada atualmente, ele é de longe a mais importante autoridade sobre o período em questão. Portanto, não será necessário dizer muito sobre um trabalho como o *Wu Yueh Ch'un Ch'iu*,* que supostamente foi escrito por Chao Yeh no século I d.C. A atribuição é um tanto duvidosa, mas, mesmo que fosse verdadeira, seu registro seria de pouco valor, por ser baseado no *Shih Chi* e acrescido de detalhes românticos. A história de Sun Tzu será contada, o que é importante, no capítulo 2. Os únicos pontos novos que vale a pena observar são:

1. Sun Tzu foi primeiramente recomendado a Ho Lu por Wu Tzu-hsu;
2. Ele é considerado um nativo de Wu;

* Refere-se à obra *Os anais da primavera e outono*. (N.E.).

3. Ele tinha vivido isoladamente e seus contemporâneos não estavam cientes de sua capacidade.

A seguinte passagem ocorre no Huai-nan Tzu: "Quando o soberano e os ministros mostram a perversidade da mente, é impossível, mesmo para um Sun Tzu, encontrar o inimigo." Assumindo que este trabalho é genuíno (até então nenhuma dúvida tem sido lançada sobre ele), temos aqui a primeira referência direta a Sun Tzu para Huai-nan Tzu, morto em 122 a.C., muitos anos antes do *Shih Chi* ser apresentado ao mundo.

Liu Hsiang (80-9 a.C.) diz: "A razão pela qual Sun Tzu, à frente de 30 mil homens, sobrepujou Ch'u, com duzentos mil, é que estes últimos eram indisciplinados."

Teng Ming-shih nos informa que o apelido "Sun" foi agraciado ao avô de Sun Wu pelo Duque Ching de Ch'i (547-490 a.C.). O pai de Sun Wu, Sun P'ing, tornou-se um Ministro de Estado em Ch'i e o próprio Sun Wu, cujo estilo era Ch'ang-ching, fugiu para Wu por conta da rebelião que estava sendo fomentada pela parentela de T'ien Pao. Ele teve três filhos, dos quais o segundo, chamado Ming, foi o pai de Sun Pin. Então, e de acordo com esse relato, Pin era o neto de Wu, o que, considerando que a vitória de Sun Pin sobre Wei ocorreu em 341 a.C., pode ser julgado como cronologicamente impossível. Eu não sei de onde Teng Ming-shi obteve esses dados, mas é certo que não se pode confiar neles.

Um documento interessante que sobreviveu ao final do período Han é um prefácio curto escrito pelo grande Ts'ao Ts'ao, ou Wei Wu Ti,[9] para sua edição de Sun Tzu. Vou dar-lhe na íntegra:

Ouvi dizer que os antigos usavam arcos e flechas em seu proveito.[10] O Shu Chu menciona o "exército" entre os "oito objetos de governo".

I Ching diz: "'Exército' indica firmeza e justiça; o líder experiente terá boa sorte."

Shih Ching diz: "O rei levantou-se majestoso em sua ira e, então, organizou suas tropas."

O Imperador Amarelo, T'ang, o Completo, e Wu Wang usaram lanças e machados de guerra para socorrer sua geração.

Ssu-ma Fa diz: "Se um homem matar outro intencionalmente, ele pode ser legitimamente morto."*

Aquele que depende exclusivamente dos meios guerreiros será exterminado; aquele que depende exclusivamente dos meios pacíficos perecerá. Exemplos disso são Fu Ch'ai,[11] *de um lado, e Wang Yen, de outro.*[12] *Em questões militares, a regra de Sage é normalmente manter a paz e mover suas forças apenas quando a ocasião exigir. Ele não usará a força armada, a menos que necessário.*

Eu li muitos livros sobre o tema da guerra e da luta, mas o trabalho composto por Sun Wu é o mais profundo de todos eles.[13] *Em sua abordagem de deliberação e planejamento, na importância da rapidez na tomada do campo,*[14] *na clareza da concepção e na profundidade do planejamento, Sun Tzu está além do alcance da crítica negativa. Meus contemporâneos, no entanto, não conseguiram captar o significado pleno de suas instruções e, mesmo colocando em prática todos os detalhes que abundam em sua obra, eles têm negligenciado seu significado essencial. Esse é o motivo que me levou a esboçar grosseiramente a explicação do todo.*

Algo a ser notado no citado anteriormente é a afirmação explícita de que os "treze capítulos" foram compostos especialmente para o rei Ho Lu, fato que se apoia na evidência interna em cap. 1 § 15, em que parece claro que se dirige a algum governante.

Na seção bibliográfica do *Han Shu*, há uma entrada que deu azo a muita discussão: "as obras de Sun Tzu de Wu em 82 *P'ien* (ou capítulos), com diagramas em nove *chuan*." É evidente que isso não pode ser apenas os "treze capítulos" conhecidos por Ssu-ma Ch'ien, ou aqueles que possuímos hoje. Chang Shouchieh refere-se a uma edição de *A arte da guerra* de Sun Tzu, na qual os "treze capítulos" formavam o primeiro *chuan*, acrescentando que, além disso, havia dois outros *chuan*. Isso formulou uma teoria de que a maior parte desses 82 capítulos consistiu em outros escritos de Sun Tzu, que devemos chamar de apócrifos – similar ao *Wen Ta*, cujo modelo para lidar com as nove

* Trata-se de um texto sintetizado e enigmático que data provavelmente do século IV a.C. Em tradução livre: Os métodos do ministro da guerra. (N.E.)

situações[15] está preservado no *T'ung Tien** e em outro comentário de Ho Shin. Sugere-se que, antes de sua entrevista com Ho Lu, Sun Tzu havia escrito apenas "treze capítulos", mas, depois, compôs uma espécie de exegese, sob a forma de perguntas e respostas entre ele e o rei. Pi I-hsun, autor de *Sun Tzu Hsu Lu,*** corrobora essa afirmação com uma citação do *Wu Yueh Ch'un Ch'iu*: "o rei de Wu chamou Sun Tzu e lhe fez perguntas sobre *A arte da guerra*. Cada vez que ele apresentava um capítulo de sua obra, o rei não conseguia encontrar palavras suficientes para elogiá-lo."

Como ele observa, se todo o trabalho foi exposto na mesma escala dos fragmentos anteriormente mencionados, o número total de capítulos não poderia deixar de ser considerável. Em seguida, os vários outros tratados atribuídos a Sun Tzu podem ser incluídos. O fato de que o *Han Chih* não menciona outro trabalho de Sun Tzu, exceto os 82 *P'ien*, enquanto que as bibliografias de Sui e T'ang dão os títulos de outros além dos "treze capítulos", é boa prova. Pi I-Hsun acredita que todos esses constavam nos 82 *P'ien*. Sem fixar nossa fé na precisão dos detalhes fornecidos por *Wu Yueh Ch'un Ch'iu*, ou admitir a veracidade de quaisquer dos tratados citados por Pi I-hsun, podemos ver nessa teoria uma provável solução do mistério. Entre Ssu-ma Ch'ien e Pan Ku, houve tempo de sobra para o crescimento de uma safra abundante de falsificações sob o nome mágico de Sun Tzu, e os 82 *P'ien* podem muito bem representar uma coletânea delas, agrupadas à obra original. É também possível, embora menos provável, que algumas delas existissem no tempo do primeiro historiador e foram propositadamente ignoradas por ele.[16] A conjectura de Tu Mu parece ser baseada em uma passagem que diz: "Wei Wu Ti encadeou *A arte da guerra* de Sun Wu". Por sua vez, pode ter sido resultado de um mal-entendido nas palavras finais do prefácio do rei Ts'ao. Isso, como Sun Hsing-yen observa, é apenas uma forma modesta de dizer que ele fez uma paráfrase explanatória, ou, em outras palavras, escreveu um comentário sobre o assunto. No geral, essa teoria tem encontrado pouca

* Modelo para uma longa série de histórias instucionais e uma das mais importantes fontes de informação para os historiadores T'ang. (N.E.)

** Compilação de informações históricas e bibliográficas. (N.E.)

ceitação. Diante desse fato, *Ssu K'u Ch'uan Shu** diz: "A menção dos "treze capítulos" no *Shih Chi* mostra que eles existiam antes do *Han Chih* e esses acréscimos não devem ser considerados como parte do trabalho original. A afirmação de Tu Mu não pode certamente ser tomada como prova." Há toda razão para supor, então, que os "treze capítulos" existiam no tempo de Ssu-ma Ch'ien praticamente como os temos agora. Que o trabalho era, então, bem conhecido, ele nos diz em muitas palavras: "Os 'treze capítulos' de Sun Tzu e *A arte da guerra* de Wu Ch'i são os dois livros a que as pessoas comumente se referem sobre o tema das questões militares. Ambos são amplamente conhecidos, por isso não vou discuti-los aqui."

Mas, quando recuamos ainda mais, sérias dificuldades começam a surgir. O fato importante que deve ser enfrentado é que o *Tso Chuan*,** o principal registro contemporâneo, não faz qualquer menção de Sun Wu como um general ou escritor. É natural, tendo em conta essa estranha circunstância, que muitos estudiosos não devam apenas lançar dúvidas sobre a história de Sun Wu, tal como consta no *Shih Chi*, mas ainda se mostrarem francamente céticos quanto à existência do homem em si. A apresentação mais poderosa desse lado do caso será encontrada na seguinte disposição de Yeh Shui-hsin:[17] "Afirma-se, na história de Ssu-ma Ch'ien, que Sun Wu era um nativo do Estado Ch'i e empregado por Wu; que, no reinado de Ho Lu, esmagou Ch'u, conquistou Ying e foi um grande general." Mas nenhum Sun Wu aparece no comentário de Tso. É verdade que o comentário de Tso não precisa incluir absolutamente tudo o que outras histórias contêm. Mas Tso não omitiu a menção à plebe vulgar e aos rufiões mercenários como Ying K'ao-shu,[18] Ts'ao Kuei,[19] Chu Chih-wu e Chuan She-chu.[20] No caso de Sun Wu, cuja fama e realizações foram tão brilhantes, a omissão é muito mais gritante. Novamente, detalhes são dados, em sua devida ordem, sobre os seus contemporâneos Wu Yuan e o ministro P'ei.[21] É crível que apenas Sun Wu deveria ter sido preterido? No ponto sobre

* Complete library of the four treasuries, conferida por Chi Yun et al. sob ordem imperial. Tradução livre: Coleção completa dos quatro tesouros. (N.E.)

** Diversas fontem afirmam tratar-se da mais antiga narrativa chinesa. Contém várias histórias que descrevem a vida na China feudal. (N.E.)

o estilo literário, o trabalho de Sun Tzu pertence à mesma escola que *Kuan Tzu*,[22] *Liu T'ao*[23] e *Yueh Yu*,[24] podendo, ainda, ter sido a produção de algum estudioso que viveu no final do "Período da Primavera e Outono" ou no início do "Período dos Reinos Combatentes".*[25] A história de que seus preceitos foram efetivamente aplicados pelo Estado Wu é, em grande parte, apenas o resultado da conversa de seus seguidores. Desde o período de florescimento da Dinastia Chou[26] até o tempo da "Primavera e Outono", todos os comandantes militares eram também estadistas, e a classe profissional dos generais para a realização de campanhas externas nem mesmo existia. Apenas no período dos "Seis Estados"[27] foi que esse costume mudou. Agora, ainda que Wu fosse um Estado incivilizado, é concebível que Tso deixasse de registrar o fato de que Sun Wu fora um grande general e que também não ocupou um cargo civil? O que é dito, portanto, acerca de Jang-chu[28] e Sun Wu não é questão autêntica, mas a fabricação irresponsável de especialistas em teorização. A história da experiência de Ho Lu com as mulheres, em particular, é absolutamente absurda e inacreditável.

Yeh Shui-hsin representa Ssu-ma Ch'ien como quem tenha dito que Sun Wu esmagou Ch'u e entrou em Ying. Isso não é totalmente correto. Sem dúvida, a impressão deixada na mente do leitor é a de que ele, pelo menos, partilhou esses feitos. O fato pode, ou não, ser significativo, mas não está explícito no *Shih Chi* que Sun Tzu era general, por ocasião da tomada de Ying, ou que mesmo esteve por lá. Além disso, como sabemos que Wu Yuan e Po P'ei participaram da expedição e que também seu sucesso deveu-se, principalmente, ao arrojo e ousadia de Fu Kai, irmão mais novo de Ho Lu, não é fácil enxergar como ainda outro general poderia ter desempenhado um papel muito importante na mesma campanha. Ch'en Chen-sun, da Dinastia Sung, tem a nota:

"Escritores militares consideram Sun Wu o pai de sua arte. Mas o fato de ele não aparecer no *Tso Chuan*, embora se tenha dito que ele serviu sob o rei Ho Lu de Wu, torna incerto o período a que ele realmente pertencia."

---

* Estes dois períodos são considerados como etapas de transição da sociedade escravista para a feudal (770-221 a.C.). (N.T.)

E também diz:

"As obras de Sun Wu e Wu Ch'i podem ser de antiguidade genuína. É notório que Yeh Shui-hsin e Ch'en Chen-sun, apesar de rejeitarem a personalidade de Sun Wu como figura na história de Ssu-ma Ch'ien, estão inclinados a aceitar a data tradicionalmente atribuída ao seu trabalho. O autor do *Hsu Lu* ignora essa distinção e, consequentemente, seu amargo ataque a Ch'en Chen-sun realmente perde sua marca. No entanto, ele marcou um de dois pontos, pois certamente concorda com a antiguidade dos nossos "treze capítulos". "Sun Tzu" – diz ele – "deve ter vivido na época de Ching Wang [519-476 a.C.], porque é frequentemente plagiado nos trabalhos subsequentes das Dinastias Chou, Ch'in e Han."

Os dois ofensores mais impudentes a esse respeito são Wu Ch'i e Huai-nan Tzu, ambos personagens de importância histórica em sua época. O primeiro viveu apenas um século após a data alegada a Sun Tzu e é sabido que sua morte ocorrera em 381 a.C. De acordo com Liu Hsiang, foi para ele que Tseng Shen entregou o *Tso Chuan*, que lhe tinha sido confiado por seu autor.[29] Agora, é fato que as citações de *A arte da guerra*, reconhecidas ou não, por serem encontradas em muitos autores de diferentes épocas, estabelecem um momento anterior muito forte para todas elas, em outras palavras, que o tratado de Sun Tzu já existia pouco antes do final do século V a.C.

Mais uma prova da antiguidade de Sun Tzu é fornecida pelos significados arcaicos ou totalmente obsoletos inerentes a um determinado número de palavras que ele usa. A lista dessas palavras, que talvez seja mais extensa, é dada no *Hsu Lu* e, embora algumas das interpretações sejam duvidosas, o argumento principal dificilmente é afetado. Novamente não se deve esquecer que Yeh Shui-hsin, um estudioso e crítico de primeira ordem, declara deliberadamente que o estilo dos "treze capítulos" pertence à primeira parte do século V a.C. Percebendo seu engajamento numa tentativa de refutar a própria existência de Sun Wu, podemos ter a certeza de que ele não teria hesitado em atribuir uma data posterior ao trabalho se honestamente acreditasse no contrário. E é precisamente em tal ponto que o julgamento de um chinês instruído tem mais peso. Outras provas internas são facilmente encontradas. Assim, no 1º parágrafo do capítulo 13, há uma alusão inconfundível ao antigo sistema de posse da terra, anterior ao tempo de Mêncio,* que ansiava por vê-lo ressuscitado em forma modificada.[30]

A única guerra conhecida por Sun Tzu é aquela conduzida pelos vários príncipes feudais, em que carruagens blindadas desempenhavam um grande papel. Seu uso parece ter desaparecido inteiramente antes do final da Dinastia Chou. Ele fala como um homem Wu, um Estado que deixou de existir por volta de 473 a.C. Sobre isso, concordo plenamente.

Mas, uma vez que se refira ao trabalho do século V a.C., ou anterior, as chances de ele não ser uma produção genuína são sensivelmente diminuídas. A grande era das falsificações não veio muito tempo depois. É particularmente improvável que tenha sido forjado no período imediatamente após 473 a.C., pois ninguém, como regra, se apressa a identificar-se com uma causa perdida. Quanto à teoria de Yeh Shui-hsin de que o autor era um recluso literário, parece-me completamente insustentável. Se algo é mais aparente do que outro, depois de ler as máximas de Sun Tzu, é que sua essência foi destilada a partir de uma grande quantidade de observações e experiências pessoais. Elas refletem a mente não somente de um estrategista de nascença, dotado de uma rara faculdade de generalização, mas, também, de um soldado experiente, bastante familiarizado com as condições militares de seu tempo. Sem mencionar o fato de que essas palavras foram aceitas e aprovadas por todos os grandes capitães da história chinesa, elas oferecem uma combinação de frescor e sinceridade, acuidade e senso comum, que exclui completamente a ideia de que foram artificialmente tramadas no estudo. Se admitirmos, então, que os "treze capítulos" foram a verdadeira produção de um militar vivendo no final do período "Ch'un Ch'iu", não somos obrigados, a despeito do silêncio de *Tso Chuan*, a aceitar a descrição de Ssu-ma Ch'ien em sua totalidade? Em vista de sua alta reputação como um sóbrio historiador, devemos hesitar em não assumir que os registros biográficos de Sun Wu eram falsos ou, no mínimo,

* Mêncio (370-289 a.C.) foi um filósofo chinês, e o mais eminente seguidor do confucionismo. (N.E.)

não confiáveis? A resposta, temo eu, deve ser negativa. Há, ainda, uma grave, se não fatal, objeção à cronologia que envolve a história contada no *Shih Chi*,* a qual, até onde sei, ninguém ainda apontou. Há duas passagens em Sun Tzu em que ele faz alusão a assuntos contemporâneos. O primeiro no capítulo 6, parágrafo 21:

"Embora, de acordo com a minha estimativa, os soldados de Yueh ultrapassem os nossos próprios em número, em nada deverá beneficiar-lhes em matéria de vitória. Digo, então, que a vitória pode ser alcançada."

O segundo está no capítulo 11, § 30:

"Questionado sobre se um exército poderia ser feito para imitar o *Shuai-Jan*, eu deveria responder que sim, pois os homens de Wu e os de Yueh são inimigos; no entanto, se eles estão cruzando um rio no mesmo barco e são apanhados por uma tempestade, um virá em assistência ao outro, como a mão esquerda ajuda a direita."

Esses dois parágrafos são extremamente valiosos como prova da data da composição. Eles atribuem o trabalho ao período da luta entre Wu e Yueh. Muito tem sido observado por Pi I-hsun. Mas o que até agora não se percebeu é que eles também prejudicam gravemente a credibilidade da narrativa do Ssu-ma Ch'ien. Como vimos anteriormente, a primeira data que explicita a conexão com Sun Wu é a de 512 a.C. Ele está, então, falando como general e agindo como assessor confidencial de Ho Lu, de modo que sua alegada apresentação ao monarca já ocorrera e, claro, os "treze capítulos" devem ter sido escritos antes ainda. Mas, naquele momento e durante vários anos depois, até a captura de Ying, em 506 a.C., Ch'u, e não Yueh, foi o grande inimigo hereditário de Wu. Os dois Estados, Ch'u e Wu, estavam constantemente em guerra há mais de meio século,[31] enquanto que a primeira guerra entre Wu e Yueh foi travada apenas em 510 a.C.[32] e, mesmo assim, não era mais do que um interlúdio curto imprensado no meio da luta feroz com Ch'u, que, agora, não é mencionado nos "treze capítulos" de modo algum. A dedução natural é que eles tenham sido escritos numa época em que Yueh havia se tornado o principal antagonista de Wu, isto é, após Ch'u sofrer a

* Refere-se à obra *Memórias históricas*, escrita pelo famoso historiador Ssu-ma Ch'ien (145-90 a.C.). (N.E.)

grande humilhação de 506 a.C. Nesse ponto, algumas informações, em ordem temporal, podem ser úteis:

- 514: ascensão de Ho Lu.
- 512: Ho Lu ataca Ch'u, mas é dissuadido a entrar em Ying, a capital; *Shih Chi* menciona Sun Wu como general.
- 511: outro ataque ocorre em Ch'u.
- 510: Wu faz um ataque bem-sucedido a Yueh, sendo esta a primeira guerra entre os dois Estados.
- 509: Ch'u invade Wu, mas é notavelmente derrotado em Yu Chang.
- 508-506: Ho Lu ataca Ch'u com a ajuda de T'ang e Ts'ai; batalha decisiva de Po-chu e captura de Ying: última referência a Sun Wu no *Shih Chi*.
- 505: Yueh faz uma incursão sobre Wu na ausência de seu exército; Wu é derrotado por Ch'in e evacua Ying.
- 504: Ho Lu envia Fu Ch'ai para atacar Ch'u.
- 497: Kou Chien torna-se rei de Yueh.
- 496: Wu ataca Yueh, mas é derrotado por Kou Chien em Tsui-li; Ho Lu é morto.
- 494: Fu Ch'ai derrota Kou Chien na grande batalha de Fu-chaio e entra na capital de Yueh.
- 485: Kou Chien rende homenagem a Wu; morte de Wu Tzu-hsu.
- 484-482: Kou Chien invade Wu na ausência de Fu Ch'ai.
- 478: novos ataques de Yueh sobre Wu.
- 476-475: Kou Chien estabelece um cerco à capital de Wu.
- 473: derrota final e extinção de Wu.

A frase do capítulo 6 § 21 citada anteriormente sugere que dificilmente poderia ter sido escrita em pleno fluxo de vitória. Parece-me sugerir que, pelo menos naquele momento, a maré virara contra Wu e ele estava enfrentando o pior da luta. Então podemos concluir que o nosso tratado não existia em 505 a.C., antes do qual Yueh parece não ter marcado qualquer notável sucesso contra Wu. Ho Lu morreu em 496 a.C. e, se o livro foi escrito para ele, deve ter sido durante o período de 505-496 a.C., quando ocorreu uma calmaria nas hostilidades,

Wu presumivelmente esgotado pelo seu esforço supremo contra Ch'u. Por outro lado, se optarmos por desconsiderar a tradição de ligação do nome de Sun Wu com Ho Lu, poderia também ter vindo à luz entre 496 a.C. e 494 a.C. ou, eventualmente, no período entre 482 e 473 a.C., quando Yueh mais uma vez tornou-se uma ameaça muito séria.[33] Podemos estar razoavelmente certos de que o autor, quem ele possa ter sido, não foi um homem de qualquer grande destaque em seu próprio tempo. Nesse ponto, o testemunho negativo do *Tso Chuan* supera de longe qualquer traço de autoridade ainda anexado ao *Shih Chi*, uma vez que seus outros fatos estão desacreditados. Sun Hsing-yen, no entanto, faz uma fraca tentativa de explicar a omissão de seu nome do grande comentário. Foi Wu Tzu-hsu, diz ele, que obteve todo o crédito das proezas de Sun Wu, porque o último (sendo um estrangeiro) não foi recompensado com uma função de Estado. Como, então, se originou a lenda de Sun Tzu? Pode ser que a fama crescente do livro tenha produzido com o tempo um tipo de reputação fictícia de seu autor. Considerou-se apenas ser correto e apropriado que alguém tão bem versado na ciência da guerra deva ter sólidas realizações a seu crédito também. Agora, a captura de Ying foi, sem dúvida, o maior feito das armas no reinado de Ho Lu: causou uma impressão profunda e duradoura em todos os Estados circundantes e elevou Wu ao zênite do seu poder de curta duração. Assim, é mais natural, com o passar do tempo, que o mestre da estratégia, Sun Wu, deva ser popularmente identificado com a campanha num primeiro momento, talvez, apenas no sentido de que seu cérebro tenha concebido e planejado, depois que foi efetivamente realizada por ele em conjunto com Wu Yuan,[34] Po P'ei e Fu Kai?

É óbvio que qualquer tentativa de reconstruir até mesmo o esboço da vida de Sun Tzu deve basear-se quase que totalmente em conjecturas. Com essa condição necessária, devo dizer que ele provavelmente entrou para o serviço de Wu no tempo da ascensão de Ho Lu e reuniu experiência, embora apenas na posição de um subordinado oficial, durante a intensa atividade militar que marcou o primeiro semestre do reinado do príncipe.[35] Se ele passou a ser um general de alguma maneira, certamente nunca esteve em pé de igualdade com os três mencionados anteriormente. Sem dúvida, ele esteve presente na investida e ocupação de Ying e testemunhou o colapso repentino de Wu no ano seguinte. O ataque de Yueh naquele momento crítico, quando seu rival estava totalmente constrangido, parece o ter convencido de que esse reino arrivista era o grande inimigo contra o qual todos os esforços passariam a ser dirigidos. Sun Wu era, então, um guerreiro experiente quando se sentou para escrever seu famoso livro, que, de acordo com meus cálculos, deve ter acontecido no final, e não no início do reinado de Ho Lu. A história das mulheres pode eventualmente ter surgido como resultado de algum incidente real que ocorreu ao mesmo tempo. Como não ouvimos mais falar de Sun Wu a partir de qualquer fonte após esse momento, é pouco provável que tenha sobrevivido a seu benfeitor ou que tenha tomado parte na luta de morte com Yueh, que começou com o desastre de Tsui-li.

Se essas suposições estão aproximadamente corretas, há uma certa ironia no destino que decretou que o homem mais ilustre da paz da China deva ser contemporâneo de seu maior escritor sobre a guerra.

O texto de Sun Tzu

Eu tenho encontrado dificuldades para colher muitas informações sobre a história do texto de Sun Tzu. As citações dos primeiros autores demonstram que os "treze capítulos", dos quais Ssu-ma Ch'ien fala, são essencialmente os mesmos já existentes. Nós temos sua palavra de que elas foram amplamente divulgadas em seu tempo e apenas podemos lamentar que ele se absteve de discuti-las na ocasião. Sun Hsing-yen diz, em seu prefácio:

"Durante as Dinastias Ch'in e Han, *A arte da guerra* de Sun Tzu era de uso comum entre os comandantes militares, mas eles parecem tê-la tratado como uma obra de propósito misterioso e não estavam dispostos a expô-la em benefício da posteridade." Assim sucede que Wei Wu foi o primeiro a escrever um comentário sobre ela.

Como já vimos, não há motivos razoáveis para supor que Ts'ao Kung tenha adulterado o texto. Mas o próprio texto, muitas vezes, é tão obscuro e o número de edições que surgiram a partir desse momento em diante, tão grande, especialmente durante as Dinastias Tang e Sung, que seria surpreendente se numerosas corrupções não lhe tivessem sido introduzidas. Alcançando a metade do período Sung, altura em que todos os principais comentários sobre Sun Tzu já existiam, um certo Chi T'ien-pao publicou uma obra em 15 *chuan* intitulada "Sun Tzu com comentários reunidos de dez escritores". Havia um outro texto, com comentários variados, apresentado por Chu Fu de Ta-hsing, que também teve adeptos entre os estudiosos desse período; mas nas edições Ming, Sun Hsing-yen nos diz que essas leituras, por algum motivo ou outro, foram tiradas de circulação. Assim, até o final do século XVIII, o único texto disponível era um derivado da edição de Chi T'ien-pao, embora nenhuma cópia real desse trabalho importante pareça ter sobrevivido. Esse é, portanto, o texto de Sun Tzu que aparece na seção de guerra da grande Enciclopédia Imperial, impressa em 1726 d.C., a *Ku Chin T'u Shu Chi Ch'eng*.

Outra cópia à minha disposição, que é praticamente o mesmo texto com ligeiras variações, é aquela contida em "Os onze filósofos das Dinastias Chou e Ch'in" (1758 d.C.). E o chinês impresso na primeira edição do capitão Calthrop é evidentemente uma versão similar que foi filtrada através de canais japoneses. Assim a situação permaneceu até que Sun Hsing-yen (1752-1818 d.C.), um antiquário distinto e erudito clássico que alegou ser um real descendente de Sun Wu,[36] descobriu acidentalmente uma cópia do trabalho de Chi T'ien-pao, há muito tempo perdido, quando, em visita à biblioteca do templo Hua-yin.[37] Anexado a ele estava o *I Shuo* de Cheng Yu-Hsien, mencionado no *T'ung Chih*, também considerado perdido. Isso é o que Sun Hsing-yen designa como a "edição original (ou texto)," nome um pouco enganador, porque não pode, por qualquer meio, definir-nos o texto de Sun Tzu em sua pureza primitiva. Chi T'ien-pao era um compilador descuidado e parece ter-se contentado em reproduzir a versão, um pouco degradada, vigente em seus dias, sem a preocupação de conferir com as primeiras edições então disponíveis. Felizmente, existem duas versões de Sun Tzu ainda mais antigas do que o trabalho recém-descoberto, uma guardada no *T'ung Tien*, o grande tratado de

Tu Yu sobre a Constituição, a outra, da mesma forma consagrada na enciclopédia *T'ai P'ing Yu Lan*. Em ambos, o texto completo pode ser encontrado, apesar de estar dividido em fragmentos, misturado com outros assuntos, disperso por um número de seções diferentes. Considerando que a *Yu Lan* nos leva de volta ao ano 983 d.C., e o *T'ung Tien* cerca de duzentos anos ainda mais, em meio à Dinastia T'ang, o valor dessas transcrições iniciais de Sun Tzu não pode ser subestimado. No entanto, a ideia de utilizá-los não parece ter ocorrido a ninguém até que Sun Hsing-yen, agindo sob instruções do Governo, realizou uma recensão exaustiva do texto. Esta é a sua própria explicação:

"Devido aos numerosos erros no texto de Sun Tzu proferidos por seus editores, o Governo ordenou que a edição antiga [de Chi T'ien-pao] deva ser utilizada e que o texto deve ser revisto e corrigido por toda parte. Aconteceu que Wu Nien-hu, o governador Pi Kua, e Hsi, um graduado de segundo grau, tinham se dedicado a esse estudo, provavelmente superando-me nele. Assim, eu tive todo o trabalho dividido em blocos como um livro para os militares."

Os três indivíduos aqui referidos evidentemente tinham se ocupado do texto de Sun Tzu antes da comissão de Sun Hsing-yen, mas ficamos em dúvida quanto ao trabalho realmente realizado. De qualquer forma, a nova edição, quando finalmente produzida, apareceu em nome de Sun Hsing-yen e apenas um coeditor, Wu Jen-shi. Eles tomaram a "edição original" como base e, por comparação cuidadosa com versões mais antigas, bem como os comentários existentes e outras fontes de informação, tais como o *I Shuo*, conseguiram restabelecer um grande número de passagens duvidosas e se concentraram, no geral, no que deve ser aceito provavelmente como a máxima aproximação do trabalho original de Sun Tzu, que será denominado a partir de agora como "texto padrão".

A cópia que tenho usado pertence a uma reedição datada de 1877. Está em seis Pen, que fazem parte de um conjunto bem impresso de 23 obras filosóficas antigas em 83 Pen[38]. Ela abre com um prefácio de Sun Hsing-yen (citado em grande parte desta introdução), justificando a visão tradicional da vida e atuação de Sun Tzu e concluindo de forma notavelmente concisa as evidências em seu favor. Isso é acompanhado do prefácio de Ts'ao Kung para a sua edição e da biografia de Sun Tzu do *Shih Chi*, ambos traduzidos anteriormente. A seguir, em primeiro lugar vem o *I Shuo* de Cheng Yu-hsien,[39] com prefácio do autor, e depois, uma curta miscelânea de informações históricas e bibliográficas intitulada *Sun Tzu Hsu Lu*, compilada por Pi I-hsun. Quanto ao corpo do trabalho, cada frase em separado é seguida por uma nota sobre o texto, se necessário, e depois pelos vários comentários pertencentes a ele, dispostos em ordem cronológica. Passamos, agora, a discuti-los brevemente, um por um.

Os comentadores

Sun Tzu pode se vangloriar de uma lista excepcionalmente longa de ilustres comentadores, que faria honra a qualquer clássico. Ou-yang Hsiu observa esse fato, apesar de tê-lo escrito antes do conto estar completo, e um tanto ingenuamente o explica dizendo que os artifícios da guerra, sendo inesgotáveis, devem, então, ser suscetíveis de tratamento numa grande variedade de maneiras:

1. Ts'ao Ts'ao ou Ts'ao Kung, posteriormente conhecido como Wei Wu Ti [155-220 d.C.]. Não há praticamente nenhuma margem para dúvidas de que os primeiros comentários sobre Sun Tzu vieram realmente da pena desse homem extraordinário, cuja biografia no *San Kuo Chih** lê-se como um romance. Um dos maiores gênios militares que o mundo já viu, e napoleônico na escala das suas operações, foi especialmente famoso pela admirável rapidez das suas marchas, que tem encontrado expressão no verso "Fale de Ts'ao Ts'ao e Ts'ao Ts'ao aparecerá". Ou-yang Hsiu diz que ele era um grande capitão que "mediu sua força contra Tung Cho, Lu Pu e os dois Yuan, pai e filho, e venceu todos; então ele dividiu o Império de Han com Wu e Shu, e fez-se rei. Há registros de que sempre que um conselho de guerra

* Famosa narrativa chinesa de origem no século XVI. Tradução livre: O romance dos três reinos. (N.E.)

fosse realizado na véspera de uma campanha de grande envergadura, Wei tinha todos os seus cálculos prontos; os generais que fizeram uso deles não perderam nenhuma batalha em cada dez; os que foram contrários a eles por qualquer motivo tiveram seus exércitos superados e postos em fuga sem restrição". As notas de Ts'ao Kung sobre Sun Tzu, modelos de brevidade austera, são tão características do inflexível comandante conhecido pela história, que é realmente difícil conceber uma delas como a obra de um mero literato. Às vezes, na verdade, devido à compressão extrema, elas são pouco inteligíveis e necessitam mais de um comentário do que o próprio texto em si.[40]

2. Meng Shih. O comentário que chegou até nós sob esse nome é relativamente escasso e nada sobre o autor é conhecido. Mesmo seu nome pessoal não foi registrado. A edição de Chi T'ien-pao o coloca após Chia Lin e Ch'ao Kung-Wu também atribui a ele a Dinastia T'ang,[41] mas isso é um erro. No prefácio de Sun Hsing-yen, ele aparece como Meng Shih da Dinastia Liang (502-557 d.C.). Outros podem identificá-lo como Meng K'ang, do século III. Ele é chamado para um trabalho como o último dos "Cinco Comentadores", sendo os outros Wei Wu Ti, Tu Mu, Ch'en Hao e Chia Lin.
3. Li Ch'uan, do século VIII, era um escritor bastante conhecido em táticas militares. Uma de suas obras tem sido usada constantemente até os dias atuais. O *T'ung Chih* menciona "Vidas de generais famosos do Chou até a Dinastia T'ang" como escrita por ele.[42] De acordo com Ch'ao Kung-wu e o catálogo *T'ien-i-Ko*, ele seguiu uma variante do texto de Sun Tzu, que difere consideravelmente daqueles já existentes. Suas notas são, em sua maioria, curtas e objetivas e ele frequentemente ilustra suas observações com anedotas da história chinesa.
4. Tu Yu (falecido em 812 d.C.) não publicou um comentário em separado sobre Sun Tzu, suas notas são tomadas a partir do *T'ung Tien*, o tratado enciclopédico sobre a Constituição que

foi o trabalho de sua vida. Elas são, em grande parte, repetição de Ts'ao Kung e Meng Shih, além do que se acredita que ele se baseou nos comentários antigos de Wang Ling e outros. Devido ao arranjo peculiar do *T'ung Tien*, ele tem de explicar cada passagem no seu mérito separado do contexto e, às vezes, sua própria explicação não concorda com a de Ts'ao Kung, a quem ele sempre cita em primeiro lugar. Embora não seja estritamente avaliado como um dos "Dez Comentadores", ele foi adicionado ao seu número por Chi T'ien-pao, sendo indevidamente colocado após seu neto Tu Mu.

5. Tu Mu (803-852 d.C.) é talvez o poeta conhecido como a estrela mais brilhante, mesmo na gloriosa galáxia do período T'ang. Sabemos, por meio de Ch'ao Kung-wu, que, embora não tivesse nenhuma experiência prática da guerra, ele gostava muito de discutir o assunto e, aliás, foi bastante lido na história militar das eras Ch'un Ch'iu e Chan Kuo. Suas notas, portanto, são dignas de atenção. Elas são abundantes e repletas de paralelos históricos. A essência do trabalho de Sun Tzu é assim resumida por ele: "Pratique a benevolência e a justiça, mas, por outro lado, faça uso pleno de artifícios e medidas de conveniência". Ele declarou, ainda, que todos os triunfos e os desastres militares dos mil anos que se passaram desde a morte de Sun Tzu seriam, sob análise, revelados para defender e confirmar, em cada detalhe, as máximas constantes em seu livro. Uma certa carga de rancor de Tu Mu contra Ts'ao Kung é algo que já foi considerado em outros lugares.
6. Ch'en Hao parece ter sido contemporâneo de Tu Mu. Ch'ao Kung-wu diz que ele foi impelido a escrever um novo comentário sobre Sun Tzu porque Ts'ao Kung, por um lado, era muito obscuro e sutil, e que Tu Mu, do outro, muito prolixo e difuso. Ou-yang Hsiu, escrevendo em meados do século XI, nomeia Ts'ao Kung, Tu Mu e Ch'en Hao como os três principais comentadores sobre Sun Tzu e observa que Ch'en Hao está continuamente atacando as falhas de Tu Mu. Seus comentários,

embora não desprovidos de mérito, devem ser classificados abaixo aos dos seus antecessores.

7. Chia Lin é conhecido por ter vivido sob a Dinastia T'ang. Seu comentário sobre Sun Tzu é mencionado no *T'ang Shu* e depois republicado por Chi Hsieh, da mesma dinastia, juntamente com os de Meng Shih e Tu Yu. É de textura um pouco escassa e, no ponto de qualidade, também, talvez o menos valioso dos onze.
8. Mei Yao-Ch'en (1002-1060 d.C.), geralmente conhecido por seu "estilo" como Mei Sheng-yu, era, como Tu Mu, um poeta de distinção. Seu comentário foi publicado com um prefácio laudatório pelo grande Ou-yang Hsiu, do qual podemos selecionar o seguinte: "Estudiosos recentes interpretaram mal Sun Tzu, distorcendo suas palavras e tentando moldá-las com seus próprios pontos de vista unilaterais. Assim, embora não faltem comentadores, apenas alguns se revelaram à altura da tarefa. Meu amigo Sheng-yo não incorreu em tal erro. Na tentativa de proporcionar um comentário crítico para o trabalho de Sun Tzu, ele não perde de vista o fato de que esses ditos foram destinados para estados engajados numa guerra mortífera; que o autor não está preocupado com as condições militares prevalecentes sob os soberanos das três dinastias antigas,[43] nem com as nove medidas punitivas prescritas para o Ministro da Guerra.[44] Novamente, Sun Wu amava a brevidade da dicção, mas seu significado é sempre profundo. Se o sujeito está colocando um exército em marcha, ou lidando com soldados, ou avaliando o inimigo, ou controlando as forças da vitória, é sempre sistematicamente tratado; os ditos estão unidos numa sequência lógica rigorosa, embora eles tenham sido obscurecidos por comentadores que provavelmente não compreenderam seu significado. Em seu próprio comentário, Mei Sheng-yu deixou de lado todos os preconceitos obstinados desses críticos e tentou extrair o verdadeiro significado do próprio Sun Tzu. Dessa forma, as nuvens da confusão foram

dispersas e os dizeres se fizeram claros. Estou convencido de que o presente trabalho merece ser proferido lado a lado com os três grandes comentários; e pelo muito que se encontram nos ditos, as próximas gerações terão motivo constante para agradecer ao meu amigo Sheng-yu." Fazendo algum desconto para a exuberância de amizade, estou inclinado a aprovar esse julgamento favorável e certamente colocá-lo acima de Ch'en Hao em ordem de mérito.

9. Wang Hsi, também da Dinastia Sung, é decididamente original em algumas de suas interpretações, mas muito menos sensato do que Mei Yao-ch'en e, em geral, não é um guia muito confiável. Ele gosta de comparar seu próprio comentário com o de Ts'ao Kung, mas a comparação, muitas vezes, não é lisonjeira com ele. Sabemos, por meio de Ch'ao Kung-wu, que Wang Hsi revisou o texto antigo de Sun Tzu, preenchendo lacunas e corrigindo erros.[45]
10. Ho Yen-Hsi, da Dinastia Sung. O nome pessoal do comentador como descrito é dado por Cheng Ch'iao, no *Tung Chih*, escrito em meados do século XII, mas ele aparece simplesmente como Ho Shih, no *Yu Hai*, e Ma Tuan-lin menciona Ch'ao Kung-wu como tendo dito que seu nome pessoal é desconhecido. Não parece haver nenhuma razão para duvidar da declaração de Cheng Ch'iao, caso contrário, eu deveria me inclinar a arriscar um palpite e identificá-lo como Ho Ch'u-fei, autor de um pequeno tratado sobre a guerra, que viveu no final do século XI. O comentário de Ho Shih, nas palavras do catálogo *T'ien-i-Ko*,* "contém adições úteis" aqui e ali, mas é principalmente notável pelos abundantes extratos copiados, de forma adaptada, a partir das histórias dinásticas e outras fontes.
11. Chang Yu. A lista se encerra com um comentador talvez sem grande originalidade, mas dotado de admiráveis poderes de lucidez expositiva. Seu comentário baseia-se no de Ts'ao Kung, cujas frases concisas ele conseguiu expandir e desenvolver de forma magistral. Sem Chang Yu, é seguro dizer que muito dos

* Catálogo compilado entre 1803 e 1804. (N.E.)

comentários de Ts'ao Kung teria permanecido oculto em sua obscuridade original e, portanto, sem valor. Sua obra não é mencionada na história de Sung, o *T'ung K'ao*, ou no *Yu Hai*, mas encontra um nicho no *T'ung Chih*, que também o nomeia como autor de "A vida dos generais famosos".[46] É especialmente notável que os quatro últimos nomeados tenham surgido num espaço de tempo tão curto. Ch'ao Kung-wu explica isso dizendo: "Durante os primeiros anos da Dinastia Sung, o Império gozava de um longo período de paz e os homens deixaram de praticar a arte da guerra. Mas quando veio a rebelião de (Chao) Yuan-hao (1038-1042 d.C.) e os generais de fronteira foram derrotados um após o outro, a Corte procurou arduamente por homens hábeis na guerra e os assuntos militares tornaram-se populares entre todos os altos funcionários. Por isso é que os comentadores de Sun Tzu, em nossa Dinastia, pertencem principalmente a esse período".[47]

Além desses onze comentadores, existem vários outros cujos trabalhos não chegaram até nós. O *Sui Shu* menciona quatro, ou seja, Wang Ling (muitas vezes citado por Tu Yu como Wang Tzu); Chang Tzu-shang; Chia Hsu, de Wei,[48] e Shen Yu, de Wu. O *T'ang Shu* acrescenta Sun Hao e o *T'ung Chih,* Hsiao Chi, enquanto o *T'u Shu* cita um comentador Ming, Huang Jun-yu. É possível que alguns destes tenham sido apenas colecionadores e editores de outros comentários, como Chi T'ien pao e Chi Hsieh, mencionados anteriormente.

Apreciações de Sun Tzu

Sun Tzu exerceu um poderoso fascínio sobre a mente de alguns dos mais importantes homens da China. Entre os generais famosos conhecidos por terem estudado suas páginas com entusiasmo, podem ser mencionados Han Hsin (morto em 196 a.C.),[49] Feng I (morto em 34 d.C.),[50] Lu Meng (morto em 219 d.C.)[51] e Yo Fei (que viveu entre 1103 e 1141 d.C.).[52] A opinião de Ts'ao Kung, que disputa com Han Hsin o lugar mais alto nos anais do poderio militar chinês, já foi registrada.

[53] Ainda mais notável, de certa maneira, é o testemunho de homens puramente literários, como Su Hsun (pai de Su Tung-p'o), que escreveu vários ensaios sobre temas militares, todos aos quais devem sua principal inspiração a Sun Tzu. Uma breve passagem escrita por ele está preservada no *Yu Hai*:[54]

"Sun Wu, dizendo que na guerra não se pode ter certeza de vencer,[55] difere muito do que é dito em outros livro.[56] Wu Ch'i era um homem do mesmo tipo que Sun Wu: ambos escreveram livros sobre a guerra e eles estão ligados na linguagem popular como 'Sun e Wu'. Mas as observações de Wu Ch'i sobre a guerra são menos importantes, suas regras são expressamente mais rudes e cruéis e não há a mesma unidade de plano tal como na obra de Sun Tzu, onde o estilo é conciso, mas o significado totalmente presente."

O que segue é um trecho de "Julgamentos imparciais no jardim da literatura", de Cheng Hou:

"Os 'treze capítulos' de Sun Tzu não são apenas a base de todo treinamento militar, mas também obrigam a mais cuidadosa atenção de estudiosos e homens de letras. Suas palavras são concisas, mas elegantes; simples, mas profundas; lúcidas e absolutamente práticas. Trabalhos como o *Lun Yu*, o *I Ching* e os grandes comentários,[57] bem como os escritos de Mêncio, Hsun K'uang e Yang Chu, todos estão abaixo do nível de Sun Tzu."

Chu Hsi, comentando sobre isso, admite plenamente a primeira parte da crítica, embora ele não goste da comparação audaciosa com as veneradas obras clássicas. Linguagens desse tipo, diz ele, "encorajam a propensão de um governante em direção a uma guerra implacável e ao militarismo imprudente."

Apologias à guerra

Habituados como estamos a pensar na China como a maior nação amante da paz na terra, corremos certo risco se esquecermos que sua experiência de guerra, em todas as suas fases, não encontra paralelo com nenhum outro Estado moderno. Seu longo anal militar alcança um ponto que se encontra perdido nas brumas do tempo. Ela construiu a Grande

Muralha e manteve um exército enorme ao longo de sua fronteira séculos antes do primeiro legionário romano ser visto no Danúbio. Levando em consideração as perpétuas colisões dos antigos Estados feudais, os terríveis conflitos com hunos, turcos e outros invasores após a centralização do governo, os tremendos levantes que acompanharam a queda de tantas dinastias, além de inúmeras rebeliões e distúrbios menores que ocorreram um após o outro, dificilmente se pode dizer que o choque das armas deixou de ressoar em uma parte ou outra do Império.

Não menos notável é a sucessão de comandantes ilustres a quem a China pode apontar com orgulho. Como em todos os países, os maiores emergem durante as crises mais fatais de sua história. Assim, Po Ch'i destaca-se visivelmente no período em que Ch'in estava entrando em sua luta final com o restante dos Estados independentes. Os anos tempestuosos que se seguiram à dissolução da dinastia Ch'in são iluminados pelo gênio transcendente de Han Hsin. Quando o Casa de Han, por sua vez, está cambaleando em direção à sua queda, a grande e perversa figura de Ts'ao Ts'ao domina a cena. E no estabelecimento da Dinastia Tang, uma das mais poderosas tarefas realizadas pelo homem, a energia sobre-humana de Li Shih-min (mais tarde o Imperador T'ai Tsung) foi apoiada pela brilhante estratégia de Li Ching. Nenhum desses generais precisa temer comparação com os maiores nomes na história militar da Europa.

Apesar de tudo isso, grande parte do sentimento chinês, de Lao Tzu e seus antecessores e, especialmente, como refletido na literatura-padrão do confucionismo, tem sido sempre pacífico e intensamente oposto ao militarismo, em qualquer forma. É algo tão raro encontrar qualquer um dos literatos defendendo a guerra em princípio, que eu tenho pensado se vale a pena recolher e traduzir algumas passagens em que a visão não ortodoxa é sustentada. A seguir, Ssu-ma Ch'ien mostra que, apesar de toda sua admiração ardente por Confúcio, ele ainda não defende a paz a qualquer preço:

"Armas de guerra são os meios utilizados por Sage para punir a violência e a crueldade, para trazer paz aos tempos turbulentos, para eliminar as dificuldades e perigos e socorrer aqueles que estão em risco. Todo e qualquer animal com sangue em suas veias e chifres sobre sua cabeça lutará quando for atacado. O que dizer, então, do homem, que traz no peito sentimentos de amor e ódio, alegria e raiva! Quando satisfeito, um sentimento de afeição brota em seu interior; quando irritado, seu ferrão venenoso é posto em ação. Essa é a lei natural que rege o seu ser... O que então será dito dos estudiosos do nosso tempo, cegos a todas as grandes questões, sem qualquer avaliação de valores relativos, que apenas vociferam fórmulas obsoletas sobre 'virtude' e 'civilização', condenando o uso de armas militares? Eles certamente trarão ao nosso país impotência, vergonha e a perda de sua herança de direito; ou, pelo menos, eles trarão invasão e rebelião, o sacrifício do território e enfraquecimento geral. No entanto, eles obstinadamente se recusam a modificar a posição que assumiram. A verdade é que, assim como na família o patriarca não deve poupar o castigo, o Estado não pode prescindir das punições, assim, nunca deve se permitir que o castigo militar caia em suspensão no Império. Tudo o que posso dizer é que esse poder será exercido com sabedoria por parte de alguns, tolamente por outros e que, entre aqueles que detêm algumas armas, alguns serão leais e outros, rebeldes."[58]

A próxima peça é retirada do prefácio de Tu Mu, em seu comentário sobre Sun Tzu:

"Guerra pode ser definida como punição, que é uma das funções de governo. Foi a profissão de Chung Yu e Jan Ch'iu, ambos discípulos de Confúcio. Atualmente, a realização de julgamentos e audiência de litígios, a prisão dos criminosos e sua execução pela flagelação no mercado local, são todas feitas por oficiais. Mas o poder dos grandes exércitos, a tomada de cidades fortificadas, o transporte de mulheres e crianças cativas e a decapitação de traidores também é trabalho feito por oficiais. Os objetos de tortura e as armas militares são essencialmente os mesmos. Não há nenhuma diferença intrínseca entre a pena de açoite e cortar cabeças durante a guerra. Para infrações da lei menores, que são facilmente tratadas, apenas uma pequena quantidade de força necessita ser empregada: daí o uso de armas militares e decapitação em larga escala. Em ambos os casos, porém, o fim em vista é o de se livrar de pessoas más e dar conforto e alívio para os bons... Chi-sun perguntou a Jan Yu, dizendo: 'Você, Senhor, adquiriu sua aptidão militar pelo estudo, ou ela é inata?' Jan Yu respondeu: 'Ela foi adquirida pelo estudo.'[59] – 'Como pode ser isso' – disse Chi-sun – 'vendo que você é um discípulo de Confúcio?' – 'É um fato.' – respondeu Jan Yu. – 'Eu fui ensinado por Confúcio. É apropriado que o grande sábio deve exercer funções tanto civis como militares, apesar de ter a certeza de que minha instrução na arte da luta ainda não foi muito longe.' Agora, que o autor foi dessa distinção rígida entre o 'civil' e o 'militar' e a limitação de cada um para uma esfera separada de ação, ou em que ano de qual dinastia foi introduzido pela primeira vez, é mais do que eu posso dizer. Mas, por alguma razão, acontece que os membros da classe governante têm medo de ampliar os temas militares, ou o fazem apenas de uma maneira acanhada. Se alguns deles são corajosos o suficiente para discutir o assunto, são imediatamente taxados de indivíduos excêntricos de propensão grosseira e brutal. Essa é uma instância extraordinária na qual, por falta absoluta de raciocínio, os homens infelizmente perdem de vista os princípios fundamentais. Quando o duque de Chou era ministro sob Ch'eng Wang, ele regulamentou cerimônias, fez música e venerou as artes do conhecimento e da aprendizagem; mesmo assim, quando os bárbaros do rio Huai revoltaram-se,[60] ele irrompeu adiante e castigou-os. Quando Confúcio prestou serviço junto ao Duque de Lu e uma reunião foi convocada em Chia-ku,[61] ele disse: 'Se negociações pacíficas estão em andamento, os preparativos bélicos devem ter sido feitos de antemão.' Ele repreendeu e envergonhou o Marquês de Ch'i, que se encolheu diante dele e não ousou avançar para a violência. Como se pode dizer que esses dois grandes sábios não tinham conhecimento de assuntos militares?"

Vimos que o grande Chu Hsi tinha Sun Tzu em alta estima. Ele também recorre à autoridade dos clássicos:

"Nosso Mestre Confúcio, respondendo ao Duque Ling de Wei, disse: 'Eu nunca estudei questões relacionadas a exércitos e batalhões.'[62] Respondendo a K'ung Wen-tzu, ele disse: 'Não fui instruído sobre uniformes e armas.' Mas se voltarmos para a reunião em Chia-ku, descobrimos que ele usou a força armada contra os homens de Lai, de modo que o marquês de Ch'i acabou subjugado. Novamente, quando os habitantes de Pi revoltaram-se, ordenou a seus oficiais que o atacassem, ao que eles foram derrotados e fugiram em confusão. Certa vez, ele proferiu as seguintes palavras: 'Se eu luto, eu conquisto.'[63] E Jan Yu disse também: 'O Sábio exerce ambas as funções civis e militares.'[64] Pode ser um fato que Confúcio nunca tenha estudado ou recebido instruções sobre a arte da guerra? Somente podemos dizer que ele não escolheu especialmente assuntos relacionados com luta e exércitos para ser o tema de seu ensinamento."

Sun Hsing-yen, editor de Sun Tzu, escreve de forma similar:

"Confúcio disse: 'Sou ignorante em questões militares.'[65] E também disse: 'Se eu luto, eu conquisto.' Confúcio ordenou cerimônias e regulamentou a música. Agora, a guerra constitui uma das cinco classes de cerimonial do Estado[66] e não deve ser tratada como um ramo independente de estudo. Assim, as palavras 'eu sou ignorante em' devem ser tomadas no sentido de que existem coisas que nem mesmo um professor inspirado sabe. Aqueles que têm de liderar com um exército e elaborar estratagemas devem aprender a arte da guerra. Mas se alguém pode comandar os serviços de um bom general como Sun Tzu, que foi contratado por Wu Tzu-hsu, não há necessidade de aprendê-la. Portanto, a observação acrescentada por Confúcio: 'Se eu luto, eu conquisto.' Os homens dos dias atuais, no entanto, deliberadamente interpretam essas palavras de Confúcio em seu sentido mais restrito, como se ele quisesse dizer que os livros sobre a arte da guerra não são dignos de leitura. Com persistência cega, eles invocam o exemplo de Chao Kua, que se debruçou sobre os livros de seu pai sem nenhum propósito,[67] como uma prova de que toda a teoria militar é inútil. Mais uma vez, vendo que os livros sobre a guerra têm a ver com o oportunismo na elaboração de planos e a conversão de espiões, eles sustentam que a arte é imoral e indigna de um sábio. Essas pessoas ignoram o fato de que os estudos dos nossos acadêmicos e a administração civil dos nossos oficiais também exigem aplicação constante e prática, antes da eficiência ser atingida. Os anciões eram particularmente cautelosos em permitir que simples novatos estragassem seu trabalho.[68] Armas são perniciosas[69] e a luta, perigosa e inútil; a menos que o general esteja em constante prática, ele não deve arriscar a vida de outros homens na batalha.[70] Por isso, é essencial que os 'treze capítulos' de Sun Tzu sejam estudados."

Hsiang Liang costumava instruir seu sobrinho Chi[71] na arte da guerra. Chi obteve uma ideia aproximada da arte em seus aspectos gerais, mas não prosseguiu seus estudos para um resultado apropriado e, por conseguinte, foi finalmente derrotado e derrubado. Ele não percebeu que os truques e artifícios de guerra estão além da computação verbal. O Duque Hsiang de Sung e o rei Yen de Hsu foram trazidos à destruição por sua humanidade inapropriada. A traiçoeira e desleal natureza da guerra requer a utilização de astúcia e ardil adequados para a ocasião. Há um caso, na história, de o próprio Confúcio ter violado um juramento obtido[72] e também de ter deixado o Estado Sung sob disfarce.[73] Podemos, então, de forma imprudente acusar Sun Tzu de desprezar a verdade e a honestidade?

Bibliografia

A seguir estão os mais antigos tratados chineses sobre a guerra, depois de Sun Tzu. As notas de cada um deles foram extraídas principalmente do *Ssu K'u Ch'uan Shu Chien Ming Mu Lu*, cap. 9, fol. 22 sqq.

1. *Wu Tzu*, em um *chuan* ou seis capítulos. Por Wu Ch'i (morto em 381 a.C.). Um trabalho genuíno. Veja *Shih Chi*, cap. 65.
2. *Ssu-Ma Fa*, em um *chuan* ou cinco capítulos. Atribuído erroneamente a Ssu-ma Jang-chu do século VI a.C. Sua data, entretanto, deve ser remota, porque os costumes das três antigas dinastias são observados constantemente em suas páginas. Veja *Shih Chi*, cap. 64. O *Ssu K'u Ch'uan Shu* (cap. 99, f. 1) observa que os três mais antigos tratados de guerra, *Sun Tzu, Wu Tzu* e *Ssu-Ma Fa* tratam, em geral, apenas de fatos estritamente militares, a arte de produzir, coletar, treinar e conduzir tropas e a teoria correta com relação aos meios de conveniência, o delineamento de planos, o transporte de mercadorias e a movimentação de soldados, em forte contraste com obras posteriores, em que a ciência da guerra é normalmente fundida com metafísica, adivinhação e artes mágicas em geral.

3. *Liu T'ao*, em seis *chuan*, ou sessenta capítulos. Atribuído ao Lu Wang (ou Lu Shang, também conhecido como T'ai Kung), do século XII a.C.[74] Mas seu estilo não pertence à Era das Três Dinastias. Lu Te-ming (550-625 d.C.) menciona o trabalho e enumera os títulos das seis seções de modo que a falsificação não pode ter ocorrido muito tempo após a Dinastia Sui.
4. *Wei Liao Tzu*, em cinco *chuan*. Atribuído a Wei Liao (século IV a.C.), que estudou com o famoso Kuei-ku Tzu. O trabalho parece ter sido originalmente em 31 capítulos, enquanto o texto que possuímos contém apenas 24. Seu assunto é suficientemente centrado, embora os artifícios estratégicos difiram consideravelmente daqueles do Período dos Reinos Combatentes. Ele é fornecido com um comentário por Chang Tsai, o mais conhecido filósofo Sung.
5. *San Lueh*, em três *chuan*. Atribuído a Huang-shih Kung, um lendário personagem que se diz tê-lo oferecido a Chang Liang (morto em 187 a.C.), num encontro em uma ponte. Mas, também aqui, o estilo não é de obras que datam dos períodos Ch'in ou Han. O Imperador de Han, Kuang Wu [25-57 d.C.], aparentemente o menciona em uma de suas proclamações; mas a passagem em questão pode ter sido inserida mais tarde, a fim de provar a autenticidade da obra. Não estaremos distantes se o referirmos ao período Sung do Norte [420-478 d.C.], ou um pouco mais cedo.
6. *Li Wei Kung Wen Tui*, em três seções. Escrito sob a forma de um diálogo entre T'ai Tsung e seu grande general Li Ching, é geralmente atribuído ao último. As autoridades competentes o consideram uma falsificação, apesar de o autor ter sido evidentemente bem versado na arte da guerra.
7. *Li Ching Ping Fa* (não confundir com o anterior) é um tratado curto em oito capítulos, preservado no *T'ung Tien*, mas não publicado separadamente. Esse fato explica a sua omissão no *Ssu K'u Ch'uan Shu*.
8. *Wu Ch'i Ching*, em um chuan. Atribuído ao lendário ministro Feng Hou, com notas exegéticas de Kung-sun Hung, da Dinastia Han (morto em 121 a.C.), que se diz ter sido elogiado pelo célebre general Ma Lung (morto em 300 d.C.). No entanto, sua menção mais antiga se encontra no *Sung Chih*. Apesar de ser uma falsificação, o trabalho é bem arranjado.
9. Considerando a alta estima popular que Chu-ko Liang sempre manteve, não é surpreendente encontrar mais de uma obra sobre a guerra atribuída à sua pena. Tais são: (1) o *Shih Liu Ts'e* (um chuan), conservado no *Yung Lo Ta Tien*; (2) *Chiang Yuan* (um chuan); e (3) *Hsin Shu* (um chuan), que se alimentam substancialmente de Sun Tzu. Nenhuma delas tem a menor pretensão de ser considerada genuína. A maioria das grandes enciclopédias chinesas contém extensas seções dedicadas à literatura de guerra. As seguintes referências podem ser consideradas

úteis: *T'ung Tien* (cerca de 800 d.C.), cap. 148-162. *T'ai P'ing Yu Lan* (983 d.C.), cap. 270- 359. *Wen Hsien Tung K'ao* (séc. XIII), cap. 221. *Yu Hai* (séc. XIII), cap. 140, 141. *San Ts'ai T'u Hui* (séc. XVI). *Kuang Po Wu Chih* (1607), cap. 31, 32. *Ch'ien Ch'io Lei Shu* (1632), cap. 75. *Yuan Chien Lei Han* (1710), cap. 206-229. *Ku Chin T'u Shu Chi Ch'eng* (1726), seção XXX, esp. cap. 81-90. *Hsu Wen Hsien Tung K'ao* (1784), cap. 121-134. *Huang Ch'ao Ching Shih Wen Pien* (1826), cap. 76, 77. As seções bibliográficas de algumas obras históricas também merecem destaque: *Ch'ien Han Shu*, cap. 30. *Sui Shu*, cap. 32-35. *Chiu T'ang Shu,* cap. 46-47. *Hsin T'ang Shu*, cap. 57-60. *Sung Shih*, cap. 202-209. *T'ung Chih* (cerca de 1150), cap. 68. Para este, obviamente, deverá ser adicionado o grande Catálogo da Biblioteca Imperial: *Ssu K'u Ch'uan Shu Tsung Mu T'i Yao* (1790), cap. 99, 100.

Notas

1. *Shi Chi*, cap. 65.
2. Ele reinou de 514 a.C. a 496 a.C.
3. *Shi Chi*, cap. 130.
4. A denominação de Nang Wa.
5. *Shi Chi*, cap. 31.
6. *Shi Chi*, cap. 25.
7. A denominação de Hu Yen, mencionado no capítulo 39.
8. *Wang-tzu Ch'eng-fu*, cap. 32.
9. O erro é bastante natural. Críticos locais referem-se a uma obra da Dinastia Han, que diz: "A dez LI de distância do portão de Wu [da cidade de Wu, agora Soochow em Kiangsu], há uma grande colina, levantada para comemorar o entretenimento de Sun Wu de Ch'i, que se sobressaiu na arte da guerra, pelo rei de Wu".
10. "Eles prenderam cordas à madeira para fazer arcos e afiaram a madeira para fazer flechas. O uso de arcos e flechas é para manter o Império em reverência".
11. O filho e sucessor de Ho Lu. Ele foi finalmente derrotado e derrubado por Kou Chien, rei de Yueh, em 473 a.C. Veja na sequência.
12. Rei Yen de Hsu, um fabuloso ser, de quem Sun Hsing-yen diz, em seu prefácio: "Sua humanidade o levou à destruição".
13. "Sun Tzu era um nativo da Estado Ch'i, seu nome pessoal era Wu. Ele escreveu *A arte da guerra* em treze capítulos para Ho Lu, rei de

Wu. Seus princípios foram testados em mulheres, e ele posteriormente tornou-se um general. Ele liderou um exército para o oeste, esmagou o Estado de Ch'u e entrou na capital Ying. No norte, manteve Ch'i e Chin sob reverência. Sun Pin viveu mais de cem anos após seu tempo. Ele era um descendente de Wu." Esta passagem é omitida no *T'u Shu* e pode ser uma interpolação. Ela era conhecida, no entanto, por Chang Shou-chieh, da Dinastia T'ang, e aparece no *T'ai P'ing Yu Lan.*

14. Ts'ao Kung parece pensar na primeira parte do cap. 2, talvez especialmente no § 8.
15. Veja cap. 11.
16. Por outro lado, vale ressaltar que o *Wu Tzu*, que não foi elaborado em seis capítulos, tem 48 atribuídos a ele no *Han Chih*. Da mesma forma, o *Yung Chung* é creditado com 49 capítulos, mas agora contém apenas um. No caso de obras muito pequenas, somos tentados a pensar que *P'ien* pode simplesmente significar "folhas".
17. Yeh Shih, da Dinastia Sung [1151-1223 d.C.].
18. Ele dificilmente merece ser incluído com assassinos.
19. Consulte o capítulo 7, § 27 e capítulo 11, § 28.
20. Consulte o capítulo 11 § 28. Chuan Chu é a forma abreviada do seu nome.
21. Ou seja, Po P'ei. Veja o anterior.
22. O núcleo deste trabalho é provavelmente verdadeiro, apesar de grandes adições terem sido feitas posteriormente. Kuan Chung morreu em 645 a.C.
23. Veja a seguir, começo da introdução.
24. Não sei o que é este trabalho, a menos que seja o último capítulo de outro trabalho. O porquê deste capítulo ser destacado, no entanto, não está claro.
25. Cerca de 480 d.C.
26. Isto é, suponho, a idade de Wu Wang e Chou Kung.
27. No século III a.C.
28. Ssu-ma Jang-chu, cujo nome de família era T'ien, viveu na segunda metade do século VI a.C. e acredita-se que ele também tenha escrito uma obra sobre a guerra. Ver *Shih Chi.* cap. 64 e, a seguir, no início da introdução.
29. Veja os Clássicos de Legge, vol. V, *Prolegomena.* p. 27. Legge acredita que o *Tso Chuan* deve ter sido escrito no século V, mas não antes de 424 a.C.
30. Veja Mêncio III. 1. iii. 13-20.
31. When Wu aparece pela primeira vez no *Ch'un Ch'iu* em 584 a.C., já em desacordo com seu poderoso vizinho. O *Ch'un Ch'iu* menciona Yueh pela primeira vez em 537 a.C., o *Tso Chuan*, em 601 a.C.

32. Isto é explicitado no *Tso Chuan*, XXXII, 2.
33. Há algo que precisa ser dito sobre o período posterior, que a disputa tende a se tornar mais cruel após cada confronto e, portanto, justifica plenamente a linguagem utilizada no cap. 11 § 30.
34. Com o próprio Wu Yuan, o caso é justamente o contrário: um falso tratado sobre a guerra foi atribuído a ele simplesmente porque era um grande general. Aqui nós temos um óbvio incentivo à falsificação. Sun Wu, por outro lado, não poderia ter sido amplamente conhecido no século V.
35. Do *Tso Chuan*: "A partir da data de ascensão do rei Chao (515 a.C.), não houve ano em que Ch'u não foi atacada por Wu".
36. Prefácio final: "Minha família vem de Lo-an e nós somos realmente descendentes de Sun Tzu. Tenho vergonha de dizer que apenas li o trabalho de meu ancestral a partir de um ponto de vista literário, sem compreender a técnica militar. Por muito tempo, temos usufruído as bênçãos de paz!"
37. Hoa-yin se localiza a cerca de 14 milhas de T'ung kuan, na fronteira oriental de Shensi. O templo em questão ainda é visto por aqueles sobre a ascensão da Montanha Sagrada Ocidental. Ele é mencionado num texto como "situado a cinco LI a leste da cidade-distrito de Hua-yin. O templo contém a tábua de Hua-shan inscrita pelo imperador T'ang, Hsuan Tsung [713-755 d.C.]".
38. Veja o meu "Catálogo de Livros Chineses" (Luzac & Co., 1908), n. 40.
39. Esta é uma discussão das 29 difíceis passagens em Sun Tzu.
40. Cf. Catálogo da biblioteca da família Fan em Ningpo: "Seu comentário é frequentemente obscuro; ele fornece um indício, mas não desenvolve plenamente o seu significado".
41. *Wen Hsien T'ung K'ao*, cap. 221.
42. É interessante notar que M. Pelliot descobriu recentemente os capítulos 1, 4 e 5 deste trabalho, perdidos nas "Grutas dos Mil Budas". Veja B.E.F.E.O., t. VIII, n. 3-4, p. 525.
43. A Hsia, a Shang e a Chou. Embora a última fosse nominalmente existente nos dias de Sun Tzu, manteve arduamente um vestígio de poder e as velhas organizações militares tinham praticamente desaparecido. Não posso sugerir outra explicação para a passagem.
44. Veja *Chou Li*, xxix. 6-10.
45. *T'ung K'ao*, cap. 221.
46. Este parece existir ainda. Veja "Notas" de Wylie, p. 91 (nova edição).
47. *T'ung K'ao*, loc. cit.
48. Uma pessoa notável em sua época. Sua biografia é dada no *San Kuo Chih*, cap. 10.

49. Veja XI. § 58, nota.
50. *Hou Han Shu*, cap. 17 ad init.
51. *San Kuo Chih*, cap. 54.
52. *Sung Shih*, cap. 365 ad init.
53. Os poucos europeus que tiveram a oportunidade de familiarizar-se com Sun Tzu não se atrasaram em seu elogio. Nesse contexto, eu talvez possa ser desculpado por citar uma carta de Lorde Roberts, a quem as folhas do presente trabalho foram submetidas antes de sua publicação: "Muitas das máximas de Sun Wu são perfeitamente aplicáveis aos dias de hoje e a número 11 [no capítulo 8] é uma que as pessoas deste país fariam bem em assumir de coração".
54. cap. 140.
55. Veja IV. § 3.
56. A alusão pode ser a Mêncio VI. 2. ix. 2.
57. O *Tso Chuan*.
58. *Shih Chi*, cap. 25, fol. I.
59. Cf. *Shih Chi*, cap. 47.
60. Veja *Shu Ching*, prefácio § 55.
61. Veja *Shih Chi*, cap. 47.
62. Lun Yu, XV. 1.
63. Não consegui localizar esse enunciado.
64. Idem.
65. Idem.
66. As outras quatro são adoração, luto, entretenimento dos hóspedes e ritos festivos. Veja *Shu Ching*, ii. 1. III. 8, e *Chou Li*, IX. fol. 49.
67. Veja XIII. § 11, nota.
68. Esta é uma alusão bastante obscura ao *Tso Chuan*, onde Tzu-ch'an, diz: "Se você tem um bonito pedaço de brocado, não vai contratar um mero aprendiz para compô-lo".
69. Cf. *Tao Te Ching*, cap. 31.
70. Sun Hsing-yen pode ter citado Confúcio novamente. Veja *Lun Yu*, XIII. 29, 30.
71. Mais conhecido como Hsiang Yu [233-202 a.C.].
72. *Shih Chi*, cap. 47.
73. *Shih Chi*, cap. 38.
74. Veja XIII. § 27, nota. Mais detalhes sobre T'ai Kung serão encontrados no *Shih Chi*, cap. 32 ad init. Além da tradição que faz dele um ex-ministro de Chou Hsin, duas outras descrições dele são dadas, segundo as quais ele parece ter sido inicialmente promovido de uma posição humilde por Wen Wang.

1. Traçando planos

[Ts'ao Kung, definindo o significado em chinês para o título deste capítulo, diz que se refere às deliberações no templo selecionadas pelo general para sua utilização temporária ou, como diríamos, em sua tenda. Veja § 26.]

1. **Sun Tzu disse: "A arte da guerra é de vital importância para o Estado."**
2. **É uma questão de vida ou morte, uma estrada, quer à segurança ou à ruína. Por isso, é um assunto de investigação, que não pode de forma alguma ser negligenciado.**
3. **A arte da guerra, então, é governada por cinco fatores constantes a serem levados em conta em uma deliberação, ao procurar determinar as condições predominantes no campo.**
4. **Estes são: (1) A Lei Moral; (2) O Céu; (3) A Terra; (4) O Comandante; (5) O Método e A disciplina.**

   [O que segue dá a impressão de que Sun Tzu entende por "Lei Moral" um princípio de harmonia, não muito diferente do Tao, de Lao Tzu, em seu aspecto moral. Podemos ser tentados a traduzi-lo como "moral", que não foi considerado como um atributo do governante em § 13].

5, 6. A LEI MORAL faz com que as pessoas estejam de pleno acordo com seu governante, de modo que elas o seguirão independentemente de suas vidas, sem temer qualquer perigo.

[Tu Yu lembra Wang Tzu, dizendo: "Sem a prática constante, os oficiais estarão nervosos e indecisos quando se reunirem para a batalha; sem a prática constante, o general será vacilante e hesitante quando a crise sobrevir."]

7. CÉU significa a noite e o dia, frio e calor, as épocas e as estações.

[Os comentadores, penso eu, fazem um mistério desnecessário com duas palavras aqui. Meng Shih refere-se ao "duro e macio, crescente e minguante" do Céu. Wang Hsi, no entanto, pode estar certo em dizer que o significado é "a economia universal do Céu", incluindo os cinco elementos, as quatro estações, o vento e as nuvens e outros fenômenos.]

8. TERRA compreende as distâncias, curtas e longas; perigo e segurança; terreno aberto e passagens estreitas, as possibilidades de vida e morte.

9. O COMANDANTE defende as virtudes da sabedoria, sinceridade, benevolência, coragem e rigor.

[As cinco virtudes cardinais dos chineses são (1) a humanidade ou benevolência; (2) retidão de espírito; (3) autoestima, autocontrole, ou "sentimento apropriado"; (4) a sabedoria; (5) a sinceridade ou boa-fé. Aqui, "sabedoria" e "sinceridade" são colocadas diante de "humanidade ou benevolência" e as duas virtudes militares de "coragem" e "rigor", substituídas por "retidão de espírito" e "autorrespeito, autocontrole, ou 'bom sentimento.'"]

10. Por MÉTODO E DISCIPLINA devem ser entendidas a organização do exército em suas subdivisões adequadas, as graduações de nível entre os oficiais, a manutenção das estradas pelas quais os suprimentos podem chegar ao exército e o controle dos gastos militares.

11. Estes cinco tópicos devem ser familiares a todo e qualquer general: aquele que os conhece será vitorioso; aquele que não os conhece falhará.

12. Portanto, em suas deliberações, quando procurar determinar as condições militares, use-os para construir as bases de uma comparação, dessa maneira:

13. (1) Qual dos dois soberanos está imbuído com a lei moral?

[Isto é, "está em harmonia com seus súditos". Cf. § 5.];

(2) Qual dos dois generais tem mais habilidade?;

(3) Quem goza das vantagens decorrentes do Céu e da Terra?

[Ver § 7,8]

(4) De que lado a disciplina é mais rigorosamente aplicada?

[Tu Mu alude à notável história de Ts'ao Ts'ao (155-220 d.C.), que foi um disciplinador tão rigoroso que, certa vez, de acordo com seus próprios regulamentos severos contra prejuízos às plantações, ele condenou a si mesmo à morte por ter permitido que seu cavalo se lançasse em um campo de milho! No entanto, em vez de perder sua cabeça, ele foi persuadido a satisfazer seu senso de justiça cortando seu cabelo. O próprio comentário de Ts'ao Ts'ao sobre a presente passagem é caracteristicamente lacônico: "Quando você estabelecer uma lei, cuide para que ela não seja desobedecida; se for desobedecida, o ofensor deve ser condenado à morte".]

(5) Qual exército é o mais forte?

[Tanto moral como fisicamente. Como Mei Yao-ch'en coloca, em tradução livre, "Espirit De Corp e 'grandes batalhões'".]

(6) Em que lado estão os oficiais e os homens mais bem treinados?

[Tu Yu lembra Wang Tzu, dizendo: "Sem a prática constante, os oficiais estarão nervosos e indecisos quando se reunirem para a batalha; sem a prática constante, o general será vacilante e hesitante quando a crise sobrevir".]

(7) Em qual exército existe a maior constância, tanto na recompensa como no castigo?

[De que lado há a mais absoluta certeza de que o mérito será devidamente recompensado e os crimes punidos sumariamente?]

14. Por meio dessas sete considerações, posso prever a vitória ou a derrota.

15. O general que escutar meu conselho e atuar sobre ele, vai vencer: permita que este seja mantido no comando! O general que não escutar meu conselho nem agir sobre ele, sofrerá a derrota: deixe que este seja dispensado!

[A FORMA DO PRESENTE PARÁGRAFO NOS LEMBRA QUE O TRATADO DE SUN TZU FOI COMPOSTO EXPRESSAMENTE EM BENEFÍCIO DE SEU PATRONO HO LU, REI DO ESTADO WU.]

16. Enquanto se beneficia das vantagens do meu conselho, aproveite-se também de qualquer circunstância útil sobre e além das regras normais.

17. Se as circunstâncias são favoráveis, devem-se modificar os planos.

[SUN TZU, SENDO UM SOLDADO PRÁTICO, NÃO TERÁ NADA DE UM "LIVRESCO TEÓRICO". ELE NOS ADVERTE AQUI A NÃO DEPOSITAR NOSSA FÉ EM PRINCÍPIOS ABSTRATOS; "POIS", COMO COLOCA CHANG YU, "ENQUANTO AS PRINCIPAIS LEIS DA ESTRATÉGIA PODEM SER EXPRESSADAS DE FORMA SUFICIENTEMENTE CLARA PARA O BENEFÍCIO DE TODOS, VOCÊ DEVE SE GUIAR PELAS AÇÕES DO INIMIGO NA TENTATIVA DE ASSEGURAR UMA POSIÇÃO FAVORÁVEL EM UMA GUERRA REAL". NA VÉSPERA DA BATALHA DE WATERLOO, LORDE UXBRIDGE, COMANDANDO A CAVALARIA, SE DIRIGIU AO DUQUE DE WELLINGTON A FIM DE INFORMAR-SE SOBRE SEUS PLANOS E CÁLCULOS PARA O DIA SEGUINTE, PORQUE, COMO ELE EXPLICOU, PODERIA DE REPENTE SE TORNAR COMANDANTE-EM-CHEFE E SERIA INCAPAZ DE FORMAR NOVOS PLANOS EM UM MOMENTO CRÍTICO. O DUQUE OUVIU EM SILÊNCIO E DEPOIS DISSE: "QUEM VAI ATACAR PRIMEIRO AMANHÃ, EU OU BONAPARTE?" – "BONAPARTE" – RESPONDEU LORD UXBRIDGE. "BEM," – CONTINUOU O DUQUE – "BONAPARTE NÃO ME DEU NENHUMA IDEIA DE SEUS PROJETOS; E COMO MEUS PLANOS VÃO DEPENDER DOS DELE, COMO VOCÊ ESPERA QUE EU LHE DIGA QUAIS SÃO OS MEUS?"[1]]

18. Toda guerra é baseada em simulação.

[A VERDADE DESTA INCISIVA E PROFUNDA AFIRMAÇÃO SERÁ ADMITIDA POR TODO E QUALQUER SOLDADO. O CORONEL HENDERSON DIZ QUE WELLINGTON,

GRANDE EM TANTAS QUALIDADES MILITARES, SE DISTINGUIA ESPECIALMENTE PELA "HABILIDADE EXTRAORDINÁRIA COM A QUAL ELE OCULTAVA SEUS MOVIMENTOS E ENGANAVA AMIGOS E INIMIGOS".]

19. Assim, quando capazes de atacar, devemos parecer incapazes; ao usar nossas forças, devemos parecer inativos; quando estamos perto, devemos fazer o inimigo acreditar que estamos longe; quando longe, devemos fazê-lo acreditar que estamos perto.

20. Ofereça iscas para atrair o inimigo. Finja desordem, e esmague-o.

[TODOS OS COMENTADORES, EXCETO CHANG YU, DIZEM: "QUANDO ELE ESTÁ EM DESORDEM, ESMAGUE-O". É MAIS NATURAL SUPOR QUE SUN TZU CONTINUA A ILUSTRAR O USO DE SIMULAÇÃO NA GUERRA.]

21. Se ele é forte em todos os pontos, esteja preparado para ele. Se ele possui força superior, esquive-se.

22. Se o seu adversário é de temperamento colérico, procure irritá-lo. Finja-se fraco, para que ele cresça em arrogância.

[WANG TZU, CITADO POR TU YU, DIZ QUE O BOM ESTRATEGISTA BRINCA COM O SEU ADVERSÁRIO COMO UM GATO BRINCA COM UM RATO, FINGINDO, A PRINCÍPIO, FRAQUEZA E IMOBILIDADE E, DE REPENTE, ATACANDO-O.]

23. Se ele está em folga, não lhe dê descanso.

[ESTE É PROVAVELMENTE O SENTIDO, APESAR DE MEI YAO-CH'EN ANOTAR: "ENQUANTO DESCANSAMOS, ESPERE O INIMIGO CANSAR-SE". O *YU LAN* TEM "ATRAIA-O E CANSE-O".]

Se suas forças estão unidas, separe-as.

[MENOS PLAUSÍVEL É A INTERPRETAÇÃO DEFENDIDA PELA MAIORIA DOS COMENTARISTAS: "SE O SOBERANO E O SUBALTERNO ESTÃO DE ACORDO, CRIE DISCÓRDIA ENTRE ELES".]

24. Ataque-o onde ele não está preparado, apareça onde você não é esperado.

25. Estes artifícios militares, dirigidos à vitória, não devem ser divulgados antecipadamente.

26. Agora, o general que vence uma batalha é aquele que pondera muito em seu templo antes dela ser travada.

[CHANG YU NOS DIZ QUE, EM TEMPOS ANTIGOS, ERA HABITUAL QUE UM TEMPLO FOSSE PREPARADO PARA O USO DE UM GENERAL QUE ESTAVA PRESTES A ENTRAR EM CAMPO, A FIM DE QUE ELE PUDESSE ELABORAR O SEU PLANO DE CAMPANHA.]

O general que perde uma batalha faz apenas algumas considerações de antemão. Desse modo, ponderar muito leva à vitória, e avaliar pouco, à derrota; o que dizer de não calcular de modo algum? É pela atenção a esse ponto que posso prever quem tem mais probabilidade de vencer ou perder.

NOTAS:

1. "Palavras sobre Wellington", por Sir. W. Fraser.

Comentários

A importância de analisar e entender todas as circunstâncias e variáveis envolvidas antes de se partir para uma batalha, a essencialidade em se planejar e empregar as estratégias e meios mais adequados. O recurso a estratégias de dissuasão e enganação do oponente, a surpresa do inesperado num confronto. A análise profunda das peculiaridades humanas, tirando o máximo proveito delas em busca de vantagem bélica. A identificação e o conhecimento das peculiaridades humanas para mapear e explorar as fraquezas do oponente, assim como a delegação correta das tarefas e recursos próprios em busca da vitória almejada. A frieza e a sabedoria no planejamento e na decisão, o humanismo no reconhecimento e na retribuição. A relevância na preservação da soberania e dos recursos nas estratégias de defesa e de ataque.

Por décadas, convivi pessoal e profissionalmente com pessoas das mais variadas origens, num ambiente multicultural e intenso. De origem chinesa, representei um grupo japonês fundado em 1881, lidei com pessoas das mais distintas formações da América Latina. A pergunta frequente era: "como um chinês pode ser presidente de uma empresa japonesa e estar aqui negociando em espanhol...?" Na essência, as pessoas, mesmo das mais variadas origens e culturas, são semelhantes na sua espiritualidade. Buscam atender e satisfazer suas necessidades básicas e suas ambições, em maior ou menor nível de apego material e financeiro. A questão da diferenciação se destaca ao longo dos anos, em função do melhor preparo pessoal (atitudes, construção de uma rede de contatos – network –, credibilidade e reputação) e técnico (acadêmico, experiências) acumulados ao longo da vida e da carreira profissional.

Se você tem suas metas e ambições, busque-as; defina, construa e siga os caminhos que escolheu ou teve a possibilidade de ajudar a construir. Nunca se arrependa de não ter tentado.

Esteja consciente, porém, de se ter preparado de maneira adequada e suficiente antes de se engajar numa nova tarefa ou desafio. No nosso cotidiano, não reservamos tempo suficiente para o planejamento antes de mirarmos novas atitudes e decisões. Frequentemente, não avaliamos ou planejamos adequadamente antes de exteriorizarmos nossos comentários ou planos. Tenha a certeza de dispor de informações seguras sobre o seu oponente ou tarefa, conhecendo as potencialidades e fragilidades do cenário antes de ir a uma negociação. Conheça as circunstâncias, as limitações culturais do seu adversário numa mesa de negociação, não queira dele o que ele não lhe pode ceder ou conceder; prepare-se, invista o tempo necessário para se preparar mental e tecnicamente. Esteja convicto de que dispõe de todos os dados e recursos para um confronto de maior ou menor intensidade. Conheça o ambiente da negociação. Tenha empatia, não utilize argumentos que você mesmo não gostaria que lhe apresentassem. Vitória é um resultado natural, uma consequência, não atingida ao acaso, por sorte.

(Wang Chi Hsin)

2. Conduzindo a guerra

[Ts'ao Kung tem a nota: "Quem quiser lutar deve primeiro contar o custo", que nos prepara para a descoberta de que o tema do capítulo não é o que podemos esperar a partir do título, mas, principalmente, uma consideração de formas e meios.]

1. **Sun Tzu disse: "Em operações de guerra, onde no campo, existem mil carruagens rápidas, bem como muitas carruagens pesadas e 100 mil soldados trajando armaduras,**

[As "carruagens rápidas" foram construídas com materiais leves e, de acordo com Chang Yu, utilizadas para o ataque; as "carruagens pesadas" eram maiores e concebidas para fins de defesa. Li Ch'uan, é verdade, diz que estes eram leves, mas isso parece pouco provável. É interessante notar as analogias entre a antiga guerra chinesa e a dos gregos homéricos. Em cada caso, a carruagem de guerra foi o fator importante, formando um núcleo em torno do qual era agrupado um certo número de soldados de infantaria. Com relação aos números apresentados aqui, fomos informados de que cada carruagem rápida era acompanhada por 75 soldados de infantaria e cada carruagem pesada, por 25 soldados de infantaria, de modo que todo o exército seria dividido em mil batalhões, cada um composto por dois carros e uma centena de homens.]

com provisões suficientes para levá-los a uma distância de mil LI,

[2,78 LI MODERNO EQUIVALEM A UMA MILHA. O COMPRIMENTO PODE TER VARIADO UM POUCO DESDE O TEMPO DE SUN TZU.]

as despesas em casa e na frente de batalha, incluindo o entretenimento dos hóspedes, pequenos itens como cola e tinta e os montantes gastos em carruagens e armaduras atingirão o total de mil onças de prata por dia. Tal é o custo para levantar um exército de 100 mil homens.

2. Quando se envolver em combates reais, se a vitória tarda em chegar, então as armas dos homens perderão o fio e seu ardor será amortecido. Se sitiar uma cidade, a força de seu exército se esgotará.

3. Mais uma vez, se a campanha for prolongada, os recursos do Estado não suprirão o esforço.

4. Agora, quando suas armas estão embotadas, seu ardor amortecido, sua força esgotada e seu tesouro exaurido, outros líderes aparecerão para tirar proveito de sua extremidade. Então, nenhum homem, por mais sábio que seja, será capaz de evitar as consequências que devem seguir.

5. Desse modo, embora tenhamos ouvido falar de pressa estúpida na guerra, inteligência nunca foi vista associada a longos atrasos.

[ESTA SENTENÇA CONCISA E DIFÍCIL NÃO É BEM EXPLICADA POR NENHUM DOS COMENTADORES. TS'AO KUNG, LI CH'UAN, MENG SHIH, TU YU, TU MU E MEI YAO-CH'EN TÊM NOTAS NO SENTIDO DE QUE UM GENERAL, MESMO QUE NATURALMENTE ESTÚPIDO, PODE, APESAR DISSO, CONQUISTAR POR MEIO DA FORÇA BRUTA OU RAPIDEZ. HO SHIH DIZ: "A PRESSA PODE SER ESTÚPIDA, MAS, DE QUALQUER MANEIRA, ELA SALVA AS DESPESAS DE ENERGIA E RIQUEZA; OPERAÇÕES PROLONGADAS PODEM SER MUITO INTELIGENTES, MAS TRAZEM CALAMIDADE AO SEU CONJUNTO". WANG HSI EVADE A DIFICULDADE, OBSERVANDO: "OPERAÇÕES LONGAS SIGNIFICAM UM EXÉRCITO ENVELHECENDO, A RIQUEZA SENDO GASTA, UM TESOURO EXAURIDO E A ANGÚSTIA DO POVO; INTELIGÊNCIA VERDADEIRA GARANTE QUE TAIS CALAMIDADES NÃO OCORRAM". CHANG YU DIZ: "SE A VITÓRIA PODE SER ALCANÇADA, A PRESSA ESTÚPIDA É PREFERÍVEL À MOROSIDADE INTELIGENTE". AGORA, SUN TZU NÃO DIZ ABSOLUTAMENTE NADA, EXCETO, POSSIVELMENTE POR IMPLICAÇÃO, SOBRE A PRESSA

IRREFLETIDA SER MELHOR DO QUE AS ENGENHOSAS, PORÉM, DEMORADAS OPERAÇÕES. O QUE ELE DIZ É ALGO MUITO MAIS PONDERADO, OU SEJA, QUE A VELOCIDADE PODE SER, POR VEZES, IMPRUDENTE, ATRASOS NUNCA PODEM SER QUALQUER COISA A NÃO SER TOLICE SE SIGNIFICAREM APENAS O EMPOBRECIMENTO DA NAÇÃO. AO CONSIDERAR A QUESTÃO LEVANTADA AQUI POR SUN TZU, O EXEMPLO CLÁSSICO DE FABIUS CUNCTATOR INEVITAVELMENTE OCORRERÁ À MENTE. O GENERAL DELIBERADAMENTE CALCULOU A RESISTÊNCIA DE ROMA CONTRA A DO EXÉRCITO ISOLADO DE ANÍBAL,* PORQUE PARECIA A ELE QUE O ÚLTIMO ESTAVA MAIS PROPENSO A SOFRER COM UMA LONGA CAMPANHA EM UMA TERRA ESTRANHA. MAS TRATA-SE DE UMA QUESTÃO BASTANTE DISCUTÍVEL; SERIAM SUAS TÁTICAS BEM-SUCEDIDAS AO LONGO DO TEMPO? SUA REVERSÃO, É VERDADE, O LEVOU À BATALHA DE CANAS,** MAS ESTA APENAS ESTABELECEU UMA SUPOSIÇÃO NEGATIVA EM SEU FAVOR.]

6. **Não há exemplo de um país que tenha se beneficiado de uma guerra prolongada.**
7. **Apenas alguém que esteja perfeitamente familiarizado com os males da guerra pode compreender plenamente a maneira mais eficaz de levá-la adiante.**

   [ISTO É, COM RAPIDEZ. SOMENTE AQUELE QUE CONHECE OS EFEITOS DESASTROSOS DE UMA GUERRA LONGA PODE PERCEBER A IMPORTÂNCIA SUPREMA DA RAPIDEZ EM ENCERRÁ-LA. APENAS DOIS COMENTADORES PARECEM APOIAR ESSA INTERPRETAÇÃO, QUE SE ENCAIXA BEM NA LÓGICA DO CONTEXTO, ENQUANTO A TRADUÇÃO, "AQUELE QUE NÃO CONHECE OS MALES DA GUERRA NÃO PODE APRECIAR SEUS BENEFÍCIOS", CLARAMENTE NÃO FAZ SENTIDO.]

8. **O soldado experiente não faz um segundo recrutamento nem carrega suas carroças de suprimentos mais do que duas vezes.**

   [UMA VEZ DECLARADA A GUERRA, ELE NÃO DESPERDIÇARÁ TEMPO PRECIOSO À ESPERA DE REFORÇOS, NEM RECUARÁ SEU EXÉRCITO POR NOVOS SUPRIMENTOS,

---

* Aníbal (247-183 a.C.), general da cidade de Cartago, que cruzou os Alpes em 218 a.C. e conquistou a Itália. (N.T.)

** Travada em 2 de agosto de 216 a.C., foi a batalha decisiva da Segunda Guerra Púnica, em que os cartagineses venceram os romanos. (N.T.)

mas atravessará a fronteira inimiga sem demora. Isso pode parecer uma política audaciosa a recomendar, mas como todos os grandes estrategistas, de Júlio César a Napoleão Bonaparte, o valor do tempo, que é estar um pouco à frente de seu oponente, tem contado mais do que qualquer superioridade numérica ou os melhores cálculos em relação ao fornecimento.]

9. Traga material de guerra com você de casa, mas esquadrinhe o do inimigo. Assim, o exército terá comida suficiente para suas necessidades.

[O termo em chinês traduzido aqui como "material de guerra" significa literalmente "coisas para serem usadas", que abrange sentido amplo. Ele inclui todos os apetrechos de um exército, exceto as provisões.]

10. Pobreza do tesouro do Estado submete um exército à sua manutenção por contribuições à distância. Contribuir para manter um exército à distância causa o empobrecimento do povo.

[O começo desta sentença não se relaciona apropriadamente à sua sequência, embora, obviamente, destina-se a fazê-lo. O arranjo, aliás, é tão estranho que não posso deixar de suspeitar de alguma corrupção no texto. Parece nunca ocorrer aos comentadores chineses que uma correção pode ser necessária para dar sentido, então ficamos sem a ajuda deles. As palavras em chinês que Sun Tzu usou para indicar a causa do empobrecimento do povo claramente se referem a algum sistema pelo qual os lavradores enviavam suas contribuições de milho diretamente para o exército. Mas por que deveria cair sobre eles manter um exército dessa forma, exceto porque o Estado ou Governo é demasiadamente pobre para fazê-lo?]

11. Por outro lado, a proximidade de um exército aumenta os preços; e preços elevados drenam a essência do povo.

[Wang Hsi diz que os preços elevados ocorrem antes que o exército deixe seu próprio território. Ts'ao Kung compreende isso de um exército que já cruzou a fronteira.]

12. Quando sua essência for escoada, os camponeses serão afligidos por pesadas extorsões.

13, 14. Com essa perda de substância e esgotamento de força, as casas das pessoas serão saqueadas e três décimos de seus rendimentos serão dissipados;

[Tu Mu e Wang Hsi concordam que as pessoas não serão despojadas de três décimos, mas de sete décimos de seu rendimento. Mas isso é difícil de ser extraído de nosso texto. Ho Shih tem uma expressão característica: "Por serem as PESSOAS consideradas parte essencial do Estado, e os ALIMENTOS como o céu do povo, não é justo que aqueles que têm autoridade valorizem e sejam cuidadosos com ambos?"]

enquanto as despesas do governo com carruagens quebradas, cavalos exautos, coletes e capacetes, arcos e flechas, lanças e escudos, capas de proteção, bois de carga e carroças pesadas, ascenderão a quatro décimos de sua receita total.

15. Assim, um general sábio faz questão de despojar o inimigo. Uma carreta de provisões do inimigo é equivalente a vinte das suas e, da mesma forma, um único PICUL de sua forragem é equivalente a vinte de seu próprio estoque.

[Porque vinte carretas serão consumidas no processo de transporte de uma carreta para a frente de combate. Um PICUL é uma unidade de medida equivalente a 133,3 libras (65,5kg).]

16. Agora, para matar o inimigo, nossos homens devem ser incitados à raiva; deve existir vantagem em derrotar o inimigo, eles devem ter suas recompensas.

[Tu Mu diz: "As recompensas são necessárias para que os soldados enxerguem a vantagem de vencer o inimigo; assim, quando você captura espólios do inimigo, eles devem ser usados como recompensas, de modo que todos os homens tenham um profundo desejo de lutar, cada um por sua própria conta."]

17. Portanto, na luta de carruagens, quando dez ou mais carros forem apanhados, estes devem ser a recompensa de quem os

tomou primeiro. Nossas próprias bandeiras devem ser substituídas pelas do inimigo e os carros misturados e usados em conjunto com os nossos. Os soldados capturados devem ser bem tratados e mantidos.

18. Significa utilizar o inimigo conquistado para aumentar sua própria força.

19. Na guerra, então, permita que o seu grande objetivo seja a vitória, não campanhas prolongadas.

[Como Ho Shih observa: "A guerra não é uma coisa com que se brinca." Aqui, Sun Tzu reitera a principal lição a que este capítulo se destina."]

20. Assim, é possível saber que o líder dos exércitos é o árbitro do destino do povo, o homem de quem depende a paz da nação ou seu perigo.

Comentários

A essencialidade da vitória no engajamento em uma guerra. O entendimento correto da disponibilidade de recursos antes de se engajar em uma batalha. A estimativa e o cálculo dos recursos disponíveis. O conhecimento da potencialidade das tropas (ou equipes), suas habilidades e limitações. A sabedoria do emprego dos recursos e tropas subjugados. A não subestimação das dificuldades de uma batalha, ciente do ônus do engajamento em um conflito de longa duração. Análise da capacidade de sustentar o conflito. A essencialidade da liderança, desse engajamento e da motivação da tropa.

Se eu tivesse de escolher a melhor arma para um confronto, certamente escolheria dispor de uma equipe de total confiança, composta por talentos comprometidos, que fizessem diferença, com capacidade de atuar sob intensa pressão, de tomar decisões, conduzir e liderar em sua busca perseverante pelo alcance das metas definidas.

Talentos que saibam converter a estratégia definida em planos tático-operacionais, transformando em ações positivas a busca dos objetivos almejados. Dessa maneira, sei que terei, com estes talentos, as definições e a procura dos recursos necessários sob melhor custo-benefício, a escolha da equipe necessária, a delegação de responsabilidades, a cobrança e a concretização comprovada dos resultados.

Talentos que precisam ser consistentemente motivados e retidos, para não serem perdidos diante de tentações do mercado. A importância do reconhecimento, de modo transparente, por intermédio da merecida recompensa, bem como de oportunidades de crescimento pessoal e profissional.

Entenda o seu papel, a sua importância individual e no grupo. Aceite desafios, mas não assuma responsabilidades além da sua capacidade técnica ou física, respeite os valores éticos e morais. Faça parte e contribua para o esforço coletivo, identifique e conteste os "ladrões de oportunidades" (os que dizem sim, mas agem como se dissessem não...), que minam a iniciativa e o moral alheio, obstáculos a qualquer vitória; remova-os.

Definidos os recursos e a certeza da capacitação de sua equipe, você estará apto a se engajar em qualquer situação com as melhores chances de vitória.

(W. C. H.)

3. Ataque por estratagema

1. Sun Tzu disse: "Na arte prática da guerra, o melhor de tudo é tomar o país inimigo inteiro e intacto; estilhaçar e destruir não é tão bom. Assim, também, é melhor recapturar um exército inteiro em vez de destruí-lo, capturar um regimento, um destacamento ou uma companhia inteira em vez de destruí-los.

[O equivalente a um corpo de exército, de acordo com Ssu-ma Fa, consiste nominalmente e 12.500 homens; de acordo com Ts'ao Kung, o equivalente de um regimento contém quinhentos homens; o equivalente a um destacamento consiste em qualquer número entre cem e quinhentos; e o equivalente a uma companhia contém de cinco a cem homens. Para os dois últimos, no entanto, Chang Yu dá os números exatos de cem e cinco, respectivamente.]

2. Assim, lutar e vencer em todas as batalhas não é a excelência suprema; excelência suprema consiste em quebrar a resistência do inimigo sem lutar.

[Aqui, novamente, nenhum estrategista moderno aprovará as palavras do velho general chinês. O maior triunfo de Moltke,* a capitulação do

* Helmuth von Moltke (1800-1891), marechal de campo que liderou uma divisão do Exército prussiano na Unificação Alemã e na Guerra Franco-Prussiana. (N.T.)

ENORME EXÉRCITO FRANCÊS EM SEDAN,* FOI GANHO PRATICAMENTE SEM DERRAMAMENTO DE SANGUE.]

3 **3. Assim, a forma mais elevada de generalato é frustrar os planos do inimigo;**

[TALVEZ A PALAVRA "FRUSTRAR" ESTEJA AQUÉM DE EXPRESSAR TODA A FORÇA DA PALAVRA CHINESA, QUE NÃO IMPLICA UMA ATITUDE DE DEFESA, SEGUNDO A QUAL ALGUÉM PODERIA SE CONTENTAR EM FRUSTRAR OS ESTRATAGEMAS DO INIMIGO, UM APÓS O OUTRO, APENAS EM UMA POLÍTICA ATIVA DE CONTRA-ATAQUE. HO SHIH COLOCA ISSO MUITO CLARAMENTE EM SUA NOTA: "QUANDO O INIMIGO FAZ UM PLANO DE ATAQUE CONTRA NÓS, DEVEMOS NOS ANTECIPAR A ELE, LIBERANDO NOSSO PRÓPRIO ATAQUE PRIMEIRO."]

a segunda melhor é evitar a junção de forças do inimigo;

[ISOLANDO-O DE SEUS ALIADOS. NÃO DEVEMOS ESQUECER QUE SUN TZU, AO FALAR DE HOSTILIDADES, SEMPRE TEM EM MENTE OS INÚMEROS ESTADOS, OU PRINCIPADOS, EM QUE A CHINA DE SUA ÉPOCA ERA DIVIDIDA.]

a próxima, em ordem, é atacar o exército inimigo no campo de batalha;

[QUANDO ELE ESTÁ COM SUA FORÇA TOTAL.]

e a pior política de todas é sitiar cidades cercadas por muralhas.

4. A regra é não sitiar cidades muradas se isso puder ser evitado.

[OUTRA PEÇA IMPORTANTE DA TEORIA MILITAR. TIVESSEM OS BOERS** AGIDO SOB ELA EM 1899 E EVITADO DISSIPAR SUA FORÇA PERANTE KIMBERLEY, MAFEKING, OU MESMO LADYSMITH, É MAIS PROVÁVEL QUE TIVESSEM SIDO OS MESTRES DA SITUAÇÃO ANTES QUE OS INGLESES SE APRONTASSEM PARA SE OPOR A ELES SERIAMENTE.]

A preparação de manteletes, abrigos móveis e diversos implementos de guerra evará três meses inteiros;

[NÃO ESTÁ MUITO CLARO O QUE A PALAVRA CHINESA, AQUI TRADUZIDA COMO "MANTELETES", DESCREVE. TS'AO KUNG SIMPLESMENTE A DEFINE COMO

* A Batalha de Sedan foi travada em 1 de setembro de 1870, próximo à cidade francesa de Sedan, durante a Guerra Franco-Prussiana. Resultou na captura do Imperador Napoleão III. (N.T.)

** As Guerras dos Boers foram dois confrontos armados na atual África do Sul que opuseram os colonos de origem holandesa e francesa, os chamados bôeres ao exército britânico, que pretendia se apoderar das minas de diamante e ouro encontradas naquele território. (N.T.)

"GRANDES ESCUDOS", MAS TEMOS UMA MELHOR IDEIA SOBRE ELES DE LI CH'UAN, QUE DIZ QUE ELES SERVIAM PARA PROTEGER AS CABEÇAS DOS QUE ESTAVAM ATACANDO DE PERTO AS MURALHAS DA CIDADE. ISSO PARECE SUGERIR PRONTAMENTE UMA ESPÉCIE DE TESTUDO* ROMANO. TU MU DIZ QUE ELES ERAM VEÍCULOS SOBRE RODAS USADOS PARA REPELIR ATAQUES, MAS ISSO É NEGADO POR CH'EN HAO. O NOME TAMBÉM É APLICADO PARA AS PEQUENAS TORRES NOS MUROS DA CIDADE. DOS "ABRIGOS MÓVEIS", TEMOS UMA DESCRIÇÃO BASTANTE CLARA DE VÁRIOS COMENTADORES. ERAM ESTRUTURAS DE MADEIRA À PROVA DE PROJÉTEIS, SOBRE QUATRO RODAS, IMPULSIONADAS A PARTIR DE DENTRO, REVESTIDAS COM COURO CRU E UTILIZADAS EM CERCOS PARA TRANSPORTAR GRUPOS DE HOMENS ÀS MURALHAS, COM A FINALIDADE DE PREENCHER COM TERRA O FOSSO QUE AS RODEAVAM. TU MU ACRESCENTA QUE ELAS ERAM CHAMADAS DE "BURROS DE MADEIRA".]

e o acúmulo de montes contra as muralhas levará outros três meses.

[ESTES FORAM GRANDES MONTES OU BALUARTES DE TERRA ACUMULADOS À ALTURA DA BASE DAS MURALHAS DO INIMIGO, A FIM DE DESCOBRIR SEUS PONTOS FRACOS NA DEFESA E TAMBÉM PARA DESTRUIR SUAS TORRES FORTIFICADAS, MENCIONADAS NA NOTA ANTERIOR.]

5. O general, incapaz de controlar sua irritação, vai lançar seus homens ao ataque como formigas pululantes,

[ESTA BRILHANTE COMPARAÇÃO DE TS'AO KUNG É RETIRADA DO ESPETÁCULO DE UM EXÉRCITO DE FORMIGAS ESCALANDO UMA PAREDE. O SIGNIFICADO É QUE O GENERAL, PERDENDO A PACIÊNCIA COM A LONGA ESPERA, PODE FAZER UMA TENTATIVA PREMATURA DE ATACAR O LOCAL ANTES QUE SEUS APARATOS DE GUERRA ESTEJAM PRONTOS.]

resultando na morte de um terço dos seus homens, enquanto a cidade continua intacta. Tais são os efeitos desastrosos de um cerco.

[SOMOS LEMBRADOS DAS TERRÍVEIS PERDAS DOS JAPONESES DIANTE DE PORT ARTHUR.**]

---

* Na antiga guerra romana, a formação testudo ou tartaruga era comumente usada pelas legiões durante as batalhas, especialmente em cercos. (N.T.)

** A Batalha de Port Arthur foi travada durante a Guerra entre o Império do Japão e o Império Russo, que disputavam, entre 1904 e 1905, os territórios da Coréia e da Manchúria. (N.T.)

6. Portanto, o líder hábil subjuga as tropas inimigas sem qualquer luta; ele captura suas cidades sem sitiá-las; derruba seu reino sem longas operações no campo de batalha.

[Chia Lin registra que ele somente derruba o governo, mas não prejudica os indivíduos. O exemplo clássico é Wu Wang, que, após ter posto um fim à Dinastia Yin, foi aclamado "pai e mãe do povo".]

7. Com suas forças intactas, ele disputa o domínio do Império e, portanto, sem perder um só homem, seu triunfo será completo.

[Devido ao duplo sentido do texto em chinês, a última parte da frase é suscetível de um significado completamente diferente: "e, assim, não sendo a arma embotada pelo uso, seu gume permanece perfeito".]

Esse é o método de ataque por estratagema.

8. É a regra da guerra, se as nossas forças são dez contra uma do inimigo, cercá-lo; se cinco para uma, atacá-lo;

[Imediatamente, sem esperar por qualquer outra vantagem.]

se duas vezes mais numerosos, dividir o nosso exército em dois.

[Tu Mu se opõe à máxima e, à primeira vista, de fato, parece violar um princípio fundamental da guerra. Ts'ao Kung, no entanto, dá uma pista para a intenção de Sun Tzu: "Sendo dois contra um do inimigo, podemos usar uma parte do nosso exército de forma regular e a outra para algum desvio especial". Chang Yu assim também elucida a questão: "Se nossa força é duas vezes mais numerosa que a do inimigo, deve ser dividida em duas, uma para enfrentar o inimigo de frente e outra para atacar a retaguarda; se responde ao ataque frontal, ele pode ser esmagado por trás; se ao ataque por trás, ele pode ser esmagado pela frente". Isso é o que se entende por "uma parte pode ser usada de forma regular e a outra para algum desvio especial". Tu Mu não entende que uma divisão do exército é simplesmente um método estratégico irregular, assim como a concentração é um método regular, e ele se precipita ao chamar isso de erro".]

9. Se em igualdade numérica, podemos oferecer batalha;

[Li Ch'uan, seguido por Ho Shih, dá a seguinte paráfrase: "Se

AGRESSORES E DEFENSORES ESTÃO EM IGUALDADE DE FORÇAS, APENAS O GENERAL HÁBIL LUTARÁ".]

se ligeiramente inferior em número, podemos evitar o inimigo;

[O SIGNIFICADO "PODEMOS OBSERVAR O INIMIGO" É, SEM DÚVIDA, UM GRANDE APERFEIÇOAMENTO NO QUE PRECEDE, MAS, INFELIZMENTE, PARECE NÃO HAVER AUTORIDADE SUFICIENTE PARA A VARIANTE. CHANG YU LEMBRA QUE A AFIRMAÇÃO SE APLICA SOMENTE SE OS OUTROS FATORES SÃO IGUAIS; UMA PEQUENA DIFERENÇA NOS NÚMEROS É, MUITAS VEZES, MAIS DO QUE COMPENSADA PELA ENERGIA SUPERIOR E DISCIPLINA.]

se bastante desigual em todos os sentidos, podemos fugir dele.

10. Assim, embora uma luta obstinada possa ser travada por uma pequena força, no final, ela será capturada pela força maior.

11. Agora, o general é o baluarte do Estado; se o baluarte é completo em todos os pontos, o Estado será forte; se o baluarte é deficiente, o Estado será fraco.

[COMO LI CH'UAN LACONICAMENTE DIZ: "DISTÂNCIA INDICA DEFICIÊNCIA; SE A HABILIDADE DO GENERAL NÃO É PERFEITA (OU SEJA, SE ELE NÃO É MUITO VERSADO EM SUA PROFISSÃO), O SEU EXÉRCITO CARECERÁ DE FORÇA".]

12. Existem três maneiras pelas quais um governante pode trazer desgraça sobre o seu exército:

13. (1) ao ordenar-lhe que avance ou recue, desconhecendo o fato de que ele não pode obedecer. Isso é chamado de amarrar o exército.

[LI CH'UAN ACRESCENTA O COMENTÁRIO: "É COMO AMARRAR BEM AS PERNAS DE UM PURO-SANGUE, DE MODO QUE ELE SEJA INCAPAZ DE GALOPAR". SERIA NATURAL PENSAR NO "GOVERNANTE" DESSA PASSAGEM EM SUA CASA TENTANDO DIRIGIR OS MOVIMENTOS DO SEU EXÉRCITO À DISTÂNCIA. MAS OS COMENTADORES ENTENDEM EXATAMENTE O CONTRÁRIO E CITAM AS PALAVRAS DE T'AI KUNG: "UM REINO NÃO PODE SER GOVERNADO A PARTIR DE FORA E O EXÉRCITO NÃO PODE SER DIRIGIDO A PARTIR DE DENTRO". É VERDADE QUE, DURANTE UM COMPROMISSO, OU QUANDO EM CONTATO PRÓXIMO COM O INIMIGO, O GENERAL NÃO DEVE ESTAR NO GROSSO DAS SUAS TROPAS, MAS A UMA DISTÂNCIA PRÓXIMA. CASO CONTRÁRIO, ELE PROVAVELMENTE JULGARÁ MAL A POSIÇÃO COMO UM TODO E DARÁ ORDENS ERRADAS.]

14. (2) **ao tentar governar um exército da mesma forma como administra um reino, ignorante das condições que predominam em um exército, isso causa inquietação na mente do soldado.**

[A nota de Ts'ao Kung é livremente traduzida: "As esferas militar e civil são completamente distintas; não se pode lidar com um exército com luvas de pelica". E Chang Yu diz: "Humanidade e justiça são os princípios sobre os quais se governa um Estado, mas não um exército; oportunismo e flexibilidade, por outro lado, não são virtudes cívicas, mas militares, que devem ser assimiladas para que se governe um exército".]

15. (3) **Ao empregar os oficiais de seu exército sem diferenciação,**

[Isto é, ele não tem o cuidado de usar o homem certo no lugar certo.]

por ignorância do princípio militar de adaptação às circunstâncias. Isso abala a confiança dos soldados.

[Eu sigo Mei Yao-ch'en aqui. Os outros comentaristas se referem não ao governante, como em § 13, 14, mas aos oficiais que ele emprega. Assim, Tu Yu diz: "Se um general ignora o princípio da adaptabilidade, a ele não deve ser confiada uma posição de autoridade." Tu Mu cita: "O hábil empregador de homens irá empregar o homem sábio, o homem valente, o homem cobiçoso e o homem simples. Pois o homem sábio deleita-se em estabelecer o seu mérito, o homem valente gosta de mostrar sua coragem em ação, o homem cobiçoso é rápido em aproveitar as vantagens e o homem simples não tem medo da morte".]

16. **Mas quando o exército está inquieto e desconfiado, é certo que os outros príncipes feudais trarão problemas. Isso é simplesmente trazer a anarquia para o exército e abrir mão da vitória.**

17. **Assim, devemos saber que existem cinco elementos essenciais para a vitória: (1) Vencerá quem sabe quando lutar e quando não lutar.**

[Chang Yu diz: "Se ele pode lutar, avança e toma a ofensiva; se ele não pode lutar, recua e mantém-se na defensiva. Invariavelmente, conquistará aquele que sabe se é certo tomar a ofensiva ou a defensiva".]

(2) Vencerá quem sabe lidar com ambas as forças superiores e inferiores.

[Esta não é apenas a habilidade do general para estimar os números corretamente, como Li Ch'uan e outros compreendem. Chang Yu expõe a afirmação de forma mais satisfatória: "Ao aplicar a arte da guerra, é possível com uma menor força derrotar uma maior, e vice-versa. O segredo repousa na observação do local e em não deixar o momento certo escapar". Assim, Wu Tzu diz: "Com uma força superior, avance por terreno fácil; com uma inferior, avance por terreno difícil."]

(3) Vencerá aquele cujo exército é animado pelo mesmo espírito em todas as suas fileiras.

(4) Vencerá aquele que, preparado, espera para apanhar o inimigo desprevenido.

(5) Vencerá quem tiver capacidade militar e não for impedido por seu soberano.

[Tu Yu cita Wang Tzu, dizendo: "É a função do soberano dar amplas instruções, mas decidir sobre a batalha é a função do general". É desnecessário nos prolongarmos sobre desastres militares causados por interferência indevida em operações de campo por parte do governo em casa. Napoleão, sem dúvida, deve muito de seu extraordinário sucesso ao fato de não ter sido prejudicado por uma autoridade central.]

18. Daí o ditado: Se você conhece o inimigo e conhece a si mesmo, não precisa temer o resultado de cem batalhas. Se você conhece a si mesmo, mas não o inimigo, para cada vitória você sofrerá também uma derrota.

[Li Ch'uan cita o caso de Fu Chien, príncipe de Ch'in, que, em 383 d.C., marchou com um grande exército contra o Imperador Chin. Quando avisado para não desprezar um inimigo que poderia comandar os serviços de homens como Hsieh An e Huan Ch'ung, ele orgulhosamente respondeu: "Tenho a população de oito províncias em minha retaguarda, infantaria e cavalaria em número de um milhão; eles poderiam represar o rio Yangtsze apenas jogando seus chicotes na correnteza. Que perigo tenho eu a temer?" Não obstante, suas

FORÇAS LOGO FORAM DESASTROSAMENTE ENCAMINHADAS AO RIO FEI E ELE FOI OBRIGADO A BATER EM RETIRADA.]

Se você não conhece o inimigo nem a si mesmo, sucumbirá em cada batalha.

[CHANG YU DISSE: "CONHECER O INIMIGO LHE PERMITE TOMAR A OFENSIVA, CONHECER A SI MESMO PERMITE-LHE FICAR NA DEFENSIVA". E ACRESCENTA: "ATAQUE É O SEGREDO DA DEFESA, DEFESA É O PLANEJAMENTO DE UM ATAQUE". SERIA DIFÍCIL ENCONTRAR UMA SÍNTESE MELHOR DO PRINCÍPIO FUNDAMENTAL DA GUERRA.]

Comentários

Uma estratégia ofensiva não necessariamente implica atos ofensivos no campo da batalha. Há maneiras mais ardis e sutis de se travar combates em outras esferas. Mais que a guerra em si, é vital ter claro conhecimento e entendimento da estratégia, dos planos, dos recursos e das alianças do inimigo. Romper a harmonia do adversário, romper-lhe as alianças construídas, romper-lhe as estratégias. Assim, vencidas as batalhas invisíveis, vá depois efetivamente para a guerra. Precauções devem ser tomadas para não se engajar em lutas desequilibradas.

Passei por momentos em que discordei frontalmente do meu superior hierárquico, momentos que redefiniriam o destino da empresa em que trabalhava no país. Situei-me claramente contra a decisão dele, mesmo sob risco de abalar ou perder a carreira que havia construído com muita tenacidade. Estava ciente e convicto, todavia, da minha posição e certo de que essa atitude seria mais benéfica. Tinha a visão de que a decisão dele era imediatista, e não estratégica, que afetaria a reputação mercadológica da empresa. Cabia a mim, como diretor-geral da organização no país, conhecer melhor todos os riscos e consequências para o negócio e para os funcionários. Sabia o que meu superior pensava, conhecia a forma como raciocinava e atuava. E, assim, discordei de sua decisão, comuniquei-lhe claramente a minha discordância e, diante do impasse, levei a discussão para a instância máxima da corporação. Assumi posição contrária ao meu superior; minha defesa e argumentação mostraram-se baseadas em sólido conhecimento de causa, configuraram-se melhores para a estratégia e para as metas definidas pela corporação para o Brasil.

Não agi motivado por oportunismo, e, sim, consciente dos riscos e da minha responsabilidade; respeitados os limites éticos, confrontei e ganhei. Claro que superei momentos de insegurança e de profundo autoquestionamento, inerentes ao momento. Certamente era mais cômodo e confortável deixar para outros as decisões dramáticas, no entanto, cumpri o papel a mim reservado. Para o executivo, para o empresário, não há momento mais gratificante que poder ponderar e, entendidas todas as condições e circunstâncias, tomar decisões. A maior recompensa pela decisão tomada é a constatação dos resultados oriundos das suas decisões. Poucas coisas trazem mais satisfação... Se acertou na decisão, trate de melhorá-las; se errou, por algum motivo, avalie o ocorrido e seja humilde para fazer os ajustes necessários.

Disciplina, lealdade e harmonia são essenciais em todos os momentos da sua vida. Seja capaz de tomar decisões cruciais sempre que elas se fizerem necessárias.

(W. C. H.)

4. Disposições táticas

[Ts'ao Kung explica o significado das palavras chinesas para o título deste capítulo: "Marchas e contramarchas da parte dos dois exércitos, com vistas a descobrir as condições de cada um". Tu Mu diz: "É mediante as disposições de um exército que sua condição pode ser descoberta. Oculte suas disposições e sua condição permanecerá em segredo, o que leva à vitória; mostre suas disposições e sua condição se tornará patente, o que leva à derrota". Wang Hsi observa que o bom general pode "garantir o sucesso, modificando suas táticas para enfrentar as do inimigo".]

1. **Sun Tzu disse: "Os bons lutadores de antigamente primeiro se colocavam além da possibilidade da derrota e, então, esperavam por uma oportunidade de derrotar o inimigo.**
2. **Assegurarmo-nos contra a derrota repousa em nossas próprias mãos, mas a oportunidade de derrotar o inimigo é fornecida pelo próprio inimigo.**

   [Isto é, certamente, por um erro da parte do inimigo.]

3. **Assim, o bom lutador é capaz de proteger-se contra a derrota,**

   [Chang Yu diz que isso é feito "por esconder a disposição de suas tropas, encobrindo suas trilhas e tomando precauções constantes".]

mas não pode ter certeza de derrotar o inimigo.

4. Daí o ditado: pode-se SABER conquistar sem ser capaz de FAZÊ-LO.

5. Segurança contra a derrota implica táticas defensivas; capacidade para derrotar o inimigo significa tomar a ofensiva.

[MANTENHO O SENTIDO ENCONTRADO NUMA PASSAGEM SIMILAR EM § 1-3, APESAR DO FATO DE OS COMENTADORES ESTAREM TODOS CONTRA MIM. O SIGNIFICADO QUE ELES DÃO, "AQUELE QUE NÃO PODE VENCER ASSUME A DEFENSIVA", É BASTANTE PLAUSÍVEL.]

6. Permanecer na defensiva indica força insuficiente; atacar, uma superabundância de força.

7. O general que possui habilidade defensiva se esconde nos mais secretos redutos da terra;

[LITERALMENTE, "ESCONDE-SE DEBAIXO DA NONA TERRA", UMA METÁFORA QUE INDICA MÁXIMO SIGILO E DISSIMULAÇÃO, DE MODO QUE O INIMIGO NÃO SAIBA O SEU PARADEIRO.]

aquele que é hábil no ataque relampeja acima dos limites mais altos do céu.

[OUTRA METÁFORA, QUE SIGNIFICA "CAIR SOBRE O ADVERSÁRIO COMO UM RAIO, CONTRA O QUAL NÃO HÁ TEMPO PARA SE PREPARAR." ESSA É A OPINIÃO DA MAIORIA DOS COMENTADORES.]

Assim, por um lado, temos capacidade para nos proteger; por outro, uma vitória que é completa.

8. Enxergar a vitória apenas quando ela faz parte do senso comum não é o apogeu da excelência.

[COMO OBSERVA TS'AO KUNG, "SIGNIFICA ENXERGAR A PLANTA ANTES DE ELA TER GERMINADO," PREVER O EVENTO ANTES DA AÇÃO COMEÇAR. LI CH'UAN ALUDE À HISTÓRIA DE HAN HSIN QUE, QUANDO PRESTES A ATACAR O EXÉRCITO MUITAS VEZES SUPERIOR DE CHAO, QUE ESTAVA FORTEMENTE ENTRINCHEIRADO NA CIDADE DE CH'ENG-AN, DISSE AOS SEUS OFICIAIS: "SENHORES, ESTAMOS A CAMINHO DE ANIQUILAR O INIMIGO E NOS REUNIREMOS NO JANTAR". OS OFICIAIS MAL LEVARAM SUAS PALAVRAS A SÉRIO E ASSENTIRAM DE MANEIRA DÚBIA. MAS HAN HSIN JÁ HAVIA TRABALHADO EM SUA MENTE OS DETALHES DE UM ESTRATAGEMA INTELIGENTE, COM O QUAL, COMO ELE PREVIU, FOI CAPAZ DE CAPTURAR A CIDADE E CAUSAR A DERROTA ESMAGADORA DE SEU ADVERSÁRIO".]

9. Também não é o apogeu da excelência se você luta e vence, e todo o Império diz: "bem feito!"

[EXCELÊNCIA VERDADEIRA É, COMO TU MU DIZ: "PLANEJAR SECRETAMENTE, MOVER-SE DE FORMA CLANDESTINA, FRUSTRAR AS INTENÇÕES DO INIMIGO E IMPEDIR SEUS ESQUEMAS DE MODO QUE, NO FINAL DO DIA, POSSA VENCER SEM DERRAMAR UMA GOTA DE SANGUE". SUN TZU RESERVA SUA APROVAÇÃO PARA AS COISAS COMO "A MÃO GROSSEIRA FALHA EM PRUMAR."*]

10. Ascender um pelo de outono não é sinal de grande força;

["PELO DE OUTONO" SIGNIFICA O PELO DE UMA LEBRE, QUE É MAIS BONITO NO OUTONO, QUANDO COMEÇA A CRESCER NOVAMENTE. A FRASE É MUITO COMUM ENTRE OS ESCRITORES CHINESES.]

ver o sol e a lua não é sinal de visão aguçada; ouvir o barulho do trovão não é sinal de audição rápida.

[HO SHIH DÁ EXEMPLOS REAIS DE FORÇA, VISÃO AGUÇADA E AUDIÇÃO RÁPIDA: WU HUO, QUE PODIA LEVANTAR UM TRIPÉ PESANDO 1590 KG; LI CHU, QUE À DISTÂNCIA DE UMA CENTENA DE PASSOS PODIA VER OBJETOS DO TAMANHO DE UM GRÃO DE MOSTARDA; E SHIH K'UANG, UM MÚSICO CEGO QUE PODIA OUVIR OS PASSOS DE UM MOSQUITO.]

11. O que os antigos chamavam de um lutador inteligente é aquele que não só vence, mas sobressai em vencer com facilidade.

[A ÚLTIMA METADE É LITERALMENTE "AQUELE QUE, VENCENDO, SE DESTACA NA CONQUISTA FÁCIL". MEI YAO-CH'EN DIZ: "AQUELE QUE APENAS ENXERGA O ÓBVIO VENCE SUAS BATALHAS COM DIFICULDADE; AQUELE QUE OLHA ABAIXO DA SUPERFÍCIE DAS COISAS GANHA COM FACILIDADE".]

12. Assim, suas vitórias não trazem nem reputação pela sabedoria nem crédito pela coragem.

[TU MU EXPLICA ISSO MUITO BEM: "NA MEDIDA EM QUE SUAS VITÓRIAS SÃO GANHAS SOB CIRCUNSTÂNCIAS DESCONHECIDAS, O MUNDO COMO UM TODO NÃO SABE NADA SOBRE ELAS E ELE NÃO GANHA REPUTAÇÃO PELA SABEDORIA;

* Texto contido no poema *Rabbi Ben Ezra*, de autoria de Robert Browning sobre o matemático e poeta Abraham Ibn Ezra. *But all, the world's coarse thumb / And finger failed to plumb.* Em tradução livre: e todas as mãos desprovidas de sensibilidade falharão em se mostrarem gentis. (N.T.)

NA MEDIDA EM QUE O ESTADO HOSTIL ALEGA ALGUM DERRAMAMENTO DE SANGUE, ELE NÃO RECEBE CRÉDITO POR CORAGEM".]

13. Ele ganha suas batalhas por não cometer erros.

[CH'EN HAO DIZ: "ELE NÃO PLANEJA MARCHAS SUPÉRFLUAS, ELE NÃO PLANEJA ATAQUES FÚTEIS". A CONEXÃO DAS IDEIAS É ASSIM EXPLICADA POR CHANG YU: "AQUELE QUE PROCURA CONQUISTAR PELA FORÇA PURA, APESAR DE TER A ESPERTEZA PARA VENCER BATALHAS SINGULARES, TAMBÉM É RESPONSÁVEL NA OCASIÃO DA DERROTA; ENQUANTO AQUELE QUE OLHA PARA O FUTURO E DISCERNE AS CONDIÇÕES QUE AINDA NÃO SE MANIFESTARAM NUNCA COMETERÁ UM ERRO ESTÚPIDO E, PORTANTO, INVARIAVELMENTE, VENCERÁ".]

Não cometer erros é o que estabelece a certeza da vitória, pois significa conquistar um inimigo já derrotado.

14. Assim, o lutador hábil se coloca em uma posição que torna sua derrota impossível e não perde o momento para derrotar seu opositor.

[UM "CONSELHO PERFEITO", COMO TU MU OBSERVA. "POSIÇÃO" NÃO PRECISA SER O CONFINAMENTO AO TERRENO OCUPADO PELAS TROPAS NO MOMENTO. INCLUI TODAS AS MODALIDADES E PREPARAÇÕES QUE UM GENERAL SÁBIO FARÁ PARA AUMENTAR A SEGURANÇA DE SEU EXÉRCITO.]

15. Assim é que, na guerra, o estrategista vitorioso somente procura a batalha após a vitória ter sido alcançada, enquanto aquele que está fadado à derrota primeiro luta e depois procura a vitória.

[HO SHIH EXPÕE ASSIM O PARADOXO: "NA GUERRA, PRIMEIRO ESTABELEÇA PLANOS QUE GARANTAM A VITÓRIA E DEPOIS LEVE SEU EXÉRCITO PARA A BATALHA; SE VOCÊ NÃO COMEÇAR PELO ESTRATAGEMA E CONTAR APENAS COM A FORÇA BRUTA, A VITÓRIA NÃO MAIS ESTARÁ GARANTIDA".]

16. O líder consumado cultiva a lei moral e adere rigorosamente ao método e à disciplina; assim, está em seu poder controlar o sucesso.

17. A respeito do método militar, temos, em primeiro lugar, Medição; em segundo, Estimativa da quantidade; em terceiro, Cálculo; em quarto, Equilíbrio de oportunidades; em quinto, Vitória.

18. A Medição deve sua existência à Terra; Estimativa da quantidade, à Medição; Cálculo, à Estimativa da quantidade; Equilíbrio de oportunidades, ao Cálculo; e Vitória, ao Equilíbrio de oportunidades.

[Não é fácil distinguir os quatro termos de forma muito clara em chinês. O primeiro parece referir-se a levantamento e medição do terreno, que nos permite formar uma estimativa da força do inimigo e fazer cálculos baseados nos dados assim obtidos; então, somos levados a uma medição geral, ou comparação das chances do inimigo com as nossas próprias; se a questão for resolvida, então, sobrevém a vitória. A principal dificuldade reside no terceiro termo, que, em chinês, alguns comentaristas tomam por um cálculo de NÚMEROS, tornando-o quase sinônimo do segundo termo. Talvez este deva ser pensado como uma análise da situação ou condição geral do inimigo, enquanto o terceiro termo é a estimativa de sua força numérica. Por outro lado, Tu Mu diz: "resolvida a questão do peso relativo, podemos trazer recursos variados de astúcia ao jogo". Ho Shih apoia essa interpretação, mas a enfraquece. No entanto, ele aponta o terceiro termo como um cálculo de números.]

19. Um exército vitorioso em oposição a um derrotado é como o peso de uma libra colocado em escala contra um único grão.

[Literalmente, "um exército vitorioso é como um I (20 onças), pesado contra um SHU (um vinte e quatro avos de onças); um exército derrotado é um SHU pesado contra um I". A questão é simplesmente a enorme vantagem que uma força disciplinada, enrubescida com a vitória, tem sobre uma desmoralizada pela derrota. Legge, em sua nota sobre Mêncio, I. 2. ix. 2, equivale o I a onças chinesas e corrige a declaração de Chu Hsi que o igualou a 20 onças apenas. Mas Li Ch'uan, da Dinastia T'ang, dá aqui o mesmo número de Chu Hsi].

20. O avanço de uma força de conquista é como a precipitação das águas contidas em um abismo de mil braças de profundidade.

Comentários

Conheça a si mesmo, adestre-se para a batalha. Há fatores sobre os quais você tem controle, outros que lhe são alheios, podendo alterar-se ou ser circunstanciais. Tenha em mente que, em uma guerra, os fatores externos estão interligados, que a realidade pode demonstrar divergência entre o que você sabe e o que acha que sabe. Suas habilidades dependem de você, a fraqueza do inimigo depende dele. Cabe-lhe identificar o momento favorável para tirar vantagens dessa fraqueza, para adotar um ataque ofensivo ou a melhor defesa. Entenda as suas chances, conheça as limitações e a disponibilidade de tempo e recursos, estime as dificuldades e probabilidades de vitória.

Todos temos limitações. Seus oponentes também. Desafios são positivos, levam-nos a novos patamares físicos e espirituais. Não subestime suas limitações e respeite as dos seus adversários.

Tive, em minha equipe, um diretor cujo papel era preponderante, capaz de atuar sob as circunstâncias mais adversas. Em uma situação rotineira, durante um treinamento motivacional do grupo em campo, constatou-se que ele não conseguiria galgar uma árvore e pular dos altos galhos com equipamentos de segurança para ser resgatado pela sua equipe. Na infância, ele havia caído e sido vítima de telhas quebradas, adquirindo profundas cicatrizes. Era uma limitação pessoal causada por trauma voluntário ou involuntário. Um relato singelo, apenas para ilustrar os limites que todos devemos respeitar.

(W. C. H.)

5. Energia

1. **Sun Tzu disse: "O controle de uma grande força é o mesmo princípio do controle de alguns homens: é apenas uma questão de dividir os seus números."**

   [Ou seja, dividir o exército em regimentos, companhias etc., com oficias subordinados no comando de cada um. Tu Mu nos lembra da famosa resposta de Han Hsin ao primeiro imperador Han, que uma vez perguntou-lhe: "Qual o tamanho de um exército você acha que eu poderia liderar?" – "Não mais do que cem mil homens, Vossa Majestade" – "E você?" – perguntou o imperador. "Oh!" – respondeu ele – "quanto mais, melhor."]

2. **Lutar com um grande exército sob o seu comando não é de modo algum diferente de lutar com um pequeno: é apenas uma questão de instituir sinais e símbolos.**
3. **Assegure-se de que seu exército inteiro possa suportar todo o peso do ataque do inimigo e permanecer inabalável – isso é efetuado por manobras diretas e indiretas.**

   [Chegamos, agora, a uma das partes mais interessantes do tratado de Sun Tzu, a discussão de *Cheng* e *Ch'i*. Como não é fácil de forma alguma compreender o pleno significado desses dois termos, ou traduzi-los consistentemente bem para equivalentes em inglês,

Talvez seja melhor também tabular algumas das observações dos comentadores sobre o assunto antes de prosseguir. Li Ch'uan: "Encarar o inimigo é *cheng*, fazer um desvio lateral é *ch'i*". Chia Lin: "Na presença do inimigo, suas tropas devem ser dispostas de forma normal, mas para assegurar a vitória, manobras anormais devem ser empregadas". Mei Yao-ch'en: "*Ch'i* é ativo, *cheng* é passivo; passividade significa esperar por uma oportunidade, atividade é a vitória em si". Ho Shih: "Devemos fazer o inimigo encarar nosso ataque direto como aquele que é projetado secretamente, e vice-versa; assim *cheng* também pode ser *ch'i*, e *ch'i* também pode ser *cheng*". Ele cita a famosa proeza de Han Hsin, que, marchando ostensivamente contra Lin-chin (agora Chao-i em Shensi), jogou de repente uma grande força através do Rio Amarelo em barris de madeira, desconcertando totalmente seu oponente. [*Ch'ien Han Shu*, cap. 3.] Aqui somos informados de que a marcha sobre Lin-chin foi *cheng* e a manobra surpresa foi *ch'i*. Chang Yu dá o seguinte resumo de opiniões sobre as palavras: "Escritores militares não concordam no que diz respeito ao significado de *ch'i* e *cheng*. Wei Liao Tzu [séc. IV a.C.] diz: 'Guerra direta favorece ataques frontais, guerra indireta, ataques a partir da retaguarda'. Ts'ao Kung diz: 'Seguir com franqueza para se juntar à batalha é uma operação direta; aparecer na retaguarda do inimigo é uma manobra indireta'. Li Wei-kung [séc. VI e VII d.C.] diz: 'Na guerra, marchar em frente é *cheng*, movimentos de giro, por outro lado, são *ch'i*'. Esses escritores simplesmente consideram *cheng* como *cheng* e *ch'i* como *ch'i*; eles não notam que os dois são mutuamente intercambiáveis e deparam um com o outro como os dois lados de um círculo [ver infra, § 11]. Um comentário sobre o Imperador T'ang, T'ai Tsung, vai à raiz da questão: 'Uma manobra *ch'i* pode ser *cheng*, se fizermos com que o inimigo a enxergue como *cheng*, então nosso ataque real será *ch'i*, e vice-versa. Todo o segredo está em confundir o inimigo, para que ele não possa compreender nossa real intenção'". Para colocá-lo talvez de forma um pouco mais clara: qualquer ataque ou outra operação é *cheng*, a qual o inimigo tem a sua atenção fixa, considerando que *ch'i* é a que o pega de surpresa,

OU VEM DE UM QUADRANTE INESPERADO. SE O INIMIGO PERCEBE UM MOVIMENTO QUE PRETENDE SER *CH'I*, ELE TORNA-SE IMEDIATAMENTE *CHENG*.]

4. Que o impacto de seu exército seja como esmeril lançado contra um ovo; isso é efetuado pela ciência dos pontos fracos e fortes.

5. Em todos os combates, o método direto pode ser usado para juntar a batalha, mas métodos indiretos serão necessários para garantir a vitória.

[CHANG YU DIZ: "DESENVOLVA CONSTANTEMENTE TÁTICAS INDIRETAS, TANTO GOLPEANDO O FLANCO DO INIMIGO COMO CAINDO EM SUA RETAGUARDA". UM EXEMPLO BRILHANTE DE "TÁTICAS INDIRETAS" QUE DECIDIU A SORTE DE UMA CAMPANHA FOI A MARCHA NOTURNA DE LORDE ROBERTS, EM TORNO DO PEIWAR KOTAL, NA SEGUNDA GUERRA AFEGÃ.[1]]

6. Táticas indiretas, eficientemente aplicadas, são inexauríveis como o céu e a terra, intermináveis como o fluxo de rios e córregos; como o sol e a lua, elas acabam apenas para começar novamente; como as quatro estações, elas passarão para tornar uma vez mais.

[TU YU E CHANG YU ENTENDEM ISSO COMO PERMUTAÇÕES DE *CH'I* E *CHENG*. MAS, NO MOMENTO, SUN TZU NÃO ESTÁ FALANDO DE *CHENG* DE ALGUM MODO, A MENOS QUE, NA VERDADE, SUPONHAMOS, COMO CHENG YU-HSIEN, QUE UMA CLÁUSULA RELATIVA A ELE CAIU PARA FORA DO TEXTO. CLARO QUE, COMO JÁ FOI SALIENTADO, OS DOIS SÃO TÃO INTRINSECAMENTE ENTRELAÇADOS EM TODAS AS OPERAÇÕES MILITARES, QUE NÃO PODEM REALMENTE SER CONSIDERADOS SEPARADOS. AQUI TEMOS SIMPLESMENTE UMA EXPRESSÃO, EM LINGUAGEM FIGURADA, DOS QUASE INFINITOS RECURSOS DE UM GRANDE LÍDER.]

7. Não há mais do que cinco notas musicais, mas as combinações dessas cinco dão origem a mais melodias do que jamais possam ser ouvidas.

8. Não há mais do que cinco cores primárias (azul, amarelo, vermelho, branco e preto), mas em combinação produzem mais tons do que jamais possa ser visto.

9. Não há mais do que cinco sabores cardeais (azedo, ácido, salgado, doce, amargo), mas as suas combinações produzem mais sabores do que jamais possam ser provados.

10. Na batalha, não há mais de dois métodos de ataque – o direto e o indireto; mas esses dois em combinação dão origem a uma série infinita de manobras.

11. O direto e o indireto se atraem mutuamente um após o outro. É como mover-se em um círculo – você nunca chegará a um fim. Quem pode esgotar as possibilidades de suas combinações?

12. O ataque das tropas é como o movimento de uma torrente que rolará até mesmo pedras ao longo de seu curso.

13. A qualidade da decisão é como a oportuna precipitação de um falcão, que o permite atacar e destruir sua vítima.

[O chinês aqui é complicado e uma determinada palavra-chave no contexto em que é usada desafia os melhores esforços do tradutor. Tu Mu define essa palavra como "a medida ou a estimativa da distância". Mas esse significado não se encaixa no ilustrativo semelhante no § 15. Aplicando essa definição para o falcão, parece-me denotar aquele instinto de AUTOCONTROLE que evita que o pássaro ataque sua presa até o momento certo, juntamente com o poder de julgar quando o momento certo chegou. A qualidade análoga em soldados é muito importante; ser capaz de reservar seu fogo até o instante em que ele será mais eficaz. Quando o "Vitória" entrou em ação em Trafalgar,* pouco mais veloz do que a corrente, foi exposto durante vários minutos a uma tempestade de tiros e granadas antes de responder com um único disparo. Nelson esperou friamente até se encontrar dentro de uma faixa estreita, quando sua banda de artilharia causou um terrível estrago nos navios inimigos mais próximos.]

14. Portanto, o bom lutador será terrível em seu ataque e rápido em sua decisão.

---

* A Batalha de Trafalgar foi uma batalha naval da era napoleônica que ocorreu em 21 de outubro de 1805, na qual a França e a Espanha combateram a Inglaterra, ao largo do cabo de Trafalgar, na costa espanhola. (N.T.)

[A PALAVRA "DECISÃO" TERIA REFERÊNCIA À MEDIÇÃO DE DISTÂNCIA MENCIONADA ANTERIORMENTE, DEIXANDO O INIMIGO CHEGAR PERTO ANTES DE ATACAR. MAS NÃO POSSO DEIXAR DE PENSAR QUE SUN TZU TENCIONOU USAR A PALAVRA EM SENTIDO FIGURADO, SEMELHANTE AO INGLÊS COMO "SHORT AND SHARP" ("CURTA E AFIADA"). CF. NOTA DE WANG HSI, QUE, APÓS DESCREVER O MODO COMO O FALCÃO ATACA, PROSSEGUE: "ISSO É APENAS COMO O 'MOMENTO PSICOLÓGICO' DEVERIA SER APROVEITADO NA GUERRA".]

15. Energia pode ser comparada à flexão de uma balestra; decisão, à liberação de um gatilho.

[NENHUM DOS COMENTADORES PARECE COMPREENDER O VERDADEIRO PONTO DE SEMELHANÇA DA ENERGIA E DA FORÇA ARMAZENADAS COM O ARCO CURVADO ATÉ SER LIBERADO PELO DEDO SOBRE O GATILHO.]

16. Em meio ao caos e tumulto da batalha, a aparência pode ser de desordem e, mesmo assim, não uma desordem real de modo algum; em meio à confusão e ao caos, suas tropas podem estar sem pé nem cabeça, todavia, será uma prova contra a derrota.

[MEI YAO-CH'EN DIZ: "AS SUBDIVISÕES DO EXÉRCITO PREVIAMENTE FIXADAS E OS VÁRIOS SINAIS COMBINADOS, A SEPARAÇÃO E A UNIÃO, A DISPERSÃO E A REUNIÃO, QUE TERÃO LUGAR NO DECURSO DE UMA BATALHA, PODEM DAR APARÊNCIA DE DESORDEM QUANDO NENHUMA DESORDEM REAL É POSSÍVEL. SUA FORMAÇÃO PODE SER SEM PÉ NEM CABEÇA, TODAS AS SUAS DISPOSIÇÕES DE PERNAS PARA O AR E, AINDA ASSIM, UMA DERROTA DAS SUAS FORÇAS ESTÁ COMPLETAMENTE FORA DE QUESTÃO".]

17. Desordem simulada requer disciplina perfeita, medo simulado requer coragem, fraqueza simulada requer força.

[A FIM DE TORNAR A TRADUÇÃO INTELIGÍVEL, É NECESSÁRIO SUAVIZAR A FORMA NITIDAMENTE PARADOXAL DO ORIGINAL. TS'AO KUNG DESCARTA UM INDÍCIO DO SIGNIFICADO EM SUA BREVE NOTA: "TODAS ESSAS AÇÕES SERVEM PARA DESTRUIR A FORMAÇÃO E OCULTAR A CONDIÇÃO DE ALGUÉM". MAS TU MU É O PRIMEIRO A COLOCÁ-LO MUITO CLARAMENTE: "SE VOCÊ DESEJA FINGIR CONFUSÃO A FIM DE ATRAIR O INIMIGO, PRIMEIRO DEVE APRESENTAR PERFEITA

DISCIPLINA; SE VOCÊ DESEJA MOSTRAR TIMIDEZ A FIM DE CAPTURAR O INIMIGO, DEVE POSSUIR EXTREMA CORAGEM; SE DESEJA MANIFESTAR SUA FRAQUEZA A FIM DE TORNAR O INIMIGO MAIS CONFIANTE, DEVE TER FORÇA SUPERIOR".]

18. Esconder a ordem sob o manto da desordem é simplesmente uma questão de subdivisão;

[VER SUPRA, § 1.]

esconder a coragem em uma demonstração de timidez pressupõe um fundo de energia latente;

[OS COMENTARISTAS FORTEMENTE ENTENDEM AQUI UMA DETERMINADA PALAVRA CHINESA DE MANEIRA DIFERENTE DO QUE EM QUALQUER OUTRA PARTE DESTE CAPÍTULO. ASSIM TU MU DIZ: "VENDO QUE ESTAMOS EM CIRCUNSTÂNCIA FAVORÁVEL E, AINDA ASSIM, NÃO REALIZAMOS NENHUM MOVIMENTO, O INIMIGO ACREDITARÁ QUE ESTAMOS REALMENTE COM MEDO".]

5

mascarar força com fraqueza deve ser efetuado por disposições táticas.

[CHANG YU RELATA A SEGUINTE ANEDOTA DE KAO TSU, O PRIMEIRO IMPERADOR HAN: "DESEJANDO ESMAGAR O HSIUNG-NU, ENVIOU ESPIÕES PARA INFORMAR SOBRE SUA CONDIÇÃO. MAS O HSIUNG-NU, DE SOBREAVISO, CUIDADOSAMENTE ESCONDEU TODOS OS HOMENS APTOS E OS CAVALOS BEM ALIMENTADOS E APENAS PERMITIU QUE SOLDADOS ENFERMOS E GADO MAGRO FOSSEM VISTOS. O RESULTADO FOI QUE TODOS OS ESPIÕES RECOMENDARAM O IMPERADOR A LIBERAR O SEU ATAQUE. APENAS LOU CHING SE OPÔS A ELES, DIZENDO: 'QUANDO DOIS PAÍSES VÃO À GUERRA, ELES SÃO NATURALMENTE INCLINADOS A FAZER UMA EXIBIÇÃO OSTENSIVA DE SUA FORÇA. NO ENTANTO, NOSSOS ESPIÕES NÃO VIRAM NADA ALÉM DE VELHICE E ENFERMIDADE. ESSA É, SEM DÚVIDA, ALGUMA ARTIMANHA POR PARTE DO INIMIGO E NÃO NOS SERIA PRUDENTE ATACAR'. O IMPERADOR, CONTUDO, DESCONSIDEROU ESSE CONSELHO, CAIU NA ARMADILHA E VIU-SE CERCADO EM PO-TENG".]

19. Assim, aquele que é hábil em manter o inimigo em movimento mantém aparências ilusórias, segundo as quais o inimigo vai agir.

[A NOTA DE TS'AO KUNG É "DEMONSTRE FRAQUEZA E NECESSIDADE". TU MU DIZ: "SE NOSSA FORÇA PASSA A SER SUPERIOR À DO INIMIGO, À FRAQUEZA

PODE SER SIMULADA A FIM DE ATRAÍ-LO, MAS, SE INFERIOR, ELE DEVE SER LEVADO A ACREDITAR QUE ESTAMOS FORTES, PARA QUE ELE SE MANTENHA AFASTADO. NA VERDADE, TODOS OS MOVIMENTOS DO INIMIGO DEVERIAM SER DETERMINADOS PELOS SINAIS QUE NÓS ESCOLHEMOS PARA LHE DAR". NOTE A SEGUINTE ANEDOTA DE SUN PIN, UM DESCENDENTE DE SUN WU: EM 341 A.C., O ESTADO CH'I, EM GUERRA COM WEI, ENVIOU T'IEN CHI E SUN PIN CONTRA O GENERAL P'ANG CHUAN, QUE PASSOU A SER UM INIMIGO PESSOAL MORTAL DO ÚLTIMO. SUN PIN DISSE: "O ESTADO CH'I TEM UMA REPUTAÇÃO DE COVARDIA E, PORTANTO, NOSSO ADVERSÁRIO NOS DESPREZA. LEVEMOS ESSA CIRCUNSTÂNCIA EM CONSIDERAÇÃO". ASSIM, QUANDO O EXÉRCITO ATRAVESSARA A FRONTEIRA PARA O TERRITÓRIO WEI, ELE DEU ORDENS PARA MOSTRAR CEM MIL FOGOS NA PRIMEIRA NOITE, 50 MIL NA PRÓXIMA E, NA NOITE POSTERIOR, APENAS 20 MIL. P'ANG CHUAN OS PERSEGUIU ARDENTEMENTE, DIZENDO PARA SI MESMO: "EU SABIA QUE ESSES HOMENS DE CH'I ERAM COVARDES: SEUS NÚMEROS JÁ CAÍRAM PARA MAIS DA METADE". EM SEU RETIRO, SUN PIN CHEGOU A UM DESFILADEIRO ESTREITO, ONDE CALCULOU QUE SEUS PERSEGUIDORES CHEGARIAM DEPOIS DO ANOITECER. ALI HAVIA UMA ÁRVORE DESPOJADA DE SUA CASCA E NELA ELE GRAVOU AS PALAVRAS: "SOB ESSA ÁRVORE P'ANG CHUAN MORRERÁ". ENTÃO, COMO A NOITE COMEÇAVA A CAIR, ELE COLOCOU UM FORTE CORPO DE ARQUEIROS EM EMBOSCADA NAS PROXIMIDADES, COM ORDENS PARA ATIRAR DIRETAMENTE QUANDO VISSEM UMA LUZ. MAIS TARDE, P'ANG CHUAN CHEGOU AO LOCAL E, OBSERVANDO A ÁRVORE, ACENDEU UMA LUZ COM O INTUITO DE LER O QUE ESTAVA ESCRITO SOBRE ELA. SEU CORPO FOI IMEDIATAMENTE CRIVADO POR UMA SARAIVADA DE FLECHAS E TODO O SEU EXÉRCITO MERGULHOU EM CONFUSÃO. [ESTA DESCRIÇÃO É A VERSÃO DE TU MU DA HISTÓRIA; O *SHIH CHI*, MENOS DRAMATICAMENTE, MAS PROVAVELMENTE COM MAIS VERDADE HISTÓRICA, FAZ P'ANG CHUAN CORTAR SUA PRÓPRIA GARGANTA COM UMA EXCLAMAÇÃO DE DESESPERO, APÓS A DERROTA DE SEU EXÉRCITO.]

Ele sacrifica algo, para que o inimigo possa se agarrar a ele.

20. Ao manter a isca, ele o mantém em marcha; depois, com um corpo de homens selecionados, ele o aguarda em emboscada.

[COM UMA EMENDA SUGERIDA POR LI CHING, ESTE ENTÃO DIZ: "AGUARDA EM EMBOSCADA COM O CORPO PRINCIPAL DE SUAS TROPAS".]

21. O combatente engenhoso olha para o efeito da energia combinada e não exige muito dos indivíduos.

[TU MU DIZ: "EM PRIMEIRO LUGAR, ELE CONSIDERA O PODER DE SEU EXÉRCITO COMO UM TODO; DEPOIS, ELE LEVA EM CONTA O TALENTO INDIVIDUAL E UTILIZA CADA HOMEM DE ACORDO COM SUAS CAPACIDADES. ELE NÃO EXIGE PERFEIÇÃO DOS SEM TALENTO".]

Daí a sua capacidade de escolher os homens certos e utilizar energia combinada.

22. Quando ele utiliza energia combinada, seus guerreiros tornam-se lenhas ou pedras rolantes. Pois é da natureza da lenha ou da pedra permanecer imóvel em terreno plano e mover-se quando em um declive; se, com quatro pontas, fica paralisada, mas se, de forma arredondada, sai rolando.

[TS'AU KUNG CHAMA ISSO DE "O USO DO PODER INERENTE OU NATURAL".]

23. Assim, a energia desenvolvida por bons guerreiros é como a dinâmica de uma pedra redonda que rola de uma montanha de milhares de metros de altura. Assim é sobre o assunto da energia.

[A PRINCIPAL LIÇÃO DESTE CAPÍTULO, NA OPINIÃO DE TU MU, É A SUPREMA IMPORTÂNCIA DE EVOLUÇÕES RÁPIDAS E ATAQUES REPENTINOS NA GUERRA. "GRANDES RESULTADOS", ACRESCENTA ELE, "PODEM ASSIM SER ALCANÇADOS COM PEQUENAS FORÇAS".]

NOTAS:

1. "Quarenta e um anos na Índia", capítulo 46.

Comentários

A designação da estrutura de comando e de afinidade, buscando identificar os talentos do líder e do liderado. Clareza na definição das atribuições. Não esperar do outro o que não lhe é possível fazer. Não designar atribuições insuportáveis ou inexecutáveis, por erro de atribuição ou de identificação dos talentos. A demanda em situações normais ou de alto impacto. A busca da harmonia, a possibilidade de desordem por erro de comando ou de uso das habilidades e desconhecimento das limitações. Valorização dos experientes, otimização das variadas habilidades.

Há pessoas que não são as mais aptas, que você sabe não serem as ideais para comporem uma equipe, especialmente por limitação de formação (acadêmica ou ética). Não há o colaborador ideal, não existe a equipe ideal. A complementação de valores e talentos é uma riqueza essencial numa organização. Uma empresa precisa preservar a sua história, aproveitar o conhecimento estabelecido e moldar sua cultura.

Dessa maneira, construa a sua equipe. Identifique em cada um suas potencialidades para, assim, extrair todo o comprometimento e dedicação possíveis. Em contrapartida, não seja do tipo "deixe comigo...", ou seja, aquele que, por vaidade, ou para fugir do momento de confronto, assume tarefas ou responsabilidades que não serão atendidas. Não assuma compromissos de maneira irresponsável, de tal modo que não possa ou não queira equacioná-los.

Comprometa-se com toda a intensidade. Conflitos são positivos, trazem oportunidades, momentos de crescimento pessoal e profissional. São situações em que todos irão observá-lo. Não receie enfrentá-los, mas esteja certo de que dedicará o tempo e a energia necessários para buscar a vitória proposta.

(W. C. H.)

6. Pontos fortes e fracos

[Chang Yu tenta explicar a sequência de capítulos como segue: "Capítulo IV, sobre Disposições Táticas, tratou da ofensiva e defensiva; capítulo V, sobre Energia, lidou com métodos diretos e indiretos. O bom general se familiariza primeiro com a teoria de ataque e defesa e, depois, volta a sua atenção aos métodos diretos e indiretos. Ele estuda a arte de variar e combinar esses dois métodos antes de prosseguir com o assunto dos pontos fracos e fortes. Como a utilização dos métodos diretos ou indiretos provêm de ataque e defesa, a percepção dos pontos fracos e fortes depende igualmente dos métodos anteriores. Dessa forma, o presente capítulo vem imediatamente após o capítulo sobre a energia".]

1. **Sun Tzu disse: "Aquele que chega primeiro ao campo de batalha e aguarda a vinda do inimigo estará a descansar para a luta; aquele que vem em segundo lugar e precisa apressar-se para a batalha chegará exausto."**
2. **Portanto, o combatente inteligente impõe sua vontade sobre o inimigo e não permite que o inimigo imponha sua vontade sobre ele.**

   [Uma das marcas de um grande soldado é que ele luta em seus próprios termos ou não luta de forma alguma.[1]]

3. Ao manter-se em vantagem, ele pode provocar o inimigo a se aproximar por consentimento próprio; ou, por infligir dano, ele pode tornar impossível para o inimigo se aproximar.

[No primeiro caso, ele irá seduzi-lo com uma isca, no segundo, ele atacará algum ponto importante que o inimigo terá de defender.]

4. Se o inimigo está à vontade, ele pode perturbá-lo;

[Esta passagem pode ser citada como prova contra a interpretação de Mei Yao-Ch'em no cap. 1 § 23.]

se bem suprido, ele pode privá-lo de alimento, se acampado calmamente, pode forçá-lo a se mover.

5. Apareça em pontos onde o inimigo deve apressar sua defesa; marche rapidamente para lugares onde não é esperado.

6

6. Um exército deve marchar grandes distâncias sem sofrimento, por lugares onde o inimigo não se encontra.

[Ts'ao Kung resume muito bem: "emerge a partir do vazio (como 'um raio vindo do céu'), ataca os pontos vulneráveis, evita lugares que são defendidos, ataca lugares inesperados".]

7. Você pode ter certeza de sucesso em seus ataques se somente atacar os lugares que não são protegidos.

[Wang Hsi explica "lugares desprotegidos" como "pontos fracos; ou seja, onde o general carece de capacidade, ou os soldados, de espírito; onde as muralhas não são fortes o suficiente, ou as precauções não suficientemente rígidas; onde a ajuda vem demasiadamente tarde, ou as provisões são muito escassas, ou os defensores estão discordando entre si".]

Você pode garantir a segurança da sua defesa, se mantiver apenas posições que não podem ser atacadas.

[Isto é, onde não há nenhum dos pontos fracos mencionados anteriormente. Existe particularmente um ponto interessante que envolve a interpretação desta última cláusula. Tu Mu, Ch'em Hao e Mei Yao-Ch'en assumem que o significado é: "a fim de tornar sua defesa muito segura, você deve defender MESMO aqueles locais não suscetíveis de serem atacados", e Tu Mu acrescenta: "quanto mais, então, aqueles

QUE SERÃO ATACADOS". ENTENDIDA ASSIM, NO ENTANTO, A CLÁUSULA NÃO CONDIZ EXATAMENTE COM A ANTERIOR, LEVANDO SEMPRE EM CONSIDERAÇÃO O ESTILO ALTAMENTE CONTRADITÓRIO QUE É NATURAL DOS CHINESES. CHANG YU, ENTÃO, PARECE QUASE ATINGIR O PONTO AO DIZER: "AQUELE QUE É HÁBIL NO ATAQUE BRILHA ALÉM DOS LIMITES MAIS ALTOS DO CÉU [CAP. 4 § 7], TORNANDO IMPOSSÍVEL PARA O INIMIGO PROTEGER-SE CONTRA ELE. ASSIM SENDO, OS LUGARES QUE DEVO ATACAR SÃO PRECISAMENTE AQUELES ONDE O INIMIGO NÃO PODE SE DEFENDER... AQUELE QUE É HÁBIL NA DEFESA SE ESCONDE NOS RECANTOS MAIS SECRETOS DA TERRA, TORNANDO IMPOSSÍVEL PARA O INIMIGO ESTIMAR SEU PARADEIRO. ASSIM, OS LUGARES QUE DEVO MANTER SÃO PRECISAMENTE AQUELES ONDE O INIMIGO NÃO PODE ATACAR".]

8. Dessa forma, o general hábil no ataque é aquele cujo adversário não sabe o que defender; e é hábil na defesa aquele cujo adversário não sabe o que atacar.

[UM AFORISMO QUE SINTETIZA TODA A ARTE DA GUERRA EM POUCAS PALAVRAS.]

9. Oh, divina arte da sutileza e do sigilo! Através de vós, aprendemos a ser invisíveis, através de vós, inaudíveis;

[LITERALMENTE, "SEM FORMA OU SOM", MAS DIZ-SE, NATURALMENTE, COM REFERÊNCIA AO INIMIGO.]

e, assim, podemos manter o destino do inimigo em nossas mãos.

10. Você pode avançar e ser absolutamente irresistível, se entender os pontos fracos do inimigo; você pode se retirar e manter-se a salvo da perseguição, se seus movimentos forem mais rápidos que os do inimigo.

11. Se desejarmos lutar, o inimigo pode ser forçado a um confronto mesmo que ele esteja protegido por uma muralha alta e um fosso profundo. Tudo o que precisamos fazer é atacar algum outro lugar onde ele será obrigado a prestar socorro.

[TU MU DIZ: "SE O INIMIGO É O INVASOR, PODEMOS CORTAR SUA LINHA DE COMUNICAÇÃO E OCUPAR AS ESTRADAS PELAS QUAIS ELE TERÁ DE VOLTAR; SE NÓS SOMOS OS INVASORES, PODEMOS DIRECIONAR NOSSOS ATAQUES CONTRA O PRÓPRIO SOBERANO". CERTAMENTE SUN TZU, AO CONTRÁRIO DE CERTOS GENERAIS DA ÚLTIMA GUERRA DOS BOER, NÃO ACREDITAVA EM ATAQUES FRONTAIS.]

12. **Se não queremos lutar, podemos impedir que o inimigo nos engaje, mesmo que as linhas de nosso acampamento estejam meramente traçadas no chão. Tudo o que precisamos fazer é colocar algo estranho e inexplicável em seu caminho.**

[Essa expressão extremamente concisa é parafraseada com clareza por Chia Lin: "mesmo que não tenhamos construído nem muralha nem fosso". Li Ch'uan diz: "nós o surpreendemos com disposições estranhas e incomuns", e Tu Mu finalmente apoia o significado com três anedotas ilustrativas, uma de Chu-ko Liang, que, quando ocupando Yang-p'ing e prestes a ser atacado por Ssu-ma I, de repente retirou suas cores, parou a batida dos tambores e escancarou os portões da cidade, mostrando apenas alguns poucos homens envolvidos em varrer e borrifar o chão. Esse procedimento inesperado teve o efeito pretendido; por Ssu-ma I suspeitar de uma emboscada, realmente retirou seu exército e recuou. O que Sun Tzu está defendendo aqui, portanto, é nada mais nada menos do que a utilização oportuna do "blefe".]

13. **Se descobrirmos as disposições do inimigo e nos mantivermos invisíveis, podemos concentrar nossas forças, enquanto a do inimigo será dividida.**

[A conclusão talvez não seja muito óbvia, mas Chang Yu (depois Mei Yao-ch'en) justamente a explica assim: "se as disposições do inimigo são visíveis, podemos atacá-lo com todo o nosso corpo; se nossas próprias disposições forem mantidas em segredo, o inimigo será obrigado a dividir suas forças para se proteger contra ataques provenientes de todos os quadrantes".]

14. **Podemos formar um só corpo unido, enquanto o inimigo deve dividir-se em frações. Assim, haverá um todo em oposição a partes separadas de um todo, que significa que seremos muitos para poucos inimigos.**

15. **E se formos capazes, portanto, de atacar uma força inferior com uma superior, nossos oponentes estarão em apuros.**

16. O local onde pretendemos lutar não deve tornar-se conhecido; pois, então, o inimigo terá de se preparar contra um possível ataque de vários pontos diferentes;

[SHERIDAN UMA VEZ EXPLICOU O MOTIVO DAS VITÓRIAS DO GENERAL GRANT,* DIZENDO QUE, "ENQUANTO SEUS ADVERSÁRIOS ESTAVAM TOTALMENTE OCUPADOS IMAGINANDO O QUE ELE FARIA, ELE ESTAVA PENSANDO MAIS NO QUE FARIA POR SI MESMO".]

e com suas forças distribuídas em várias direções, os números que teremos de enfrentar em qualquer ponto determinado será proporcionalmente reduzido.

17. Se o inimigo necessitar fortalecer sua vanguarda, ele enfraquecerá sua retaguarda; se reforçar sua retaguarda, enfraquecerá sua vanguarda; se reforçar seu lado esquerdo, enfraquecerá o seu direito; se reforçar sua direita, ele enfraquecerá sua esquerda. Se ele envia reforços a todos os lugares, em todos os lugares ele será fraco.

[EM *INSTRUÇÕES AOS SEUS GENERAIS*, DE FREDERICO, O GRANDE, LEMOS: "UMA GUERRA DEFENSIVA É CAPAZ DE NOS INDUZIR AO ERRO DE NOS DESTACARMOS MUITO FREQUENTEMENTE. OS GENERAIS DE POUCA EXPERIÊNCIA EMPENHAM-SE EM PROTEGER TODOS OS PONTOS, ENQUANTO OS MAIS FAMILIARIZADOS COM A PROFISSÃO, TENDO APENAS O OBJETIVO PRINCIPAL EM VISTA, RESGUARDAM-SE CONTRA UM GOLPE DECISIVO E SUBMETEM-SE A PEQUENOS INFORTÚNIOS PARA EVITAR MAIORES".]

18. Fraqueza numérica surge da necessidade de ter de se preparar contra possíveis ataques; força numérica, por compelir nosso adversário a fazer esses preparativos contra nós.

[A MÁXIMA ESTRATÉGIA MILITAR, NAS PALAVRAS DO CORONEL HENDERSON, É "OBRIGAR O INIMIGO A DISPERSAR O SEU EXÉRCITO E, DEPOIS, CONCENTRAR FORÇAS SUPERIORES CONTRA CADA FRAÇÃO POR VEZ".]

---

* Ulysses Simpson Grant (1822–1885), foi um general norte-americano, comandante-em-chefe das tropas federais durante a Guerra Civil norte-americana, e o décimo oitavo Presidente dos Estados Unidos, entre 1868 e 1876. (N.T.)

19. Conhecendo o local e a hora da batalha próxima, podemos nos concentrar a longas distâncias a fim de lutar.

[O QUE SUN TZU EVIDENTEMENTE TEM EM MENTE É O PERFEITO CÁLCULO DE DISTÂNCIAS E O MAGISTRAL TRABALHO DE ESTRATÉGIA QUE PERMITEM A UM GENERAL DIVIDIR SEU EXÉRCITO COM O PROPÓSITO DE UMA LONGA E RÁPIDA MARCHA E, DEPOIS, EFETUAR UMA JUNÇÃO PRECISAMENTE NO LUGAR CERTO E NA HORA CERTA PARA ENFRENTAR O INIMIGO COM FORÇA ESMAGADORA. ENTRE MUITAS DESSAS JUNÇÕES BEM-SUCEDIDAS QUE A HISTÓRIA MILITAR REGISTROU, UMA DAS MAIS DRAMÁTICAS E DECISIVAS FOI O SURGIMENTO DE BLUCHER EXATAMENTE NO MOMENTO CRÍTICO NO CAMPO DE BATALHA DE WATERLOO.]

20. Mas se nem o momento nem o lugar são conhecidos, então o flanco esquerdo será impotente para socorrer o direito, o direito igualmente impotente para socorrer o esquerdo, a vanguarda incapaz de auxiliar a retaguarda, ou a retaguarda em apoiar a vanguarda. O que dizer das porções mais distantes do exército separadas por quase cem LI, e mesmo tendo a mais próxima separada por vários LI?

[O CHINÊS DESTA ÚLTIMA FRASE É UM POUCO IMPRECISO, MAS A IMAGEM MENTAL QUE SOMOS OBRIGADOS A DESENHAR É PROVAVELMENTE A DE UM EXÉRCITO AVANÇANDO PARA A BATALHA EM COLUNAS SEPARADAS, CADA QUAL COM ORDENS PARA ENCONTRAR-SE EM UMA DATA FIXA. SE O GENERAL PERMITE QUE OS VÁRIOS DESTACAMENTOS PROCEDAM DE FORMA DESORDENADA, SEM INSTRUÇÕES PRECISAS QUANTO À HORA E AO LOCAL DE ENCONTRO, O INIMIGO SERÁ CAPAZ DE ANIQUILAR O EXÉRCITO POR INTEIRO. É IMPORTANTE CITAR A NOTA DE CHANG YU AQUI: "SE NÃO SABEMOS O LUGAR ONDE OS NOSSOS ADVERSÁRIOS PRETENDEM SE CONCENTRAR OU O DIA EM QUE VÃO SE JUNTAR À BATALHA, NOSSA UNIDADE FALHARÁ NA PREPARAÇÃO DAS DEFESAS E AS POSIÇÕES QUE MANTIVERMOS SERÃO INSEGURAS. DE REPENTE, SE DEPARARMOS COM UM INIMIGO PODEROSO, PODEMOS SER LEVADOS À BATALHA EM CONDIÇÃO CONFUSA, E NENHUM APOIO MÚTUO SERÁ POSSÍVEL ENTRE OS FLANCOS, VANGUARDA OU RETAGUARDA, ESPECIALMENTE SE HOUVER GRANDE DISTÂNCIA ENTRE AS PRIMEIRAS E AS ÚLTIMAS DIVISÕES DO EXÉRCITO".]

21. Embora, de acordo com a minha estimativa, os soldados de Yueh ultrapassem os nossos próprios em número, em nada isso deverá beneficiar-lhes em matéria de vitória. Digo, então, que a vitória pode ser alcançada.

[Infelizmente, para essas palavras corajosas, o longo conflito entre os dois Estados terminou em 473 a.C. com a derrota total de Wu por Kou Chien e sua incorporação em Yueh. Isso aconteceu, sem dúvida, muito depois da morte de Sun Tzu. Com sua presente afirmação comparar cap. 4 § 4. Chang Yu é o único a apontar a aparente discrepância, e assim passa a explicar: "no capítulo sobre as Disposições Táticas, é dito: "pode-se SABER como conquistar sem ser capaz de FAZER isso", enquanto aqui temos a afirmação de que 'vitória' pode ser alcançada". A explicação é que, no capítulo anterior, onde a ofensiva e a defensiva são discutidas, diz-se que se o inimigo está totalmente preparado, não se pode ter certeza de vencê-lo. Mas a presente passagem refere-se particularmente aos soldados de Yueh que, segundo os cálculos de Sun Tzu, serão mantidos na ignorância do tempo e local da luta iminente. É por isso que ele diz aqui que a vitória pode ser alcançada".]

22. Embora o inimigo seja mais forte em número, podemos impedi-lo de lutar. Trame de forma a descobrir seus planos e a probabilidade de seu sucesso.

[Uma leitura alternativa oferecida por Chia Lin é: "Saiba de antemão todos os planos propícios ao nosso sucesso e ao fracasso do inimigo".]

23. Provoque-o e aprenda o princípio de sua atividade ou inatividade.

[Chang Yu diz que, observando a alegria ou a raiva demonstrada pelo inimigo ao ser assim perturbado, seremos capazes de concluir se a sua política é esconder-se ou o inverso. Ele cita a ação de Cho-ku Liang, que enviou o presente insolente de um vestido de mulher a Ssu-ma I, a fim de incitá-lo para fora de suas táticas Fabianas*.]

* Giles refere-se às táticas de Quinto Fábio Máximo, que se utilizava de extensos adiamentos para deter Anibal durante a Segunda Guerra Púnica. (N.E.)

Force-o a revelar-se, para, então, descobrir seus pontos vulneráveis.

24. Cuidadosamente, compare o exército inimigo com o seu próprio, para saber onde a força é superabundante e onde é deficiente.

[CAP. 4 § 6.]

25. Ao fazer disposições táticas, o maior passo que você pode alcançar é ocultá-las;

[O FASCÍNIO DO PARADOXO EVAPORA NA TRADUÇÃO. OCULTAÇÃO É TALVEZ NÃO TANTO A INVISIBILIDADE REAL (VER SUPRA § 9) COMO "NÃO MOSTRAR ABSOLUTAMENTE NENHUM SINAL" DO QUE VOCÊ PRETENDE FAZER, DOS PLANOS QUE ESTÃO FORMADOS EM SEU CÉREBRO.]

oculte suas disposições e você estará a salvo da curiosidade do mais sutil dos espiões, das maquinações dos cérebros mais sábios.

[TU MU EXPLICA: "EMBORA O INIMIGO POSSA DISPOR DE AGENTES INTELIGENTES E TALENTOSOS, ELES NÃO SERÃO CAPAZES DE ESTABELECER PLANOS CONTRA NÓS".]

26. Como podem atingir a vitória pelas próprias táticas do inimigo, é o que a multidão não consegue compreender.

27. Todos os homens podem ver as táticas pelas quais eu conquisto, mas o que ninguém pode ver é a estratégia pela qual a vitória evoluiu.

[ISTO É, TODOS PODEM VER SUPERFICIALMENTE COMO UMA BATALHA FOI VENCIDA; O QUE NÃO PODEM VER É A LONGA SÉRIE DE PLANOS E COMBINAÇÕES QUE PRECEDEU A BATALHA.]

28. Não repita as táticas que lhe concederam uma vitória, mas permita que seus métodos sejam regulados pela infinita variedade de circunstâncias.

[COMO WANG HSI SABIAMENTE OBSERVA: "EXISTE APENAS UM PRINCÍPIO-RAÍZ QUE FUNDAMENTA A VITÓRIA, MAS AS TÁTICAS QUE CONDUZEM A ELE SÃO INFINITAS EM NÚMERO". COM ISSO COMPARA O CORONEL HENDERSON: "AS REGRAS DA ESTRATÉGIA SÃO POUCAS E SIMPLES. PODEM SER APRENDIDAS EM UMA SEMANA. ELAS PODEM SER ENSINADAS POR ILUSTRAÇÕES FAMILIARES OU

UMA DÚZIA DE DIAGRAMAS. MAS ESSE CONHECIMENTO NÃO ENSINARÁ MAIS UM HOMEM A CONDUZIR UM EXÉRCITO COMO NAPOLEÃO DO QUE UM CONHECIMENTO DE GRAMÁTICA IRÁ ENSINÁ-LO A ESCREVER COMO GIBBON."*]

29. As táticas militares são como a água; pois a água, em seu curso natural, escapa dos lugares altos e para baixo precipita-se.

30. Assim, na guerra, o caminho é evitar o que é forte e atacar o que é fraco.

[COMO A ÁGUA, TOMANDO O CAMINHO DA MENOR RESISTÊNCIA.]

31. A água molda o seu curso de acordo com a natureza do terreno sobre o qual flui; o soldado elabora sua vitória em relação ao inimigo a quem está enfrentando.

32. Portanto, assim como a água não retém nenhuma forma constante, então na guerra não existem condições constantes.

33. Aquele que consegue modificar suas táticas em relação às de seu oponente, e com isso conquistar a vitória, pode ser chamado de um capitão nascido no céu.

34. Os cinco elementos (água, fogo, madeira, metal, terra) não são sempre igualmente predominantes;

[ISTO É, COMO WANG HSI DIZ: "ELES PREDOMINAM ALTERNADAMENTE."]

as quatro estações abrem caminho para as outras uma após a outra.

[LITERALMENTE, "NÃO HÁ ASSENTO INVARIÁVEL".]

Existem dias curtos e longos; a lua tem seus períodos de declínio e crescimento.

[CAP. 5 § 6. O OBJETIVO DA PASSAGEM É SIMPLESMENTE ILUSTRAR A FALTA DE FIXIDEZ NA GUERRA PELAS MUDANÇAS QUE OCORREM CONSTANTEMENTE NA NATUREZA. A COMPARAÇÃO NÃO É MUITO FELIZ, NO ENTANTO, PORQUE A REGULARIDADE DOS FENÔMENOS QUE SUN TZU MENCIONA NÃO SÃO DE FORMA ALGUMA PARALELOS À GUERRA.]

NOTAS:

1. Ver a biografia do Coronel Henderson de Stonewall Jackson, 1902 ed., vol. II, p. 490.

---

* Edward Gibbon (1737 -1794), historiador inglês que se expressou no espírito do iluminismo. (N.T.)

Comentários

Vantagem competitiva. Os caminhos da construção das vantagens para proveito numa batalha. Assuma posição vantajosa, conduza o oponente para o campo de batalha onde tiver condições favoráveis e pleno conhecimento. Identifique claramente a situação do inimigo, teste e aproveite seus pontos frágeis. Evite a força do oponente, ataque suas fraquezas. Confunda o oponente, iludindo-o. Busque condições que possibilitem controlar o destino do inimigo.

Você constrói a sua sorte. Ela não vem por acaso. Refiro-me sempre a um grande atleta que dizia: "quanto mais eu treino, mais sorte tenho em minhas jogadas...." Os resultados alcançados não vêm de maneira gratuita, você precisa pavimentar seu próprio caminho, minimizando os obstáculos que são certamente inumeráveis.

Prepare-se com antecedência, chegue antes ao ambiente da negociação. Amadorismo é cada vez menos aceito e menos perdoado. Seus oponentes estão cada vez mais preparados. São profissionais bem formados e treinados. Não chegue a uma negociação em que seus argumentos não resistam a questionamentos sólidos. Os pontos fortes devem ser construídos e reforçados; os pontos fracos, minimizados e superados.

(W. C. H.)

7. Manobras

1. Sun Tzu disse: "Na guerra, o general recebe suas ordens do soberano.

2. Tendo reunido um exército e concentrado suas forças, deve combinar e harmonizar seus diferentes elementos antes de estabelecer seu acampamento.

[Chang Yu diz: "o estabelecimento da harmonia e da confiança entre os postos mais altos e mais baixos antes de se aventurar no campo de batalha", e ele cita um provérbio de Wu Tzu (cap. 1): "sem harmonia no Estado, nenhuma expedição militar pode ser realizada; sem harmonia no exército, nenhuma disposição de batalha pode ser formada". Em um romance histórico, Sun Tzu é representado dizendo a Wu Yuan: "como regra geral, aqueles que estão travando uma guerra devem livrar-se de todos os problemas internos antes de continuarem a atacar o inimigo externo".]

3. Depois disso, ocorrem manobras táticas, do que não há nada mais difícil.

[Eu tenho me afastado um pouco da interpretação tradicional de Ts'ao Kung, que diz: "do momento do recebimento das instruções do soberano até o nosso acampamento contra o inimigo, as táticas a serem seguidas são mais difíceis". Parece-me que as táticas – ou manobras – dificilmente podem ser iniciadas até que o exército tenha irrompido avante e acampado, e a nota de Ch'ien Hao ilumina esse pensamento: "para organizar, concentrar, harmonizar e consolidar um exército, existem muitas regras antigas que servirão. A verdadeira dificuldade surge quando nos engajamos em operações táticas". Tu Yu também observa que "a grande dificuldade é antecipar-se ao inimigo em posição favorável de ataque".]

A dificuldade da manobra tática consiste em transformar o tortuoso em direto, e o infortúnio em ganho.

[Esta frase contém uma daquelas expressões altamente condensadas e um tanto enigmáticas às quais Sun Tzu é tão afeiçoado. Assim, ela é explicada por Ts'ao Kung: "pareça longe, em seguida, cubra rapidamente a distância e chegue ao local antes do seu oponente". Tu Mu diz: "engane o inimigo, para que ele se torne negligente e vagaroso, enquanto você está correndo adiante à velocidade máxima". Ho Shih dá uma volta um pouco diferente: "mesmo que disponha de um terreno difícil para atravessar e depare obstáculos naturais, este é um inconveniente que pode ser transformado em vantagem real pela celeridade do movimento". Notáveis exemplos desse dito são fornecidos pelas duas famosas passagens através dos Alpes: de Aníbal, que colocou a Itália sob sua misericórdia, e de Napoleão, dois mil anos depois, que resultou na grande vitória de Marengo.]

4. Assim, para tomar uma estrada longa e tortuosa, depois de atrair o inimigo para fora do caminho, e mesmo partindo depois dele, planejando alcançar o intento antes dele, mostre conhecimento do artifício do DESVIO.

[Tu Mu cita a famosa marcha de Chao She em 270 a.C., em auxílio à cidade de O-yu, que estava prestes a ser invadida por um exército de Ch'in. O rei de Chao primeiramente consultou Lien P'o sobre a possibilidade de tentar socorro, mas este achava que a distância era muito grande e o território de intervenção muito acidentado e difícil. Sua Majestade, então, voltou-se para Chao She, que reconheceu plenamente a natureza perigosa da marcha, porém, finalmente falou: "seremos como dois ratos lutando em conjunto, e o mais corajoso vencerá!" Então, ele deixou a capital com o seu exército, mas apenas havia percorrido uma distância de 30 li quando parou e começou a cavar trincheiras. Por 28 dias, ele continuou reforçando suas fortificações e cuidou para que espiões levassem a informação para o inimigo. O general de Ch'in estava eufórico e atribuiu o atraso de seu adversário ao fato de a cidade ter sido sitiada no Estado Han e, portanto, que ela não fazia realmente parte do território Chao. Mas, mal os espiões haviam partido, Chao She iniciou uma marcha forçada que durou dois dias e uma noite, e chegou à cena da ação com rapidez tão surpreendente, que foi capaz de ocupar uma posição de comando no "morro Norte" antes mesmo que o inimigo sequer notasse seus movimentos. Uma derrota esmagadora foi imposta às forças de Ch'in, que foram obrigadas a levantar o cerco de O-yu às pressas e escapar através da fronteira.]

5. Manobrar com um exército é vantajoso; com uma multidão indisciplinada, perigoso.

[Adoto a leitura do *T'ung Tien*, de Cheng Yu-hsien, e do *T'u Shu*, uma vez que parecem aplicar a nuance exata necessária a fim de fazer sentido. Os comentadores usam o texto-padrão dessa linha tencionando que as manobras podem ser eficazes ou perigosas: tudo depende da habilidade do general.]

6. Se um exército totalmente equipado é colocado em marcha com o intuito de conseguir uma vantagem, suas chances são de atrasar-se. Por outro lado, destacar uma coluna volante para o propósito envolve o sacrifício de sua bagagem e suprimentos.

[Parte do texto é ininteligível para os comentadores chineses, que parafrasearam a sentença. Eu apresento minha própria interpretação sem muito entusiasmo, convencido de que há alguma corrupção profunda no texto. No geral, está claro que Sun Tzu não aprova uma longa marcha empreendida sem suprimentos. Cf. infra §. 11.]

7. Assim, se ordenar aos seus homens que guardem suas cotas de malha e empreendam marchas forçadas dia e noite sem interrupção, cobrindo o dobro da distância usual de um intervalo,

[A marcha diária normal, de acordo com Tu Mu, era de 30 LI; mas em uma ocasião, quando perseguia Liu Pei, diz-se que Ts'ao Ts'ao cobriu a incrível distância de 300 LI no período de vinte e quatro horas.]

percorrendo 100 LI a fim de conseguir uma vantagem, os líderes de todas as suas três divisões cairão nas mãos do inimigo.

8. Os homens mais fortes estarão na frente, os cansados ficarão para trás e, sob este plano, apenas um décimo de seu exército chegará ao seu destino.

[A moral é, como Ts'ao Kung e outros apontam: não marche 100 LI para ganhar uma vantagem tática, com ou sem bagagem. Manobras desse tipo devem ser limitadas a distâncias curtas. Stonewall Jackson disse: "as dificuldades das marchas forçadas são muitas vezes mais dolorosas do que os perigos do batalha". Ele não costumava chamar suas tropas para esforços extraordinários. Apenas quando ele pretendia uma surpresa, ou quando um recuo rápido era imperativo, ele sacrificava tudo por velocidade.[1]]

9. Se você marchar 50 LI com o intuito de superar estrategicamente o inimigo, perderá o líder de sua primeira divisão e apenas metade da força alcançará seu objetivo.

[Literalmente, "o líder da primeira divisão será despedaçado".]

10. Se você marchar 30 LI com o mesmo objetivo, dois terços do seu exército chegarão.

[No *T'ung Tien* é acrescentado: "a partir daí, entenderemos a dificuldade da manobra".]

11. Podemos supor, então, que um exército sem sua caravana de bagagem está perdido; sem provisões está perdido; sem bases de suprimentos está perdido.

[Penso que Sun Tzu quer dizer "provisões acumuladas em depósitos". Mas Tu Yu diz: "forragens e assim por diante", Chang Yu diz "mercadorias em geral", e Wang Hsi diz: "combustível, sal, gêneros alimentícios etc."]

12. Não podemos firmar alianças até estarmos familiarizados com os planos dos nossos vizinhos.

13. Não estamos aptos para liderar um exército em marcha, a menos que estejamos familiarizados com a aparência do território, suas montanhas e florestas, suas armadilhas e precipícios, seus pântanos e brejos.

14. Seremos incapazes de conseguir vantagem natural a não ser que façamos uso de guias locais.

[§ 12-14 SÃO REPETIDOS NO CAP. 11 § 52.]

15. Na guerra, pratique dissimulação e você será bem-sucedido.

[NAS TÁTICAS DE TURENNE,* O ENGANO DO INIMIGO, ESPECIALMENTE QUANTO À FORÇA NUMÉRICA DE SUAS TROPAS, TOMOU UMA POSIÇÃO MUITO PROEMINENTE.[2]]

16. A concentração ou a divisão de suas tropas deve ser decidida pelas circunstâncias.

17. Permita que sua rapidez seja a do vento,

[A COMPARAÇÃO É DUPLAMENTE NECESSÁRIA, PORQUE O VENTO NÃO É APENAS RÁPIDO, MAS, COMO MEI YAO-CH'EN SALIENTA, "INVISÍVEL, E NÃO DEIXA RASTROS".]

sua densidade, a da floresta.

[MENG SHIH SE APROXIMA DA MARCA EM SUA NOTA: "QUANDO EM MARCHA LENTA, ORDEM E HIERARQUIA DEVEM SER PRESERVADAS", PARA SE RESGUARDAR CONTRA-ATAQUE SURPRESA. AS FLORESTAS NATURAIS NÃO CRESCEM EM FILEIRAS, ELAS GERALMENTE POSSUEM A QUALIDADE DA DENSIDADE E DA SOLIDEZ.]

18. Ao invadir e saquear, seja como o fogo,

[CF. *SHIH CHING*, CAP.4 § 3-6: "FEROZ COMO UM FOGO ARDENTE QUE NENHUM HOMEM PODE CONTROLAR".]

em imobilidade, como uma montanha.

[ISTO É, QUANDO DETENTOR DE UMA POSIÇÃO DA QUAL O INIMIGO TENTA DESALOJÁ-LO, OU TALVEZ, COMO TU YU DIZ, QUANDO ELE TENTA ATRAÍ-LO PARA UMA ARMADILHA.]

* Visconde de Turenne (1611-1675), foi nomeado marechal, na França, em 1643. (N.T.)

19. Que seus planos sejam escuros e impenetráveis como a noite, e, quando você se mover, que caia como um raio.

[TU YU CITA UMA AFIRMAÇÃO DE T'AI KUNG, QUE TORNOU-SE UM PROVÉRBIO: "VOCÊ NÃO PODE FECHAR SEUS OUVIDOS PARA O TROVÃO OU SEUS OLHOS PARA O RAIO, DE TÃO RÁPIDOS QUE SÃO". DA MESMA FORMA, UM ATAQUE DEVE SER FEITO TÃO RAPIDAMENTE QUE NÃO POSSA SER DEFENDIDO.]

20. Ao pilhar uma região, deixe que o espólio seja dividido entre os seus os homens;

[SUN TZU PRETENDE DIMINUIR OS ABUSOS DA PILHAGEM INDISCRIMINADA, INSISTINDO QUE TODOS OS DESPOJOS SEJAM COLOCADOS EM UM ESTOQUE COMUM, O QUAL PODE, DEPOIS, SER JUSTAMENTE DIVIDIDO ENTRE TODOS.]

quando capturar um território novo, divida-o em lotes em benefício da tropa.

[CH'EN HAO DIZ: "INSTALE SEUS SOLDADOS NO TERRENO E PERMITA QUE SEMEIEM E PLANTEM". É AGINDO SOBRE ESTE PRINCÍPIO, COLHENDO DAS TERRAS INVADIDAS, QUE OS CHINESES CONSEGUIRAM REALIZAR ALGUMAS DE SUAS MAIS MEMORÁVEIS E TRIUNFANTES EXPEDIÇÕES, COMO A DE PAN CH'AO, QUE PENETROU NO CÁSPIO E, EM ANOS MAIS RECENTES, AS DE FU-K'ANG-AN E TSO TSUNG-TANG.]

21. Pondere e delibere antes de fazer um movimento.

[CHANG YU CITA WEI LIAO TZU QUANDO DIZ QUE NÃO DEVEMOS SAIR A CAMPO ATÉ DESCOBRIRMOS O PODER DE RESISTÊNCIA DO INIMIGO E A ASTÚCIA DO GENERAL OPONENTE. CF. AS "SETE COMPARAÇÕES" NO CAP. 1 § 13.]

22. Vencerá aquele que tiver aprendido o artifício do desvio.

[VER SUPRA, § 3,4].

Essa é a arte da manobra.

[COM ESTAS PALAVRAS, O CAPÍTULO NATURALMENTE TERMINARIA. MAS, AGORA, SEGUE UM LONGO APÊNDICE DE FORMA RESUMIDA DE UM ANTIGO LIVRO SOBRE A GUERRA, HOJE PERDIDO, MAS APARENTEMENTE EXISTENTE NA ÉPOCA EM QUE SUN TZU ESCREVEU. NÃO SE NOTA DIFERENÇA ENTRE O ESTILO DESTE FRAGMENTO E O DO PRÓPRIO SUN TZU, MAS NENHUM COMENTADOR LEVANTA DÚVIDAS QUANTO À SUA AUTENTICIDADE.]

23. O Livro de Gerenciamento do Exército diz:

[Talvez seja significativo que nenhum dos comentadores anteriores nos dê qualquer informação sobre este trabalho. Mei Yao-Ch'en o chama de "um antigo clássico militar", e Wang Hsi, "um velho livro sobre a guerra". Considerando a enorme quantidade de conflitos que ocorreram durante séculos, antes do tempo de Sun Tzu, entre os diversos reinos e principados da China, não é improvável que uma coleção de máximas militares tenha sido criada e escrita em algum período anterior.]

No campo de batalha,

[Implícito, embora não realmente em chinês.]

a palavra falada não é transmitida longe o suficiente: portanto, a instituição de gongos e tambores. Também não é possível enxergar objetos comuns de forma suficientemente clara: daí a instituição de estandartes e bandeiras.

24. Gongos e tambores, bandeiras e estandartes são meios pelos quais os ouvidos e os olhos da multidão podem focar um ponto determinado.

[Chang Yu diz: "se a visão e a audição convergem simultaneamente ao mesmo objeto, as evoluções de até um milhão de soldados serão como as de um único homem!"]

25. A multidão, formando assim um único corpo unido, torna impossível ao corajoso avançar sozinho e ao covarde recuar sozinho.

[Chuang Yu cita um ditado: "igualmente culpados são aqueles que avançam contra ordens e aqueles que recuam contra ordens". Tu Mu conta uma história, neste contexto, de Wu Ch'i, quando ele estava lutando contra o Estado Ch'in. Antes do início da batalha, um de seus soldados, um homem de incomparável audácia, irrompeu adiante por vontade própria, capturou dois oficiais inimigos e retornou ao acampamento. Wu Ch'i executou o homem imediatamente e, em seguida, um oficial aventurou-se a protestar, dizendo: "Este homem era um bom soldado e não devia ter sido decapitado". Wu Ch'i respondeu: "acredito plenamente que era um bom soldado, mas foi decapitado porque agiu sem que fosse ordenado".]

Essa é a arte de lidar com grandes quantidades de homens.

26. No combate noturno, então, faça uso de sinais luminosos e tambores, e quando lutando à luz do dia, de bandeiras e estandartes, como forma de influenciar os ouvidos e os olhos de seu exército.

[Ch'en Hao alude à cavalgada noturna de Li Kuang-pi em direção a Ho-yang liderando quinhentos homens montados. Eles fizeram tal imponente exibição com tochas, que embora o líder rebelde Shih Ssu-ming tivesse um grande exército, ele não se atreveu a contestar sua passagem.]

27. Um exército inteiro pode ser roubado de seu espírito;

["Na guerra", diz Chang Yu, "se a discórdia puder ser criada para impregnar todos os níveis de um exército de uma só vez, seu início será irresistível. Agora, o espírito dos soldados inimigos estará mais aguçado quando chegarem à cena, e é, portanto, nossa sugestão, não lutar imediatamente, mas esperar até que seu ardor e entusiasmo estejam desgastados, e depois atacar. É dessa forma que podem ser roubados de seu espírito aguçado". Li Chuan e outros contam uma anedota (pode ser encontrada no *Tso Chuan*, ano 10, § 1) de Ts'ao Kuei, um protegido do Duque Chuang de Lu. Este último foi atacado por Ch'i e o duque estava prestes a juntar-se à batalha em Ch'ang-cho, após o primeiro rufar dos tambores do inimigo, quando Ts'ao disse: "ainda não". Somente após seus tambores terem batido pela terceira vez, foi que ele deu ordem para que atacassem. Em seguida eles lutaram, e os homens de Ch'i foram totalmente derrotados. Questionado depois pelo Duque quanto ao significado de seu atraso, Ts'ao Kuei respondeu: "na batalha, um espírito corajoso é tudo. O primeiro rufar dos tambores tende a criar esse espírito, no segundo já está em decadência e, após o terceiro, ele se foi completamente. Eu ataquei quando seu espírito tinha-se ido e o nosso estava em seu auge. Daí a nossa vitória". Wu Tzu (cap. 4) coloca o "espírito" em primeiro lugar entre as "quatro influências importantes" na guerra, e continua: "o valor de um exército inteiro, um poderoso exército de um milhão de homens, depende de um só homem: tal é a influência do espírito!"]

o comandante-em-chefe pode ser roubado de sua presença de espírito.

[Chang Yu diz: "Presença de espírito é o bem mais precioso de um general. É a qualidade que lhe permite disciplinar a desordem e inspirar coragem àqueles em pânico". O grande general Li Ching (571-649 d.C.) tem um ditado: "Atacar não consiste apenas em assaltar cidades fortificadas ou bater em um exército em ordem de batalha, deve incluir a arte de assolar o equilíbrio mental do inimigo".]

28. O espírito de um soldado está mais aguçado no período da manhã;

[Desde que, eu suponho, ele tenha tido seu desjejum. Na batalha de Trebia, os romanos foram estupidamente levados a lutar em jejum, enquanto os homens de Aníbal tiveram seu desjejum durante a folga. Ver Tito Lívio, XXI, liv. 8 º, lv. 1 e 8.]

por volta do meio-dia começa a enfraquecer; e, à noite, sua mente está determinada apenas a voltar para o acampamento.

29. Um general inteligente, então, evita um exército cujo espírito está forte, mas ataca-o quando se apresenta indolente e inclinado a voltar. Essa é a arte de observar o humor.

30. Disciplinado e calmo, aguarda o aparecimento de desordem e tumulto entre o inimigo: essa é a arte de manter o autocontrole.

31. Aproxima-se do objetivo enquanto o inimigo ainda está longe dele, espera calmamente enquanto o inimigo ainda luta e labuta, alimenta-se bem enquanto o inimigo está faminto: essa é a arte de poupar as forças.

32. Evita interceptar um inimigo cujos estandartes estão em perfeita ordem, abstém-se de atacar um exército ordenado de forma calma e confiante: essa é a arte de estudar as circunstâncias.

33. É um axioma militar não avançar colina acima contra o inimigo nem opor-se a ele quando ele vem colina abaixo.

34. Não persiga um inimigo que simule fuga; não ataque soldados cujo temperamento esteja aguçado.

35. Não engula a isca oferecida pelo inimigo.

[Li Ch'uan e Tu Mu, com incapacidade extraordinária para enxergar uma metáfora, tomaram essas palavras literalmente por comida e bebida que foram envenenadas pelo inimigo. Ch'en Hao e Chang Yu cuidadosamente salientam que o ditado tem um sentido mais amplo.]

Não interfira em um exército que está retornando para casa.

[Os comentadores explicam este conselho particularmente singular dizendo que um homem cujo coração está situado no regresso ao lar lutará até a morte contra qualquer interferência que tente barrar o seu caminho e, por isso, é um adversário muito perigoso a ser enfrentado. Chang Yu cita as palavras de Han Hsin: "invencível é o soldado que possui um desejo e retorna para casa". Um conto maravilhoso sobre a coragem e a inteligência de Ts'ao Ts'ao é contado no cap. I do *San Kuo Chi*: em 198 d.C., ele estava sitiando Chang Hsiu em Jang, quando Liu Piao enviou reforços com o intuito de impedir seu recuo. Ts'ao foi obrigado a retirar suas tropas, apenas para descobrir-se encurralado entre dois inimigos, que estavam guardando cada uma das saídas de uma estreita passagem que ele havia ocupado. Nessa situação desesperada, Ts'ao esperou até o anoitecer, quando perfurou um túnel no lado da montanha e nele armou uma emboscada. Assim que todo o exército havia passado, as tropas escondidas atacaram sua retaguarda, enquanto o próprio Ts'ao virou-se e encontrou seus perseguidores de frente, de modo que foram lançados em confusão e aniquilados. Ts'ao Ts'ao disse mais tarde: "os bandidos tentaram deter meu exército em seu retiro e levaram-me para a batalha em uma posição desesperadora: assim eu soube como superá-los".]

36. Ao cercar um exército, deixe uma saída livre.

[Isso não significa que o inimigo deva escapar. O objeto, como Tu Mu diz, é "fazer-lhe crer que há um caminho para a segurança e, assim, impedir que lute com a coragem do desespero". Tu Mu acrescenta, agradavelmente: "depois disso, você pode esmagá-lo".]

Não pressione demais um inimigo desesperado.

[Ch'en Hao cita o ditado: "os pássaros e as bestas, quando acuados, usarão suas garras e dentes". Chang Yu diz: "se o seu adversário queimou seus barcos e destruiu suas caçarolas e está pronto para apostar tudo no resultado de uma batalha, ele não deve ser levado aos extremos". Ho Shih ilustra o significado com uma história da vida de Yen-ch'ing. Este general, junto a seu colega Tu Chung-wei, foi cercado por um exército muito superior de Khitans, no ano 945 d.C. O terreno era vazio e desértico e a pequena força chinesa logo estaria em apuros por falta de água. Os poços cavados tinham secado e os homens foram obrigados a espremer pedaços de lama para sugar a umidade. Suas fileiras reduziram-se rapidamente, até que, finalmente, Fu Yen-ch'ing exclamou: "somos homens desesperados. É muito melhor morrer pelo nosso país do que ir de mãos acorrentadas para o cativeiro!" Um forte vendaval repentino vindo do nordeste escureceu o ar com densas nuvens de poeira de areia. Chung-wei achava que deveriam esperar até que isso tivesse diminuído, antes de se decidirem sobre um ataque final; mas, felizmente, outro oficial, chamado Li Shou-cheng, foi mais rápido para enxergar uma oportunidade e disse: "eles são muitos e nós somos poucos, mas no meio desta tempestade de areia nossos números não podem ser discerníveis; a vitória irá para o guerreiro tenaz e o vento será o nosso melhor aliado". Assim, Fu Yen-ch'ing fez um súbito e totalmente inesperado ataque com sua cavalaria, afugentando os bárbaros, e sucedeu em avançar para a segurança.]

37. Esta é a arte da guerra.

NOTAS:

1. Ver Coronel Henderson, op. cit. vol. I. p. 426.
2. Consulte "Marechal Turenne" (Longmans, 1907), p. 29.

Comentários

Transforme o infortúnio e o necessário em vantagem. Conheça e avalie as condições que o afetarão. Seja o agente provocador de mudanças na situação, tornando-a a seu favor. Domine as táticas de aproximação direta e indireta, respeitando as potencialidades e limitações de cada manobra adotada. Conheça os seus recursos e saiba como empregá-los em situações críticas. Entenda e respeite as fortalezas e as limitações do seu inimigo. Não subestime as estratégias e os artifícios desnorteadores do seu adversário no campo da batalha. Há momentos em que é melhor uma fuga honrosa do que outro confronto.

Quantas vezes você deparou com perguntas ou constatações desse tipo: "Por que não trouxe comigo a calculadora financeira? Justamente agora que preciso verificar esses cálculos, só conto com papel e caneta!" São as pequenas falhas ou negligências que fazem grandes diferenças em determinados momentos. São situações muitas vezes simples nas quais nos mostramos relapsos e despreparados, permitindo que as coisas fujam ao nosso controle. Diante de problemas assim, ao invés de atores, nos transformamos em meros espectadores.

Creio que, sistematicamente, deixamos de refletir o suficiente e de planejar o suficiente. Não tomamos medidas fáceis, como organizar a agenda, os afazeres do dia seguinte, o acompanhamento das pendências que deverão ser resolvidas posteriormente. Não devemos agir apenas mecanicamente, e, sim, colocar a alma nos pequenos e grandes compromissos assumidos.

Recebemos as instruções completas, ou as passamos de modo claro e suficiente? Será necessária a repetição da sessão de instruções para que a mensagem seja mais bem captada?

Deparei com várias situações nas quais alguns subordinados se perguntavam sobre o que eu pensaria de determinada questão. Simplesmente presumiam meus pensamentos e minhas palavras, sem realmente levantarem as questões para uma discussão transparente. Como poderiam estar certos? Avaliavam o cenário sem considerar os verdadeiros parâmetros. Contavam com o acaso, sem base racional. É essencial que os planos sejam corretamente definidos e implementados para que os resultados se tornem mais favoráveis, não contando unicamente com fatores alheios ao controle.

(W. C. H.)

8. Variações táticas

[O título significa literalmente "as nove variações", mas como Sun Tzu não parece enumerá-las e como, de fato, ele já nos disse (cap. 5 § 6-11) que tais deflexões do curso normal são praticamente inumeráveis, não temos outra opção a não ser seguir Wang Hsi, que diz que "nove" representa um grande número indefinido. "Tudo isso significa que, na guerra, devemos variar nossas táticas ao grau máximo... Eu não sei o que Ts'ao Kung compreende em relação a essas "nove variações", mas tem-se sugerido que elas estão conectadas às 'nove situações'", do cap. 11. Essa é a visão adotada por Chang Yu. A outra única alternativa é supor que algo se perdeu, uma suposição sustentada pela incomum brevidade do capítulo.]

1. Sun Tzu disse: "Na guerra, o general recebe suas ordens do soberano, reúne seu exército e concentra suas forças."

[Repetido do cap.7 § 1, onde está certamente mais bem colocado. Pode ter sido interpolado aqui apenas com o intuito de fornecer um começo para o capítulo.]

2. Quando em região difícil, não acampe. Em regiões onde as principais estradas se cruzam, faça um pacto com seus aliados. Não se demore perigosamente em posições isoladas.

[A última situação não é uma das "nove situações, tal como consta no início do cap. 11, mas ocorre mais tarde (ibid. § 43. q.v.). Chang Yu define essa situação como do outro lado da fronteira, em território hostil. Li Ch'uan diz que é "região onde não há nascentes ou poços, flocos ou rebanhos, hortaliças ou lenha"; Chia Lin, "região com desfiladeiros, abismos e precipícios, sem uma estrada pela qual avançar".]

Em situação de confinamento, deve-se recorrer ao estratagema. Em posição desesperada, deve-se lutar.

3. Há estradas que não devem ser seguidas,

["Especialmente as que conduzem através de desfiladeiros estreitos", diz Li Ch'uan, "onde se deve temer uma emboscada".]

exércitos que não devem ser atacados,

[mais corretamente, talvez, "há momentos em que um exército não deve ser atacado". Ch'en Hao diz: "Quando se descobre uma maneira de obter uma vantagem sobre seu rival, mas se está impotente para infligir uma derrota real, é melhor abster-se do ataque para não sobrecarregar a força de seus homens".]

cidades que não devem ser sitiadas,

[no cap. 3. § 4, Ts'ao Kung dá um exemplo interessante de sua própria experiência: ao invadir o território de Hsu-chou, ele ignorou a cidade de Hua-pi, que ficava diretamente em seu caminho, e seguiu em direção ao coração do reino. Essa excelente estratégia foi recompensada pela captura posterior de nada menos do que quatorze cidades distritais importantes. Chang Yu diz: "Nenhuma cidade que, se tomada, não poderá ser mantida, ou se for deixada sozinha, não causará qualquer problema, deveria ser atacada". Hsun Ying, quando instado a atacar Pi-yang, respondeu: "A cidade é pequena e bem protegida; mesmo que eu consiga tomá-la, não será um grande feito de armas; e se eu falhar, irei me tornar alvo de chacota". No século XVII, cercos ainda formavam grande parte da guerra. Foi Turenne que dirigiu a atenção para a importância de marchas, contramarchas e manobras. Ele disse: "É um grande erro desperdiçar homens na tomada de uma cidade quando a mesma mobilização de soldados conquistará uma província".[1]]

posições que não devem ser contestadas, comandos do soberano que não devem ser obedecidos.

[Essa é uma frase difícil para os chineses, dada sua reverência à autoridade, e Wei Liao Tzu (citado por Tu Mu) é levado a exclamar: "As armas são instrumentos maléficos, a luta é contrária à virtude, um comandante militar é a negação da ordem civil!" O fato desagradável permanece, no entanto, pois os desejos imperiais são subordinados à necessidade militar.]

4. O general que compreende perfeitamente as vantagens que acompanham as variações táticas sabe como lidar com suas tropas.

5. O general que não as compreende pode estar bem familiarizado com a configuração do território, mas não será capaz de colocar seu conhecimento em prática.

[Literalmente, "tirar proveito da terra", que significa não somente assegurar boas posições, mas valer-se das vantagens naturais de todas as maneiras possíveis. Chang Yu diz: "Cada tipo de solo é caracterizado por determinados atributos naturais e também dá margem a uma certa variabilidade de planos. Como é possível tirar vantagem desses recursos naturais a menos que o conhecimento topográfico seja complementado pela versatilidade da mente?"]

6. Assim, o guerreiro aprendiz não versado na arte da variação tática, apesar de familiarizado com as "cinco vantagens", falhará ao fazer o melhor uso de seus homens.

[Chia Lin nos diz que elas implicam cinco evidentes, e geralmente vantajosas, linhas de ação, a saber: "se um determinado caminho é curto, ele deve ser seguido; se um exército está isolado, ele deve ser atacado; se uma cidade está em perigo, deve ser sitiada; se uma posição pode ser conquistada, ela deve ser atacada; e se consistentes com as operações militares, as ordens do governante devem ser obedecidas". Mas existem circunstâncias que, por vezes, proíbem um general de utilizar essas vantagens. Por exemplo, "certo caminho pode ser o mais curto para ele, mas se ele sabe que este abunda em obstáculos naturais, ou que o inimigo lhe preparou uma emboscada, não vai seguir esse caminho. Uma força hostil pode estar aberta ao ataque, mas se ele sabe que essa força está fortemente pressionada e provavelmente lutará com desespero, então se absterá de atacá-la", e assim por diante.]

7. Assim, nos planos de um líder sábio, considerações de vantagem e desvantagem serão ponderadas juntas.

["Se em posição vantajosa ou em desvantagem", diz Ts'ao Kung, "o contrário deve estar sempre presente em sua mente".]

8. Se a nossa expectativa de vantagem é moderada, podemos suceder na execução da parte essencial dos nossos esquemas.

[Tu Mu diz: "Se queremos arrancar uma vantagem do inimigo, não podemos fixar nossas mentes apenas nisso, mas ponderar a possibilidade de o inimigo também causar algum dano para nós e deixar que tal ponderação entre como um fator em nossos cálculos".]

9. Se, por outro lado, em meio às dificuldades, estamos sempre prontos para aproveitar uma vantagem, podemos nos livrar do infortúnio.

[Tu Mu diz: "Se eu quiser livrar-me de uma posição perigosa, devo considerar não apenas a capacidade do inimigo de ferir-me, mas também a minha própria capacidade de conquistar uma vantagem sobre o inimigo. Se nos meus conselhos essas duas considerações estiverem devidamente combinadas, vou conseguir me libertar... Por exemplo, se eu sou cercado pelo inimigo e apenas penso em escapar, a fraqueza da minha política incitará meu adversário a perseguir-me e esmagar-me; seria muito melhor incentivar meus homens a corajosamente contra-atacar e usar a vantagem assim obtida para me livrar da armadilha do inimigo". Veja a história de Ts'ao Ts'ao, cap. 7 § 35, nota.]

10. Reduza os chefes hostis infligindo danos a eles;

[Chia Lin enumera várias formas de infligir esse prejuízo, algumas das quais somente ocorreria na mente oriental: "Alicie os melhores e mais sábios homens do inimigo, para que este seja deixado sem conselheiros. Introduza traidores em seu reino, para que a política do governo torne-se inútil. Fomente intriga e engano e, portanto, discórdia entre o governante e seus ministros. Por meio de qualquer artifício ardiloso, cause deterioração entre seus homens e a perda de seu tesouro. Corrompa sua moral com presentes insidiosos levando-os ao excesso. Perturbe e abale sua mente apresentando-o a lindas mulheres". Chang Yu (depois de Wang Hsi) faz uma interpretação diferente de Sun Tzu aqui: "Induza o inimigo a uma posição em que ele sofra prejuízo e ele se submeterá por vontade própria".]

crie-lhes problemas,

[Tu Mu, em sua interpretação dessa frase, indica que o problema para o inimigo deve ser criado afetando suas "posses", ou, como diríamos, "ativos", que ele considera ser "um grande exército, um rico tesouro, a harmonia entre os soldados, o cumprimento pontual dos comandos". Isso nos dá uma posição de controle sobre o inimigo.]

mantenha-os constantemente envolvidos;

[Literalmente, "faça-os subservientes". Tu Yu diz: "Impeça-os do descanso".]

ofereça-lhes tentações enganosas e faça-os precipitarem-se para um determinado ponto.

[A nota do *Meng Shih* contém um excelente exemplo do uso idiomático de "fazê-los esquecer *Pien* (as razões para não agir de outra forma que seja seu primeiro impulso) e se apressarem em nossa direção".]

11. A arte da guerra nos ensina a não confiar na probabilidade de o inimigo não vir, mas em nossa própria prontidão para recebê-lo; não sobre a possibilidade de ele não atacar, mas no fato de que tornamos nossa posição inatacável.

12. Há cinco falhas perigosas que podem afetar um general: (1) negligência, que leva à destruição;

["Bravura sem premeditação", como Ts'ao Kung a analisa, o que faz com que um homem lute cega e desesperadamente como um touro bravo. Tais oponentes, diz Chang Yu, "não devem ser enfrentados com força bruta, mas podem ser atraídos para uma emboscada e mortos". Cf. Wu

Tzu, cap. 4. ad init: "Ao estimar o caráter do general, os homens costumam dar atenção exclusiva à sua coragem, esquecendo que ela é apenas uma das muitas qualidades que um general deve possuir. O homem meramente corajoso é propenso a lutar de forma imprudente, e aquele que luta dessa forma, sem qualquer percepção do que é oportuno, deve ser condenado". Ssu-ma Fa também faz uma observação incisiva: "Simplesmente planejar a morte de alguém não viabiliza a vitória".]

(2) covardia, que leva à captura;

[Ts'ao Kung define o termo chinês traduzido aqui como "covardia" como do homem "a quem a timidez impede de avançar para aproveitar uma vantagem" e Wang Hsi acrescenta: "que é rápido para fugir à vista do perigo". Meng Shih fornece a paráfrase mais próxima: "Aquele que se empenha em voltar vivo", isto é, o homem que nunca assumirá um risco. Mas, como Sun Tzu sabia, nada é alcançado na guerra a menos que você esteja disposto a assumir riscos. T'ai Kung disse: "Aquele que se permite uma desvantagem, posteriormente trará para si um verdadeiro desastre". Em 404 d.C., Liu Yu perseguiu o rebelde Huan Hsuan até o Yangtsze, e travaram uma batalha naval na ilha de Ch'eng-hung. As tropas leais eram apenas de alguns milhares, enquanto que seus adversários estavam em grande força. Mas Huan Hsuan, temendo o destino que estava reservado para ele, providenciou rapidamente um bote ao lado de seu navio de guerra, para que pudesse escapar, se necessário, num momento oportuno. O resultado natural foi que o espírito de luta de seus soldados foi totalmente extinto e, quando os legalistas atacaram a barlavento com brulotes, todos se empenhando com o máximo ardor para serem os primeiros a lutar, as forças de Huan Hsuan foram derrotadas, tiveram de queimar toda sua bagagem e fugir por dois dias e noites sem parar. Chang Yu conta uma história um pouco semelhante de Chao Ying-ch'i, um general do Estado Chin, que, durante uma batalha contra o exército de Ch'u, em 597 a.C., tinha um barco de prontidão mantido para ele no rio, desejando, em caso de derrota, ser o primeiro a atravessar.]

(3) temperamento impulsivo, que pode ser provocado por insultos;

[Tu Mu diz que Yao Hsing, em 357 d.C., quando em oposição a Huang Mei, Teng Ch'iang e outros, fechou-se atrás de suas muralhas e se

RECUSOU A LUTAR. TENG CH'IANG DISSE: "NOSSO ADVERSÁRIO É DE UM TEMPERAMENTO COLÉRICO E SE IRRITA FACILMENTE; DEIXE-NOS FAZER INCURSÕES CONSTANTES E DERRUBAR SUAS MURALHAS, ENTÃO ELE SE ZANGARÁ E SAIRÁ. UMA VEZ QUE SUA FORÇA SAIA PARA LUTAR, ESTARÁ CONDENADA A SER A NOSSA PRESA". ESSE PLANO FOI COLOCADO EM AÇÃO, YAO HSIANG SAIU À LUTA, FOI ATRAÍDO ATÉ SAN-YUAN PELA APARENTE FUGA DO INIMIGO E, FINALMENTE, ATACADO E MORTO.]

(4) fragilidade de honra, que é suscetível à vergonha;

[ESSA FALHA NÃO DEVE SER ENTENDIDA COMO UM DEFEITO NUM GENERAL. O QUE SUN TZU CONDENA É, PARTICULARMENTE, UMA SENSIBILIDADE EXAGERADA A RELATOS DIFAMATÓRIOS, O HOMEM SENSÍVEL QUE SE MAGOA COM INSULTOS, MESMO INJUSTAMENTE. MEI YAO-CH'EN VERDADEIRAMENTE OBSERVA, EMBORA PARADOXALMENTE: "A BUSCA PELA GLÓRIA DEVE SER INDIFERENTE DA OPINIÃO PÚBLICA".]

(5) solicitude em excesso com seus homens, que o expõe à preocupação e ao aborrecimento.

[AQUI, NOVAMENTE, SUN TZU NÃO QUER DIZER QUE O GENERAL DEVE SER DESCUIDADO DO BEM-ESTAR DE SUAS TROPAS. O QUE ELE GOSTARIA DE SALIENTAR É O PERIGO DE SACRIFICAR QUALQUER VANTAGEM MILITAR IMPORTANTE AO CONFORTO IMEDIATO DE SEUS HOMENS. ESSA É UMA POLÍTICA MÍOPE PORQUE, A LONGO PRAZO, AS TROPAS IRÃO SOFRER MAIS COM A DERROTA, OU, NA MELHOR DAS HIPÓTESES, COM O CONSEQUENTE PROLONGAMENTO DA GUERRA. UM SENTIMENTO DE PIEDADE EQUIVOCADA, MUITAS VEZES, INDUZ UM GENERAL A ALIVIAR UMA CIDADE SITIADA OU A REFORÇAR UM DESTACAMENTO MUITO PRESSIONADO, CONTRÁRIO AOS SEUS INSTINTOS MILITARES. PORÉM, É GERALMENTE ADMITIDO QUE OS REPETIDOS ESFORÇOS PARA ALIVIAR LADYSMITH NA GUERRA SUL-AFRICANA FORAM ERROS ESTRATÉGICOS TÃO GRANDES QUE DERROTARAM SEUS PRÓPRIOS FINS. E, NO FINAL, O ALÍVIO VEIO DO PRÓPRIO HOMEM QUE COMEÇOU COM A DETERMINAÇÃO DISTINTA DE NÃO MAIS SUBORDINAR OS INTERESSES DE TODOS AO SENTIMENTO EM FAVOR DE UMA PARTE. UM VELHO SOLDADO DE UM DOS NOSSOS GENERAIS, QUE VISIVELMENTE MAIS FALHARAM NESSA GUERRA, TENTOU, CERTA VEZ, LEMBRO-ME, DEFENDÊ-LO COM A ALEGAÇÃO DE QUE ELE ERA SEMPRE "TÃO BOM PARA OS SEUS HOMENS". COM ESSA DECLARAÇÃO, SE ELE SOUBESSE, ESTARIA APENAS CONDENANDO-O PELAS PALAVRAS DE SUN TZU.]

13. Esses são os cinco pecados que assediam um general, ruinosos para a condução da guerra.

14. Quando um exército é derrotado e seu líder morto, a causa será seguramente encontrada entre essas cinco faltas perigosas. Que sejam assunto para meditação.

NOTAS:

1. "Marechal Turenne", p. 50.

Comentários

Tente compreender até onde você pode efetivamente influenciar os resultados. Há situações a serem observadas e respeitadas, pois estarão acima dos benefícios de uma vitória. Respeite as restrições do campo de batalha, elas superam seu alcance. Procure dominar as limitações de um confronto, explore as oportunidades que surgem. Confie no seu julgamento, uma vez tomadas as devidas precauções e considerados os fatores favoráveis e desfavoráveis.

Questiono constantemente meus valores orientais, tão fortemente enraizados, e os ocidentais, adquiridos após tantos anos de vida no Brasil. Acredito que, na prática, eles são complementares; a diversidade me ajuda a melhor compreender e enfrentar as mais variadas situações. Claro que as oportunidades vividas como um "globe-trotter",* quando pude conhecer e praticar minhas habilidades e ajustar minhas deficiências em diversos lugares do mundo, permitiram-me acumular experiências que me trouxeram mais autoconfiança e cada vez mais crédito na minha intuição. Isso tudo complementado por estudos, atos voluntariosos, vivências e experimentações valiosos para o meu engrandecimento pessoal e profissional.

De um lado, costumo ter inúmeras preocupações, talvez em demasiado. Muitas vezes, as questões se resolvem por si, por bem ou por mal, e vejo que não há como interferir no processo, independentemente da sua grandeza, mas nem por isso se deve deixar de dispensar o tempo necessário à análise.

Há verdades que são absolutas, como a legislação, que precisa ser cumprida. Existem normas morais e éticas a serem preservadas e respeitadas. Isso não impede ninguém de ocupar o espaço que lhe é reservado e ampliar seu alcance e influência. Haverá momentos nos quais sua participação será essencial. O reconhecimento virá naturalmente. Não há mérito para quem se esconde por trás das cortinas, quem se finge de morto de fato já morreu! Não fuja dos desafios, pois são momentos de provar e de ser provado. Devidamente adestrado e municiado, faça a sua parte, ofereça a sua participação, faça os ajustes de caminho que julgar necessários. Entenda as limitações e busque os benefícios possíveis. Dance conforme a música, porém, de modo que seja você a definir o repertório.

(W. C. H.)

*** Indivíduo que viaja constantemente ao redor do mundo. (N.E.)**

9. O exército em marcha

[Os conteúdos deste interessante capítulo são melhor indicados no § 1 do que por esse título.]

1. **Sun Tzu disse: "Chegamos, agora, à questão de acampar o exército e observar sinais do inimigo. Passe rapidamente sobre as montanhas e mantenha-se na vizinhança dos vales.**

[A ideia é não se demorar em planaltos estéreis, mas manter-se perto de suprimentos como água e capim. Cf. Wu Tzu, cap. 3: "Não fiques em fornos naturais", ou seja, "as aberturas dos vales". Chang Yu conta a seguinte anedota: "Wu-tu Ch'iang era um capitão assaltante no período final da dinastia Han, e Ma Yuan foi enviado para exterminar sua gangue. Ch'iang se refugiou nas montanhas e Ma Yuan não fez qualquer tentativa de forçar uma batalha, mas dominou todas as posições favoráveis, controlando o abastecimento de água e forragem. Ch'iang logo estava numa situação desesperada por falta de provisões, o que o forçou a se render completamente. Ele não conhecia a vantagem de manter-se na vizinhança dos vales".]

2. **Acampe em lugares altos,**

[Não em montes altos, mas em colinas ou morros elevados, acima da região de entorno.]

voltado para o sol.

[Tu Mu considera que isso significa "voltado para o sul" e Ch'en Hao, "voltado para o leste". Cf. infra, § 11, 13. Não escale alturas com a finalidade de lutar. É o bastante para a guerra de montanha.]

3. Depois de atravessar um rio, deve-se afastar dele.

["A fim de incitar o inimigo a atravessar depois de você", de acordo com Ts'ao Kung e, também, como diz Chang Yu, "para não ser impedido em suas evoluções". O *T'ung Tien* interpreta: "Se o inimigo atravessar um rio" etc. Mas, em vista da frase seguinte, isso é, quase certamente, uma interpolação.]

4. Quando uma força invasora atravessar um rio em sua marcha progressiva, não avance para enfrentá-la no meio do curso d'água. Será melhor deixar metade do exército atravessar e, em seguida, lançar o seu ataque.

[Li Ch'uan alude à grande vitória de Han Hsin sobre Lung Chu no rio Wei. Voltando ao *Ch'ien Han Shu*, cap. 34, fol. 6 verso, encontramos a batalha descrita da seguinte forma: "Os dois exércitos estavam organizados em lados opostos do rio. À noite, Han Hsin ordenou aos seus homens que pegassem cerca de 10 mil sacos cheios de areia e construíssem uma barragem rio acima. Então, conduzindo metade de seu exército, ele atacou Lung Chu; mas, depois de algum tempo, fingindo ter falhado em sua tentativa, retirou-se às pressas para a outra margem. Lung Chu ficou exaltado com esse inesperado sucesso e exclamou: "Eu tinha certeza de que Han Hsin era realmente um covarde!" Por sua vez, perseguiu-o e começou a cruzar o rio. Han Hsin já enviara um destacamento para cortar os sacos de areia, liberando, assim, um grande volume d'água, que arrastou e impediu a maior parte do exército de Lung Chu de chegar ao seu destino. Ele, então, virou-se contra a força que tinha sido dividida e aniquilou-a, o próprio Lung Chu presente entre os mortos. O resto do exército, na margem oposta, também dispersou, e fugiu em todas as direções.]

5. Se está ansioso para lutar, não deve ir ao encontro do invasor perto de um rio que ele precisa cruzar.

[Por medo de impedir sua passagem.]

6. Atraque sua tropa acima da embarcação do inimigo, voltada para o sol.

[Ver supra, § 2. A repetição dessas palavras em conexão com a água é muito estranha. Chang Yu tem a nota: "Dito tanto de tropas organizadas às margens do rio, como dos barcos ancorados no próprio rio; em ambos os casos, é essencial estar acima do inimigo e voltado para o sol". Os outros comentadores não são de nenhuma maneira explícitos.]

Não se mova rio acima para enfrentar o inimigo.

[Tu Mu diz: "Como a água flui para baixo, não devemos montar nosso acampamento no curso inferior do rio, por receio de que o inimigo abra as comportas e nos arraste com uma inundação. Chu-ko Wu-hou observou que, 'na guerra fluvial, não se deve avançar contra a corrente', que é o mesmo que dizer que nossa tropa não deve estar atracada abaixo da frota do inimigo, senão, eles seriam capazes de aproveitar a correnteza e derrotar-nos facilmente". Existe também o perigo, segundo outros comentadores, de que o inimigo possa lançar veneno sobre a água para ser levado até nós.]

É o bastante para a guerra fluvial.

7. Ao atravessar pântanos salgados, sua única preocupação deve ser superá-los rapidamente, sem qualquer atraso.

[Por causa da falta de água potável, da má qualidade da forragem e, por último, mas não menos importante, porque eles são baixos, planos e expostos ao ataque.]

8. Se forçado a lutar num pântano salgado, deve-se ter água e grama por perto e dar as costas a um grupo de árvores.

[Li Ch'uan observa que o solo é, provavelmente, menos traiçoeiro onde existem árvores, enquanto Tu Mu diz que elas servirão para proteger a retaguarda.]

É o bastante para operações em pântanos salgados.

9. Em terreno seco e nivelado, ocupe uma posição facilmente acessível, com solo elevado à sua direita e à sua retaguarda,

[Tu Mu cita T'ai Kung dizendo: "Um exército deve ter um rio ou um pântano à sua esquerda e um morro ou monte mortuário à sua direita".]

de modo que o perigo esteja à frente e a segurança na retaguarda. É o bastante para uma campanha em terreno plano.

10. Esses são os quatro ramos úteis do conhecimento útil militar

[Aqueles estão relacionados a (1) montanhas, (2) rios, (3) pântanos e (4) planícies. Compare com as "Máximas Militares" de Napoleão, num. 1.]

que permitiram ao "Imperador Amarelo" subjugar quatro soberanos distintos.

[Quanto ao "Imperador Amarelo", Mei Yao-ch'em pergunta, com alguma plausibilidade, se não existe erro no texto, sendo que nada se sabe sobre Huang Ti ter conquistado outros quatro imperadores. O *Shih Chi* (cap. 1 ad init.) fala apenas de suas vitórias sobre Yen Ti e Ch'ih Yu. No *Liu T'ao*, é mencionado que ele "lutou setenta batalhas e pacificou o Império". A explicação de Ts'ao Kung é que o "Imperador Amarelo" foi o primeiro a instituir o sistema feudal de príncipes vassalos, cada um dos quais (em número de quatro), originalmente, tinha o título de imperador. Li Ch'uan nos diz que a arte da guerra originou-se sob Huang Ti, que a recebeu de seu ministro Feng Hou.]

11. Todos os exércitos preferem terrenos altos, não baixos,

["Terreno alto", diz Mei Yao-ch'en, "não é apenas mais apreciável e saudável, mas, também, mais conveniente a partir de um ponto de vista militar; terreno baixo não é apenas úmido e insalubre, mas, também, desfavorável para a luta".]

e lugares ensolarados, não escuros.

12. Se é cuidadoso com seus homens

[Ts'ao Kung diz: "Procure por água fresca e pastagens onde possa reunir seus animais para pastar".]

e acampa em região árida, o exército estará livre de doenças de qualquer natureza

[CHANG YU DIZ: "A ARIDEZ DO CLIMA EVITARÁ SURTOS DE DOENÇA".]

e isso significará a vitória.

13. Quando se chegar a uma colina ou a um desnível, ocupe o lado ensolarado, com o declive voltado à sua retaguarda direita. Assim, de uma só vez se agirá em benefício de seus soldados e utilizará as vantagens naturais do solo.

14. Quando, por consequência de chuvas fortes em terreno acima, um rio que deseja atravessar estiver caudaloso e coberto de espuma, deve-se aguardar até que se acalme.

15. Regiões onde existem penhascos íngremes, com torrentes correndo entre profundas depressões naturais,

[ESTAS ÚLTIMAS DEFINIDAS COMO "LOCAIS FECHADOS EM TODOS OS LADOS POR BARRANCOS, COM PISCINAS DE ÁGUA NO FUNDO".]

lugares confinados,

[DEFINIDOS COMO "CERCADOS OU PRISÕES NATURAIS" OU "LUGARES CERCADOS POR PRECIPÍCIOS EM TRÊS LADOS, FÁCEIS DE ENTRAR, MAS DIFÍCEIS DE SAIR".]

bosques cerrados,

[DEFINIDOS COMO "LUGARES COBERTOS DE MATO TÃO DENSO QUE AS LANÇAS NÃO PODEM SER USADAS".]

pântanos

[DEFINIDOS COMO "LUGARES BAIXOS IMPREGNADOS DE LAMA QUE IMPEDEM O TRÂNSITO DE CARRUAGENS E CAVALEIROS".]

e fendas,

[DEFINIDAS POR MEI YAO CH'EN COMO "UM CAMINHO ESTREITO E DIFÍCIL ENTRE PENHASCOS". A NOTA DE TU MU É A SEGUINTE: "TERRENO COBERTO POR VEGETAÇÃO E PEDRAS, CORTADO POR INÚMERAS RAVINAS E ARMADILHAS". ISSO É MUITO VAGO, MAS CHIA LIN EXPLICA, DE FORMA CLARA O SUFICIENTE, COMO UM DESFILADEIRO OU PASSAGEM ESTREITA, E CHANG YU TEM A MESMA OPINIÃO. NO GERAL, A OPINIÃO DOS COMENTADORES CERTAMENTE SE INCLINA PARA A INTERPRETAÇÃO "DESFILADEIRO". MAS O SENTIDO COMUM EM CHINÊS NORMALMENTE É "UMA RACHADURA OU FISSURA" E O FATO DE QUE O SIGNIFICADO EM CHINÊS EM OUTRAS PARTES DA SENTENÇA INDICA ALGO COMO UM DESFILADEIRO ME FAZ PENSAR QUE SUN TZU ESTÁ FALANDO, AQUI, DE FENDAS.]

devem ser deixadas, com toda a rapidez possível, e evitadas.

16. **Enquanto nos mantemos afastados de tais lugares, devemos fazer com que o inimigo se aproxime deles; enquanto nos voltamos para eles, devemos deixar o inimigo tê-los em sua retaguarda.**

17. **Se, na vizinhança de seu acampamento, houver qualquer terreno montanhoso, lagoas cercadas por plantas aquáticas, vales côncavos cheios de juncos ou bosques com mato denso, eles devem ser encontrados e cuidadosamente vasculhados, pois esses são os lugares onde homens em emboscada ou espiões insidiosos provavelmente estão escondidos.**

[CHANG YU TEM A SEGUINTE NOTA: "DEVEMOS, TAMBÉM, ESTAR EM GUARDA CONTRA TRAIDORES QUE PODEM ESTAR EM ESCONDERIJOS PRÓXIMOS, SECRETAMENTE ESPIONANDO NOSSAS FRAQUEZAS E ESCUTANDO NOSSAS INSTRUÇÕES".]

18. **Quando o inimigo está por perto e se mantém calmo, ele está confiando na força natural de sua posição.**

[AQUI COMEÇAM AS OBSERVAÇÕES DE SUN TZU SOBRE A LEITURA DE SINAIS, MUITAS DAS QUAIS SÃO TÃO BOAS QUE QUASE PODERIAM SER INCLUÍDAS EM UM MANUAL MODERNO, COMO "APOIO AO ESCOTISMO", DO GENERAL BADEN-POWELL.]

19. **Quando ele se mantém distante e tenta provocar uma batalha, está ansioso para que o outro lado avance.**

[PROVAVELMENTE PORQUE ESTAMOS NUMA POSIÇÃO FORTE DA QUAL ELE PRETENDE DESALOJAR-NOS. "SE ELE SE APROXIMA DE NÓS", DIZ TU MU, "E TENTA FORÇAR UMA BATALHA, PARECERIA NOS DESPREZAR E, POR CONSEGUINTE, HAVERIA MENOS PROBABILIDADE DE RESPONDERMOS AO DESAFIO".]

20. **Se o seu local de acampamento é de fácil acesso, ele está jogando uma isca.**

21. **Movimento entre as árvores de uma floresta indica que o inimigo está avançando.**

[TS'AO KUNG EXPLICA ISSO COMO "DERRUBAR ÁRVORES PARA ABRIR UMA PASSAGEM" E, SOBRE ISSO, CHANG YU DIZ: "TODO HOMEM MANDA BATEDORES PARA ESCALAR LUGARES ALTOS E OBSERVAR O INIMIGO. SE UM BATEDOR VÊ QUE AS ÁRVORES DE UMA FLORESTA ESTÃO SE MOVENDO E SACUDINDO,

ELE SABE QUE ELAS ESTÃO SENDO DERRUBADAS PARA QUE UMA PASSAGEM SEJA ABERTA À MARCHA DO INIMIGO".]

O aparecimento de uma série de tendas em meio à vegetação densa significa que o inimigo quer que desconfiemos.

[A EXPLICAÇÃO DE TU YU, EMPRESTADA DE TS'AO KUNG, É A SEGUINTE: "A PRESENÇA DE UMA SÉRIE DE TENDAS OU PALHOÇAS EM MEIO À VEGETAÇÃO DENSA É UM SINAL CERTO DE QUE O INIMIGO FUGIU E, TEMENDO PERSEGUIÇÃO, CONSTRUIU ESSES ESCONDERIJOS PARA NOS FAZER SUSPEITAR DE UMA EMBOSCADA". PARECE QUE ESSAS "TELAS" FORAM APRESSADAMENTE ATADAS JUNTAS DE QUALQUER VEGETAÇÃO ALTA QUE O INIMIGO EM RETIRADA ENCONTROU.]

22. O levantar das aves em seu voo é sinal de uma emboscada.

[A EXPLICAÇÃO DE CHANG YU É, SEM DÚVIDA, CORRETA: "QUANDO PÁSSAROS QUE ESTÃO VOANDO EM LINHA RETA REPENTINAMENTE LANÇAM-SE PARA CIMA, ISSO SIGNIFICA QUE SOLDADOS ESTÃO EM EMBOSCADA NO PONTO ABAIXO".]

Animais assustados indicam a proximidade de um ataque súbito.

23. Quando há poeira subindo em uma coluna alta, é sinal de carruagens avançando; quando a poeira é baixa, mas espalhada por uma vasta área, sinaliza a aproximação de infantaria.

["ALTA E DISTINTA", OU "SUBINDO AO MÁXIMO", SÃO, NATURALMENTE, DESCRIÇÕES EXAGERADAS EM SE TRATANDO DE POEIRA. OS COMENTADORES EXPLICAM O FENÔMENO DIZENDO QUE CAVALOS E CARRUAGENS, SENDO MAIS PESADOS DO QUE OS HOMENS, LEVANTAM MAIS POEIRA E TAMBÉM ACOMPANHAM UM AO OUTRO NA MESMA FAIXA DE RODAGEM, AO PASSO QUE SOLDADOS A PÉ PODEM ESTAR MARCHANDO EM FILEIRAS, MUITAS VEZES, LADO A LADO. SEGUNDO CHANG YU, "TODOS OS EXÉRCITOS EM MARCHA DEVEM TER, DE ALGUMA MANEIRA, BATEDORES À FRENTE, OS QUAIS, AO OBSERVAREM A POEIRA LEVANTADA PELO INIMIGO, GALOPAM DE VOLTA E RELATAM AO COMANDANTE-EM-CHEFE". CF. GENERAL BADEN-POWELL: "AO MOVER-SE AO LONGO DE, DIGAMOS, UM PAÍS HOSTIL, SEUS OLHOS DEVEM PROCURAR O INIMIGO À DISTÂNCIA, OU QUALQUER SINAL DELE: SILHUETAS, POEIRA SUBINDO, PÁSSAROS LEVANTANDO-SE, CINTILAR DE ARMAS ETC".[1]]

Quando se ramificam em várias direções, as partes foram enviadas para recolher lenha. Algumas nuvens de poeira que se deslocam, indo e vindo, significam que o exército está acampando.

[Chang Yu diz: "Na distribuição das defesas de aquartelamento, um cavalo leve será enviado para levantar a situação e verificar os pontos fracos e fortes ao longo de toda sua circunferência; assim, há pequena quantidade de poeira em seu movimento".]

24. Palavras humildes e aumento de preparações são sinais de que o inimigo está prestes a avançar.

["Como se eles estivessem com muito medo de nós", diz Tu Mu. "O objetivo é nos tornar desdenhosos e descuidados, para depois atacar-nos". Chang Yu alude à história de T'ien Tan, de Ch'i-mo contra as forças de Yen, liderada por Ch'i Chieh. No cap. 82, de *Shih Chi*, lemos: "T'ien Tan disse, abertamente: 'Meu único receio é que o exército de Yen possa cortar os narizes dos seus prisioneiros Ch'i e os posicionar na linha de frente para lutarem contra nós; isso seria a ruína da nossa cidade'. O outro lado, sendo informado sobre esse discurso, imediatamente agiu sob a sugestão; mas aqueles dentro da cidade ficaram furiosos ao verem seus conterrâneos assim mutilados, e, temendo apenas cair nas mãos do inimigo, foram encorajados a se defender mais obstinadamente do que nunca. Mais uma vez, T'ien Tan enviou contraespiões que relataram estas palavras para o inimigo: 'o que eu mais temo é que os homens de Yen possam cavar os túmulos ancestrais fora da cidade e, por infligir essa indignidade aos nossos antepassados, enfraqueça nossos corações'. Imediatamente, os sitiantes desenterraram todas as sepulturas e queimaram os cadáveres deitados nelas. E os habitantes de Chi-mo, testemunhando o insulto sobre as muralhas da cidade, choraram com paixão e todos estavam impacientes para sair e lutar, tendo sua fúria aumentada em dez vezes. Tan T'ien soube, então, que seus soldados estavam prontos para qualquer empresa. Mas, em vez de uma espada, ele próprio pegou uma enxada em suas mãos e ordenou que outras fossem distribuídas entre os seus melhores guerreiros, enquanto as fileiras foram preenchidas com suas esposas e concubinas. Serviu, então, todas as rações restantes e ordenou a seus homens que comessem até se fartarem. Os soldados regulares foram orientados a manter-se fora da vista e as muralhas foram ocupadas por homens

VELHOS E FRACOS E POR MULHERES. FEITO ISSO, EMISSÁRIOS FORAM ENVIADOS AO CAMPO INIMIGO PARA ORGANIZAR OS TERMOS DA RENDIÇÃO, QUANDO, ENTÃO, O EXÉRCITO DE YEN COMEÇOU A GRITAR DE ALEGRIA. T'IEN TAN RECOLHEU TAMBÉM 20 MIL ONÇAS DE PRATA DO POVO E INDUZIU OS CIDADÃOS PRÓSPEROS DE CHI-MO A ENVIÁ-LAS AO GENERAL YEN COM A PROMESSA DE QUE, QUANDO A CIDADE CAPITULASSE, ELE NÃO PERMITIRIA QUE SUAS CASAS FOSSEM SAQUEADAS OU SUAS MULHERES MALTRATADAS. CH'I CHIEH, DE ELEVADO BOM HUMOR, CONCEDEU A PROMESSA; MAS SEU EXÉRCITO, AGORA, TORNOU-SE PROGRESSIVAMENTE MAIS FROUXO E NEGLIGENTE. ENQUANTO ISSO, T'IEN TAN REUNIU MIL BOIS, COBRIU-OS COM PEDAÇOS DE SEDA VERMELHA, PINTOU SEUS CORPOS COMO UM DRAGÃO, COM LISTRAS COLORIDAS, E FIXOU LÂMINAS AFIADAS EM SEUS CHIFRES E JUNCOS BEM LUBRIFICADOS EM SUAS CAUDAS. QUANDO A NOITE CHEGOU, ELE ACENDEU AS EXTREMIDADES DOS JUNCOS E CONDUZIU OS BOIS ATRAVÉS DE UMA SÉRIE DE PASSAGENS QUE HAVIA ABERTO NAS MURALHAS, APOIANDO-OS COM UMA FORÇA DE 5 MIL GUERREIROS ESCOLHIDOS. OS ANIMAIS, ENLOUQUECIDOS DE DOR, CORRERAM FURIOSAMENTE PARA O ACAMPAMENTO INIMIGO, ONDE CAUSARAM EXTREMA CONFUSÃO E HORROR, POIS SUAS CAUDAS AGIAM COMO TOCHAS, MOSTRANDO O PADRÃO HEDIONDO EM SEUS CORPOS E AS ARMAS EM SEUS CHIFRES MATARAM OU FERIRAM TODOS QUE ATRAVESSARAM SEU CAMINHO. NO MEIO TEMPO, O GRUPO DOS 5 MIL SURGIU COM MORDAÇAS EM SUAS BOCAS E, AGORA, ATIRARAM-SE SOBRE O INIMIGO. NO MESMO INSTANTE, UM RUÍDO TERRÍVEL EMERGIU DA PRÓPRIA CIDADE, TODOS AQUELES QUE FICARAM PARA TRÁS FAZIAM O MAIOR BARULHO POSSÍVEL, BATENDO TAMBORES E MARTELANDO EM VASOS DE BRONZE, ATÉ QUE O CÉU E A TERRA FORAM CONVULSIONADOS PELO TUMULTO. APAVORADO, O EXÉRCITO DE YEN FUGIU EM DESORDEM, PERSEGUIDO FURIOSAMENTE PELOS HOMENS DE CH'I, QUE SUCEDERAM EM MATAR O SEU GENERAL CH'I CHIEN... O RESULTADO DA BATALHA FOI A RECUPERAÇÃO DE ALGUMAS DAS SETENTA CIDADES QUE TINHAM PERTENCIDO AO ESTADO CH'I".]

Linguajar violento e condução à frente como de ataque são sinais de que o inimigo irá se retirar.

25. Quando as carruagens leves vêm em primeiro lugar e se posicionam nos flancos, é sinal de que o inimigo está se formando para a batalha.

26. Propostas de paz desacompanhadas de um pacto jurado indicam conspiração.

[A LEITURA AQUI É INCERTA. LI CH'UAN INDICA "UM TRATADO CONFIRMADO POR JURAMENTOS E REFÉNS". HSI WANG E CHANG YU, POR OUTRO LADO, SIMPLESMENTE DIZEM "SEM RAZÃO", "COM PRETEXTO FRÍVOLO".]

27. Quando há muita movimentação

[TODOS OS HOMENS SE APRESSANDO AOS SEUS LUGARES SOB SUA PRÓPRIA BANDEIRA REGIMENTAL.]

e os soldados incorrem em formação, o momento crítico chegou.

28. Quando alguns são vistos avançando, e outros recuando, trata-se de um engodo.

29. Quando os soldados inclinam-se sobre suas lanças, estão fracos por falta de alimento.

30. Se aqueles que são enviados para obter água começam a bebê-la, o exército está sofrendo de sede.

[COMO TU MU OBSERVA, "PODE-SE SABER A CONDIÇÃO DE UM EXÉRCITO INTEIRO A PARTIR DO COMPORTAMENTO DE UM ÚNICO HOMEM".]

31. Se o inimigo vê uma vantagem a ser adquirida e não faz qualquer esforço para assegurá-la, os soldados estão esgotados.

32. Se os pássaros se reúnem em qualquer lugar, este está desocupado.

[UM FATO IMPORTANTE PARA SE TER EM MENTE QUANDO, POR EXEMPLO, COMO CH'EN HAO DIZ, O INIMIGO SECRETAMENTE ABANDONOU O CAMPO.]

Clamor através da noite significa nervosismo.

33. Se existe perturbação no campo, a autoridade do general é fraca. Se bandeiras e estandartes são deslocados nos arredores, sedição está ocorrendo. Se os oficiais estão com raiva, os homens estão cansados.

[TU MU ENTENDE A FRASE DE FORMA DIFERENTE: "SE TODOS OS OFICIAIS DO EXÉRCITO ESTÃO IRRITADOS COM SEU GENERAL, SIGNIFICA QUE ELES ESTÃO FATIGADOS" DEVIDO AOS ESFORÇOS QUE TEM EXIGIDO DELES.]

34. Quando um exército alimenta seus cavalos com grãos e mata o gado para se alimentar

[No curso normal dos acontecimentos, os homens seriam alimentados com grãos e os cavalos, principalmente, com capim.]

e quando os homens não penduram suas panelas sobre as fogueiras, demonstrando que eles não vão voltar para as suas tendas, deve-se saber que estão determinados a lutar até a morte.

[Eu posso citar, aqui, o trecho ilustrativo do *Hou Han Shu*, cap. 71, dado em forma resumida pelo *P'ei Wen Yun Fu*: "O rebelde Wang Kuo de Liang estava sitiando a cidade de Ch'en-ts'ang e Huang-fu Sung, que estava no comando supremo, e Tung Cho foram enviados contra ele. O último pressionava por medidas rápidas, mas Sung não escutou este conselho. Afinal, os rebeldes estavam totalmente exaustos e começaram a abandonar suas armas por vontade própria. Sung não estava avançando para o ataque, mas Cho disse-lhe: 'É um princípio da guerra não perseguir homens desesperados e não pressionar uma multidão em retirada'. Sung respondeu: 'Isso não se aplica aqui. O que estou prestes a atacar é um exército cansado, não uma multidão em retirada; com tropas disciplinadas, estou atacando uma multidão desorganizada, não um bando de homens desesperados'. Então, ele avançou para o ataque contrariando a opinião de seu colega e derrotou o inimigo, resultando na morte de Wang Kuo".]

35. A visão de homens cochichando em pequenos grupos ou falando em tom desanimado demonstra descontentamento entre as fileiras.

36. Muitas recompensas frequentes significam que o inimigo está no final de seus recursos;

[Porque, quando um exército é duramente pressionado, como Tu Mu diz, há sempre o medo de motim, e generosas recompensas são dadas para manter os homens de bom humor.]

punições em demasia denunciam condição de grande aflição.

[Porque, em tal caso, a disciplina torna-se relaxada e a severidade incomum é necessária para manter os homens sob controle.]

37. Começar ameaçando, mas se assustar com os números do inimigo, mostra falta de inteligência suprema.

[Sigo a interpretação de Ts'ao Kung, também adotada por Li Ch'uan, Tu Mu e Chang Yu. Outro possível significado estabelecido por Tu Yu, Chia Lin, Mei Tao-ch'em e Wang Hsi é o seguinte: "O general que é, primeiramente, tirânico em relação a seus homens e, depois, temeroso de que talvez eles se amotinem etc". Isso seria relacionar a sentença com o que se passou antes sobre recompensas e punições.]

38. Mensageiros enviados com cumprimentos cortezes sinalizam que o inimigo deseja uma trégua.

[Tu Mu diz: "Se o inimigo inicia relações amistosas enviando reféns, é sinal de que ele está ansioso por um armistício, porque sua força está esgotada ou por algum outro motivo". Mas dificilmente precisamos de Sun Tzu para delinear tal inferência óbvia.]

39. Se as tropas do inimigo marcham furiosamente e mantêm-se diante das nossas por um longo tempo, sem aderir à batalha ou retirando-se novamente, a situação exige grande vigilância e prudência.

[Ts'ao Kung diz que uma manobra desse tipo pode ser apenas um estratagema para ganhar tempo para um flanco de ataque inesperado ou para a preparação de uma emboscada.]

40. Se as nossas tropas não são mais numerosas que as do inimigo, isso é amplamente suficiente; significa apenas que nenhum ataque direto pode ser realizado.

[Literalmente, "nenhum avanço marcial". Ou seja, táticas Cheng e ataques frontais devem ser evitados, e o estratagema, utilizado.]

O que podemos fazer é simplesmente concentrar todas as nossas forças disponíveis, observar o inimigo de perto e obter reforços.

[Essa é uma frase obscura e nenhum dos comentadores consegue extrair dela um bom sentido. Eu sigo Li Ch'uan, que parece oferecer a explicação mais simples: "Apenas o lado que consegue mais homens vai

GANHAR". FELIZMENTE, TEMOS CHANG YU PARA EXPOR O SEU SIGNIFICADO EM LINGUAGEM LÚCIDA: "QUANDO OS NÚMEROS SÃO EQUILIBRADOS E NENHUMA CONDIÇÃO FAVORÁVEL SE APRESENTA, APESAR DE NÃO ESTARMOS FORTES O SUFICIENTE PARA MANTERMOS UM ATAQUE PROLONGADO, PODEMOS ENCONTRAR RECRUTAS ADICIONAIS ENTRE OS NOSSOS VIVANDEIROS E SEGUIDORES E, EM SEGUIDA, CONCENTRAR NOSSAS FORÇAS, MANTER UMA ESTREITA VIGILÂNCIA SOBRE O INIMIGO E PLANEJAR PARA ARREBATAR A VITÓRIA. MAS DEVEMOS EVITAR CONTRATAR SOLDADOS ESTRANGEIROS PARA NOS AJUDAR". ELE, ENTÃO, CITA WEI LIAO TZU, CAP. 3: "A FORÇA NOMINAL DE TROPAS MERCENÁRIAS PODE SER DE CEM MIL, MAS O SEU VALOR REAL NÃO SERÁ MAIS DA METADE DESTE".]

41. Aquele que não exerce a premeditação, mas dá ênfase a seus adversários certamente será capturado por eles.

[CH'EN HAO, CITANDO *TSO CHUAN*, DIZ: "SE ABELHAS E ESCORPIÕES CARREGAM VENENO, IMAGINE UM ESTADO HOSTIL! MESMO UM ADVERSÁRIO FRACO, ENTÃO, NÃO DEVE SER TRATADO COM DESPREZO".]

42. Se os soldados forem punidos antes de se unirem a você, eles não demonstrarão submissão; e, se não lhe forem submissos, serão praticamente inúteis. Se, quando os soldados se unirem a você punições não lhes forem aplicadas, eles ainda serão inúteis.

43. Por conseguinte, os soldados devem ser tratados, em primeira instância, com humanidade, mas mantidos sob controle por meio de disciplina ferrenha.

[YEN TZU, 493 A.C., DISSE SOBRE SSU-MA JANG-CHU: "SUAS VIRTUDES CIVIS O TORNARAM ESTIMADO PELO POVO; SUA HABILIDADE MARCIAL MANTEVE SEUS INIMIGOS EM REVERÊNCIA". CF. WU TZU, CAP. 4 AD INIT.: "O COMANDANTE IDEAL UNE CULTURA A UM TEMPERAMENTO BELICOSO; A PROFISSÃO DAS ARMAS EXIGE A COMBINAÇÃO DE DUREZA E TERNURA".]

Esse é um caminho certo para a vitória.

44. Se no treinamento dos soldados os comandos são habitualmente reforçados, o exército será bem disciplinado; senão, sua disciplina será ruim.

45. Se um general mostra confiança em seus homens, mas sempre insiste que suas ordens sejam obedecidas,

[Tu Mu diz: "Um general em tempo de paz deve demonstrar confiança gentil em seus homens e também fazer sua autoridade ser respeitada, de modo que, quando virem a enfrentar um inimigo, as ordens sejam executadas e a disciplina mantida, porque todos confiam nele e o respeitam". O que Sun Tzu disse no § 44, porém, leva alguém a esperar por algo parecido com isto: "Se um general está sempre confiante que suas ordens serão cumpridas etc."]

o ganho será mútuo.

[Chang Yu diz: "O general tem confiança nos homens sob seu comando e os homens são dóceis, e têm confiança nele. Assim, o ganho é mútuo". Ele cita uma frase significativa de Wei Liao Tzu, cap. 4: "A arte de dar ordens é não tentar corrigir erros de menor importância e não ser influenciado por dúvidas insignificantes". Vacilação e alarde são os meios mais seguros de drenar a confiança de um exército.]

NOTAS:

1. "Apoio ao Escotismo", p. 26.

Comentários

Uma vez iniciado o confronto, estude e entenda as características do campo de batalha e o perfil do seu adversário. Dedique--se ao autoconhecimento e explore seus pontos fortes. Saiba utilizar seus recursos. Compreenda as sutilezas da ação do seu oponente, e jamais desconsidere a possibilidade de ser atacado antes da definção da batalha. Analise e assuma posições vantajosas ou que assim se tornem, sem subestimar as circunstâncias externas. Observe atentamente as ações do adversário para revertê-las em seu favor.

Um conflito será sempre um conflito, com menor ou maior alcance. Entra-se num conflito em busca da vitória mensurável e/ou estratégica. Não aceite outra hipótese. Uma vez participante, contribua com a sua melhor parte. Entenda o seu papel e a sua importância no quadro que se define. E, definitivamente, envolva-se.

Eu presidia uma empresa que era a segunda do mercado, num segmento dinâmico e altamente competitivo em tecnologia. A líder era uma concorrente notável e, guardadas as devidas proporções, passível de observação atenta e sistemática para que, assim, pudesse ser atacada. Era fundamental, também, manter-me atento aos concorrentes que seguiam firmes atrás de minha posição, ou seja, havia ataques pela frente pela retaguarda e até pelos flancos. Eram desafios que me mantinham alerta, sempre observando as campanhas dos adversários para compreender suas estratégias, pesquisando informações entre clientes, jornalistas e outras fontes confiáveis. Às vezes, imputando-lhes a perda de colaboradores de notória competência. Noutras, perdendo alguns talentos.

Esse é o dinamismo da batalha campal, onde se faz essencial o preparo, dispondo do máximo de informações, contando com equipes bem formadas e sabendo que haverá muitos ajustes de percurso.

(W. C. H.)

10. Terreno

[Apenas cerca de um terço deste capítulo, compreendendo § 1-13, trata de "terreno", assunto a ser tratado mais detalhadamente no cap. 11. As "seis calamidades" são discutidas nos § 14-20 e o resto do capítulo é, novamente, mera sequência de observações desordenadas, embora não menos interessantes, talvez, devido a esse fato.]

1. Sun Tzu disse: "Podemos distinguir seis tipos de terreno, a saber: (1) terreno acessível;

[Mei Yao ch'en diz: "Plenamente provido de estradas e meios de comunicação".]

(2) terreno confuso;

[O mesmo comentador diz: "Região tipo rede, na qual, em se aventurar, confunde-se".]

(3) terreno temporizador;

[Terreno que lhe permite "manter distância" ou "atrasar".]

(4) desfiladeiros; (5) precipícios e (6) posições a grande distância do inimigo.

[É desnecessário apontar a imperfeição desta classificação. Uma estranha falta de percepção lógica é mostrada na aceitação incondicional dos chineses a flagrantes divisões cruzadas, como estas.]

2. Terreno que pode ser percorrido livremente de ambos os lados é chamado ACESSÍVEL.

3. No que diz respeito a terrenos dessa natureza, ocupe os lugares altos e ensolarados antes do inimigo e, com cuidado, guarde sua linha de suprimentos.

[O sentido geral da última frase é, sem dúvida, como Tu Yu diz, "não permitir que o inimigo corte as suas comunicações". Tendo em vista a máxima de Napoleão, "o segredo da guerra reside na comunicação",[1] poderíamos desejar que Sun Tzu tivesse feito mais do que contornar as arestas deste assunto importante aqui em outras ocasiões. O coronel Henderson diz: "A linha de abastecimento pode ser considerada vital à existência de um exército, como o coração para a vida de um ser humano. Assim como o duelista que descobre a intenção de seu adversário ameaçando-o com a morte certa, mas negligencia sua própria guarda, é obrigado a obedecer aos movimentos de seu adversário e contentar-se em repelir seus golpes, o comandante, cujas comunicações de repente estão ameaçadas, encontra-se em posição falsa e ele terá sorte se não tiver de mudar todos os seus planos, dividir sua força em destacamentos mais ou menos isolados, lutar com números inferiores em terreno que ele não teve tempo para preparar e onde a derrota não será uma falha normal, mas implicará a ruína ou a rendição de todo o seu exército".[2]]

Então, será capaz de lutar com vantagem.

4. Terreno que pode ser abandonado, mas que dificilmente será reocupado, novamente é chamado de CONFUSO.

5. De uma posição desse tipo, se o inimigo não estiver preparado, pode-se sair e derrotá-lo. Mas se o inimigo estiver preparado para sua vinda e se você não derrotá-lo, então, voltar será impossível, e o desastre sucederá.

6. Quando a posição é tal que nenhum dos lados irá ganhar fazendo o primeiro movimento, ele é chamado de terreno TEMPORIZADOR.

[Tu Mu diz: "Ambos os lados consideram inconveniente mover-se e a situação permanece com um impasse".]

7. Em uma situação desse tipo, mesmo que o inimigo nos ofereça uma isca atrativa,

[Tu Yu diz: "Virando as costas para nós e pretendendo fugir." Mas essa é apenas uma das iscas que poderão levar-nos a sair da nossa posição.]

será aconselhável não se movimentar adiante, mas recuar e, dessa forma, estimular o inimigo; então, quando uma parte do exército sair, podemos lançar nosso ataque com vantagem.

8. No que diz respeito a DESFILADEIROS, pode-se ocupá-los em primeiro lugar, deixá-los fortemente guarnecidos e aguardar a chegada do inimigo.

[Porque, então, como Tu Yu observa, "a iniciativa será nossa e, atacando de maneira súbita e inesperada, teremos o inimigo à nossa mercê".]

9. Se um exército se antecipar na ocupação de uma passagem, não vá atrás dele se a passagem estiver totalmente guarnecida, mas apenas se estiver fracamente guarnecida.

10. Com relação a PRECIPÍCIOS, se estiver adiantado em relação ao seu adversário, ocupe os lugares mais altos e ensolarados e, somente então, espere que ele venha em sua direção.

[Ts'ao Kung diz: "A vantagem particular de garantir alturas e passagens é que suas ações não podem ser ditadas pelo inimigo". (Para a enunciação do grande princípio aludido, consultec cap. 6 § 2). Chang Yu conta a seguinte anedota de P'ei Hsing-chien (619-682 d.C.), que foi enviada numa expedição punitiva contra as tribos turcas: "À noite, ele armou seu acampamento como de costume e já tinha sido completamente fortificado por muro e vala quando, de repente, deu ordens para que o exército mudasse seus alojamentos para uma colina próxima. Isso muito desagradou seus oficiais, que protestaram ruidosamente contra o cansaço extra que causaria em seus homens. P'ei Hsing-chien, no entanto, não deu atenção às suas objeções e mudou o acampamento com a maior rapidez possível. Na mesma noite, uma terrível tempestade aproximou-se e inundou seu antigo local de acampamento a uma profundidade de mais de doze pés. Os oficiais recalcitrantes ficaram estupefatos com a visão e confessaram que

ESTAVAM ERRADOS. 'COMO SABIA O QUE IA ACONTECER?' – PERGUNTARAM. P'EI HSING-CHIEN RESPONDEU: 'A PARTIR DE AGORA, CONTENTEM-SE EM OBEDECER ÀS ORDENS SEM FAZER PERGUNTAS DESNECESSÁRIAS. A PARTIR DISSO, PODE SER VISTO' – CHANG YU CONTINUA – 'QUE LUGARES ALTOS E ENSOLARADOS NÃO SÃO VANTAJOSOS APENAS PARA LUTAR, MAS TAMBÉM PORQUE SÃO IMUNES A INUNDAÇÕES CATASTRÓFICAS'".]

11. Se o inimigo ocupou-os antes, não o siga, recue e tente atraí-lo para baixo.

[O MOMENTO DECISIVO DA CAMPANHA LI SHIH-MIN, EM 621 D.C. CONTRA OS DOIS REBELDES, TOU CHIEN-TE, REI DE HSIA E WANG SHIH-CH'UNG, PRÍNCIPE DE CHENG, FOI SEU DOMÍNIO DAS ALTURAS DE WU-LAO, NO PONTO EM QUE TOU CHIEN-TE PERSISTIU EM SUA TENTATIVA DE AJUDAR SEU ALIADO EM LO-YANG; FOI DERROTADO E FEITO PRISIONEIRO. VER *CHIU T'ANG*, CAP. 2, FOL. 5 VERSO, E TAMBÉM CAP. 54.]

12. Se estiver situado a grande distância do inimigo e a força dos dois exércitos for igual, não será fácil provocar uma batalha

[A QUESTÃO É QUE NÃO DEVEMOS PENSAR EM EMPREENDER UMA MARCHA LONGA E CANSATIVA E, AO FINAL DA QUAL, COMO TU YU DIZ, "ESTAREMOS ESGOTADOS, E NOSSO ADVERSÁRIO DESCANSADO E AFIADO".]

e o combate será em sua desvantagem.

13. Esses seis são os princípios relacionados à terra.

[OU, TALVEZ, "OS PRINCÍPIOS RELATIVOS AO TERRENO". VEJA, NO ENTANTO, O CAP. 1 § 8.]

O general que alcançou posição de responsabilidade deve estudá-los com cuidado.

14. Agora, um exército está exposto a seis calamidades diversas, não decorrentes de causas naturais, mas de falhas as quais o general é o responsável. São elas: (1) fuga; (2) insubordinação; (3) colapso; (4) ruína; (5) desorganização e (6) derrota.

15. Outras condições, se iguais, caso uma força seja atirada contra outra dez vezes o seu tamanho, o resultado será a FUGA da primeira.

16. Quando os soldados comuns são demasiadamente fortes e seus oficiais muito fracos, o resultado é a INSUBORDINAÇÃO.

[Tu Mu cita o infeliz caso de T'ien Pu (*Hsin T'ang Shu*, cap. 148), que foi enviado a Wei em 821 d.C., com ordens para liderar um exército contra Wang T'ing-ts'ou. Mas o tempo todo em que ele esteve no comando, seus soldados o trataram com extremo desprezo e desrespeitaram abertamente sua autoridade, cavalgando sobre burros nos arredores do acampamento, milhares por vez. T'ien Pu era impotente para acabar com esse comportamento, e, depois de alguns meses, quando fez uma tentativa de enfrentar o inimigo, suas tropas deram meia-volta e dispersaram em todas as direções. Depois disso, o infeliz cometeu suicídio cortando sua garganta.]

Quando os oficiais são muito fortes e os soldados comuns demasiadamente fracos, o resultado é um COLAPSO.

[Ts'ao Kung diz: "Os oficiais são enérgicos e impõem pressão, os soldados comuns são fracos e, de repente, entram em colapso".]

17. Quando os oficiais superiores estão zangados e insubordinados e, ao enfrentarem o inimigo, lutam por conta própria por um sentimento de ressentimento, antes que o comandante-em-chefe possa dizer se estão ou não em posição de combate, o resultado é a RUÍNA.

[A nota de Wang Hsi é a seguinte: "Isso significa que o general está com raiva sem motivo e, ao mesmo tempo, não aprecia a capacidade de seus oficiais subordinados; assim, ele desperta um ressentimento feroz e traz uma avalanche de ruína sobre sua cabeça".]

18. Quando o general é fraco e não tem autoridade, quando suas ordens não são claras e distintas,

[Wei Liao Tzu (cap. 4) afirma: "Se o comandante dá ordens decisivas, os soldados não esperaram para ouvi-las duas vezes; se seus movimentos são executados sem vacilo, os soldados não pensam duas vezes sobre como fazer o seu dever". O General Baden-Powell diz, destacando as palavras: "O segredo para se obter uma resposta

SATISFATÓRIA DE SEUS HOMENS TREINADOS ENCONTRA-SE, EM RESUMO, NA CLAREZA DAS INSTRUÇÕES QUE RECEBEM".[3] CF. TAMBÉM WU TZU, CAP. 3: "O DEFEITO FATAL DE UM LÍDER MILITAR É A DIVERGÊNCIA; AS PIORES CALAMIDADES QUE SE ABATEM SOBRE UM EXÉRCITO SURGEM DA HESITAÇÃO".]

quando não existem obrigações fixas atribuídas a oficiais e homens

[TU MU DIZ: "NEM OS OFICIAIS NEM OS HOMENS TÊM ROTINA REGULAR".]

e as fileiras são organizadas de forma desleixada ao acaso, o resultado é absoluta DESORGANIZAÇÃO.

19. Quando um general, incapaz de estimar a força do inimigo, permite que uma força inferior enfrente uma superior, ou lança um destacamento fraco contra um poderoso e negligencia posicionar soldados escolhidos na linha de frente, o resultado deve ser a DERROTA.

[CHANG YU EXPLICA A ÚLTIMA PARTE DA FRASE E CONTINUA: "NÃO IMPORTA ONDE HAJA LUTA, O ESPÍRITO MAIS PREPARADO DEVE SER NOMEADO PARA SERVIR NAS FILEIRAS DA FRENTE, TANTO PARA REFORÇAR A RESOLUÇÃO DOS NOSSOS PRÓPRIOS HOMENS, COMO PARA DESMORALIZAR O INIMIGO". CF. AS PRIMEIRAS ORDENS DE CÉSAR ("DE BELLO GALLICO", V. 28, 44, ET AL.).]

20. Existem seis formas de cortejar a derrota, que devem ser cuidadosamente observadas pelo general que alcançou posição de responsabilidade.

[Ver supra, § 13.]

21. A formação natural da região é a melhor aliada do soldado,

[CH'EN HAO DIZ: "AS VANTAGENS DO CLIMA E DA ÉPOCA NÃO SÃO IGUAIS ÀQUELAS RELACIONADAS AO TERRENO".]

mas um poder de estimar o adversário, de controlar as forças da vitória e de calcular astutamente as dificuldades, perigos e distâncias, constituem o teste de um grande general.

22. Aquele que conhece esses assuntos, e que, na luta, coloca seus conhecimentos em prática, vencerá suas batalhas. Aquele que não os conhece nem os pratica, certamente será derrotado.

23. Se a luta com certeza resultará em vitória, então, deve-se lutar, mesmo que o governante o proíba; se o combate não resultará em vitória, então, não se deve lutar, mesmo que o governante o ordene.

[Cf. VIII. § 3 fin. Huang Shih-kung, da Dinastia Ch'in, que se diz ter sido o patrono da Chang Liang e ter escrito o *San Lueh*, tem estas palavras atribuídas a ele: "A responsabilidade de colocar um exército em movimento deve ser delegada apenas ao general; se avanço e recuo são controlados a partir do Palácio, resultados brilhantes dificilmente serão alcançados. Assim, o governante absoluto e o monarca esclarecido se contentam em desempenhar um papel humilde pela causa de seu país (lit., ajoelhar-se para empurrar a roda da carruagem)". Isso significa que, "em assuntos não relacionados ao harém, a decisão do comandante militar deve ser absoluta". Chang Yu também cita o provérbio: "Decretos do Filho do Céu* não penetram as muralhas de um acampamento".]

24. O general que avança sem cobiçar fama e recua sem temer desgraça,

[Foi Wellington, penso eu, que disse que o mais difícil para um soldado é recuar.]

cujo único pensamento é o de proteger seu país e prestar um bom serviço ao seu soberano, é a joia do reino.

[Um nobre pressentimento, em poucas palavras, do "guerreiro feliz" chinês. "Tal homem", diz Ho Shih, "mesmo que ele tivesse de sofrer o castigo, não lamentaria sua conduta".]

25. Respeite seus soldados como seus filhos e eles o seguirão aos vales mais profundos; olhe para eles como se olhasse seus próprios filhos amados e eles ficarão com você até mesmo na morte.

[cap. 1 § 6. Nesse contexto, Tu Mu desenha-nos uma imagem atraente do famoso general Wu Ch'i, cujo tratado sobre a guerra frequentemente tenho oportunidade para citar: "Ele usava a mesma roupa e comia a mesma comida que o mais pobre de seus soldados, recusava-se a ter um cavalo para cavalgar ou uma esteira para dormir, carregava sua própria ração excedente embrulhada num pacote e compartilhava

* Desde a dinastia Qin em 221 a.C., até sua queda em 1912, todos os soberanos da China Imperial recebiam a designação de "filhos do céu". (N.E.)

todas as dificuldades com seus homens. Um de seus soldados estava sofrendo de um abscesso e o próprio Wu Ch'i sugou o vírus para fora. A mãe do soldado, ouvindo isso, começou a chorar e a lamentar-se. Alguém perguntou-lhe, dizendo: 'Por que chora? Seu filho é apenas um soldado comum e, mesmo assim, o próprio comandante-em-chefe sugou o veneno de sua ferida'. A mulher respondeu: 'Muitos anos atrás, Lorde Wu prestou um serviço semelhante ao meu marido, que nunca depois o deixou e, finalmente, encontrou sua morte nas mãos do inimigo. E, agora que ele fez o mesmo pelo meu filho, também cairá lutando não sei onde'". Li Ch'uan menciona o Visconde de Ch'u, que invadiu o pequeno estado de Hsiao durante o inverno. O Duque de Shen disse-lhe: "Muitos dos soldados estão sofrendo bastante com o frio". Então, ele contornou todo o exército, confortou e encorajou os homens; e eles logo se sentiram como se estivessem vestidos com roupas alinhadas com fios de seda.]

26. Se, no entanto, é indulgente, mas incapaz de fazer sentir a sua autoridade, bondoso, mas incapaz de fazer valer os seus comandos, e incapaz, por outro lado, de sufocar a desordem, então seus soldados devem ser comparados a filhos mimados: eles serão inúteis para qualquer finalidade prática.

[Li Ching disse certa vez que, se puder fazer com que seus soldados o temam, eles não temerão o inimigo. Tu Mu recorda uma instância de disciplina militar severa, que ocorreu em 219 d.C., quando Lu Meng ocupava a cidade de Chiang-ling. Ele dera ordens rigorosas para que seu exército não molestasse os habitantes nem lhes tirasse nada pela força. No entanto, um oficial, servindo sob sua bandeira, que passou a ser um membro da sociedade, arriscou-se a se apropriar de um chapéu de bambu pertencente a um dos habitantes, a fim de usá-lo sobre seu capacete regular como proteção contra a chuva. Lu Meng considerou que o fato de ele ser também um nativo de Ju-nan não o permitia aliviar uma clara violação da disciplina e, consequentemente, ordenou a sua execução sumária, com lágrimas rolando em seu rosto, porém, quando ele o fez. Esse ato de severidade encheu o exército de um temor salutar e, desse dia em diante, nem mesmo objetos caídos na estrada eram recolhidos.]

27. Se sabemos que nossos próprios homens estão em condições de ataque, mas não estamos certo de que o inimigo está frágil para ser atacado, estamos apenas a meio caminho da vitória.

[Isto é, Ts'ao Kung diz: "A questão, neste caso, é incerta."]

28. Se sabemos que o inimigo está aberto ao ataque, mas não sabemos que os nossos próprios homens não estão em condições de ataque, estamos a meio caminho da vitória.

[cap. 3 § 13 (1).]

29. Se sabemos que o inimigo está aberto ao ataque e sabemos, também, que nossos homens estão em condições de ataque, mas não sabemos que a natureza do terreno torna o combate inviável, ainda estamos a meio caminho da vitória.

30. Portanto, o soldado experiente, uma vez em movimento, nunca está confuso; uma vez que adentra no campo, ele nunca está perdido.

[A razão é, de acordo com Tu Mu, que ele tomou todas as medidas necessárias para garantir a vitória antecipadamente. "Ele não se move de forma imprudente", diz Chang Yu, "de modo que, quando ele se move, não comete erros".]

31. Daí o ditado: "Se conhece o inimigo e conhece a si mesmo, não restará dúvida quanto a sua vitória; se conhece o Céu e a Terra, sua vitória será completa."

[Li Ch'uan resume da seguinte forma: "Dado o conhecimento dos assuntos dos homens, das estações do céu e das vantagens naturais da terra, a vitória, invariavelmente, coroará suas batalhas".]

NOTAS:

1. Ver "Pensamentos de Napoleão I", num. 47.
2. "A Ciência da Guerra", cap. 2.
3. "Apoio ao Escotismo", p. xii.

Comentários

Apesar do capítulo se referir a características geográficas e ao seu uso estratégico, é um ensinamento de liderança. A definição do papel de líder; as características desejadas e buscadas. A seleção e a formação de talentos para tarefas diferenciadas. As formas de se conduzir uma tropa para motivá-la ou puni-la, a adoção de estratégias de guerra, criando e explorando as melhores condições para vitórias.

Os olhos sempre se voltam ao líder. Cabe a ele dar exemplo, comportar-se de modo adequado, designar responsabilidades e delegá-las, além de cobrá-las. E cabe ao líder definir o bônus, a materialização do reconhecimento. Se você é líder, torna-se uma pessoa pública. Se líder o for de um segmento, torna-se ainda mais responsável, pelo peso das suas palavras e pelos seus gestos.

Ainda hoje passo por pessoas que não mais me recordo quem são, mas elas me cumprimentam, dizendo-me o cargo que ocupavam. Gratificante é constatar que se lembram de fatos isolados, de fatos rotineiros que, por algum motivo, foram especiais para elas.

Se você é um líder ou quer se tornar um, conscientize-se de que será o responsável por definir estratégias e por vencer batalhas, que cada vez mais gente orbitará ao seu redor, dependentes direta ou indiretamente da sua decisão.

Terá de conquistar méritos pelo cargo alcançado, exercitar os méritos do exemplo e do respeito, cobrar com energia, punir com justiça, unir e motivar. O líder invariavelmente paga um preço elevado com o sacrifício do seu tempo pessoal ou familiar, contudo, certamente será amplamente recompensado, não somente no aspecto material, mas principalmente pelas vitórias conquistadas.

(W. C. H.)

11. As nove situações

1. **Sun Tzu disse: "A arte da guerra reconhece nove variedades de terreno: (1) terreno dispersivo; (2) terreno fácil; (3) terreno contencioso; (4) terreno aberto; (5) terreno de interseção de caminhos; (6) terreno sério; (7) terreno difícil; (8) terreno confinado e (9) terreno perigoso.**
2. **Quando um líder está lutando em seu próprio território, o terreno é dispersivo.**

   [Assim chamado porque os soldados, estando perto de suas casas e ansiosos para ver suas esposas e filhos, são suscetíveis de aproveitar a oportunidade proporcionada por uma batalha e dispersar em todas as direções. "Em seu avanço", observa Tu Mu, "faltará o valor do desespero e, quando baterem em retirada, encontrarão portos de refúgio".]

3. **Quando ele penetrou em território hostil, mas não muito além, é terreno fácil.**

   [Li Ch'uan e Ho Shih dizem ser "por causa da facilidade de retirada" e os outros comentadores dão explicações semelhantes. Tu Mu observa: "Quando seu exército atravessar a fronteira, queime seus barcos e pontes, a fim de deixar claro a todos que não anseia voltar".]

4. Terreno do qual a possessão traz grande vantagem para ambos os lados é terreno contencioso.

[Tu Mu o defininе como um terreno "a ser disputado". Ts'ao Kung diz: "Terreno no qual os poucos e fracos podem derrotar os muitos e fortes", assim como "o gargalo de uma passagem", exemplificado por Li Ch'uan. As Termópilas* foram assim classificadas porque sua possessão, mesmo que por poucos dias, significava manter o exército invasor inteiro em xeque e, dessa forma, ganhar um tempo inestimável. Cf. Wu Tzu, cap. V., ad init: "Para aqueles que precisam lutar em proporção de um para dez, não existe nada melhor do que uma passagen estreita". Quando Lu Kuang retornava de sua expedição triunfante ao Turquistão em 385 d.C., e tendo conseguido tanto quanto I-ho, carregado de espólios, Liang Hsi, administrador de Liang-chou, tirando vantagem da morte de Fu Chien, rei de Ch'in, conspirou contra ele e esperava barrar seu caminho à província. Yang Han, governador de Kao-ch'ang, aconselhou-o dizendo: "Lu Kuang está animado com suas vitórias no oeste e seus soldados são vigorosos e corajosos. Se nos opusermos a ele nas areias enganadoras do deserto, não lhe seremos páreo e, então precisamos tentar um plano diferente. Apressemo-nos em ocupar o desfiladeiro na passagem de Kao-wu para cortar seu suprimento de água e, quando suas tropas estiverem prostradas de sede, poderemos ditar nossos próprios termos sem problemas. Mas, se acha que a passagem que mencionei é distante demais, podemos nos opor a ele na passagem de I-wu, que é mais próxima. A perspicácia e a inteligência do próprio Tzu-fang seriam despendidas em vão contra a enorme força dessas duas posições". Liang Hsi, recusando-se a agir sob este conselho, foi subjugado e arrasado pelo invasor.]

5. Terreno onde ambos os lados têm liberdade de movimento é terreno aberto.

[Existem várias interpretações do adjetivo chinês para esse tipo de terreno. Ts'ao Kung diz que significa "terreno coberto por malha viária", como um tabuleiro de xadrez. Ho Shih sugeriu: "terreno onde a intercomunicação é fácil".]

* Batalha das Termópilas (480 a.C.). Famosa batalha em que o exército grego liderado por Leônidas foi aniquilado pelos Persas, que tentavam conquistar a Grécia. (N.T.)

6. Terreno que constitui a chave para três estados contíguos,

[TS'AU KUNG DEFINE ISSO COMO "NOSSO PAÍS FAZENDO FRONTEIRA COM O DO INIMIGO E UM TERCEIRO PAÍS ADJACENTE A AMBOS". MENG SHIH CITA COMO EXEMPLO O PEQUENO PRINCIPADO DE CHENG, QUE ERA DELIMITADO A NORDESTE POR CH'I, A OESTE POR CHIN E A SUL POR CH'U.]

de modo que aquele que o ocupa em primeiro lugar tem a maior parte do império sob seu comando,

[O BELIGERANTE QUE MANTÉM ESSA POSIÇÃO DOMINANTE PODE COMPELIR A MAIORIA DELES A TORNAREM-SE SEUS ALIADOS.]

é um terreno de interseção de caminhos.

7. Quando um exército penetrou o coração de um país hostil, deixando um número de cidades fortificadas em sua retaguarda, é um terreno sério.

[WANG HSI EXPLICA O NOME, DIZENDO QUE, "QUANDO UM EXÉRCITO CHEGAR A TAL PONTO, SUA SITUAÇÃO SERÁ SÉRIA".]

8. Florestas de montanha,

[OU SIMPLESMENTE "FLORESTAS".]

declives acidentados, pântanos e brejos, todo o terreno que é difícil de atravessar: é o denominado terreno difícil.

9. Terreno que é alcançado através de gargantas estreitas e do qual apenas podemos partir por caminhos tortuosos, de modo que um pequeno número de inimigos bastaria para esmagar uma grande massa de nossos homens: é o denominado terreno confinado.

10. Terreno em que somente podemos ser salvos da destruição se combatermos sem demora é terreno perigoso.

[A SITUAÇÃO, COMO RETRATADA POR TS'AO KUNG, É MUITO SEMELHANTE AO "TERRENO CONFINADO", EXCETO PELO FATO DE QUE, AQUI, ESCAPAR NÃO É MAIS POSSÍVEL: "UMA MONTANHA ELEVADA À FRENTE, UM GRANDE RIO NA RETAGUARDA, O AVANÇO É IMPOSSÍVEL, A RETIRADA, BLOQUEADA". CH'EN HAO DIZ: "ESTAR EM 'TERRENO PERIGOSO' É COMO ESTAR SENTADO NUMA CANOA FURADA OU AGACHADO NUMA CASA EM CHAMAS". TU MU CITA LI CHING NUMA VÍVIDA DESCRIÇÃO DA SITUAÇÃO DE UM EXÉRCITO ASSIM, APRISIONADO: "SUPONHA UM EXÉRCITO INVADINDO UM TERRITÓRIO HOSTIL SEM O AUXÍLIO de guias locais: ele cai numa armadilha fatal e está sob a misericórdia inimiga. Uma ravina à esquerda, uma montanha à direita, um caminho tão perigoso que os cavalos têm de ser amarrados juntos e as carruagens carregadas em tipoias, nenhuma passagem aberta em frente, o recuo interrompido na retaguarda, nenhuma escolha a não ser prosseguir em fila única. Então, antes que haja tempo para organizar nossos soldados em ordem de batalha, de repente o inimigo com força esmagadora aparece em cena. Se avançarmos, podemos não ter um espaço livre; se recuarmos, não teremos refúgio. Procuramos por uma batalha campal, mas em vão; ainda de pé na defensiva, nenhum de nós tem um momento de trégua. Se simplesmente mantivermos nosso chão, dias e meses inteiros irão passar; no momento em que fizermos um movimento, teremos de sustentar os ataques inimigos na dianteira e na retaguarda. O país é selvagem, desprovido de água e plantas; ao exército, faltam as necessidades básicas, os cavalos estão cansados e os homens esgotados, todos os recursos de força e habilidade são inúteis, a passagem, tão estreita que um único homem que, defendendo-a, pode controlar o ataque de dez mil; todos os meios ofensivos nas mãos do inimigo, todas as vantagens perdidas: nessa situação terrível, mesmo que nós tivéssemos os mais valentes soldados e as mais afiadas das armas, como eles poderiam ser empregados com o menor efeito?" Os estudantes de História Grega podem ser lembrados do terrível desfecho para a expedição siciliana e a agonia dos atenienses sob Nícias e Demóstenes. (Ver Tucídides, VII. 78 sqq.)]

11

11. Em terreno dispersivo, portanto, não lute. Em terreno fácil, não pare. Em terreno contencioso, não ataque.

[Mas, de preferência, empenhe toda a sua energia ocupando posição vantajosa em primeiro lugar. Ts'ao Kung, Li Chuan e outros, no entanto, supunham que o significado é de que o inimigo já se antecipou a nós e que seria loucura absoluta atacar. No *Sun Tzu Hsu Lu*, quando o rei de Wu pergunta o que deve ser feito nesse caso, Sun Tzu responde: "A regra no que diz respeito a terreno contencioso é que os que o possuem têm vantagem sobre o outro lado. Se uma posição desse tipo é garantida primeiro pelo inimigo, cuidado ao atacá-lo. Atraia-o fingindo fugir, mostre suas bandeiras e toque seus tambores, ataque lugares onde ele não pode se dar ao luxo de perder, arraste gravetos e levante poeira, confunda sua audição e visão, separe um corpo de suas melhores tropas e secretamente coloque-o em emboscada. Em seguida, seu adversário sairá para o resgate".]

12. Em terreno aberto, não tente bloquear o caminho do inimigo.

[Porque a tentativa seria inútil e exporia a própria força de bloqueio a sérios riscos. Há duas interpretações disponíveis aqui. Eu sigo a de Chang Yu. A outra é indicada na nota breve de Ts'ao Kung: "aproximar juntos", isto é, não permitir que uma parte do seu próprio exército se separe.]

Em terreno de interseção de caminhos, dê as mãos aos seus aliados.

[Ou, talvez, "forme alianças com os estados vizinhos".]

13. Em terreno sério, reúna-se em pilhagem.

[Sobre isso, Li Ch'uan tem a seguinte nota prazerosa: "Quando um exército penetra fundo em território inimigo, cuidado deve ser tomado para não alienar o povo pelo tratamento injusto. Siga o exemplo do Imperador Han, Kao Tsu, cuja marcha em território Ch'in foi marcada pela não violação de mulheres ou de pilhagem de valores. (Note bem: isso ocorreu em 207 a.C. e pode muito bem nos envergonhar dos exércitos cristãos que entraram em Pequim em 1900 d.C.) Assim, ele conquistou o coração de todos. Na presente passagem, então, acho que a verdadeira leitura não deve ser 'roubar', mas 'não roubar'". Infelizmente, temo que, nesse caso, os sentimentos do digno comentador ultrapassaram seu julgamento. Tu Mu, pelo menos, não tem tais ilusões. Ele diz: "quando acampado em 'terreno perigoso', não havendo ainda incentivo para avançar mais e impossibilidade de recuo, deve-se tomar medidas para uma resistência prolongada, obtendo provisões de todos os lados e mantendo estreita vigilância sobre o inimigo".]

Em 'terreno difícil', mantenha-se constantemente em marcha.

[Ou, nas palavras do cap. 8 § 2, "não acampar".]

14. Em 'terreno confinado', recorra ao estratagema.

[Ts'au Kung diz: "Experimente o efeito de algum artifício incomum"; e Tu Yu amplifica isso dizendo: "Em tal situação, um esquema deve ser concebido para atender às circunstâncias e, se conseguirmos iludir o inimigo, o perigo pode ser ignorado". Isso foi exatamente o que aconteceu na famosa ocasião em que Aníbal foi cercado em meio às montanhas a caminho de Casilínio e, ao que tudo indica, preso pelo ditador Fábio. O estratagema que Aníbal planejou para confundir seus inimigos era notavelmente semelhante ao que T'ien Tan empregara com sucesso exatamente 62 anos antes. (Ver cap. 9 § 24, nota.) Quando a noite chegou, feixes de galhos foram fixados nos chifres de, aproximadamente, 2 mil bois e, incendiados, os animais aterrorizados foram, então, conduzidos rapidamente ao longo da lateral da montanha em direção às passagens cercadas pelo inimigo. O estranho espetáculo de luzes se movendo rapidamente alarmou e confundiu tanto os romanos que eles se retiraram de sua posição e o exército de Aníbal passou com segurança através do desfiladeiro. (Ver Políbio, III. 93, 94, Tito Lívio, XXII. 16, 17.)

Em terra perigosa, lute.

[Pois, como Chia Lin observa, "se lutar com toda sua força, há uma chance de sobreviver; já a morte é certa se aguardá-la em seu canto".]

15. Aqueles que foram chamados de líderes hábeis antigamente sabiam como cravar uma cunha entre a vanguarda e a retaguarda do inimigo;

[Mais literalmente, "fazer com que a vanguarda e a retaguarda perdessem contato uma com a outra".]

prevenir a cooperação entre suas divisões grandes e pequenas; impedir as boas tropas de resgatar as ruins; os oficiais, de mobilizar seus homens.

16. Quando os homens do inimigo estavam unidos, eles conseguiam mantê-los em desordem.

17. Quando era deles a vantagem, movimentavam-se adiante; quando do inimigo, permaneciam imóveis.

[Mei Yao-ch'en conecta isso ao que precede: "deslocando o inimigo, eles avançavam a fim de obter qualquer vantagem; se não havia nenhuma vantagem, permaneciam onde estavam".]

18. Se perguntado sobre como lidar com um grande número de inimigos ordenados, a ponto de marcharem para o ataque, eu diria: "comece atacando algo que seu adversário preza; então, ele fará a sua vontade".

[Opiniões divergem quanto ao que Sun Tzu tinha em mente. Ts'ao Kung pensa que é "alguma vantagem estratégica da qual o inimigo depende". Tu Mu diz: "as três coisas que o inimigo está ansioso para fazer e cuja realização depende de seu sucesso são: (1) capturar nossas posições favoráveis; (2) assolar nossa terra cultivada; (3) proteger suas próprias comunicações". Nosso objetivo, então, deve ser frustrar seus planos nessas três direções e, assim, torná-lo desamparado (cap. 3 § 3). Ao ousadamente tomar a iniciativa dessa forma, imediatamente joga o outro lado na defensiva.]

19. Rapidez é a essência da guerra:

[De acordo com Tu Mu, "esse é um resumo dos princípios de liderança na guerra". E acrescenta: "essas são as mais profundas verdades da ciência militar, e o principal trabalho do general". As histórias a seguir, contadas por Ho Shih, mostram a importância atribuída à velocidade por dois dos maiores generais da China. Em 227 d.C., Meng Ta, governador de Hsin-ch'eng sob o imperador de Wei, Wen Ti, ponderava desertar para a Casa de Shu, e entrou em correspondência com Chu-ko Liang, o Primeiro Ministro desse Estado. O general de Wei, Ssu-ma I, era então governador militar de Wan e, tomando conhecimento da traição de Meng Ta, imediatamente partiu com um exército para antecipar sua revolta, enganando-o previamente por meio de uma mensagem ilusória de propósito amigável. Os oficiais de Ssu-ma vieram até ele e disseram: "Se Meng Ta uniu-se a Wu e Shu, a questão deve ser cuidadosamente investigada antes de fazermos um movimento". Ssu-ma I respondeu: "Meng Ta é um homem sem escrúpulos e devemos puni-lo imediatamente, enquanto ele ainda hesita e antes que tire sua máscara". Então, por meio de uma série de marchas forçadas, ele trouxe seu exército sob as muralhas de Hsin-ch'eng em oito dias. Meng Ta dissera em uma carta a Chu-ko Liang: "Wan está 1200 li distante daqui. Quando a notícia da minha revolta chegar a Ssu-ma I, ele imediatamente informará o seu senhor imperial, mas isso levará um mês, e antes que quaisquer medidas possam ser tomadas, minha cidade estará bem fortificada. Além disso, é certo que o próprio Ssu-ma I não virá, e os generais que serão enviados contra nós não causam preocupação". A carta seguinte, porém, foi preenchida com consternação: "Apesar de se passarem apenas oito dias desde que joguei fora minha aliança, um exército já se instalou 'nos portões da cidade. Que rapidez miraculosa é essa!" Quinze dias depois, Hsin--ch'eng caíra, e Meng Ta, perdera a cabeça. (Veja *Chin Shu*, cap. 1, f. 3.) Em 621 d.C., Li Ching foi enviado de K'uei-chou em Ssu-ch'uan para por fim ao sucesso do rebelde Hsiao Hsien, que se estabelecera como imperador na moderna Ching-chou Fu em Hupeh. Era outono, e, estando o Yangtsze inundado, Hsiao Hsien sequer sonhara que o adversário desceria através dos desfiladeiros e, consequentemente, não fez nenhuma preparação. Mas Ching Li embarcou seu exército sem perda de tempo e estava prestes a começar quando os outros generais lhe imploraram que adiasse sua partida até que o rio estivesse em condição menos perigosa para a navegação. Li Ching respondeu: "Para o soldado, velocidade avassaladora é de suma importância e ele nunca deve perder as oportunidades. Agora é a hora de atacar, antes mesmo que Hsiao Hsien saiba que juntamos um exército. Se aproveitarmos o momento presente enquanto o rio está cheio, surgiremos perante sua capital com rapidez surpreendente, como o trovão que é ouvido antes que tenha tempo de tapar os seus ouvidos contra ele. (Vejac cap. 7 § 19, nota.) Esse é o grande princípio de guerra. Mesmo que ele tome

CONHECIMENTO DE NOSSA ABORDAGEM, TERÁ DE ORGANIZAR SEUS SOLDADOS COM TANTA PRESSA QUE ELES NÃO ESTARÃO APTOS A SE OPOR A NÓS. ASSIM, OS FRUTOS DA VITÓRIA SERÃO NOSSOS". TUDO OCORREU COMO ELE PREVIU, E HSIAO HSIEN FOI OBRIGADO A RENDER-SE, NOBREMENTE ESTIPULANDO QUE SEU POVO DEVERIA SER POUPADO E SÓ ELE SOFRERIA A PENA DE MORTE.]

aproveite o despreparo do inimigo, faça o seu caminho por vias inesperadas e ataque pontos desprotegidos.

20. Os seguintes são os princípios que devem ser observados por uma força invasora: quanto mais se penetrar num reino, maior será a solidariedade de suas tropas e, assim, os defensores não prevalecerão contra você.

21. Faça incursões em regiões férteis para abastecer o seu exército com alimentos.

[CF. § SUPRA. 13. LI CHUAN NÃO SE ARRISCA COM UMA NOTA AQUI.]

22. Observe cuidadosamente o bem-estar dos seus homens

[POR "BEM-ESTAR", WANG HSI ENTENDE "ABRACE-OS, DIVIRTA-OS, DÊ-LHES MUITOS ALIMENTOS E BEBIDAS E CUIDE DELES EM GERAL".]

e não os sobrecarregue. Concentre sua energia e acumule sua força.

[CH'EN RELEMBRA A LINHA DE AÇÃO ADOTADA EM 224 A.C. PELO FAMOSO GENERAL WANG CHIEN, CUJO GÊNIO MILITAR CONTRIBUIU LARGAMENTE PARA O SUCESSO DO PRIMEIRO IMPERADOR. ELE INVADIU O ESTADO CH'U, ONDE UM RECRUTAMENTO UNIVERSAL FORA ORGANIZADO PARA SE OPOR A ELE. MAS, EM DÚVIDA QUANTO AO TEMPERAMENTO DE SUAS TROPAS, RECUSOU TODAS AS PROVOCAÇÕES PARA LUTAR E PERMANECEU ESTRITAMENTE NA DEFENSIVA. EM VÃO, O GENERAL DE CH'U TENTOU FORÇAR A BATALHA: DIA APÓS DIA, WANG CHIEN SE MANTEVE DENTRO DE SUAS MURALHAS E DEDICOU TODO O SEU TEMPO E SUA ENERGIA PARA CONQUISTAR A AFEIÇÃO E A CONFIANÇA DOS SEUS HOMENS. ELE CUIDOU PARA QUE ELES FOSSEM BEM ALIMENTADOS, COMPARTILHOU SUAS PRÓPRIAS REFEIÇÕES, PROVEU INSTALAÇÕES PARA BANHOS E EMPREGOU TODO MÉTODO DE INDULGÊNCIA CRITERIOSA PARA MOLDÁ-LOS EM UM LEAL E HOMOGÊNEO CORPO. DEPOIS DE ALGUM TEMPO, ELE INQUIRIU DETERMINADAS PESSOAS PARA DESCOBRIR COMO OS HOMENS ESTAVAM SE DIVERTINDO. A RESPOSTA FOI QUE ELES ESTAVAM LUTANDO ENTRE SI PARA

DESCARREGAR O PESO PELA LONGA ESPERA. QUANDO WANG CHIEN OUVIU QUE ELES ESTAVAM ENGAJADOS NESSAS ATIVIDADES ATLÉTICAS, SABIA QUE SEUS ESPÍRITOS HAVIAM ALCANÇADO O PONTO NECESSÁRIO, E QUE ESTAVAM, AGORA, PRONTOS PARA A LUTA. NESSA ALTURA, O EXÉRCITO DE CH'U, DEPOIS DE REPETIR SEU DESAFIO UMA E OUTRA VEZ, HAVIA MARCHADO NA DIREÇÃO LESTE COM DESGOSTO. O GENERAL DE CH'IN IMEDIATAMENTE ROMPEU SEU ACAMPAMENTO E SEGUIU-OS E, NA BATALHA QUE SE SEGUIU, ELES FORAM DERROTADOS COM GRANDE MATANÇA. POUCO TEMPO DEPOIS, TODA A CH'U FOI CONQUISTADA POR CH'IN, E O REI FU-CH'U, CONDUZIDO AO CATIVEIRO.]

Mantenha seu exército continuamente em movimento

[PARA QUE O INIMIGO NUNCA SAIBA EXATAMENTE ONDE ESTÁ. OCORREU-ME, CONTUDO, QUE A VERDADEIRA LEITURA PODERIA SER: "COORDENE SEU EXÉRCITO EM CONJUNTO".]

e elabore planos insondáveis.

23. Coloque seus soldados em posições por meio das quais não há como escapar e eles preferirão a morte à fuga. Se eles enfrentarão a morte, não haverá nada que não poderão alcançar.

[CHANG YU CITA SEU FAVORITO WEI LIAO TZU (CAP. 3): "SE UM HOMEM CORRE LOUCAMENTE PELO MERCADO LOCAL COM UMA ESPADA E TODAS AS PESSOAS TENTAM SAIR DE SEU CAMINHO, EU NÃO ADMITIRIA QUE APENAS ESSE HOMEM TEVE CORAGEM E QUE TODOS OS OUTROS FORAM COVARDES DESPREZÍVEIS. A VERDADE É QUE UM BANDIDO E UM HOMEM QUE DEFINE ALGUM VALOR EM SUA VIDA NÃO SE ENCONTRAM NESSAS CONDIÇÕES".]

Oficiais e homens igualmente lançarão sua força extrema.

[CHANG YU DIZ: "SE ELES ESTÃO JUNTOS NUM LUGAR ESTRANHO, CERTAMENTE EXERCERÃO SUA FORÇA UNIDA PARA SAIR DELE".]

24. Soldados, quando em situação desesperada, perdem o medo. Se não há lugar de refúgio, eles continuarão firmes. Se estiverem em território hostil, mostrarão um semblante obstinado. Se não existir qualquer ajuda, eles lutarão duramente.

25. Assim, sem ter de esperar por orientação, os soldados estarão em constante vigilância; sem que lhes peçam, eles farão a sua vontade;

[LITERALMENTE, "SEM PEDIR, VOCÊ CONSEGUIRÁ".]

sem restrições, eles serão fiéis; sem ordens, eles podem ser confiáveis.

26. Proiba a aceitação de presságios e livre-se de dúvidas supersticiosas. Então, até que a própria morte venha, nenhuma calamidade deve ser temida.

[Os supersticiosos, "atados a dúvidas e medos descarados", degeneram em covardes e "morrem, muitas vezes, antes de suas mortes". Tu Mu cita Huang Shih-kung: "'Feitiços e encantamentos devem ser estritamente proibidos, e nenhum oficial, autorizado a saber por adivinhação a sorte de um exército, por receio de que a mente dos soldados seja seriamente perturbada'. O significado é", continua ele, "que se todas as dúvidas e escrúpulos são descartados, seus homens nunca vacilarão em sua resolução, até morrerem".]

27. Se os nossos soldados não esbanjam dinheiro, não é porque têm desgosto por riquezas; se suas vidas não são demasiadamente longas, não é porque não são inclinados à longevidade.

[Chang Yu tem a melhor nota para essa passagem: "Riqueza e vida longa são coisas para as quais todos os homens têm uma inclinação natural. Assim, se eles queimam ou livram-se de valores e sacrificam suas próprias vidas, não é que não gostam deles, mas simplesmente eles não têm outra escolha". Sun Tzu é astuto ao insinuar que, como os soldados são apenas humanos, o general deve saber que a tentação de fugir à luta e tornar-se rico não deve ser colocada em seu caminho.]

28. No dia em que são ordenados para a batalha, seus soldados podem chorar,

[A palavra em chinês significa "verter pranto", e é usada para indicar uma dor mais genuína do que apenas lágrimas.]

sentados umedecendo suas vestes e deitados deixando as lágrimas rolarem em seus rostos.

[Não é porque têm medo, mas porque, como Ts'ao Kung diz, "todos abraçaram a firme resolução de lutar ou morrer". Podemos lembrar que os heróis da *Ilíada* foram igualmente infantis ao mostrar suas emoções. Chang Yu alude à despedida melancólica no rio I entre

Ching K'o e seus amigos, quando o primeiro foi enviado para tentar a vida do rei de Ch'in (mais tarde, primeiro imperador) em 227 a.C. As lágrimas de todos caíam como chuva quando ele se despediu e proferiu as seguintes linhas: "O toque estridente está soprando, insensível ao fogo; seu campeão vai para não voltar".[1]] Mas deixe-os entrar em ação e eles mostrarão a coragem de um Chu ou um Kuei. [Chu era o nome pessoal de Chuan Chu, um nativo do Estado de Wu e contemporâneo do próprio Sun Tzu, que foi contratado por Kung-tzu Kuang, mais conhecido como Ho Lu Wang, para assassinar seu soberano Wang Liao com uma adaga que ele ocultou no interior de um peixe servido num banquete. Ele sucedeu em sua tentativa, mas foi imediatamente cortado em pedaços pela guarda real. Isso ocorreu em 515 a.C. O outro herói referido, Ts'ao Kuei (ou Ts'ao Mo), realizou a façanha que tornou seu nome famoso 166 anos antes, em 681 a.C. Lu fora derrotado três vezes por Ch'i e estava prestes a concluir um tratado entregando uma grande fatia do território, quando, de repente, Ts'ao Kuei atacou Huan Kung, o duque de Ch'i, enquanto este estava na escada do altar, e segurou uma adaga contra seu peito. Nenhum dos serviçais do duque ousou mover um músculo e Ts'ao Kuei passou a exigir restituição integral, declarando que Lu estava sendo injustamente tratado, porque era um estado menor e mais fraco. Huan Kung, em perigo de vida, foi obrigado a consentir, ao que Ts'ao Kuei jogou seu punhal e tranquilamente retomou seu lugar no meio da assembleia apavorada, como se nada tivesse acontecido. Como era de se esperar, o duque, depois, queria repudiar a barganha, mas seu velho e sábio conselheiro Kuan Chung apontou-lhe a má política de quebrar sua palavra e o resultado foi que esse golpe ousado recuperou para Lu tudo o que ele tinha perdido em três batalhas.]

29. O estrategista habilidoso pode ser comparado a uma *Shuai-Jan*. Agora, a *Shuai-Jan* é uma serpente encontrada nas montanhas Ch'ang.

["*Shuai-jan*" significa "de repente" ou "rápida" e a serpente em questão era, sem dúvida, assim chamada devido à rapidez de seus movimentos.

Devido a essa passagem, o termo em chinês é usado atualmente para "manobras militares".]

Ataque sua cabeça e será atacado pela sua cauda; ataque sua cauda e será atacado pela sua cabeça; ataque seu meio e será atacado tanto pela cabeça quanto pela cauda.

30. Questionado sobre se um exército poderia ser feito para imitar a *Shuai-Jan*,

[Isto é, como Mei Yao-ch'en diz: "É possível fazer com que a vanguarda e a retaguarda de um exército respondam rapidamente a um ataque sobre uma ou a outra, como se fossem parte de um único organismo vivo?"]

eu deveria responder que sim, pois os homens de Wu e os de Yueh são inimigos;

[Cf. cap. 6 § 21]

no entanto, se eles estão cruzando um rio no mesmo barco e são apanhados por uma tempestade, um virá em assistência ao outro, assim como a mão esquerda ajuda a direita.

[O significado é: se dois inimigos ajudarão um ao outro em tempos de perigo comum, imagine as duas partes do mesmo exército, unidas como são por laços de interesse e sentimento de companheirismo! Entretanto, é notório que muitas campanhas foram arruinadas por falta de cooperação, especialmente no caso de exércitos aliados.]

31. Assim, não é suficiente colocar a confiança de alguém na amarração dos cavalos e no enterro das rodas da carruagem no chão.

[Esses dispositivos curiosos que impedem um exército de fugir recordam o herói ateniense Sófanes, que levou a âncora com ele na batalha de Plateias, por meio da qual se fixou firmemente em um ponto. (Ver Heródoto, IX. 74.) "Não é suficiente", diz Sun Tzu, "tornar a fuga impossível com tais meios mecânicos. Não se terá êxito, a menos que seus homens tenham tenacidade, propósito firme e, acima de tudo, espírito de cooperação." Essa é a lição que pode ser aprendida com a Shuai-jan.]

32. O princípio da administração de um exército é a criação de um padrão de coragem que todos devem alcançar.

[Literalmente, "nivelar a coragem (de todos) como (se fosse) a de um". Se o exército ideal é formar um único organismo, então, segue-se que a resolução e o espírito de seus componentes devem ser da mesma qualidade ou, pelo menos, não devem descer abaixo de um certo padrão. A descrição aparentemente ingrata de Wellington sobre seu exército em Waterloo como "o pior que ele já comandara" não significa nada além da sua deficiência nessa particularmente importante unidade de espírito e coragem. Se ele não tivesse previsto as deserções belgas e cuidadosamente mantido tropas em segundo plano, quase que certamente perderia o dia.]

33. Fazer o melhor de ambos, fortes e fracos, é uma questão que envolve o uso adequado do terreno.

[A paráfrase de Mei Yao-ch'en é a seguinte: "O caminho para eliminar as diferenças entre fortes e fracos e tornar ambos úteis é a utilização dos recursos acidentais do terreno". Tropas menos confiáveis, se colocadas em posição forte, se manteraõ tanto quanto as melhores tropas num terreno mais exposto. A vantagem da posição neutraliza o vigor e a coragem inferiores. O Coronel Henderson diz: "Com todo o respeito aos livros de texto e ao ensino tático usual, estou inclinado a pensar que o estudo do terreno é, muitas vezes, esquecido e que, de nenhuma maneira, importância suficiente é dada à seleção de posições... E às imensas vantagens que se derivam, se está defendendo ou atacando, a partir da utilização adequada dos recursos naturais".[2]]

34. Assim, o general habilidoso lidera seu exército como se liderasse um único homem, desejando ou não, pela mão.

[Tu Mu diz: "A analogia faz referência à facilidade com que ele o faz".]

35. É o trabalho de um general manter-se em silêncio e, assim, garantir o sigilo; ser correto e justo e, assim, manter a ordem.

36. Ele deve ser capaz de enganar seus oficiais e homens por meio de informações falsas e aparências

[Literalmente, "enganar seus olhos e ouvidos".]

e, assim, mantê-los em total ignorância.

[Ts'ao Kung nos dá um dos seus excelentes aforismos: "Não deve ser permitido às tropas partilhar os seus esquemas no começo; elas apenas devem alegrar-se com o seu desfecho feliz". "Para ludibriar, enganar e surpreender o inimigo", um dos primeiros princípios de guerra, tal como tem sido frequentemente apontado. Mas e sobre o outro processo, a mistificação dos próprios homens? Aqueles que podem achar que Sun Tzu é sobre-enfático, nesse pontos fariam bem em ler as observações do Coronel Henderson sobre a campanha do Vale de Stonewall Jackson: "A infinita dor", diz, "com que Jackson procurou esconder, mesmo dos seus oficiais de maior confiança, seus movimentos, suas intenções e seus pensamentos, um comandante menos completo teria considerado inútil" etc.[3] No ano 88 d.C., como lemos no cap. 47 de *Hou Han Shu*, "Pan Ch'ao saiu a campo com 25 mil homens de Khotan e outros estados da Ásia Central com o objetivo de esmagar Yarkand. O rei de Kutcha respondeu, enviando o seu comandante-em-chefe para socorrer o local com um exército extraído dos reinos de Wen-su, Ku-mo e Wei-t'ou, totalizando 50 mil homens. Pan Ch'ao convocou seus oficiais e também o rei de Khotan a um conselho de guerra, e disse: 'Nossas forças estão, agora, superadas e incapazes de fazer frente ao inimigo. O melhor plano, então, é nos separarmos e dispersamos, cada um em uma direção diferente. O rei de Khotan marchará pela rota do leste e, então, eu mesmo retornarei para o oeste. Vamos esperar até que o tambor noturno soe e, então, começaremos'. Pan Ch'ao, agora secretamente, libertou os prisioneiros que havia mantido vivos, e o rei de Kutcha foi assim informado de seus planos. Muito feliz com a notícia, partiu imediatamente liderando 10 mil cavaleiros para barrar a fuga de Pan Ch'ao no oeste, enquanto o rei de Wen-su cavalgou para o leste com 8 mil cavaleiros a fim de interceptar o rei da Khotan. Logo que Pan Ch'ao soube que os dois chefes tinham ido embora, juntou suas divisões, tendo-as bem sob controle e, ao amanhecer, atirou-as contra o exército de Yarkand, que estava acampado. Os bárbaros, em pânico, fugiram em confusão e foram perseguidos de perto por Pan Ch'ao. Mais de 5 mil cabeças foram trazidas como troféus, além de um imenso espólio em forma de cavalos e gado, e valores de todo o tipo. Com a capitulação de Yarkand, Kutcha e os outros reinos retiraram suas respectivas forças. Daquele momento em diante, o prestígio de Pan Ch'ao subjugou completamente os reinos do oeste". Nesse caso, vemos que o general chinês não somente manteve seus próprios oficiais na ignorância de seus planos reais, mas também, na verdade, tomou o passo mais importante dividindo seu exército para enganar o inimigo.]

37. Ao alterar seus arranjos e mudar seus planos,

[Wang Hsi acha que isso significa não usar o mesmo estratagema duas vezes.]

ele mantém o inimigo sem o conhecimento definitivo.

[Chang Yu, em citação de outra obra, diz: "O axioma de que a guerra é baseada no engano não se aplica apenas ao engano do inimigo. Você deve enganar até mesmo seus próprios soldados. Faça com que eles o sigam, mas sem deixar que saibam o por quê".]

Ao deslocar seu acampamento através de rotas tortuosas, ele impede que o inimigo antecipe seu propósito.

38. No momento crítico, o líder de um exército age como alguém que subiu até certa altura e depois chutou para longe a escada atrás dele. Ele leva seus homens profundamente em território hostil, antes de mostrar seu lado.

11

[Literalmente, "libera a primavera", ou seja, toma algumas medidas decisivas que tornam impossível para o exército voltar, como Hsiang Yu, que afundou seus barcos após atravessar um rio. Ch'en Hao, seguido por Chia Lin, compreendem as palavras como "desenvolver todo e qualquer artifício ao seu comando."]

39. Ele queima seus barcos e quebra suas panelas; como um pastor conduzindo um rebanho de ovelhas, ele leva seus homens

por este ou aquele caminho e eles nada sabem para onde ele está indo.

[Tu Mu diz: "O exército apenas é conhecedor das ordens para avançar ou recuar; é ignorante das decisões para atacar e conquistar".]

40. Reunir seu exército e levá-lo ao perigo: isso pode ser chamado de o trabalho do general.

[Sun Tzu quer dizer que, após a mobilização, não deve haver nenhum atraso em dirigir um ataque ao coração do inimigo. Observe como ele volta sempre a esse ponto. Entre os estados beligerantes da China antiga, a deserção era, sem dúvida, um receio muito mais presente, e um mal grave do que é nos exércitos de hoje.]

41. As diferentes medidas adequadas para as nove variedades de terreno;

[Chang Yu diz: "Não se deve ser limitado na interpretação das regras para as nove variedades de terreno".]

a conveniência das táticas agressivas ou defensivas; e as leis fundamentais da natureza humana: esses são assuntos que certamente devem ser estudados.

42. Ao invadir o território inimigo, o princípio geral é que penetrar profundamente traz coesão; penetrar superficialmente significa dispersão.

[Cf. supra, § 20.]

43. As deixar seu próprio país para trás e conduzir seu exército através do território adjacente, você se encontra em terreno crítico.

[Esse "terreno" é curiosamente mencionado no cap. 8 § 2, mas não figura entre "as nove situações" ou "as seis calamidades" do cap. 10. Nosso primeiro impulso seria traduzi-lo como "terreno distante", mas isso, se podemos confiar nos comentadores, é precisamente o que não significa aqui. Mei Yao-ch'en diz que é "uma posição não muito avançada para ser chamada de 'fácil' e não perto o suficiente de casa para ser 'dispersiva', mas algo entre as duas". Wang Hsi

DIZ: "É UM TERRENO SEPARADO DE CASA POR UM ESTADO INTERMEDIÁRIO, CUJO TERRITÓRIO NÓS TIVEMOS DE CRUZAR A FIM DE ALCANÇÁ-LO. ASSIM, CABE-NOS RESOLVER NOSSOS NEGÓCIOS LÁ RAPIDAMENTE". ELE ACRESCENTA QUE ESSA POSIÇÃO É DE OCORRÊNCIA RARA E É ESSA A RAZÃO DE NÃO ESTAR INCLUÍDA ENTRE "AS NOVE SITUAÇÕES".]

Quando existem meios de comunicação em todos os quatro lados, o terreno é de interseção de caminhos.

44. Quando se penetra profundamente numa região, é um terreno sério. Quando se penetra, mas pouco além, é terreno fácil.

45. Quando se tem as fortificações do inimigo em sua retaguarda e passagens estreitas adiante, é terreno confinado. Quando não há um local de refúgio de modo algum, é terreno perigoso.

46. Portanto, em terreno dispersivo, eu inspiraria meus homens com firmeza de propósito.

[ESSA CONCLUSÃO, DE ACORDO COM TU MU, É MELHOR ALCANÇADA PERMANECENDO NA DEFENSIVA E EVITANDO A BATALHA. CF. SUPRA, § 11.]

Em terreno fácil, eu perceberia uma estreita ligação entre todas as partes do meu exército.

[COMO TU MU DIZ, O OBJETIVO É PROTEGER-SE CONTRA DUAS CONTINGÊNCIAS POSSÍVEIS: "(1) A DESERÇÃO DE NOSSAS PRÓPRIAS TROPAS E (2) UM ATAQUE SÚBITO POR PARTE DO INIMIGO". CF. CAP. 7 § 17. MEI YAO-CH'EN DIZ: "EM MARCHA, OS REGIMENTOS DEVEM ESTAR EM CONTATO PRÓXIMO; EM UM ACAMPAMENTO, DEVE HAVER CONTINUIDADE ENTRE AS FORTIFICAÇÕES".]

47. Em terreno contencioso, eu apressaria minha retaguarda.

[ESSA É A INTERPRETAÇÃO DE TS'AO KUNG. CHANG YU ADOTA-A, DIZENDO: "DEVEMOS APRESSAR NOSSA RETAGUARDA, PARA QUE A CABEÇA E A CAUDA POSSAM ATINGIR A META". ISTO É, NÃO DEVE SER PERMITIDO QUE ELA FIQUE MUITO PARA TRÁS. MEI YAO-CH'EN OFERECE OUTRA EXPLICAÇÃO IGUALMENTE PLAUSÍVEL: "SUPONDO QUE O INIMIGO NÃO TENHA AINDA ALCANÇADO A POSIÇÃO DESEJADA E QUE ESTAMOS ATRÁS DELE, DEVEMOS AVANÇAR COM TODA A VELOCIDADE PARA DISPUTAR SUA POSIÇÃO". CH'EN HAO, POR OUTRO LADO, SUPONDO QUE O INIMIGO DISPÔS DE TEMPO PARA ESCOLHER SEU PRÓPRIO TERRENO, CITA NO CAP. 6 § 1, EM QUE SUN TZU NOS ADVERTE CONTRA CHEGAR

ESGOTADO PARA O ATAQUE. SUA PRÓPRIA IDEIA DA SITUAÇÃO É EXPRESSADA UM POUCO VAGAMENTE: "SE HOUVER UMA POSIÇÃO FAVORÁVEL SITUADA ADIANTE, DESTAQUE UM CORPO DE TROPAS ESCOLHIDAS PARA OCUPÁ-LA; ENTÃO, SE O INIMIGO, CONFIANDO EM SEUS NÚMEROS, APARECER PARA LUTAR POR ELA, PODE-SE CAIR RAPIDAMENTE EM SUA RETAGUARDA COM O SEU CORPO PRINCIPAL E A VITÓRIA ESTARÁ ASSEGURADA. E FOI ASSIM", ACRESCENTA, "QUE CHAO SHE DERROTOU O EXÉRCITO DE CH'IN".

48. Em terreno aberto, manteria um olho vigilante sobre minhas defesas. Em terreno de interseção de caminhos, consolidaria minhas alianças.

49. Em terreno sério, tentaria garantir um fluxo contínuo de suprimentos.

[OS COMENTADORES TOMAM ISSO COMO FORRAGEM E PILHAGEM, NÃO, COMO ALGUÉM PODERIA ESPERAR, UMA COMUNICAÇÃO CONTÍNUA COM A BASE.]

Em terreno difícil, continuaria ao longo do caminho.

50. Em terreno confinado, bloquearia qualquer forma de recuo.

[MENG SHIH DIZ: "PARA PARECER DEFENDER MINHA POSIÇÃO, ENQUANTO MINHA REAL INTENÇÃO É IRROMPER DE REPENTE POR MEIO DAS LINHAS INIMIGAS". MEI YAO-CH'EN DIZ: "PARA FAZER COM QUE MEUS SOLDADOS LUTEM COM DESESPERO". WANG HSI DIZ: "TEMENDO QUE MEUS HOMENS SEJAM TENTADOS A FUGIR". TU MU SALIENTA QUE ESSE É O INVERSO DO CAP. 7 § 36, EM QUE É O INIMIGO QUEM ESTÁ CERCADO. EM 532 D.C., KAO HUAN, DEPOIS IMPERADOR E CONSAGRADO COMO SHEN-WU, FOI CERCADO POR UM GRANDE EXÉRCITO SOB O COMANDO DE ERH-CHU CHAO E OUTROS. SUA PRÓPRIA FORÇA ERA RELATIVAMENTE PEQUENA, COMPOSTA APENAS DE 2 MIL CAVALOS E ALGO EM TORNO DE 30 MIL SOLDADOS. AS LINHAS DE BLOQUEIO NÃO ESTAVAM MUITO PRÓXIMAS E HAVIA LACUNAS EM DETERMINADOS PONTOS. MAS KAO HUAN, EM VEZ DE TENTAR ESCAPAR, NA VERDADE, FEZ UM MOVIMENTO PARA BLOQUEAR TODAS AS SAÍDAS RESTANTES, CONDUZINDO-LHES CERTO NÚMERO DE BOIS E BURROS AMARRADOS JUNTOS. ASSIM QUE SEUS OFICIAIS E HOMENS PERCEBERAM QUE NÃO HAVIA NADA A FAZER A NÃO SER VENCER OU MORRER, SEUS ESPÍRITOS ELEVARAM-SE A UM ESTADO EXTRAORDINÁRIO DE EXALTAÇÃO E ATACARAM COM TAL FEROCIDADE DESESPERADA QUE AS FILEIRAS OPOSTAS QUEBRARAM-SE E SE DESINTEGRARAM SOB SEU ATAQUE.]

No terreno perigoso, anunciaria aos meus soldados a desesperança de salvarem suas vidas.

[Tu Yu diz: "Queime suas bagagens e apetrechos, jogue fora suas provisões e suprimentos, obstrua os poços, destrua seus fogões e deixe claro para os seus homens que eles podem não sobreviver, mas que devem lutar até a morte". Mei Yao-ch'en diz: "A única chance de sobreviver repousa em perder toda a esperança". Isso conclui o que Sun Tzu tem a dizer sobre "terrenos" e as "variações" correspondentes a eles. Revendo as passagens que dizem respeito a este importante assunto, não podemos deixar de nos impressionar com a forma desconexa e desordenada com que ele é tratado. Sun Tzu começa abruptamente, no cap. 8 § 2, a enumerar as "variações" antes de dissertar sobre os "terrenos" propriamente ditos, mas menciona apenas cinco de tais variações, ou seja, as de números cinco, sete, oito e nove da lista subsequente, além de outra que não está incluída nela. Algumas variedades de terreno são tratadas no início do cap. 9 e, então, o cap. 10 apresenta seis novos terrenos, com seis variações de plano compatíveis. Nenhum deles é mencionado novamente, embora o primeiro dificilmente seja distinguido do terreno número quatro, no próximo capítulo. Por último, no cap. 11, chegamos aos "nove terrenos" por excelência, seguidos imediatamente pelas variações. Isso nos leva até o § 14. Nos § 43-45, novas definições são fornecidas para os números cinco, seis, dois, oito e nove (na ordem dada), bem como para o décimo terreno observado no cap. 8; e, finalmente, "as nove variações" são enumeradas uma vez mais, do começo ao fim, todas, com exceção das variações cinco, seis e sete, sendo diferentes das anteriormente dadas. Embora seja impossível dar conta do estado atual do texto de Sun Tzu, há alguns fatos sugestivos talvez postos em destaque: (1) cap. 8, de acordo com o título, deve lidar com "nove variações", enquanto apenas cinco aparecem; (2) é um capítulo anormalmente curto; (3) cap. 11 é intitulado "Os nove terrenos" e vários deles são definidos por duas vezes, além disso, existem duas listas distintas de variações correspondentes; (4) A duração do capítulo é desproporcional, sendo o dobro de qualquer outro, exceto do cap. 9. Não pretendo tirar nenhuma inferência a partir desses fatos, além da conclusão geral de que o trabalho de Sun Tzu não deve ter chegado até nós na forma em que ele deixou suas mãos: o cap. 8 é, obviamente, defeituoso e, provavelmente, fora do lugar, enquanto o cap. 11 parece conter assuntos que foram adicionados por alguém posteriormente, ou que deveriam aparecer em algum outro lugar.]

51. Pois é a disposição do soldado em oferecer resistência obstinada quando cercado, de lutar duramente quando não pode ajudar a si próprio e de obedecer prontamente quando cai em perigo.

[Chang Yu alude à conduta dos seguidores devotados de Pan Ch'ao em 73 d.C. A história ocorre assim no *Hou Han Shu*, cap. 47: "Quando Pan Ch'ao chegou a Shan-shan, Kuang, o rei do país, no início, recebeu-o com grande polidez e respeito; mas, pouco depois, seu comportamento sofreu súbita mudança e ele tornou-se omisso e negligente. Pan Ch'ao comentou sobre isso com os oficiais de sua comitiva: 'Vocês notaram', disse ele, 'que as intenções educadas de Kuang estão em declínio? Isso deve significar que vieram emissários dos bárbaros do norte e que, consequentemente, ele está num estado de indecisão, não sabendo de que lado deve jogar sua sorte. Essa, certamente, é a razão. O verdadeiro homem sábio, dizem, pode perceber as coisas antes que elas aconteçam, quanto mais, então, aquelas que já se manifestaram!' Então, ele chamou um dos nativos designados ao seu serviço e preparou-lhe uma armadilha dizendo: 'Onde estão os enviados de Hsiung-nu que chegaram alguns dias atrás?' O homem foi pego tão desprevenido que, entre surpresa e medo, deixou escapar toda a verdade. Pan Ch'ao, mantendo cuidadosamente seu informante a sete chaves, convocou, então, uma reunião geral com seus oficiais, trinta e seis ao todo, e começou a beber com eles. Quando o vinho tinha subido um pouco às suas cabeças, ele tentou incitar seus espíritos ainda mais, dirigindo-lhes da seguinte forma: 'Senhores, aqui estamos no coração de uma região isolada, ansiosos por alcançar riquezas e honra por alguma grande façanha. Agora, acontece que um embaixador de Hsiung-nu chegou a este reino apenas há alguns dias e o resultado

É QUE A RESPEITOSA CORTESIA ESTENDIDA A NÓS POR NOSSO ANFITRIÃO REAL DESAPARECEU. CASO ESTE ENVIADO PREVALEÇA SOBRE ELE PARA ATACAR NOSSO DESTACAMENTO E NOS ENTREGAR PARA O HSIUNG-NU, NOSSOS OSSOS SE TORNARÃO ALIMENTO PARA OS LOBOS DO DESERTO. O QUE DEVEMOS FAZER?' UNANIMEMENTE, OS OFICIAIS RESPONDERAM: 'DE PÉ COMO FAZEMOS QUANDO NOSSAS VIDAS ESTÃO EM PERIGO, SEGUIREMOS NOSSO COMANDANTE ATRAVÉS DA VIDA E DA MORTE'". PARA A CONTINUAÇÃO DESSA AVENTURA, VER CAP. 12 § 1, NOTA.]

52. Não podemos firmar alianças com os príncipes vizinhos até nos familiarizarmos com seus planos. Não estamos aptos a liderar um exército em marcha, a menos que estejamos familiarizados com a aparência do território, suas montanhas e florestas, suas armadilhas e precipícios, seus pântanos e brejos. Seremos incapazes de conseguir vantagem natural a não ser que façamos uso de guias locais.

[ESSAS TRÊS FRASES SÃO REPETIDAS A PARTIR DO CAP. 7 § 12-14, COM A FINALIDADE DE ENFATIZAR SUA IMPORTÂNCIA, OS COMENTADORES PARECEM PENSAR. EU PREFIRO CONSIDERÁ-LAS INTERPOLADAS AQUI COM O OBJETIVO DE FORMAR UM ANTECEDENTE PARA AS PALAVRAS SEGUINTES. COM RESPEITO A GUIAS LOCAIS, SUN TZU PODERIA TER ACRESCENTADO QUE HÁ SEMPRE O RISCO DE ALGO DAR ERRADO, SEJA POR MEIO DE SUA TRAIÇÃO OU POR ALGUM MAL-ENTENDIDO, COMO TITO LÍVIO REGISTRA (XXII 13): "ANÍBAL, DIZEM, ORDENOU UM GUIA PARA CONDUZI-LO À VIZINHANÇA DE CASINUM, ONDE HAVIA UMA PASSAGEM IMPORTANTE PARA SER OCUPADA; MAS SEU SOTAQUE CARTAGINÊS, INADEQUADO PARA A PRONÚNCIA DE NOMES LATINOS, FEZ COM QUE O GUIA COMPREENDESSE CASILINUM EM VEZ DE CASINUM E, DESVIANDO-SE DE SUA PRÓPRIA ROTA, CONDUZIU O EXÉRCITO NESSA DIREÇÃO, SEM QUE O ERRO FOSSE DESCOBERTO ATÉ QUASE CHEGAREM.]

53. Ignorar qualquer um dos seguintes quatro ou cinco princípios não convém a um príncipe guerreiro.

54. Quando um príncipe guerreiro ataca um estado poderoso, seu generalato mostra-se para impedir a concentração das forças

inimigas. Ele intimida seus adversários e seus aliados são impedidos de juntarem-se contra ele.

[Mei Tao-ch'en constrói uma das cadeias de raciocínio que são tão afetadas pelo chinês: "Ao atacar um estado poderoso, se puder dividir suas forças, terá superioridade numérica; se tem superioridade numérica, intimidará o inimigo; se intimidar o inimigo, os estados vizinhos ficarão assustados; e, se os estados vizinhos estão assustados, os aliados do inimigo evitarão juntar-se a ele". O que se segue apresenta uma explicação mais forte: "Se o estado maior é uma vez derrotado (antes de ter tido tempo para convocar seus aliados), então, os estados menores se manterão distantes e não juntarão suas forças". Ch'en Hao e Chang Yu interpretam a frase de modo completamente diferente. O primeiro diz: "Por mais poderoso que um príncipe seja, se ele ataca um grande estado, será incapaz de levantar tropas suficientes, e deve contar, em certa medida, com ajuda externa; se dispensa isso e, com confiança arrogante em sua própria força, simplesmente tenta intimidar o inimigo, ele certamente será derrotado". Chang Yu coloca seu ponto de vista assim: "Se atacarmos um grande estado de modo imprudente, nosso próprio povo ficará descontente e hesitará. Mas, se (como será, então, o caso) a nossa força é inferior à metade da exibição da força militar do inimigo, os outros chefes terão medo e se recusarão a juntar-se a nós".]

55. Portanto, ele não aspira aliar-se a todos nem promove o poder de outros estados. Ele realiza seus próprios desígnios secretos, mantendo seus antagonistas em reverência.

[A linha de pensamento, como disse Li Ch'uan, parece ser esta: seguro contra uma combinação de seus inimigos, "ele pode rejeitar envolver-se em alianças e simplesmente prosseguir com seus próprios desígnios secretos, seu prestígio permite-lhe dispensar amizades externas".]

Assim, ele é capaz de capturar suas cidades e derrubar seus reinos.

[Este parágrafo, apesar de escrito muitos anos antes de o Estado Ch'in tornar-se uma grave ameaça, não é um mau resumo da política pela qual os famosos Seis Chanceleres gradualmente abriram caminho para

SEU TRIUNFO FINAL SOBRE SHIH HUANG TI. CHANG YU, COMPLEMENTANDO SUA NOTA ANTERIOR, ACHA QUE SUN TZU ESTÁ CONDENANDO ESSA ATITUDE DE EGOÍSMO, SANGUE FRIO E ISOLAMENTO ARROGANTE.]

56. Conceda recompensas sem considerar a regra,

[WU TZU (CAP. III) MENOS SABIAMENTE DIZ: "QUE O AVANÇO SEJA RICAMENTE RECOMPENSADO, E A FUGA, DURAMENTE PUNIDA".]

emita ordens

[LITERALMENTE, "TRAVAR" OU "FIXAR".]

sem observar as disposições anteriores

["A FIM DE EVITAR A TRAIÇÃO", DIZ WANG HSI. O SIGNIFICADO GERAL É ESCLARECIDO PELA CITAÇÃO DE TS'AO KUNG DO *SSU-MA FA*: "DÊ INSTRUÇÕES APENAS AO AVISTAR O INIMIGO, DÊ RECOMPENSAS QUANDO VIR FEITOS MERECEDORES". PARÁFRASE DE TS'AO KUNG: "AS INSTRUÇÕES FINAIS DADAS AO SEU EXÉRCITO NÃO DEVEM CORRESPONDER ÀS QUE FORAM FIXADAS ANTERIORMENTE". CHANG YU SIMPLIFICA O PRESENTE: "SEUS PLANOS NÃO DEVEM SER DIVULGADOS COM ANTECEDÊNCIA". E CHIA LIN DIZ: "NÃO DEVE HAVER FLEXIBILIDADE EM SUAS REGRAS E DISPOSIÇÕES". NÃO APENAS EXISTE PERIGO EM PERMITIR QUE SEUS PLANOS SEJAM CONHECIDOS, MAS A GUERRA, MUITAS VEZES, EXIGE SUA INVERSÃO TOTAL NO ÚLTIMO MOMENTO.]

e será capaz de lidar com um exército inteiro, como se tivesse de fazê-lo com um único homem.

[CF. SUPRA, § 34.]

11

57. Confronte seus soldados com a ação em si; nunca deixe que saibam o seu plano.

[LITERALMENTE, "NÃO LHES DIGA PALAVRAS", OU SEJA, NÃO INFORME SUAS RAZÕES PARA QUALQUER ORDEM. LORDE MANSFIELD DISSE CERTA VEZ A UM COLEGA ESTUDANTE, "NÃO DÊ RAZÕES" PARA AS SUAS DECISÕES, E A MÁXIMA É AINDA MAIS APLICÁVEL A UM GENERAL DO QUE A UM JUIZ.]

Quando a perspectiva for brilhante, traga-a diante de seus olhos; mas não lhes diga nada quando a situação for sombria.

58. Coloque seu exército sob perigo mortal e ele sobreviverá; mergulhe-o em situação desesperada e ele sairá em segurança.

[Essas palavras de Sun Tzu foram citadas uma vez por Han Hsin na explicação das táticas que ele empregou em uma de suas batalhas mais brilhantes. Em 204 a.C., ele foi enviado contra o exército de Chao e parou a dez milhas da entrada da passagem Ching-hsing, onde o inimigo se reunira com força total. Então, à meia-noite, destacou um corpo de 2 mil homens de cavalaria ligeira, cada um deles carregando uma bandeira vermelha. Suas instruções eram para fazer o seu caminho através de desfiladeiros estreitos e manter uma vigilância secreta sobre o inimigo. "Quando os homens de Chao me virem em plena fuga", disse Han Hsin, "eles abandonarão suas fortificações e me perseguirão. Esse deve ser o sinal para se anteciparem, arranquem os estandartes de Chao e coloquem as bandeiras vermelhas da Han em seu lugar". Voltando-se, então, aos seus outros oficiais, ele comentou: "Nosso adversário mantém uma posição forte e não é provável que saia e nos ataque até que veja o estandarte e os tambores do comandante-em-chefe, por receio de que eu dê meia-volta e escape pelas montanhas". Assim dizendo, em primeiro lugar, enviou uma divisão composta de 10 mil homens e lhes ordenou que se formassem em linha de batalha com as costas para o rio Ti. Vendo tal manobra, todo o exército de Chao explodiu em gargalhadas. A essa altura já amanhecera, e Han Hsin, exibindo a bandeira do generalíssimo, marchou para fora da passagem com tambores pulsando e foi imediatamente engajado pelo inimigo. Uma grande batalha seguiu-se por um tempo; enfim, Han Hsin e seu colega Chang Ni, deixando bandeiras e tambores no campo de batalha, escaparam para a divisão na margem do rio, onde outra batalha feroz acontecia. O inimigo saiu para persegui-los e garantir o prêmio, expondo, dessa forma, suas defesas; mas os dois generais conseguiram juntar o outro exército, que estava lutando com o maior desespero. Chegou a hora dos 2 mil cavaleiros desempenharem o seu papel. Logo que viram os homens de Chao perseguirem sua vantagem, galoparam por trás das muralhas desertas, rasgaram as bandeiras do inimigo e as substituiram pelas de Han. Quando o exército de Chao, em perseguição, olhou para trás,

A visão dessas bandeiras vermelhas feriu-o com terror. Convencido de que os homens de Han tinham entrado e derrotado seu rei, o exército se separou em desordem selvagem. Todos os esforços de seu líder para deter o pânico foram em vão. Em seguida, o exército de Han caiu sobre ambos os lados dos homens de Chao e completou o plano, matando muitos e capturando o resto, entre os quais estava o próprio rei Ya... Depois da batalha, alguns dos oficiais de Han Hsin vieram até ele e disseram: "Na *Arte da Guerra* é dito que se deve ter um monte ou um túmulo à sua retaguarda direita e um rio ou pântano à sua vanguarda esquerda. (Essa parece ser uma combinação de Sun Tzu e T'ai Kung. Veja cap. 9 § 9, e nota.) Você, pelo contrário, mandou-nos organizar nossas tropas com o rio à retaguarda. Sob essas condições, como conseguiu conquistar a vitória?" O general respondeu: "Temo que os senhores não tenham estudado "*A arte da guerra*" com cuidado suficiente. Não se acha escrito lá: 'mergulhe seu exército em situação desesperadora e ele sairá em segurança; coloque-o em perigo mortal e ele sobreviverá?' Tivesse eu tomado o curso usual, nunca teria sido capaz de trazer meu colega de volta. O que diz o clássico militar, 'precipite-se sobre o mercado e os homens estarão fora de combate'. (Esta passagem não ocorre no presente texto de Sun Tzu.) Se eu não tivesse colocado meus soldados em posição na qual eles fossem obrigados a lutar por suas vidas, mas permitisse que cada homem seguisse sua própria vontade, uma debandada geral teria ocorrido e seria impossível fazer qualquer coisa com eles". Os oficiais admitiram a força de sua tese e disseram: "Essas são táticas maiores do que seríamos capazes". (Ver *Ch'ien Han Shu*, cap. 34, ff. 4,5.)]

59. Pois é justamente quando uma força está em perigo que se é capaz de alcançar a vitória.

[O perigo tem efeito estimulante.]

60. O sucesso na guerra é conquistado ao adaptarmo-nos cuidadosamente aos propósitos do inimigo.

[Ts'ao Kung diz: "finja estupidez" aparentando submissão e descubra os desejos do inimigo. A nota de Chang Yu torna o significado mais claro: "Se o inimigo se mostra inclinado a avançar, seduza-o para que o faça; se ele está ansioso para recuar, atrase intencionalmente para realizar seu intento". O objetivo é torná-lo negligente e desdenhoso, antes de lançarmos nosso ataque.]

61. Por persistir sobre o flanco inimigo,

[Eu entendo que as três primeiras palavras significam "acompanhar o inimigo em uma direção". Ts'ao Kung diz: "Una os soldados e ataque o inimigo". Mas um deslocamento tão violento de personagens é praticamente indefensável.]

seremos bem-sucedidos a longo prazo

[Literalmente, "depois de mil LI".]

em matar o comandante-em-chefe.

[É sempre um ponto importante para os chineses.]

62. Essa é a habilidade de realizar uma façanha por pura esperteza.

63. No dia em que assumir seu comando, bloqueie as passagens fronteiriças, destrua os passes oficiais

[Tratam-se de tabletes de bambu ou madeira, nos quais em uma de suas metades foi emitida uma autorização ou um passaporte pelo oficial responsável por um portão. Cf. o "guarda da fronteira" de *Lun Yu* III. 24, que provavelmente teve obrigações semelhantes. Quando essa metade lhe era devolvida, dentro de um determinado período de tempo, ele era autorizado a abrir o portão e deixar o viajante passar.]

e impeça a passagem de todos os emissários.

[Ao reino inimigo e vice-versa.]

64. Seja inflexível na Câmara do Conselho,

[Não mostre fraqueza e insista para que seus planos sejam ratificados pelo soberano.]

para conseguir controlar a situação.

[MEI YAO-CH'EN ENTENDE QUE A SENTENÇA SIGNIFICA: "TOME AS MAIS RIGOROSAS PRECAUÇÕES PARA GARANTIR SIGILO EM SUAS DELIBERAÇÕES."]

65. Se o inimigo deixa uma porta aberta, deve-se antecipar-se.

66. Antecipe-se ao seu oponente atacando o que ele mais preza

[CF. SUPRA, § 18.]

e sutilmente determine o tempo de sua chegada ao campo de batalha.

[A EXPLICAÇÃO DE CH'EN HAO É A SEGUINTE: "SE EU CONSIGO DOMINAR UMA POSIÇÃO FAVORÁVEL, MAS O INIMIGO NÃO APARECE EM CENA, A VANTAGEM ASSIM OBTIDA PODE NÃO TER QUALQUER UTILIDADE PRÁTICA. AQUELE QUE PRETENDE, POR CONSEGUINTE, OCUPAR UMA POSIÇÃO QUE SERIA IMPORTANTE PARA O INIMIGO, DEVE COMEÇAR MARCANDO UM ENCONTRO ARDILOSO, DE MODO A FALAR COM SEU ANTAGONISTA E PERSUADIR-LO A COMPARECER TAMBÉM". MEI YAO-CH'EN EXPLICA QUE ESSE "ENCONTRO ARDILOSO" DEVE SER FEITO POR INTERMÉDIO DOS PRÓPRIOS ESPIÕES DO INIMIGO, QUE LEVARÃO DE VOLTA APENAS A QUANTIDADE DE INFORMAÇÕES QUE ESCOLHEMOS LHES FORNECER. TENDO, POIS, HABILMENTE DIVULGADO NOSSAS INTENÇÕES, "DEVEMOS PARTIR DEPOIS DO INIMIGO, MAS CHEGAR ANTES DELE" (CAP. 7 § 4). DEVEMOS PARTIR DEPOIS DELE, A FIM DE GARANTIR A SUA MARCHA PARA LÁ; TEMOS DE CHEGAR ANTES DELE A FIM DE CAPTURAR O LOCAL SEM PROBLEMAS. TOMADA ASSIM, A PRESENTE PASSAGEM DÁ ALGUM APOIO À INTERPRETAÇÃO DE MEI YAO-CH'EN, NO § 47.]

67. Siga o caminho definido pela regra

[CHIA LIN DIZ: "A VITÓRIA É A ÚNICA COISA QUE IMPORTA E ISSO NÃO PODE SER ALCANÇADO ADERINDO AOS CÂNONES TRADICIONAIS". É LAMENTÁVEL QUE ESSA VARIANTE REPOUSE SOBRE UMA AUTORIDADE TÃO FRÁGIL; NESSE SENTIDO, RENDER-SE É, CERTAMENTE, MUITO MAIS SATISFATÓRIO. NAPOLEÃO BONAPARTE, COMO SABEMOS, DE ACORDO COM OS VETERANOS DA VELHA ESCOLA, OS QUAIS DERROTOU, VENCEU SUAS BATALHAS VIOLANDO TODOS OS CÂNONES ACEITOS DA GUERRA.]

e adapte-se ao inimigo até que possa lutar uma batalha decisiva.

[Tu Mu diz: "Adapte-se às tática do inimigo até que uma oportunidade favorável apareça; então, avance e envolva-se em uma batalha que será decisiva".]

68. No início, mostre o pudor de uma donzela, até que o inimigo lhe dê uma abertura; depois, imite a rapidez de uma lebre correndo e será tarde demais para que o inimigo se lhe oponha.

[Como a lebre é conhecida pela sua timidez extrema, a comparação parece mal colocada. Mas é claro que Sun Tzu estava pensando apenas em sua velocidade. As palavras foram entendidas como: deve-se fugir do inimigo tão rapidamente como uma lebre em fuga; mas isso é justificadamente rejeitado por Tu Mu.]

NOTAS:

1. Dicionário Biográfico Giles, nº. 399;
2. "A Ciência da Guerra", p. 333;
3. "Stonewall Jackson", vol. I, p. 421.

Comentários

No engajamento em conflito, a necessidade tática e estratégica do conhecimento físico e do pleno domínio das características geográficas dos locais (campos) de batalha, assim como a premência do conhecimento dos aspectos emocionais e espirituais das tropas envolvidas e das formas de tratar, encorajar e conduzi-las com pragmatismo e motivação. Liderança e comando, de modo incontestável, na busca da vitória. O líder responsável pela condução e manutenção da tropa define a estratégia e as táticas do conflito, cobra efetivamente os sacrifícios exigidos, transmitindo mensagens claras e suficientes, e na medida exata, premiando os merecedores.

Minha formação é multicultural e generalista. Meus conhecimentos técnicos foram adquiridos na área acadêmica ou por necessidades do cargo. Hoje, tenho a privilégio de escolher com quem quero trabalhar, todavia, ao avaliar os fatos pelos quais passei, constato que fui um bom colega de trabalho e um líder consistente e confiável. Não fui contraditório em minhas atitudes nem em minhas ações.

Há momentos em que somos atraídos por soluções irresponsáveis, que frequentemente são as mais fáceis. Ou, então, a tomarmos decisões que previsivelmente se tornarão prejudiciais aos funcionários e seus familiares, porém são necessárias. Claro que há momentos em que decisões precisam ser tomadas, comunicadas e implementadas, custe o que custar; no entanto, mediante prévia reflexão e desde que tenham existido oportunidades anteriores para ajustes.

Você precisa conhecer a sua atividade, conhecer o setor no qual quer se engajar. São as tais 10.000 horas de voo de experiência, fundamentais antes de assumirmos sozinhos o comando. Você é suficientemente sólido, tem pleno domínio da situação, ou é conduzido pelos ventos que mudam de sentido a qualquer hora?

Hoje dispomos de excesso de informações, falsas ou verdadeiras. Mesmo que somente recorra às verdadeiras, você terá de filtrá-las e construir a sua própria visão e, então, tomar sua decisão. Disputando contra tantos fatores dispersivos, deverá ser cada vez mais focado e dedicado para tornar-se o senhor da situação, e não ser conduzido por ela.

(W. C. H.)

12. Ataque pelo fogo

[Um pouco mais da metade do capítulo (§ 1-13) é dedicado ao tema do fogo, após o qual o autor aborda outros assuntos.]

1. **Sun Tzu disse: "Há cinco modos de atacar com fogo. O primeiro é queimar os soldados em seu acampamento;**

[Diz Tu Mu. Li Ch'uan diz: "Ateie fogo no acampamento e mate os soldados" (quando tentarem escapar das chamas). Pan Ch'ao, enviado em missão diplomática ao rei de Shan-shan (ver cap. 11 § 51, nota), viu-se colocado em extremo perigo com a chegada inesperada de um representante de Hsiung-nu (o inimigo mortal dos chineses). Em conferência com os seus oficiais, ele exclamou: "Nunca arriscar, nunca vencer![1] A única alternativa que nos resta, agora, é atacar os bárbaros com fogo na calada da noite, quando não serão capazes de discernir nossos números. Aproveitando-se de seu pânico, vamos exterminá-los completamente; isso esfriará a coragem do rei e nos cobrirá de glória, além de garantir o sucesso da nossa missão". Todos os oficiais responderam que seria necessário discutir o assunto primeiro com o intendente. Pan Ch'ao, em seguida, incorreu em paixão: "É hoje", gritou, "que nossa sorte deve ser decidida! O intendente é apenas um civil insípido e, quando ouvir nossos planos, certamente ficará apavorado e tudo será trazido à luz. Uma morte inglória não é um destino digno para valentes guerreiros". Todos, então, concordaram em fazer como ele desejava. Assim, tão logo a noite chegou, ele e seu pequeno grupo rapidamente fizeram seu caminho ao acampamento dos bárbaros. Uma forte ventania soprava naquele momento. Pan Ch'ao ordenou que dez do seu grupo tomassem tambores e se escondessem atrás dos quartéis do inimigo, sendo arranjado que quando vissem chamas atiradas para cima, eles deveriam tocar os tambores e gritar com todas as suas forças. O resto dos seus homens, armados com arcos e flechas, ele colocou em emboscada na entrada do acampamento. Em seguida, ele ateou fogo no local a barlavento e, portanto, um ruído ensurdecedor de tambores e gritos elevou-se na vanguarda e na retaguarda dos Hsiung-nu, que correram desordenadamente em frenética desordem. Pan Ch'ao matou três deles com suas próprias mãos, enquanto seus companheiros cortaram a cabeça do enviado e de trinta de seu séquito. O restante, mais de cem no total, morreu nas chamas. No dia seguinte, Pan Ch'ao, adivinhando seus pensamentos, disse com a mão erguida: "Apesar de não ter ido conosco na noite passada, eu não deveria pensar, Senhor, em tomar crédito exclusivo pela nossa façanha". Isso satisfez Kuo Hsun, e Pan Ch'ao, enviado a Kuang, rei de Shan--shan, mostrou-lhe a cabeça do enviado bárbaro. Todo o reino foi tomado de medo e temor, os quais Pan Ch'ao tomou medidas para atenuar emitindo uma proclamação pública. Então, tendo os filhos do rei como reféns, ele retornou para fazer seu relatório a Tou Ku. (*Hou Han Shu*, cap. 47, ff. 1, 2.)]

o segundo é queimar provisões;

12

[Tu Mu diz: "Provisões, combustível e forragem". A fim de subjugar a população rebelde de Kiangnan, Kao Keng recomendou a Wen Ti, da Dinastia Sui, fazer incursões periódicas e queimar suas reservas de cereais, uma política que, a longo prazo, revelou-se bem-sucedida.]

o terceiro é queimar caravanas de bagagem;

[Um exemplo dado foi a destruição das carroças e bagagens de Yuan Shao por Ts'ao Ts'ao, em 200 d.C.]

o quarto é queimar arsenais e armazéns;

[Tu Mu diz que os objetos contidos em "arsenais" e "armazéns" são os mesmos. Ele especifica armas e outros implementos, metais preciosos e roupas. Cf. cap. 7 § 11.]

o quinto é lançar fogo sobre o inimigo.

[Tu Yu diz no *T'ung Tien*: "Deixar cair fogo sobre o acampamento do inimigo. O método pelo qual isso pode ser feito é incendiar as pontas de flechas mergulhando-as em um braseiro e, em seguida, atirando--as com bestas poderosas sobre as linhas do inimigo".]

2. Com o objetivo de realizar um ataque, devemos ter os meios disponíveis.

[T'sao Kung acredita que se referem a "traidores no campo do inimigo". Mas Ch'em Hao, provavelmente, tenha razão em dizer: "Precisamos ter condições favoráveis em geral, não apenas meros traidores para nos ajudar". Chia Lin diz: "Devemos aproveitar o vento e o tempo seco".]

o material para aumentar o fogo deve estar sempre de prontidão.

[Tu Mu sugere como material para fazer fogo: "matéria vegetal seca, juncos, gravetos, palha, graxa, óleo etc." Aqui, nós temos a causa material. Chang Yu diz: "Recipientes para manter o fogo, materiais para acender fogo".]

3. Há uma época certa para fazer ataques com fogo e dias especiais para iniciar um incêndio.

4. A época certa é quando o tempo está muito seco, os dias especiais são aqueles quando a lua está nas constelações da Peneira, da Muralha, da Asa ou da Barreira;

[Elas são, respectivamente, a sétima, 14ª, 27ª e 28ª das 28 mansões estelares, que correspondem, aproximadamente, a Sagitário, Pégasus, Crater (a Taça) e Corvus.]

todos esses quatro são dias de vento ascendente.

5. No ataque com fogo, devemos estar preparados para enfrentar cinco possíveis evoluções:

6. (1) Quando o fogo irromper dentro do campo inimigo, responda imediatamente com um ataque de fora.

7. (2) Se existir um foco de incêndio, mas os soldados do inimigo permanecerem quietos, aguarde o momento propício sem atacar.

[O OBJETIVO PRINCIPAL DE ATACAR COM FOGO É JOGAR O INIMIGO EM CONFUSÃO. SE ESSE EFEITO NÃO É PRODUZIDO, ISSO SIGNIFICA QUE O INIMIGO ESTÁ PRONTO PARA NOS RECEBER. ENTÃO, A NECESSIDADE DE CAUTELA.]

8. (3) Quando a força das chamas atinge seu auge, ataque se for possível; senão, fique onde está.

[TS'AO KUNG DIZ: "SE VIR UM CAMINHO POSSÍVEL, AVANCE; MAS SE ACHAR QUE AS DIFICULDADES SÃO MUITAS, RECUE".]

9. (4) Se for possível atacar com fogo pelo lado de fora, não espere que ele se espalhe dentro, libere seu ataque em momento propício.

[TU MU DIZ QUE O PARÁGRAFO ANTERIOR SE REFERE AO FOGO QUE SE ESPALHA (ACIDENTALMENTE, PODE-SE SUPOR, OU PELA AÇÃO DE INCENDIÁRIOS) DENTRO DO CAMPO INIMIGO. "MAS", CONTINUA ELE, "SE O INIMIGO ESTÁ ESTABELECIDO EM UM LUGAR DESERTO REPLETO DE CAPIM, OU SE ELE ARMOU SEU ACAMPAMENTO EM POSIÇÃO POSSÍVEL DE SER INCENDIADA, DEVEMOS LANÇAR NOSSO FOGO CONTRA ELE EM QUALQUER OPORTUNIDADE PROPÍCIA, E NÃO ESPERAR QUE UMA DEFLAGRAÇÃO OCORRA DENTRO, POR RECEIO DE QUE OS NOSSOS ADVERSÁRIOS QUEIMEM A VEGETAÇÃO CIRCUNDANTE, TORNANDO, ASSIM, NOSSAS PRÓPRIAS TENTATIVAS INFRUTÍFERAS". O FAMOSO LI LING, UMA VEZ, FRUSTROU O LÍDER DOS HSIUNG-NU DESSA MANEIRA. O ÚLTIMO, APROVEITANDO UM VENTO FAVORÁVEL, TENTOU ATEAR FOGO AO ACAMPAMENTO DO GENERAL CHINÊS, MAS DESCOBRIU QUE CADA PEDAÇO DE VEGETAÇÃO COMBUSTÍVEL DA VIZINHANÇA JÁ SE INCENDIARA. POR OUTRO LADO, PO-TS'AI, UM GENERAL DOS REBELDES TURBANTE AMARELO, FOI DURAMENTE DERROTADO EM 184 D.C. POR SUA NEGLIGÊNCIA QUANTO A ESSA SIMPLES PRECAUÇÃO. "NO COMANDO DE UM GRANDE EXÉRCITO, ELE ESTAVA SITIANDO CH'ANG-SHE, QUE ERA MANTIDA POR HUANG-FU SUNG. A GUARNIÇÃO ERA MUITO PEQUENA E UM SENTIMENTO GERAL DE NERVOSISMO PERMEAVA AS FILEIRAS; ASSIM, HUANG-FU SUNG CHAMOU SEUS OFICIAIS E DISSE: 'NA GUERRA, EXISTEM

COMANDOS, E A CATÁSTROFE SEGUIRÁ". POR VÁRIAS RAZÕES, ENTRETANTO, E APESAR DO FORMIDÁVEL CONJUNTO DE ESTUDIOSOS PENSAREM O OPOSTO, EU PREFIRO A INTERPRETAÇÃO ÚNICA SUGERIDA POR MEI YAO-CH'EN, CUJAS PALAVRAS CITAREI A SEGUIR: "AQUELE QUE QUER TER A CERTEZA DE SUCESSO EM SUAS BATALHAS E ASSALTOS DEVE APROVEITAR OS MOMENTOS FAVORÁVEIS QUANDO ELES APARECEM, E NÃO RECUAR EM OCASIÕES EXTREMAS, ISTO É, DEVE RECORRER A MEIOS DE ATAQUE PELO FOGO, PELA ÁGUA E SIMILARES. O QUE ELE NÃO DEVE FAZER, E QUE VAI SE PROVAR FATAL, É SENTAR-SE QUIETO E SIMPLESMENTE MANTER AS VANTAGENS QUE POSSUI".]

16. Assim diz o ditado: "O governante esclarecido define seus planos antecipadamente; o bom general cultiva seus recursos."

[TU MU CITA O SEGUINTE TRECHO DO *SAN LUEH*, CAP. 2: "O PRÍNCIPE GUERREIRO CONTROLA SEUS SOLDADOS PELA AUTORIDADE, OS MANTÉM UNIDOS PELA FÉ E POR RECOMPENSAS OS TORNA UTILIZÁVEIS. SE A FÉ DECAI, HAVERÁ DESORDEM; SE AS RECOMPENSAS SÃO DEFICIENTES, AS ORDENS NÃO SERÃO RESPEITADAS".]

17. Não se mova, a menos que veja uma vantagem; não use suas tropas, a menos que haja algo a ser ganho; não lute, a menos que a situação seja crítica.

[SUN TZU PODE, ÀS VEZES, PARECER POR DEMAIS CAUTELOSO, MAS ELE NUNCA VAI TÃO LONGE NESSE SENTIDO COMO NA PASSAGEM MARCANTE DO *TAO TE CHING*, CAP. 69: "ATREVO-ME A NÃO TOMAR A INICIATIVA, MAS PREFIRO AGIR NA DEFENSIVA; NÃO ME ATREVO A AVANÇAR UMA POLEGADA, MAS PREFIRO RECUAR UM PÉ".]

18. Nenhum governante deve colocar as tropas no campo de batalha apenas para satisfazer seu próprio rancor; nenhum general deve travar uma batalha apenas por ressentimento.

19. Se for sua a vantagem, faça um movimento adiante; senão, fique onde está.

[ISSO É REPETIDO DO CAP. 11 § 17. AQUI, EU ME SINTO CONVENCIDO DE QUE É UMA INTERPOLAÇÃO, POIS É EVIDENTE QUE O § 20 DEVE SEGUIR IMEDIATAMENTE APÓS § 18.]

20. A raiva pode tornar-se alegria com o passar do tempo; a irritação pode ser substituída pela satisfação.

21. Mas um reino destruído jamais poderá existir novamente

[O ESTADO DE WU ESTAVA DESTINADO A SER UM TRISTE EXEMPLO DISSO.]

nem os mortos, jamais trazidos de volta à vida.

22. Assim, o governante iluminado é diligente e o bom general, cheio de cautela. Essa é a maneira de manter um país em paz e um exército intacto.

NOTAS:

1. "A menos que se entre no covil do tigre, não se pode apossar dos filhotes do tigre".

Comentários

Na utilização do fogo como o último recurso, algo aparentemente simples, a decisão há de ser tomada considerando-se vários fatores. O ponto é que, ao ser bem-sucedido, destrói-se absolutamente tudo que se tem à volta.

Há determinados momento em que optamos por soluções sem opção de regresso. Se, em algum momento, você enfrentar situações dramáticas, esteja certo de ter analisado o cenário por completo, e ouvido outras opiniões, e, assim, de maneira cautelosa, de ter formado a sua própria e seguido adiante. Evite ações precipitadas, porém, demonstre convicção da decisão uma vez que a tome.

Todos passamos por momentos que nos parecem infindáveis e que estão totalmente fora do nosso controle. É então que devemos nos perguntar: o que poderia ser feito já o foi de fato? Se a resposta for sim, resta-nos unicamente aguardar o desenrolar dos fatos... Dessa maneira, será necessária a capacidade de observá-los e analisá-los e, na medida do possível, implementar ajustes onde e quando necessários, com muito cuidado. Pontes queimadas na retaguarda não nos deixam retorno e podem criar motivos de arrependimento.

Vou contar um fato ocorrido há alguns anos; eu era diretor de um clube de poucos sócios e adverti um dos mais tradicionais. Até hoje, acredito que tomei a decisão correta à época, ciente dos custos e perdas. Queimei, contudo, uma ponte do relacionamento social que me fechou diversas portas. Se eu faria o mesmo hoje? Eu tomaria a mesma decisão e advertiria o sócio, mas certamente de outra maneira.

(W. C. H.)

13. O uso de espiões

1. Sun Tzu disse: "Reunir um exército de 100 mil homens e conduzi-los a grandes distâncias implica grande perda para o povo e um dreno de recursos do Estado. A despesa diária será de mil onças de prata.

[Cf. cap. 2 § 1, 13, 14.]

Haverá comoção em casa e no exterior e os homens cairão esgotados pelas estradas."

[Cf. *Tao Te Ching*, cap. 30: "Onde as tropas foram aquarteladas, arbustos e espinhos aparecem". Chang Yu tem a seguinte nota: "Podemos ser lembrados das palavras: 'em terreno sério, reúna-se em pilhagem.' Por que, então, o transporte causa tanto esgotamento nas estradas? A resposta é que não apenas mantimentos, mas todos os tipos de munições de guerra têm de ser conduzidos ao exército. Além disso, a injunção para 'abastecer-se do inimigo' significa apenas que, quando um exército está profundamente embrenhado em território hostil, a escassez de alimentos deve ser provida dessa maneira. Assim, sem ser exclusivamente dependente do inimigo para o milho, precisamos nos abastecer para que haja um fluxo ininterrupto de suprimentos. Então, novamente, há lugares como desertos de sal, onde as provisões, sendo inalcançáveis tornam os fornecimentos de casa indispensáveis".]

Cerca de 700 mil famílias serão impedidas de trabalhar.

[MEI YAO-CH'EN DIZ: "OS HOMENS FALTARÃO NO CABO DO ARADOR". A ALUSÃO É AO SISTEMA DE DIVISÃO DE TERRAS EM NOVE PARTES, CADA UMA COMPOSTA POR CERCA DE QUINZE HECTARES, O LOTE DO CENTRO CULTIVADO EM BENEFÍCIO DO ESTADO PELOS MORADORES DOS OUTROS OITO. "ERA TAMBÉM ALI", ASSIM NOS DIZ TU MU, "QUE SUAS CASAS ERAM CONSTRUÍDAS E UM POÇO CAVADO, PARA SER USADO POR TODOS EM COMUM. (VER CAP. 2 § 12, NOTA.) EM TEMPO DE GUERRA, UMA DAS FAMÍLIAS TINHA DE SERVIR O EXÉRCITO, ENQUANTO AS OUTRAS SETE CONTRIBUÍAM PARA SEU SUSTENTO. ASSIM, PARA UM RECRUTAMENTO DE 100 MIL HOMENS (CONTANDO UM SOLDADO FISICAMENTE APTO PARA CADA FAMÍLIA), A PRODUÇÃO DE 700 MIL FAMÍLIAS SERIA AFETADA.]

2. Exércitos hostis podem enfrentar-se durante anos, aspirando pela vitória, que é decidida em um único dia. Sendo assim, permanecer ignorante das condições do inimigo simplesmente por lamentar despesas de cem onças de prata em honras e emolumentos

["PARA OS ESPIÕES" É, CERTAMENTE, O SIGNIFICADO, MAS ESTRAGARIA O EFEITO DESSE EXÓRDIO CURIOSAMENTE ELABORADO, SE ESPIÕES FOSSEM REALMENTE MENCIONADOS NESSE PONTO.]

é o cúmulo da desumanidade.

[A CONCORDÂNCIA DE SUN TZU É, CERTAMENTE, ENGENHOSA. ELE COMEÇA CHAMANDO A ATENÇÃO PARA A MISÉRIA TERRÍVEL E AS VASTAS DESPESAS EM SANGUE E RIQUEZAS QUE A GUERRA SEMPRE TRAZ EM SEU RASTRO. AGORA, A MENOS QUE SE MANTENHA INFORMADO DA SITUAÇÃO DO INIMIGO E ESTEJA PRONTO PARA ATACAR NO MOMENTO CERTO, UMA GUERRA PODE SE ARRASTAR POR ANOS. A ÚNICA MANEIRA DE OBTER ESSA INFORMAÇÃO É EMPREGANDO ESPIÕES. E É IMPOSSÍVEL OBTER ESPIÕES CONFIÁVEIS, A MENOS QUE SEJAM DEVIDAMENTE REMUNERADOS PELOS SEUS SERVIÇOS. MAS, CERTAMENTE, É FALSA ECONOMIA LAMENTAR UMA QUANTIDADE RELATIVAMENTE INSIGNIFICANTE PARA ESSE PROPÓSITO, QUANDO A DURAÇÃO TOTAL DE UMA GUERRA PODE CONSUMIR UMA QUANTIA INCALCULAVELMENTE MAIOR. ESSE FARDO DOLOROSO CAI SOBRE OS OMBROS DOS POBRES E, PORTANTO, SUN TZU CONCLUI QUE A NEGLIGÊNCIA AO USO DE ESPIÕES É NADA MENOS DO QUE UM CRIME CONTRA A HUMANIDADE.]

3. Aquele que age assim não é líder de homens, não presta ajuda ao seu soberano, não conquista a vitória.

[A ideia de que o verdadeiro objetivo da guerra é a paz tem sua raiz no temperamento nacional dos chineses. Mesmo assim, já em 597 a.C., essas palavras memoráveis foram proferidas pelo príncipe Chuang do Estado Ch'u: "O caracter (chinês) para 'proeza' é composto por (os caracteres de) "permanecer" e "lança" (cessação das hostilidades). A proeza militar é vista na repressão da crueldade, no chamado às armas, na preservação da nomeação do Céu, no firme estabelecimento do mérito, na concessão de felicidade ao povo, na harmonia entre os príncipes, na difusão da riqueza".]

4. Assim, o que permite ao soberano sábio e ao bom general atacar e conquistar e alcançar coisas fora do alcance dos homens comuns é PRESCIÊNCIA.

[O conhecimento das disposições do inimigo e o que ele pretende fazer.]

5. Agora, essa presciência não pode ser extraída dos espíritos, não pode ser obtida indutivamente da experiência

[A nota de Tu Mu é a seguinte: "(O conhecimento do inimigo) não pode ser obtido considerando-se outros casos análogos".]

nem por qualquer cálculo dedutivo.

[Li Ch'uan diz: "Grandezas como comprimento, largura, distância e magnitude são suscetíveis de determinação matemática exata; as ações humanas não podem ser assim calculadas".]

6. O conhecimento das disposições do inimigo somente pode ser obtido a partir de outros homens.

[Mei Yao-ch'en tem particularmente uma nota interessante: "O conhecimento do mundo espiritual deve ser obtido por adivinhação; informação em ciência natural pode ser conseguida pelo raciocínio indutivo; as leis do universo podem ser verificadas por cálculos matemáticos; mas as disposições do inimigo são verificáveis por meio de espiões e apenas espiões".]

7. Daí a utilização de espiões, dos quais existem cinco classes: (1) espiões locais; (2) espiões internos; (3) espiões convertidos; (4) espiões condenados; (5) espiões sobreviventes.

8. Quando esses cinco tipos de espiões estão todos em ação, ninguém pode descobrir o sistema secreto. Isso é chamado de "manipulação divina das cordas". É a faculdade mais preciosa do soberano.

[Cromwell, um dos maiores e mais práticos de todos os líderes de cavalaria, tinha oficiais denominados "mestres observadores", cuja missão era recolher todas as informações possíveis sobre o inimigo, por meio de batedores, espiões etc., e grande parte de seu sucesso na guerra foi conquistado com o conhecimento prévio dos movimentos do inimigo assim obtido".[1]]

9. Ter ESPIÕES LOCAIS significa contratar os serviços dos habitantes de um distrito.

[Tu Mu diz: "Em território inimigo, conquiste o coração das pessoas com bom tratamento, e use-as como espiões".]

10. Ter ESPIÕES INTERNOS é fazer uso de oficiais do inimigo.

[Tu Mu enumera as seguintes classes como as que oferecem mais probabilidades de executar um bom serviço a este respeito: "Homens dignos que tenham sido degradados de suas funções; criminosos que tenham sofrido punição; também, concubinas favoritas ávidas por ouro; homens ressentidos por ocuparem posições subalternas, ou que tenham sido ignorados na distribuição de postos; outros que estejam ansiosos para que seu lado seja derrotado para que tenham uma chance de mostrar sua capacidade e talentos; traidores inconstantes que têm um pé em cada barco. Oficiais desses vários tipos", continua ele, "devem ser abordados secretamente e convencidos a tomar partido por meio de ricos presentes. Dessa maneira, será possível descobrir o estado das coisas no país inimigo, saber os planos que estão sendo forjados e, além disso, perturbar a harmonia e criar uma brecha entre o soberano e seus ministros". A necessidade de extrema cautela, no entanto, ao lidar com "espiões internos", aparece em um incidente histórico relatado por Ho Shih: "Lo Shang, governador de I-Chou, enviou seu general Wei Po para atacar o rebelde Li Hsiung de Shu em seu reduto em P'i. Após cada lado ter experimentado um certo número de vitórias e derrotas, Li Hsiung recorreu aos serviços de um certo P'o-t'ai, um nativo de Wu-tu. Ele começou chicoteando-o até o sangue aparecer e, em seguida, enviou-o a Lo Shang, a quem foi enganar oferecendo-se para cooperar com ele de dentro da cidade e dar um sinal de fogo no momento certo para fazer um assalto geral. Lo Shang confiou nessas promessas, despachou seus melhores soldados e colocou Wei Po e outros na liderança com ordens de atacar ao sinal de P'o-t'ai. Enquanto isso, o general de Li Hsiung, Li Hsiang, preparou uma emboscada em sua linha de marcha; e P'o-t'ai, tendo suspendido longas escadas de escalonamento contra as muralhas da cidade, agora acendera o farol. Os homens de Wei Po correram ao ver o sinal e começaram a subir as escadas tão rápido quanto podiam, enquanto outros eram puxados por cordas que vinham de cima. Mais de uma centena de soldados de Lo Shang entraram na cidade dessa forma, cada um dos quais foi imediatamente decapitado. Li Hsiung, então, atacou com todas as suas forças, tanto dentro como fora da cidade, e derrotou o inimigo completamente". (Isso ocorreu em 303 d.C. Eu não sei de onde Ho Shih obteve a história. Não é dada na biografia de Li Hsiung ou na do seu pai, Li T'e, *Chin Shu*, cap. 120, 121.)]

11. Ter ESPIÕES CONVERTIDOS é descobrir os espiões do inimigo e usá-los para os nossos próprios propósitos.

[Por meio de fortes subornos e generosas promessas, destacá-los do serviço do inimigo e induzi-los a levar de volta a informação falsa, bem como a espionar, por sua vez, seus próprios conterrâneos. Por outro lado, Hsiao Shih-hsien diz que, fingindo não o ter detectado, podemos conseguir que ele leve uma falsa impressão do que está acontecendo. Muitos dos comentadores aceitam isso como uma definição alternativa; mas é conclusivamente comprovado por suas observações subsequentes sobre tratar o espião convertido generosamente que não é isso o que Sun Tzu quer dizer (§ 21 sqq.). Ho Shih observa três ocasiões em que os espiões convertidos foram utilizados com evidente sucesso: (1) por T'ien Tan em sua defesa de Chi-mo; (2) por Chao She em sua marcha para O-yu; e pelo astuto Fan Chu em 260 a.C., quando Lien P'o estava conduzindo uma campanha defensiva contra Ch'in. O rei de Chao desaprovou com veemência a cautela e os métodos negligentes de Lien P'o, os quais foram incapazes de evitar uma série de desastres de menor importância e, portanto, emprestou prontamente um ouvido aos relatórios de seus espiões, que tinham ido secretamente ao inimigo e já constavam na folha de pagamento de Fan Chu. Eles disseram: "A única coisa que causa ansiedade em Ch'in é que talvez Chao Kua seja feito general. Eles consideram Lien P'o um adversário fácil, que certamente será vencido mais cedo ou mais tarde". Chao Kua era um dos filhos do famoso Chao She. Desde sua infância, ele esteve totalmente absorvido pelo estudo da guerra e dos assuntos militares, até que finalmente chegou a acreditar que não havia, em todo o Império, um comandante que pudesse se opor a ele. Seu pai estava muito inquieto com essa presunção arrogante e com a leviandade que ele usou ao falar de algo tão sério como a guerra, e declarou solenemente que, se alguma vez Kua fosse nomeado general, ele traria ruína sobre os exércitos de Chao. Este último foi o homem que, apesar dos sinceros protestos de sua própria mãe e do estadista veterano Lin Hsiang-ju, foi agora enviado para suceder Lien P'o. Desnecessário dizer que ele não se mostrou páreo para o terrível Po Ch'i e o grande poderio militar de Ch'in. Ele caiu numa armadilha na qual seu exército foi dividido ao meio e suas comunicações, cortadas; e, depois de uma resistência desesperada que persistiu por 46 dias, durante a qual os soldados famintos devoraram um ao outro, ele próprio foi morto por uma flecha e todo o seu exército, que consistia, diz-se, de 400 mil homens, exterminado sem piedade.]

12. Ter ESPIÕES CONDENADOS é divulgar certos assuntos abertamente com o propósito de enganar, permitindo que nossos espiões os conheçam e os relatem ao inimigo.

[Tu Yu dá a melhor exposição do significado: "Nós divulgamos ostensivamente uma ideia programada para enganar os nossos espiões, que devem ser levados a acreditar que elas foram inadvertidamente reveladas. Então, quando esses espiões são capturados nas linhas inimigas, eles farão um relatório totalmente falso e o inimigo tomará medidas de acordo, apenas para descobrir que fazemos algo completamente diferente. Os espiões serão, então, condenados à morte". Como um exemplo de espiões condenados, Ho Shih menciona os prisioneiros liberados por Pan Ch'ao em sua campanha contra Yarkand. (Ver p. 132.). Ele também se refere a T'ang Chien, que, em 630 d.C., foi enviado por T'ai Tsung para acalmar o turco Kahn Chieh-li em segurança imaginária, até que Li Ching fosse capaz de desferir um golpe esmagador contra ele. Chang Yu diz que os turcos vingaram--se matando T'ang Chien, mas isso é um erro, pois lemos em ambas as histórias, na antiga e na contemporânea, que T'ang (cap. 58, fol. 2 e cap. 89, fol. 8, respectivamente) fugiu e viveu até 656. Li I-chi desempenhou um papel semelhante em 203 a.C., quando foi enviado pelo Rei de Han para abrir negociações de paz com Ch'i. Ele certamente tem mais direito a ser descrito como um "espião condenado", porque o rei de Ch'i, sendo em seguida atacado sem aviso por Han Hsin, e enfurecido pelo que considerou traição de Li I-chi, ordenou que o infeliz embaixador fosse cozido vivo.]

13. **ESPIÕES SOBREVIVENTES, por último, são aqueles que trazem de volta notícias do acampamento inimigo.**

[Essa é a classe comum de espiões propriamente dita, formando uma parte regular do exército. Tu Mu diz: "Seu espião sobrevivente deve ser um homem de inteligência aguçada, embora exteriormente pareça um tolo; de aparência pobre, mas com uma vontade de ferro. Ele deve ser ativo, robusto, dotado de força física e coragem; completamente acostumado a todo tipo de trabalho sujo, capaz de suportar a fome e o frio e de sujeitar-se à vergonha e à humilhação". Ho Shih conta a seguinte história de Ta'hsi Wu, da Dinastia Sui: "Quando governador de Ch'in do Leste, Shen-wu de Ch'i fez um movimento hostil contra Sha-yuan. O Imperador T'ai Tsu (? Kao Tsu) (*sic*) enviou Ta-hsi Wu para espionar o inimigo. Ele estava acompanhado por outros dois homens. Todos os três estavam a cavalo e usavam uniforme do inimigo. Quando anoiteceu, eles desmontaram a poucas centenas de pés de distância do acampamento inimigo e rastejaram sorrateiramente para ouvir, até que conseguiram capturar as senhas usadas pelo exército. Então, eles montaram em seus cavalos e, ousadamente, atravessaram o acampamento disfarçados de sentinelas; e, mais de uma vez, aconteceu de toparem com um soldado que estava cometendo alguma violação de disciplina e eles realmente pararam para chamar a atenção do culpado! Assim, eles conseguiram voltar com a máxima informação possível sobre as disposições do inimigo e receberam calorosa recomendação do Imperador, que, em consequência do seu relatório, foi capaz de infligir grande derrota a seu adversário".]

14. Por isso, não existe em todo o exército relações mais íntimas a serem mantidas do que com espiões.

[Tu Mu e Mei Yao-ch'en apontam que o espião tem privilégio para entrar até mesmo na tenda particular do general.]

Nada deve ser mais generosamente recompensado. Em nenhum outro assunto, o sigilo deve ser mais bem preservado.

[Tu Mu dá um toque ilustrativo: "Toda a comunicação com os espiões deve ser transmitida 'boca-à-orelha'. As seguintes observações sobre espiões podem ser citadas a partir de Turenne, que talvez fez mais uso deles do que qualquer outro comandante anterior: 'Espiões são fiéis a quem lhes paga mais, quem lhes paga mal nunca é servido. Eles nunca devem ser conhecidos por qualquer pessoa nem devem saber um do outro. Quando propõem um preço alto demais, devem ser presos, ou suas esposas e filhos mantidos reféns por sua fidelidade. Nunca lhes comunique nada a não ser o que lhes for absolutamente necessário'".[2]]

15. Espiões não podem ser utilizados de forma útil sem certa sagacidade intuitiva.

[MEI YAO-CH'EN DIZ: "A FIM DE USÁ-LOS, É PRECISO DISCERNIR A REALIDADE DA MENTIRA E SER CAPAZ DE DISCRIMINAR ENTRE SINCERIDADE E FALSIDADE". WANG HSI, EM UMA INTERPRETAÇÃO DIFERENTE, PENSA MAIS NOS MOLDES DE "PERCEPÇÃO INTUITIVA" E "INTELIGÊNCIA PRÁTICA". TU MU ESTRANHAMENTE REMETE ESSES ATRIBUTOS AOS PRÓPRIOS ESPIÕES: "ANTES DE USAR ESPIÕES, DEVEMOS NOS ASSEGURAR DA SUA INTEGRIDADE DE CARÁTER E DA EXTENSÃO DE SUA EXPERIÊNCIA E HABILIDADE". MAS ELE CONTINUA: "UM SEMBLANTE INSOLENTE E UM TEMPERAMENTO ARDILOSO SÃO MAIS PERIGOSOS DO QUE MONTANHAS OU RIOS; ISSO REQUER ALGUÉM DE TALENTO PARA SER COMPEENDIDO". ASSIM, FICAMOS EM DÚVIDA QUANTO À SUA VERDADEIRA OPINIÃO SOBRE A PASSAGEM.]

16. Eles não podem ser devidamente controlados sem benevolência e franca presteza.

[CHANG YU DIZ: "QUANDO OS ATRAIR COM OFERTAS SUBSTANCIAIS, DEVE TRATÁ-LOS COM ABSOLUTA SINCERIDADE; ENTÃO ELES TRABALHARÃO PARA VOCÊ COM TODAS AS SUAS FORÇAS".]

17. Sem perspicácia sutil da mente, não se pode ter certeza da veracidade de seus relatórios.

[MEI YAO-CH'EN DIZ: "FIQUE DE SOBREAVISO CONTRA A POSSIBILIDADE DE OS ESPIÕES ESTAREM A SERVIÇO DO INIMIGO".]

18. Seja sutil! Seja sutil! E use seus espiões para qualquer tipo de assunto.

[CF.C CAP. 6 § 9.]

19. Se uma parte secreta da notícia é divulgada por um espião antes do tempo oportuno, ele deve ser condenado à morte junto com o homem a quem o segredo foi dito.

[PALAVRA POR PALAVRA, A TRADUÇÃO É: "SE ASSUNTOS DE ESPIONAGEM SÃO OUVIDOS ANTES QUE (NOSSOS PLANOS) SEJAM EXECUTADOS" ETC. A PRINCIPAL INTENSÃO DE SUN TZU NESTA PASSAGEM É: ENQUANTO SE MATA O PRÓPRIO ESPIÃO "COMO UM CASTIGO POR TER DEIXADO ESCAPAR O SEGREDO", O OBJETIVO

DE MATAR O OUTRO HOMEM É APENAS, COMO CH'EN HAO COLOCA, "PARA PARAR SUA BOCA" E EVITAR QUA AS NOTÍCIAS SE ESPALHEM. SE ELAS JÁ FORAM REPETIDAS PARA OUTROS, ESSE OBJETIVO NÃO PODE SER ALCANÇADO. DE QUALQUER MANEIRA, SUN TZU SE COLOCA ABERTO À ACUSAÇÃO DE DESUMANIDADE, MAS TU MU TENTA DEFENDÊ-LO, DIZENDO QUE O HOMEM MERECE SER CONDENADO À MORTE, POIS O ESPIÃO CERTAMENTE NÃO CONTARIA O SEGREDO, A MENOS QUE O OUTRO TIVESSE SE ESFORÇADO PARA CONSEGUI-LO".]

20. Se o objetivo é esmagar um exército, atacar uma cidade ou assassinar um indivíduo, é sempre necessário começar por descobrir os nomes dos atendentes, os ajudantes-de-campo,

[LITERALMENTE "VISITANTES", QUE EQUIVALE, COMO TU YU DIZ, "ÀQUELES CUJA OBRIGAÇÃO É MANTER O GENERAL SUPRIDO DE INFORMAÇÕES", O QUE, NATURALMENTE, EXIGE ENTREVISTAS FREQUENTES COM ELE.]

porteiros e sentinelas do general no comando. Nossos espiões devem ser encarregados de averiguá-los.

[COMO PRIMEIRO PASSO, SEM DÚVIDA, PARA DESCOBRIR SE ALGUM DESSES FUNCIONÁRIOS IMPORTANTES PODE SER CONQUISTADO PELO SUBORNO.]

21. Espiões inimigos que vieram para nos espionar devem ser procurados, aliciados com subornos, levados e confortavelmente alojados. Assim, irão se tornar espiões convertidos e disponíveis para nosso serviço.

22. É por meio das informações trazidas pelos espiões convertidos que somos capazes de adquirir e empregar espiões locais e internos.

[TU YU DIZ: "POR MEIO DA CONVERSÃO DE ESPIÕES DO INIMIGO APRENDEMOS SOBRE AS CONDIÇÕES DO INIMIGO". E CHANG YU DIZ: "DEVEMOS TENTAR O ESPIÃO CONVERTIDO AO NOSSO SERVIÇO, POIS É ELE QUEM SABE QUAIS HABITANTES LOCAIS SÃO GANANCIOSOS E QUAIS OFICIAIS SÃO PROPENSOS À CORRUPÇÃO".]

23. É devido às suas informações, mais uma vez, que podemos induzir o espião condenado a levar notícias falsas para o inimigo.

[CHANG YU DIZ QUE É "PORQUE O ESPIÃO CONVERTIDO CONHECE A MELHOR FORMA DE ENGANAR O INIMIGO".]

24. Por último, é por meio da sua informação que o espião sobrevivente pode ser usado em determinadas ocasiões.

25. A finalidade e o objetivo de espionar em todas as suas cinco variedades é o conhecimento do inimigo; e esse conhecimento apenas pode ser obtido, em primeira instância, por meio de espiões convertidos.

[Como foi explicado nos § 22-24, ele não traz apenas informações por si só, mas torna possível a utilização de outros tipos de espiões para ajudar.]

Por isso, é essencial que o espião convertido seja tratado com a maior liberalidade.

26. Nos tempos antigos, a ascensão da Dinastia Yin

[Sun Tzu quer dizer a Dinastia Shang, fundada em 1766 a.C. Seu nome foi mudado para Yin por P'an Keng em 1401 a.C.]

deveu-se a I Chih

[Mais conhecido como I Yin, o famoso general e estadista que participou da campanha de Ch'eng T'ang contra Chieh Kuei.]

que servira sob a Hsia. Da mesma forma, a ascensão da Dinastia Chou deveu-se a Lu Ya

[Lu Shang foi promovido a um cargo importante sob o tirano Chou Hsin, a quem ele mais tarde ajudou a derrubar. Popularmente conhecido como T'ai Kung, um título concedido a ele por Wen Wang, diz ter composto um tratado sobre a guerra, erroneamente identificado com o *Liu T'ao*.]

que servira sob a Yin.

[O chinês não é muito preciso para que eu o compreenda bem a fim de introduzi-lo em minha tradução, e os comentários sobre a passagem não são de forma nenhuma explícitos. Mas, considerando o contexto, não podemos duvidar de que Sun Tzu está sustentando I Chih e Lu Ya como exemplos ilustres de espiões convertidos, ou algo muito parecido. Sua sugestão é que as Dinastias Yin e Hsia estavam preocupadas devido ao profundo conhecimento de suas fraquezas e deficiências que esses ex-ministros eram capazes de transmitir para o outro lado. Mei Yao-ch'en parece ressentir-se de qualquer difamação sobre

ESSES NOMES HISTÓRICOS: "I YIN E LU YA", DIZ ELE, "NÃO ERAM REBELDES CONTRA O GOVERNO. HSIA NÃO PODIA EMPREGAR O PRIMEIRO, PORTANTO, YIN O EMPREGOU. YIN NÃO PODIA EMPREGAR O ÚLTIMO, PORTANTO, HOU O EMPREGOU. SEUS GRANDES FEITOS FORAM TODOS PARA O BEM DAS PESSOAS". HO SHIH TAMBÉM ESTÁ INDIGNADO: "COMO DOIS HOMENS COM INSPIRAÇÃO DIVINA COMO I E LU AGIRIAM COMO ESPIÕES COMUNS? A MENÇÃO DE SUN TZU SIMPLESMENTE SIGNIFICA QUE O USO ADEQUADO DAS CINCO CLASSES DE ESPIÕES É UMA QUESTÃO QUE EXIGE HOMENS DO MAIS ALTO CALIBRE MENTAL COMO I E LU, CUJA SABEDORIA E A CAPACIDADE OS QUALIFICAVA PARA A TAREFA. ESTAS PALAVRAS APENAS ENFATIZAM ESSE PONTO". HO SHIH ACREDITA, ENTÃO, QUE OS DOIS HERÓIS SÃO MENCIONADOS EM RAZÃO DA SUA HABILIDADE NO SUPOSTO USO DE ESPIÕES. MAS ISSO É MUITO FRACO.]

27. Por isso, somente o governante esclarecido e o general sábio usarão a mais elevada inteligência do exército para fins de espionagem e, assim, eles alcançam grandes resultados.

[TU MU FECHA COM UMA NOTA DE ADVERTÊNCIA: "ASSIM COMO A ÁGUA, QUE LEVA O BARCO DE UMA MARGEM A OUTRA, TAMBÉM ELA PODE SER O MEIO DE AFUNDÁ-LO, A CONFIANÇA EM ESPIÕES, ENQUANTO PRODUZ GRANDES RESULTADOS, É FREQUENTEMENTE A CAUSA DA DESTRUIÇÃO TOTAL".]

Os espiões são um elemento muito importante na água, porque deles depende a capacidade do exército para se mover.

[CHIA LIN DIZ QUE UM EXÉRCITO SEM ESPIÕES É COMO UM HOMEM SEM OLHOS OU OUVIDOS.]

NOTAS:

1. "Apoio ao Escotismo", p. 2.
2. "Marechal Turenne", p. 311.

Comentários

Espionagem, recurso permitido em guerras, na busca de informações que possam subsidiar ações menos onerosas e mais eficazes, entendendo e prevendo as estratégicas do inimigo. Os métodos de identificar, recrutar e manter agentes espiões, em busca ou na divulgação de informações que possam se caracterizar produtivas e benéficas para o estratagema militar.

O ambiente empresarial atual define claramente governanças corporativas, com claras limitações éticas de atuação, nas quais obviamente não se permite recorrer a práticas ilegais ou de espionagem para obtenção de dados e informações sobre seus concorrentes. A utilização de inteligência mercadológica, no entanto, se faz necessária e produtiva, ou seja, a coleta de informações de mercado, a compra de pesquisas, estudos, ensaios, sua análise e manipulação de maneira estruturada para um amplo entendimento das circunstâncias adversas ou favoráveis e para a realização de previsões. As redes de contatos (networking) são também importantes fontes de informações que jamais podem ser desprezadas. Jornais, revistas, relatórios privados de analistas de investimentos, enfim, nada é passível de negligência. É cada vez mais vital dispor de informações confiáveis antes de se engajar em uma batalha, seja ela o lançamento de uma campanha de comunicação política ou comercial, ou mesmo para recorrer a contrainformações para estabelecer planos de contingência que façam frente a situações inesperadas. Isso sem prescindir dos mais altos padrões de ética e moral, essenciais para que se configure em um líder e estrategista de respeito.

(W. C. H.)

Este livro foi impresso em papel Avena 70g pela Gráfica Searon